IMPRESSUM

AUTORIN:
Sylvia Schmieder

COVERGESTALTUNG:
Juliane Appel

SATZ UND LEKTORAT:
Karina Lotz

VERLAG:
edition federleicht, Fuldatal
www.edition-federleicht.de

1. Auflage 2024

ISBN 978-3-946112-94-5

SYLVIA SCHMIEDER

zusammen bleiben

Roman

I

So, aber jetzt komm, setz dich an meinen ausgebreiteten Mantel, wir fliegen ganz weit und schnell nach Amerika, wo gerade ein Mondschiff steht, mit welchem neulich drei Menschen zum Mond geflogen sind. Dieses Schiff können wir vorerst gebrauchen.

1. Kapitel
in dem Claudia im Jahr 1972 in ihre Großmutter hineinsaust wie ein Pfennig in einen Magnet

Das Gartentor der Großeltern schimmerte silbern und öffnete sich mit einem langen, wehmütigen Laut in den großen Vorgarten. Auf der linken Seite ein duftendes Rosenfeld in allen Farben. Rechts auf einem schmalen Streifen violett getigerter Fingerhut, den man nicht anrühren durfte, weil er gefährlich war. Während sie vor der Haustür warteten, fuhr hinter dem langen Garten ein Zug vorüber, aus der Ferne kreischend, rhythmisch klackend. Hinter Claudia standen ihre Eltern mit der Babytasche und die ältere Schwester Susanne, vor ihr Andreas. Er starrte ungeduldig auf das Klingelschild, das er noch nicht lesen konnte und Claudia gerade eben erst: *L./M. Wacholz*.

Endlich öffnete sich die braune Holztür. Die Großmutter erschien, aber wie immer trat sie gleich wieder einen kleinen Schritt zurück, damit man besser in sie hineinlaufen konnte, breitete ihre Arme aus und rief „Hallooo!" mit so viel überraschter Freude, als hätte sie gerade einen Schatz entdeckt und müsste sich nie mehr Sorgen machen, ihr ganzes Leben nicht. Claudia sauste ganz von selbst in die Großmutter hinein, wie ein Pfennig in einen Magnet. Die Eltern mochten keine Knutscherei und fanden das dekadent. Claudia mochte auch keine Knutscherei, aber mit der Großmutter machte man ja nur, was ganz von selber passierte. Wenn sie sich umarmten, schossen Claudia die Kräfte nur so in die Glieder, dass sie gleich weiterlaufen musste, die Fäuste ballte und schrie, neben ihr Susanne, Andreas, genauso durchgedreht.

Sie rannte durch die Diele in die pastellfarbene Küche. Der weiße Drehstuhl unter dem Fenster war noch nicht besetzt. Sie drehte sich einmal langsam und quietschend und einmal mit Schwung, während die Großmutter in der Babytasche nachsah, ob der kleinste Bruder Bastian sich schon wieder verändert hatte. Natürlich war er noch einmal viel liebenswürdiger geworden, obwohl das kaum noch möglich war.

Dann zählte die Großmutter die Kuchenteller aus dem hellblauen Hängeschrank: „... kettő, három, négy, öt ...“

Ihre Muttersprache war ungarisch, deshalb zählte sie so.

Auf der Anrichte stand eine Schokoladentorte.

„Die ist Gift für die schlanke Linie!“, beschwerte sich Mutti. „Mit Buttercreme! Warum versuchst du es nicht einmal mit einer leichten Biskuitrolle?“

„No, Klara, du bäckst deine Biskuitrolle. Ich backe meine Schoklat-Tortä!“, entgegnete die Großmutter. Sofort kam das Echo von der Tür her, in der Onkel Rudolf erschienen war, hinter ihm Onkel Heiner.

„Schoklat-Tortä!“, wiederholte Onkel Rudolf begeistert und lachte sein dröhnendes Lachen. Das war hier immer so, dass man einander die Wörter aus dem Mund nahm und dazu lachte, als müsste man einen großen Raum füllen. Gerade die vier Onkel taten das gern, aber die Enkel fielen immer gleich mit ein.

„Kaffeetscherl!“, krähte Claudia jetzt.

„Jausen kommen ...“, warf der jüngste Onkel Ferdinand ein, mit genau dieser Melodie, mit der es die Großmutter sagte, denn auch das war ein Ausdruck, der vor langer Zeit von ihr gekommen war und den man jetzt von Mund zu Mund wandern ließ, während sich alle amüsierten. Claudia spürte genau, warum sie das so machten und genoss es, dabei mitzuhelfen. Sie sagten sich damit, dass sie eine Familie waren, aber nicht irgendeine. Sie waren die Familie mit den besonderen Wörtern, gleichzeitig die mit dem dröhnenden Lachen, und wenn sie alle zusammen halfen, fühlte Claudia, wie sich ihr gemeinsames Gelächter erhob, wie eine durchsichtige Kuppel, die wuchs und wuchs, über das Haus, über den ganzen, langen Garten, mit unsichtbaren Wänden, so dass ihnen ganz sicher nichts passieren konnte.

Susanne und sie bekamen den Auftrag, die Kissen für die Gartenstühle aus der Nische hinterm Kamin zu holen. Dann legte Susanne den eisernen Hebel der Glastür um, und sie liefen mit den Kissen die breite Treppe hinunter, am Schuppen und Sandkasten vorbei, den Weg aus Schieferplatten entlang bis zur Hecke. Hier hatte der Großvater einen Sitzplatz mit schweren Korbsesseln eingerichtet. Die hohe Hecke hatte aber einen Durchlass, und dahinter ging es noch lange weiter. Gegenüber dem kleinen Schwimmbecken stand ein verschnörkelter Eisentisch mit Klappstühlen. Onkel Dieter wartete dort, Réka néni, also Tante Réka, kam mit ihrer Tochter Petra dazu, und sie holten die Stühle und Sessel von überall her und verteilten die Kissen darauf. Réka néni war die Schwägerin der Großmutter. Sie und ihre Tochter kamen nur manchmal zu Besuch, weil sie in München wohnten. Einen Mann hatte sie nicht. Sonst hatten ja alle Tanten Männer, wenn sie Kinder hatten.

Als Susanne mit ihrem Stück Torte fertig war, fragte sie, ob sie jetzt schwimmen gehen dürfe. Cousin Pit, der zwei Jahre jünger war als Claudia, wollte sofort mit, und sie wusste, dass sie dann auch wollen musste, obwohl sie noch sehr mit Zuhören beschäftigt war. Zuhören war aber eigentlich überhaupt keine Beschäftigung, Schwimmen schon. Also überwand sie ihre Unlust und lief mit den beiden zurück zum Schuppen, in dem die Mütter die Schwimmsachen deponiert hatten.

Drinnen war es eng und dunkel. Die Sonne schien zwischen den Brettern hindurch und warf helle Striche und Flächen auf die mächtigen Harken, den silbernen Rasenmäher, die blass vor sich hin blätternde Bank ohne Lehne. Der Schuppen hatte nicht nur ein besonderes Licht, sondern auch einen Boden, wie es ihn sonst nirgendwo gab, weil immer Sand von der Sandkiste nebenan hineinkroch und auf dem grobporigen Beton eine dünne, schlammige Schicht bildete. Es roch nach nassem Sand, nach altem Holz, nach der Hast, mit der sie ihre Kleider abstreiften. Claudia mochte den Schuppen, schon um ihn nicht noch trauriger zu machen – aber nicht, um sich lange darin aufzuhalten.

Im Rekordtempo zogen Susanne und Pit ihre rostroten Frotteebadehosen an und rannten zurück. Claudia lief wie immer ein bisschen hinterher. Susanne lotste Pit energisch zur Dusche hinter der Hecke, denn es war streng verboten, ins Schwimmbad zu springen, ohne vorher geduscht zu haben. Schreiend schoben sie sich unter die kalten Strahlen. Da rief Onkel Dieter vom Kaffeetisch herüber: „Pit, zeig deinen Cousinen mal, dass du schon einen Köpper kannst! Du kannst doch einen Köpper, stimmt´s!" und grinste gemein dazu. Pit hatte gerade erst schwimmen gelernt und konnte bestimmt noch keinen Kopfsprung. Jetzt musste er es versuchen.

Es wurde ein Bauchplatscher. Die Onkels lachten dröhnend. Pit paddelte mit Tränen in den Augen an den Rand und musste sich dort eine Weile festhalten und zusehen, wie Susanne das Kraulen übte.

Claudia war froh, dass sie jetzt sicher Brustschwimmen konnte, obwohl sie gern auch auf dem Rücken geschwommen wäre, wie ihr Vater das oft tat. Statt der hellblau verzerrten Kacheln unter sich hätte sie dann den Himmel und die Kirschbaumzweige über sich gesehen. Aber bei diesen Zuschauern war sie mit Experimenten lieber vorsichtig. Zum Beispiel gerade jetzt änderte sich der Ton am Kaffeetisch. Rudolf, der älteste Onkel, sagte etwas, was Claudia nicht verstand, aber es kam mehrmals das Wort „Gammler" vor, und Onkel Heiner unterbrach ihn, und sein Ton wurde immer schärfer, je länger er sprach. Von den Ewig-Gestrigen redete er, die man an genau solchen Wörtern erkennen könne, an so beleidigenden Wörtern wie „Gammler". Das sei ein Wort, das er hier nicht mehr hören wolle. Übrigens wundere es ihn überhaupt nicht, dieses Wort hier zu hören, in dieser Familie, weil es nämlich ein faschistisches Wort sei.

Ein Murmeln erhob sich und starb gleich wieder ab.

„Na, aber was denn sonst! Faschistisch!"

Jetzt endlich gelang es der Großmutter, ihn zu unterbrechen. Das bisserl Torte müssten sie jetzt noch essen. Ob sich Petra und Andreas nicht noch ein Stück teilen wollten.

„Ich will auch noch!", schrie Pit, krabbelte aus dem Becken und sprang triefend an den Tisch. Die Großmutter wurde nass und lachte. „Jézusmária!", rief die Großmutter lachend, und sie alle sangen es ihr nach:

„Jézusmária!"

„Wie sie das nur wieder geschafft hat“, sagte Mutti. Sie saß jetzt auf der Wiese, auf einer Decke zusammen mit Bastian und Andreas, die sie ab und zu daran hindern musste, sich in Richtung Schwimmbad zu bewegen. Réka néni hatte sich zu ihr gesetzt. „Ich hätte mich so gern noch mitgestritten!“, versicherte Mutti in nur leicht gedämpftem Ton. Heiner habe doch recht, man müsse modern und tolerant denken, und weltoffen, das sei überhaupt das Wichtigste.

„Der Rudolf, der hatse doch nicht mehr alle!“

Besorgt sah Réka néni Richtung Onkel Rudolf, der nicht reagierte, Gott sei Dank.

Auch Claudia war sehr froh, dass ihre Mutter sich jetzt nicht mehr mitstreiten konnte. Die Großmutter war eine Menschenmischerin. Niemand konnte das wie sie! Erleichtert hängte sie sich mit den Armen in eine Ecke des Beckenrands, lehnte sich zurück und lauschte auf das Gespräch. So eine Unterhaltung im Garten der Großeltern war wie ein fließend gemustertes Band, das sich aus verschieden gefärbten Stimmen zusammensetzte, die erschienen, vergingen, wieder erschienen. Im Vordergrund die vier Onkel und Claudias Mutter. Die Stimme der Großmutter flocht sich ein, munter, warm, ein klein wenig angeraut, und andere, wie Réka néni oder ihr Vati, begleiteten das sich immerzu verändernde Muster als blasse Striche, die man kaum wahrnahm, obwohl auch sie die Farbe des Gesprächs veränderten.

Plötzlich tauchte neben ihr ein Netz ins Schwimmbadwasser. Sie erschrak, fuhr herum und wusste doch schon, dass am anderen Ende des langen Stabes der Großvater stand. Mit dem Netz fischte er immer die Blätter aus dem Wasser. Wenn sie zu Besuch waren, ließ er sich oft erst nach einer Weile blicken, manchmal auch gar nicht. Und meistens vergaß er das Grüßen. Claudia sah vorsichtig an ihm hoch und versuchte zu lächeln. Sein Gesicht war wieder einmal so ernst und starr, dass es wehtat, hineinzuschauen.

Die Großmutter hatte dem Großvater extra ein Stück Torte zurückgelegt, das wollte er nicht. „Lass gut sein, Mari“, sagte er schnell zu ihr, als müsste er sich irgendwie beherrschen. Onkel

Rudolf bot seinem Vater eine Zigarre an, die wollte er. Onkel Heiner durfte seine scharfen Erklärungen jetzt auf keinen Fall wieder aufnehmen, auch nicht von seiner Wohngemeinschaft erzählen, obwohl er in Gegenwart des Großvaters immer besonders viel Lust darauf hatte. Die Großmutter wusste das, deshalb hatte sie den Korbsessel für den Großvater extra neben den Stuhl von Claudias Vati gerückt, damit die beiden über die alten Griechen plaudern konnten. Der Großvater liebte es, sich mit antiken Münzen und Kulturen zu beschäftigen, und mit ihrem Vati würde er sich bestimmt nicht streiten. Man konnte sich mit Vati fast nicht streiten. Er hatte allerdings in der Familie der Mutter immer Mühe mit dem Reden. Er musste sich anstrengen, mit seiner Stimme überhaupt durchzudringen, während der Großvater, die Onkel und auch Mutti locker plauderten und trotzdem lauter waren als er, und er schichtete zu gerne mehrere Gedanken ineinander, baute lange Sätze, die Claudia eigentlich liebte, aber gleichzeitig hatte sie Angst vor ihnen, denn in dieser Familie wurde man immer schon unterbrochen oder ausgelacht, bevor so ein Satz fertig war, weshalb sie jedes Mal hoffte, ihr Vati würde es diesmal schaffen, seinen Satz rechtzeitig abzukürzen.

Als sich der Großvater so neben ihrem Vater im Sessel zurücklehnte und seine Zigarre betrachtete, überkam Claudia eine heftige Sehnsucht nach Stille und Alleinsein. Sie stieg so unauffällig wie möglich aus dem Wasser, lief zum Schuppen, zog schnell etwas Trockenes an und schlich sich zwischen Schwimmbad und Kaffeetisch hindurch. Dann sprang sie die klackende Steintreppe hinunter in die Wildnis. Hoffentlich kam niemand hinterher.

„Wildnis“ wurde dieser dritte und letzte Gartenteil genannt, weil hier die Pflanzen dichter und höher standen und man sich überall gut verstecken konnte. Claudia stellte sich erst einmal mit dem Rücken an die Mauer, die die tiefer gelegene Wildnis vom Schwimmbadteil abtrennte. Hier sah einen so schnell niemand. Sie fühlte den rauen, blättrigen Stein warm an den Händen. Es roch herbsüß, feines Licht fiel von Blatt zu Blatt, und sie hörte den Baumwipfeln zu, ihrem langsamen Bauschen, das sich mit den gedämpften Stimmen vom Eisentisch mischte, mit Taubenrufen und einer fernen Polizeisirene. Die meisten Johannisbeeren, die bei der Großmutter manchmal plötzlich Ribizli hießen, waren schon zu Gelee verarbeitet, nur ein paar von den schwarzen, hartschaligen hingen noch. Während Claudia sich durch die Büsche bis zum Kräuterbeet schlängelte, fuhr hinten auf dem Bahndamm gerade wieder ein langer Zug. So sehr er auch lärmte – er störte die Wildnis gar nicht, fand Claudia. Die Züge gehörten dazu, wie die Krähen, die schreiend über sie hinwegflogen oder der Glockengemeinsamklang der verschiedenen Kirchen dieser großen und manchmal sehr feierlichen Stadt Frankfurt.

Die Großmutter hatte ihnen gezeigt, wie man eine Kräuterrolle machte. Man suchte sich ein großes Sauerampferblatt, legte ein Büschel Petersilie hinein, dazu Pimpinelle, Schnittlauch, Estragon, Borretsch ... Das rollte man zusammen und aß es der Länge nach, in vier Bissen. Immer wenn Claudia hier war, musste sie eine Kräuterrolle essen. Sie schmeckte scharf, sauer und bitter zugleich, sogar ein wenig Süße steckte in ihr – also schmeckte sie eigentlich nach allem – und sie gab einem das Gefühl, in die Wildnis hineinzugehören, als wäre man selbst so etwas wie eine Pflanze, sobald man die Kräuterrolle gegessen hatte.

Dann hörte sie vom Sitzplatz her den Großvater schreien.

Claudia hörte scharfe, geschriene Worte, die klangen wie Befehle, aber nicht von jemandem, auf den man hört. Was der Großvater geschrien hatte, war von hier aus nicht zu verstehen. Es waren nur wenige Worte gewesen. Jetzt war es sehr still. Sie dachte gleich an ihren Vati, der ja direkt neben dem Großvater saß und stellte sich vor, zu ihm zu laufen und ihm die Ohren zuzuhalten, falls noch mehr geschriene Worte vom Großvater kämen. Aber es kam nichts mehr.

Sie hockte sich hin, wo sie stand und überlegte, wie sehr sie dort gebraucht wurde. Mehr oder weniger wurde man immer gebraucht, doch sie hatten ihr Gespräch wieder aufgenommen, wenigstens das.

Von hier aus war es nicht mehr weit bis zum Ende des langen Gartens.

Das Ende war ein Maschendrahtzaun, so hoch, dass niemand hinüberklettern konnte. Sie sah am berghohen, wild bewachsenen Bahndamm hinauf, stand und wartete, bis wieder ein Zug kam. Das dauerte manchmal lange, aber man musste es abwarten. Die Finger im Draht schaute sie schräg hoch auf die Pappelreihe, die sich riesig gegen den Himmel abhob, und bei jedem Windhauch bog sich jede Pappel einzeln, jede etwas anders, aber alle, als seien sie ganz leicht. Dann setzte sie sich mit dem Rücken zum Zaun und sah zurück in die Wildnis, in das Durchdringliche und das Undurchdringliche, von dem sie ein Teil war, weil sie die Kräuterrolle gegessen hatte.

Als sie den Zug hörte, drehte sie sich schnell wieder zum Bahndamm um.

Erst sangen hoch oben die Schienen, aber nur kurz. Dann kam ein Raunen, das in ein Rauschen überging, ein rhythmisches, heftiges Klacken fuhr dazwischen, darüber legten sich eiserne Schreie, hohe und tiefe, in ohrenbetäubender Lautstärke stieß und schnellte sich der Zug näher und näher, bis zu dem Moment, in dem er über sie kam, riesig und böse fuhr er durch sie hindurch. Schon hörte sie nur noch seinen Nachhall. Claudia stand da, die Finger im Zaun, und fühlte wie immer eine Erleichterung, als hätte er sie auch mit sich reißen können. Doch der Zug fuhr vorbei und sie blieb hier.

2. Kapitel in dem Mari im Jahr 1939 in Frankfurt ankommt und sich gleich wieder wegdenkt

Mari steht am Ende ihres neuen Gartens, der kein Garten ist, sondern gefrorener Schlamm und schaut über den Bahndamm hinweg auf eine Reihe junger Pappeln. Die Sehnsucht hebt sie fast in die Luft. Sie stellt sich vor, dort hinaufzulaufen, einen Zug abzuwarten und aufzuspringen, zurück Richtung Wien, Pozsony, Nagyszombat – aber das meint sie natürlich nicht ernst. Ludwig wartet im Hotelzimmer, verschleimt, fiebernd. Er verlässt sich auf sie.

Wie Ludwig es ihr aufgetragen hat, hat sie ihre gemeinsamen Möbel in Empfang genommen, dann den Garten inspiziert. Da ist nichts, wird sie ihm sagen müssen, fast kein brauchbarer Baum oder Strauch, kein Weg, kein Platz, an dem man sitzen möchte. Noch nicht einmal ein Zaun existiert. Zu den Nachbarn links und rechts hat jemand eine einfache Schnur zwischen Holzpfähle gespannt, zum Bahndamm hin nicht einmal das. Wenn sie die Kinder nachgeholt haben, wird sie sie immer im Blick haben müssen.

Sie sieht den Schneeschnecken zu, wie sie tropfend übers Geäst der wilden Sträucher kriechen. Zögernd setzt sie sich in Bewegung, Schritt für Schritt über grobe Erde mit tückischen, eisglatten Flächen, dann durch Laub und Schneereste Richtung Haus. Stauden strecken ihre verholzten Stiele in alle Richtungen wie überdimensionale Igel. Zweige brechen. Der Untergrund gibt nach, sie rutscht. Aber sie wird sich nicht so leicht ins Bockshorn jagen lassen! Das ist eine dieser deutschen Redensarten, über die sie sich still und heimlich wundert, weil sie sie zwar kennt, aber doch mit ihnen fremdelt, so dass sie sich gleich alles bildlich vorstellen muss, den Bock und seine Hörner, in die ein armer Mensch hineingejagt wird, von wem und warum auch immer.

Am Neujahrstag 1939 sind Ludwig und sie mit dem Skoda von Pozsony hierher aufgebrochen, beide verkatert. Das Silvesterfest ist Maris Abschied gewesen. Ludwig hat sich nicht lumpen lassen, einen Tisch im Carlton bestellt und den abendblauen Anzug angelegt, der seine morgenblauen Augen zum Leuchten bringt. Maris Geschwister Péter und Zsófia, die Freunde, vor allem Julika, Hans und Elsa, Samu und Lili waren anfangs ungewohnt steif. Erst mit steigendem Alkoholgenuss lockerte sich die Runde, und alle taten, was sie konnten, sie zu trösten.

„Du kommst her ... Wir kommen zu euch ... Wir werden uns jeden Sommer besuchen!"

„Diese verdammte politische Lage. Wenn das vorbei ist, kommt ihr einfach zurück!"

Das hat Péter gesagt, der Réka mitgebracht hat, seine schmale, fröhliche Frischverlobte. Neben ihr wirkt er doppelt breit. Er hat tüchtig zugelegt, in den letzten Jahren, was Réka kein bisschen zu stören scheint. Sie trank wie ein Vögelchen, er wie ein Bär – und auch Mari leerte ein Glas Champagner nach dem anderen, so lange, bis sie ihnen alles glaubte, sogar diesen Satz Julikas, der sie jetzt, in der Erinnerung, beinahe böse macht:

„Du wirst es gar nicht merken, dass du nicht mehr bei uns bist!"

Kein Wunder, dass sie am nächsten Tag Kopfschmerzen hatte und sich nur undeutlich an die ersten Kilometer ihrer Auswanderung erinnert. Schmerzhafte Kilometer, weiter und weiter weg von Pozsony ... Und es war bitterkalt. Ludwig hat sogar ein Öfchen in ihren Fußraum gestellt, das hat sie vielleicht vor der Erkältung gerettet.

In einem kleinen Ort in Österreich haben sie übernachtet, sind dann früh aufgestanden und endlose Stunden über einsam verschneite Straßen gefahren, auch über Hitlers neue Autobahn, über die Ludwig allerlei zu erzählen wusste. Er konnte genau beschreiben, wie sie geplant und gebaut worden war. Mari bestätigte ihn gern in seinem Stolz auf die deutsche Arbeiterschaft – auch wenn auf diesem Wunderwerk außer ihnen fast niemand unterwegs war.

Spätabends kamen sie erschöpft in Frankfurt an und mussten sich noch ein Hotel suchen. Am nächsten Tag hatte er Halsschmerzen, abends Fieber. Wenn sie ehrlich ist, beneidet sie ihn. Wie gern würde sie jetzt im Hotelbett liegen, sich totstellen, ihm alles überlassen. Aber er hat erst gestern Abend wieder betont, wie froh er ist, dass sie sich nicht bei ihm angesteckt hat.

Sie friert nicht ernsthaft, fröstelt nur ein wenig. Der braune Wollmantel hält gut warm. Sie ist froh, dass sie ihn angeschafft hat, zumal er Ludwig so gut gefällt. Er harmoniert mit deinem Haar, hat er gesagt, mit deinen dunklen Wellen, den grünbraunen Augen. Er bringt deine zarte Gestalt zur Geltung, gerade weil er ein bisschen grob ist – und hat sie geküsst, erst grob, dann zart. Leider ist der Mantelstoff doch etwas schwer und steif. Sie hat ihn auf den Rat ihrer Schwiegermutter hin gekauft, für ihre Winter in Frankfurt – für wie viele?, fragt sie sich unwillkürlich und antwortet sich, dass es so viele schon nicht sein werden. Ihr Leben ist so irrwitzig schnell aus der Balance geflogen – da kann man doch hoffen, dass es sich ebenso geschwind wieder einrenken wird! Sie hofft es.

Sie ist gut im Hoffen. Aber auch im Verzweifeln. Bevor die Spedition kam, hat sie sich auf die unterste Treppenstufe vor die Haustür gesetzt und geweint, gottfroh, dass Ludwig sie nicht so sah. „Nicht schlappmachen“, hätte er betreten gemurmelt, „Geflennt wird nicht“ oder etwas Ähnliches und sich dann von ihr abgewendet, in dieser Art, die man hilflos oder auch brüsk nennen kann. Mari weiß schon lange, dass er sich selbst und anderen jede Schwäche, jede Angst sofort austreiben will.

Ihr neues Haus, ihre Doppelhaushälfte, ist schmal und hoch, kaltweiß, die Fenster alle noch vorhanglos blind. Sie steigt die provisorische Treppe aus rohen Ziegeln hinauf zur Terrassentür, dreht sich noch einmal Richtung Bahndamm und lehnt sich mit der rechten Schulter an den Türrahmen, der fast unnatürlich hellweiß leuchtet. Wie wird dieser Garten im Sommer aussehen? Nicht wie Szuha. Wenn sich Ludwig noch so viel Mühe gibt – diese Ödnis, mitten in der Stadt, wird ihr das Landgut der Eltern nicht ersetzen. Obwohl sie zugeben muss, dass ihr neuer Garten für einen Stadtgarten recht groß ist, vor allem lang, und obwohl sie weiß, dass

Ludwig gut mit Pflanzen und Tieren umgehen kann. Viel besser als mit Menschen. Das hat sie oft in Szuha beobachten können. Sie haben den jungen Herrn Wacholz gerne in ihren Freundeskreis aufgenommen, haben deutsch mit ihm geredet, damit er sich heimisch fühlt. Das war für ihre Familie kein Problem. Sie sind Ungarn, aber Mari hat auch deutsche Vorfahren, sogar slowakische, wenn sie die auch gerne unterschlagen. Dort, wo sie zuhause ist, im Dreiländereck Slowakei-Ungarn-Österreich, sprechen sie ganz selbstverständlich alle drei Sprachen nebeneinander. Papa fragt etwas auf Deutsch, ihre Mama, die ungarisch Anyu genannt wird, antwortet in ihrer Sprache – und mit den Dienstboten spricht man slowakisch. Das ist normal, in der Gegend um Pozsony, das auf Deutsch Preßburg heißt und Slowakisch Bratislava. Je nachdem, mit wem man redet, redet man eben anders.

Dennoch ist Ludwig immer davongelaufen. Aus reiner Freude hat er die Kuh und die Hühner versorgt, die Rosen beschnitten. Statt mit den Tanten und Freunden beim Mokka zu sitzen, half er dem Winzer, obwohl das gar nicht nötig gewesen wäre. Einmal hat sie ihn heimlich auf dem kleinen Kornfeld oben auf dem Weinberg beobachtet. Sie saß im Kirschbaum, las eine prachtvoll unheimliche Geschichte von Szerb Antal, als Ludwig kam und sich zu den Gerstengrannen bückte. Er betastete sie behutsam, als seien es langstielige, zerbrechliche Tiere. Plötzlich, mit zwei Griffen zog er sein Hemd aus, begann Unkraut zu rupfen und hörte gar nicht mehr auf damit. Die Geschichte von Szerb verlor irgendwie jede Spannung. Sie sah auf seinen gebräunten Rücken hinab, der sich bog und wieder streckte und war eigentlich der Meinung, sich bemerkbar machen zu müssen. „Hallooo ... Verzeihen Sie, lieber Ludwig, wenn ich Sie erschrecke! Ich komme sogleich zu Ihnen hinab!“, hätte sie zum Beispiel fröhlich rufen können, war einige Male drauf und dran, es zu tun und tat es doch nicht.

Er war schnell und geschickt. Der Wind trug es fort, aber sie bekam doch mit, dass er eine Weile vor sich hin summte. Und obwohl die Sonne brannte, obwohl sie mit der Zeit unbequem saß, hoffte sie nicht wirklich, dass er aufhören würde.

Die Glastür hat sie nur angelehnt. Zielbewusst durchquert sie den Raum, der einmal ihre Küche werden soll. Bevor sie sich auf den Weg ins Hotel macht, will sie nachsehen, ob ihre Bücher heil angekommen sind. Natürlich weiß sie, dass hier in Deutschland garantiert niemand ihre ungarischen Romane stielt. Trotzdem muss, muss, muss sie nach ihnen sehen! Als die Möbelträger die in Wolldecken gehüllten Habseligkeiten ins Haus getragen haben, hat sie die Übersicht verloren, trotz der Liste, die Ludwig ihr mitgegeben hat. Das muss sie ihm vielleicht nicht unbedingt verraten. Sie hofft einfach, dass alles vollständig ist, sich keine größeren Schäden herausstellen. Die Betten sind da, darauf hat sie geachtet: ihr Ehebett, das stabile Gitterbett für Klára, für Rudolf und Dieter vorerst die doppelbettige Couch, die Ludwig selbst entwickelt hat. Er hat sogar ein Patent darauf. Auch ihre smaragdgrüne Recamiere landete wohlbehalten im ersten Stock – und endlich erschienen die fünf Kisten an der Rampe des Lastkraftwagens, auf die sie gewartet hatte.

In den ersten Stock geht es über die noch geländerlose Holztreppe. In ihrem zukünftigen Zimmer malt die Vormittagssonne eine kleine Raute auf die dunklen Dielen. Sie öffnet alle Bücherkisten, kramt in ihnen herum, und natürlich fehlt nichts. Sie blättert in einer zerlesenen Lyriksammlung, die von Anyu stammt, in einem Band der Literaturzeitschrift „Nyugat". Geschichten von Márai Sándor klaubt sie heraus, legt sie wieder zurück. Ein bisschen will sie hier noch sitzen, auf einer der Kisten, mit Blick auf ihre Bücher.

Erstes Kapitel
in welchem der Autor den alleinigen Helden dieses Buches, Esti Kornél, vorstellt und entlarvt

Ein kleines Stück liest sie in die Erzählung hinein, bevor sie den sandfarbenen Umschlag zuklappt, das Buch zurücklegt. Als sie zum ersten Mal Kosztolányi Dezsős Geschichten und Gedichte gelesen hat, war sie noch fest entschlossen, selbst einmal mit der ungarischen Sprache zaubern zu lernen wie er. Vielleicht wird sie hier in Deutschland wieder mehr zur Ruhe kommen? Auf jeden Fall will sie mit den Kindern ungarisch sprechen! In Pozsony hat Ludwig das zwar nicht besonders gerne gesehen oder besser gehört. Aber hier, als frischgebackener Fabrikdirektor, wird er so viel mit seinen fabelhaften Hausschuhmodellen zu tun haben, dass ihm gar nicht groß auffallen wird, was sie mit den Kindern zuhause macht. So stellt sie sich das vor. Und schon überkommt sie eine unbändige Lust, für ihre Kleinen, Süßen, für Rudolf, Dieter, Klári ein Zaubermärchen zu schreiben, etwas, worüber sie gemeinsam lachen können! Oh ja, das macht sie! So bald es geht. Beginnen wird es mit einem Flug an einem Zaubermantel ...

Die Glocken haben wohl schon länger zu schlagen begonnen. Sie schaut auf ihre Armbanduhr und erschrickt. Mittag. Ludwig wird schon warten. Er wird sich ärgern. „Wolkenkuckucksheim" nennt Ludwig das, wenn sie am helllichten Tag herumfantasiert, und je nach Laune meint er es mal tadelnd, mal entzückt. Sie liebt dieses Wort. Wie schön verrückt es klingt! Aber jetzt beeilt sie sich, stürmt die Treppe hinunter, versperrt schon von außen die Haustür, läuft los, rennt fast die lange, neue Straße entlang, Tiroler Straße heißt sie und riecht nach Teer und Kies. Im Vorüberhasten nimmt sie ein paar Kinder wahr, Buben, die um eine Dampfwalze herumstehen und fachmännische Bemerkungen machen. Aber als sie am Ende der Straße angekommen ist, ist ihr die Gegend ganz unbekannt. Diese alten Einfamilienhäuser hat sie noch nie gesehen. Sie ist in die verkehrte Richtung gelaufen! Warum muss ihr das immer passieren? Ludwig versteht es nicht, sie selbst versteht es auch nicht. Jedes Mal meint sie, nicht groß nachdenken zu müssen, ihrem Instinkt folgen zu können, nur scheint ihr Instinkt sich einen Spaß daraus zu machen, sie in falsche Richtungen zu führen. Die ganze, lange Straße rennt sie zurück, und natürlich grinsen die Buben ihr voll Schadenfreude nach. Sie findet, dass sie es verdient hat.

Nach einer Weile sieht sie wieder auf die Armbanduhr und verlangsamt den Schritt. Es ist schon egal. Ludwig wird so und so verärgert sein, mit Recht, natürlich. Sie wird ihm sagen, dass sie sich verirrt hat. Sie wird dabei zur Not ein bisschen übertreiben, damit er nicht merkt, wie lange sie nutzlos herumgesessen ist.

Die Bahnunterführung. Als ihre Augen sich an das Dunkel gewöhnt haben, wundert sie sich, wie sauber alles ist – selbst in diesem schlecht beleuchteten Loch! An den grauen Wänden gab es wohl Schmierereien, sie sind noch zu ahnen, wurden aber in einem ähnlichen Grauton übermalt. Nur ein Satz ist frisch hinzugekommen: *Freimaurer sind Menschenfresser*. Was die hier an die Wand malen!, wundert sie sich. Und wie viel Sorgfalt sie dann darauf verwenden, alles wieder zu übertünchen!

Gut, dass Ludwig so voll Zuversicht ist. Zusammen mit Herrn Montag, seinem Compagnon, hat er hier in Frankfurt diese kleine, aber vielversprechende Fabrikation von Hausschuhen gekauft. Arisiert. Nur deshalb ist sie erschwinglich gewesen. Mari hat nicht gewusst, was „arisiert" bedeutet. Er hat es ihr erklärt, und danach haben sie sich eine Weile angeschwiegen. Natürlich dachte sie an Samu. Er wahrscheinlich auch. Nagy Samu ist nicht nur sein ehemaliger Chef, sondern auch sein Freund, ein sehr guter sogar. Und er ist Jude, wie auch Lili, seine Frau. Ludwig hat immer nur einzelne Freunde gehabt – die aber waren ihm doch wichtig? Samu ist ihr Trauzeuge gewesen!

„Die haben alle das Geld, ins Ausland zu gehen!", hat Ludwig nach einer Pause angemerkt, in diesem barschen Ton, den er seit rund zwei Jahren häufiger anschlägt. Sie weiß, woher er ihn hat. In Preßburg verkehrte er im „Deutschen Hilfsverein" und befreundete sich mit Hans, der von dieser anderen sozialistischen Partei schwärmte. Hans war bei weitem nicht der Einzige, der Hitlers Erfolge feierte. Aber Ludwig? Sie gab sich Mühe, zu verstehen, warum er auf einmal für die Hitlerschen brannte, noch glühender als vorher für die Kommunisten. Dass sie seine Begeisterung nicht nachvollziehen konnte, lag sicher auch daran, dass Ludwig sie zu den Treffen der Nationalsozialisten nicht mitnahm. Auf den kommunistischen Versammlungen haben sie zusammen leidenschaftliche Reden gehört, mit Pálinka auf die Revolution angestoßen. Dann sangen sie die Internationale, er auf Deutsch, sie auf Ungarisch:

Fel, fel, ti rabjai a földnek, fel, fel, te éhes proletár!

Sie singt das leise vor sich hin, während sie den breiten Main über die Wilhelmsbrücke quert. Wie überzeugt sie waren! Wie Ludwig glaubte auch sie, dass der Kommunismus alle Probleme lösen würde. Dann, von einem Abend auf den anderen, nannte Ludwig die Kommunisten Bolschewisten, und es klang nicht mehr freundlich. Er engagierte sich für die NSDAP, die in der Tschechoslowakei verboten war.

Sie schaut Richtung Dom, lässt den Blick über die kleingewürfelte Altstadt schweifen, das Mainufer entlang. Vielleicht könnte sie sich leichter an Deutschland gewöhnen, wenn Ludwig sie mit der Auswanderung nicht so überrascht hätte? Er hat bestimmt die richtige Entscheidung getroffen. Er hat die politische Lage viel besser im Blick, das ist klar. Aber er hat sie nicht gefragt. Sie hätten doch darüber reden müssen? Sie kann es nicht anders nennen: Er hat sie überrumpelt, damals, vor gut einem Vierteljahr.

3. Kapitel
in dem Mari Wäsche von der Leine nimmt und Boden unter den Füßen verliert

Der Nachmittag in Pozsony ist gerade erst angebrochen, als sie Ludwigs Skoda vorfahren hört. Sie erkennt das Motorengeräusch, seine etwas ruppige Fahrweise, und hält doch nicht für möglich, dass er es ist. Ludwig arbeitet mindestens bis sechs. Gerade hat sie mit Anna, dem Dienstmädchen, große Wäsche gemacht. Die zehn Monate alte Klára war unruhig, hat sie beide immer wieder aufgehalten, aber jetzt ist alles glücklich auf den langen Leinen hinter ihrem Mehrfamilienhaus gelandet, und sie freut sich nach der Anstrengung auf ein Kaffeetscherl, einen Plausch, da sieht sie Ludwig tatsächlich und leibhaftig, wie er durchs teilweise verglaste Treppenhaus in den ersten Stock stürmt.

Anna und sie winken und rufen. Er hört sie nicht. Jetzt rennt er fast seine Söhne um, die vor der Wohnungstür auf der Treppe sitzen und wahrscheinlich ihre drei Zinnsoldaten hin- und herschieben, sie einander allerlei wichtige Dinge erzählen lassen. Beide sprechen schon viel, wenn auch nicht immer verständlich – in drei verschiedenen Sprachen.

„Wo ist eure Mutter?“, hören sie Ludwig durch die gekippten Fenster.

„Mosás machen!“, ruft Dieter.

„Deutsch!“, fordert Ludwig.

Rudolf zeigt in den Hof.

„In der Wäsche!“

Mari winkt noch einmal hinauf. Er blickt so ernst zurück, dass ihre Hand, als sie sich wieder senkt, einen unnatürlichen Bogen beschreibt. Dann beeilt er sich in den Hof hinunter.

„Es hat Anschläge deutschfeindlicher Kräfte gegeben. Die Situation ist hochexplosiv. Wir müssen nach Deutschland, sofort.“

Anna schaut empört. „Anschläge! Wo? Im Zentrum von Bratislava? Was nehmen die sich heraus!“

Auch Mari regt sich auf. „Das hört sich nicht gut an. Du meinst also, wir müssen vorübergehend fort? Was bin ich froh, dass wir die Wäsche erledigt haben – morgen wird sie trocken sein. Setz dich her zu uns, Ludwig, wir trinken einen Kaffee ..."

„Sofort heißt sofort", unterbricht er sie leise. Es soll sich ruhig anhören, doch es klingt nach dem Wort, das er vorhin benutzt hat: hochexplosiv.

„Wie meinst du das?"

„Wie ich es sage."

Sie schweigt erschrocken. Und er besteht darauf, dass sie mit Anna die nasse Wäsche einpackt. So viel, wie für ein paar Wochen nötig ist.

Heute noch nach Deutschland? Für ein paar Wochen?

Schon dirigiert er die aufgeregten Buben zum Auto. Sie läuft ihnen aufgelöst nach.

„So schnell, Ludwig? Ich muss einen Augenblick nachdenken. Kläri braucht eine frische Windel. Wir brauchen Proviant. Wohin fahren wir denn genau?"

„Zu meinen Eltern nach Osnabrück."

„Bist du sicher? Für mehrere Wochen?"

„Meinst du mir macht das Spaß?"

Als sie Pozsony schon verlassen haben und über die Landstraße rasen, hat sie noch immer nicht begriffen und versucht, ihre Gedanken zu ordnen. Er hat gesagt, die Partisanen schrecken vor nichts zurück. Wie er es gesagt hat, so mühsam kontrolliert, klingt es schlimm und wühlt sie auf. Verfolgt man sie etwa schon? Etwas hält sie zurück, ihn zu fragen. Also dreht sie sich zu den Buben, vorsichtig, und es gelingt ihr, die schlafende Klára auf ihrem Schoß nicht zu wecken. Sie spricht mit Dieter und Rudolf, erklärt, wohin sie fahren und blickt nebenbei durch die Heckscheibe, so gut es geht. Ganz klein erkennt sie noch das Pferdefuhrwerk, das sie vorhin überholt haben. Ansonsten bleibt die Straße hinter ihnen frei.

Sie dreht sich wieder nach vorn, und ein heißer Schwall Ärger steigt in ihr auf. Er sagt, es hat Überfälle gegeben. Wenn er es sagt, wird es so sein. Aber was er jetzt gerade macht, mit ihr und seiner ganzen Familie – ist das nicht auch so etwas wie ein Überfall? Sie kommt sich fast vor, als würde sie entführt! Warum muss er in allem so heftig reagieren, so unbeherrscht? Wenn sie ihn so erlebt – es ist nicht das erste Mal – überkommt sie eine Angst, die gar nicht sein darf, die deshalb umso tiefer geht: Angst vor Ludwig, dem Mann, den sie doch liebt.

Sie betrachtet ihn verstohlen von der Seite. Er spürt es. Dieses scheue, unwillkürliche Lächeln, das sie so mag, fliegt über sein Gesicht, und schon schämt sie sich wieder für ihre Gedanken. Er hat viel mehr Ahnung vom politischen Tagesgeschehen. Sie liest gar nicht mehr gerne Zeitung, meidet Diskussionen, weil sie nichts so sehr hasst wie den Hass, der schon seit Jahren offenbar nicht mehr vermeidbar ist. Ludwig dagegen verfolgt nicht nur die aktuelle Entwicklung, sondern beschäftigt sich auch mit den politischen Strömungen, ihrer Geschichte, und er stürzt sich in jede Debatte, mit Papa und Péter ebenso wie mit seinen NS-Freunden. Auch den alten kommunistischen Freunden geht er nicht aus dem Weg. Wenn er sagt, dass die Partisanen die Deutschen überfallen, und dass sie deshalb für eine Weile nach Deutschland müssen, dann muss sie das akzeptieren, so weh es ihr tut. Der Spuk wird ja bald vorbei sein. Man wird es in den Griff bekommen, warum denn nicht.

Erst geht es nach Wien. Eine gute Stunde sind sie auf der Suche nach einem vertrauenerweckenden und preiswerten Hotel, obwohl das wenig Sinn macht, weil sie auch das billigste Hotel der Welt nicht bezahlen könnten. Sie haben kaum Reichsmark, nur tschechoslowakische Kronen. Das alles ist ja von Ludwig nicht geplant gewesen, und die Devisenbestimmungen sind streng, sie können ihr Geld nicht einfach umtauschen. Eher aus Erschöpfung als aus Überzeugung entscheiden sie sich schließlich für eines dieser kleinen Hotels mit schäbigen Fassaden, das von außen wenigstens halbwegs ordentlich wirkt. Er erklärt, seinen Eltern telegrafieren zu müssen. Er will sie nicht nur über ihre Ankunft informieren, sie sollen auch deutsches Geld schicken. Sofort. Mari kann sich ein verzweifeltes Grinsen nicht verkneifen, bei diesem markigen „Sofort“, das sie jetzt schon kennt, und ob sie will oder nicht, sie muss sich Waltraud vorstellen, ihre Schwiegermutter, beim Empfang des Telegramms. Waltraud öffnet zögernd die schwere Haustür, und neben den gleichmäßig schimmernden Ascheeimern, die unter den Briefkastenreihen Spalier stehen, wartet einer dieser Motorradboten, den sie fixiert wie einen Schüler vor einem Test, bevor sie sich an ihren unzählige Male reparierten Sekretär zurückzieht und liest. Nachdenkend knirscht sie mit den Zähnen, alle Optionen prüfend. Ihren Mann wird sie erst informieren, wenn sie einen Entschluss gefasst hat.

Wie aber wird der aussehen?

So oder so – sie werden nicht wirklich willkommen sein. Ludwig ist das offenbar egal.

Einen Hoteldiener gibt es hier nicht. Ludwig trägt noch den Koffer nach oben, bevor er in Richtung Postamt verschwindet. Die nasse Kleidung wiegt ja doppelt schwer. Schnaufend sitzt sie dann mit den Kindern auf dem Doppelbett, bis Klára zu greinen beginnt. Sie bekommt die Brust, während Dieter die Sprungfedern des Bettes testet. Rudolf betrachtet seine kleine Schwester versonnen und möchte jetzt ebenfalls etwas zu trinken. Sie hat noch Tee in der Feldflasche.

Sie könnte mit dem Auspacken beginnen. Sie zögert es hinaus.

Als Ludwig zurückkommt, zieht er den einzigen Stuhl vors Bett, setzt sich ihr gegenüber. Nervös sieht er auf die Armbanduhr.

„Dann muss ich jetzt auch wieder.“

„Was musst du?“

„Na – zurück nach Preßburg, ins Büro! Du wirst dir denken können, dass ich nicht so schnell Urlaub bekommen konnte. Ihr fahrt also vor. Ich komme, sobald ich kann.“

„Ohne dich? Aber wie denn!“

„Mit der Bahn – wie sonst? Ich lasse dir alles an Reichsmark da, was ich habe. Für ein bescheidenes Abendbrot dürfte es reichen. Morgen kommt das Geld von meinen Eltern, du kannst es an der Rezeption auf meinen Namen abholen. Damit bezahlst du Hotel und Bahnkarte."

„Und wenn kein Geld kommt?"

„Selbstverständlich kommt Geld. Sonst musst du mir eben telegrafieren."

„Wie komme ich von hier zum Bahnhof? Mit drei Kleinkindern? Mit der nassen Wäsche?"

„Die Wäsche wirst du wohl über Nacht trocknen können. Frag den Portier nach dem Weg. Wenn es mit der Tram zu beschwerlich ist, nimmst du eine Taxe."

„Was werden deine Eltern sagen? Ich überfalle sie mit den Kindern. Wir kennen uns noch nicht so gut ..."

„Eine deutsche Familie hält zusammen, ohne Wenn und Aber."

„Eine ungarische Familie würde auch gern zusammenhalten!", entfährt es ihr. „Ich habe mich nicht einmal verabschieden können!"

Seine Lippen schlängeln sich, wie sie es kennt, wenn er ernsthaft böse wird.

„Ich habe den Eindruck, dir ist die Dramatik der Situation in keinster Weise bewusst."

„Das kam so plötzlich, Ludwig! Ich habe es gar nicht kommen sehen. Hast du es denn nicht kommen sehen? Hättest du mich nicht vorwarnen können? Hätten wir nicht alles besser planen können?"

„In welcher Welt lebst du? Soll ich den Partisanen telegrafieren und sie bitten, uns ein paar Wochen zu schonen, damit wir uns geordnet zurückziehen können?"

Sie lässt den Kopf hängen und entschuldigt sich. Er setzt sich zu ihr aufs Bett, legt den Arm um sie.

„Ich fahre dich nochmal zurück, Liebes. Du wirst dich von allen Verwandten und Freunden in Preßburg und Tyrnau verabschieden können."

Sie muss schlucken. Das klingt so endgültig. Er steht auf, verabschiedet sich von den Kindern. Als er schon den Türknauf dreht, kann sie nicht anders, als ihn zu fragen:

„Und wie lange willst du in Deutschland bleiben?“

„Mach dir nicht so viele Sorgen, Mari. Man wird sehen. Es wird alles gut.“

Sie läuft mit den Kindern durch Wien und will sie nicht spüren lassen, wie sie sich fühlt. Wie eine Zigeunerin. Klára trägt sie im Tuch auf dem Arm, den Buben hat sie eingeschärft, sich an ihrem Rock festzuhalten. „Bleib bei mir!“, ruft sie ängstlich, als Dieters kurze Beinchen einen halben Schritt zurückbleiben. „Nicht stehen bleiben!“, als Rudolf sich nach der bimmelnden Tram dreht. Sie sucht und sucht einen Ort, der ihr Halt geben könnte. So etwas scheint es hier nicht zu geben. Dieser Bezirk, dessen Namen sie nicht einmal kennt, ist jetzt am Abend voller Menschen, aber sie sieht keine Familien, nur Beisln und andere Lokalitäten, vor denen sich Männergrüppchen herumtreiben. Drei, vier Geschäftsstraßen laufen sie hinauf und wieder hinunter, bevor sie sich überwindet, mit ihren erschöpft stolpernden Anhängseln eines dieser Beisln zu betreten, über dem auch „Restaurant“ steht.

Sie geben die Mäntel an der Garderobe ab und bekommen einen Tisch zugewiesen. Kaum haben sie sich gesetzt, erklärt ihr der Ober, der schreiende Säugling störe die anderen Gäste, leider. Sie solle den schreienden Säugling bittschön an der Garderobe abgeben. Tatsächlich brüllt Klára unaufhörlich – was Mari gerade die natürlichste Lautäußerung der Welt zu sein scheint. Sie bittet die Buben, brav zu warten, und stellt sich in ein paar Schritt Entfernung vor der Garderobe auf, beobachtet die ältere Dame, wie sie mit runden, geübten Bewegungen leichte Mäntel und Hüte entgegennimmt und verstaut. Dann wechselt sie ein paar Worte mit ihr. Sie hat den Eindruck, es wagen zu können. Als sie Klára übergibt, spürt sie eine Erleichterung. Wie gut es ihr tut, sie für ein paar Momente loszuwerden!

Zurück im Gastraum, sieht sie Rudolf sehr aufrecht und mit rotem Kopf auf dem großen Stuhl sitzen. Dieter schaut kaum über die blütenweiße Tischdecke. Er hat den Pfefferstreuer auseinandergeschraubt, will ihn jetzt schnell im Schoß verschwinden lassen

– da rieselt der Inhalt zwischen seinen Beinchen auf Stuhl und Boden. Sie setzt sich, sieht sich um. Dann beugt sie sich zu ihm, nimmt ihm die Reste aus den Händen und raunt: „Jézusmária ... Zum Glück ist der Kellner anderweitig beschäftigt! Wenigstens das!“

Dreimal verschwörerisches Kichern.

Das preiswerteste Gericht auf der umfangreichen Karte ist eine Jause mit Erdäpfelsalat und Wurst. Als der nicht besonders reichlich belegte Teller kommt, rechnet sie fest damit, zwischen den hungrigen Buben nicht satt zu werden. Doch dann sperrt sich ihr Magen schon nach den ersten Bissen, und es fällt ihr nicht schwer, ihnen den Rest zu überlassen.

Im Hotel entrollt sie die nasse Wäsche, verteilt sie über Handtuchhalter, Spiegel, Heizkörper. Der Tag ist recht warm gewesen, die Zentralheizung nicht angestellt, aber mit so viel nassem Tuch wird es in der Nacht doch kühl werden, sorgt sie sich. Natürlich wollen die Buben helfen. Erst dekorieren sie die rostende Badewanne mit verschiedenfarbigen Kinderstrümpfen. Dann steigt Rudolf auf den Stuhl und hängt ihr champagnerfarbenes Korselett über die geschwungene Wandlampe. Das Licht ist jetzt schummrig wie im Lichtspieltheater. Das Korselett ist ihr einziges, und sie trägt es fast nie, aber in Osnabrück, wer weiß ... Sie sollte einen besseren Platz für das gute Stück suchen – und lässt es dann doch.

Zwischen abgewetztem Plüsch in Beige und Rot tropfen die Hemdchen, hängen ihre Röcke als unwirkliche Kulisse hinter ihren aufgedreht hin- und herlaufenden Söhnen, und über dem verschnörkelten Lampenarm wölben sich zwei Büstenspitzen zu einem bizarren Gebirge. Sie schaut und schaut – und lächelt. Dieter stülpt sich ihre braungemusterte Tunika über den Kopf. „Wie ein Indianerhäuptling siehst du aus!“, ruft sie, das gefällt ihm, und er will partout mit diesem Kopfschmuck schlafen gehen. Sie ist zu müde, sich durchzusetzen, deckt ihn kichernd zu und kann überhaupt nicht mehr aufhören zu kichern. Gut, dass Ludwig nicht hier ist, fährt es ihr durch den Kopf, er hätte die Kinder längst streng zur Ordnung gerufen, vielleicht Ohrfeigen verteilt. Und diese Reise ist ja tatsächlich alles andere als ein Spaß! Trotzdem kann es doch nicht verkehrt sein, sie für den Augenblick zu einem zu machen?

Dieter murmelt im Schlaf. Rudolf schnarcht. Es riecht nach Waschküche, und die Lichter der Automobile stehlen sich um die brüchigen Vorhangkanten herum. Mari trägt die weinende Klára hin und her, zwischen Bett und Fenster, Wanne und Tür, und ist selbst noch immer aufgewühlt.

Ludwig und sie, das ist nie einfach gewesen. Weil er anderthalb Jahre jünger ist als sie, hat sie ihn als Mann gar nicht ernst genommen – anfangs. Der junge Herr Wacholz war steif und zurückhaltend, einer dieser deutschen Wirtschaftsflüchtlinge, von dem sie zunächst nur wusste, dass er gern Chemie studiert hätte, wenn es finanziell möglich gewesen wäre. Ein fremdelnder Einzelgänger, der plötzlich heftig werden konnte. Auch Menschen, die er mochte, schien er in größeren Gruppen nie lange zu ertragen. Er dagegen verliebte sich sofort. Peti war der Erste, der eine dementsprechende Bemerkung machte.

Er kaufte sich ein Motorrad, machte Touren, schwärmte ihr von der schönen Gegend vor, der nahen wie der etwas ferneren. Es gefiel ihr, wie er sich für die Natur ihrer Heimat begeisterte, den Semmering-Pass beschrieb oder eine kleine Straße, die stille Vág entlang. Ludwig Wacholz machte damals den Eindruck, als hätte er sich in Trnava gut eingelebt. Mit der Zeit mochte sie ihn gern – als Freund. Sie hielt ihn für so intelligent wie unreif, und wenn sie ehrlich ist, denkt sie das manchmal noch heute.

Sein Chef, Nagy Samu, lobte seine Arbeit, das gab ihm Auftrieb. Mit einem neuen, forschen, forschenden Blick lud er sie zum Mitfahren ein. Ihre Mutter verbot es ihr streng – viel zu gefährlich! Anyu hatte aus seinen Erzählungen den Eindruck gewonnen, dass Herr Wacholz manchmal zu viel wagte. Doch Mari war der Meinung, erwachsen genug zu sein, solche Entscheidung selbst treffen zu können.

Er versprach auch, sie nur um Szuha herum zu fahren. Vorsichtig setzte sie sich hinter ihn auf den Ledersitz, hielt sich widerstrebend an seinem Gürtel fest – und war fast enttäuscht, als er sie tatsächlich nach wenigen Minuten wieder absetzte.

Dann, zwei Tage später, ging es gleich in die Wachau. Die Eltern wussten nichts davon. „Wir springen nur rasch!“, rief sie ihrem Papa zu, ohne konkret zu werden, wohin und mit wem.

Sie fuhren über die Felder und Dörfer, zwischen säuerlich duftenden Weinstöcken bergauf, bergab unter Marillen- und Weichselbäume. Sie gerieten in einen Regenschauer und retteten sich unter das Dach eines Buschenschanks. Dort nippten sie Stunden an je einem Glas Wein und hörten nicht auf zu reden. So gesprächig war er noch nie gewesen. Saßen sie mit Familie und Freunden zusammen, wirkte er immer angespannt, abweisend. Sie fragte ihn, warum. Er schaute vor sich auf den rohen Holztisch und rang nach Worten.

„Es ist wie Tauchen“, sagte er dann. „Ich muss die Luft anhalten, unter Menschen.“

„Oh“, rief sie, „das ist ein schönes Bild! Jetzt verstehe ich Sie. Aber bei mir ist es anders. Ich bin ein Fisch im Wasser, wenn ich in Gesellschaft bin.“

„Ich werde für Sie die Luft anhalten, bis mir schwarz vor Augen wird!“

„Das müssen Sie nicht. Was habe ich von einer Wasserleiche?“

Auf dem Rückweg dachte sie noch: Anyu hat nicht so unrecht. Denn er fuhr jetzt tatsächlich sehr schnell und liebte es offenbar, sich mit ihr in die Kurven zu legen. Protestierend klammerte sie sich an, was ihn nur mehr anspornte. Ein ungepflastertes Rebsträßchen ging es entlang, in Serpentinen bergauf, bergab, er drosselte die Geschwindigkeit nur, um gleich wieder Gas zu geben, es staubte, sie drehten sich, hüpften über einen Randstein, fingen sich wieder, und schon schoss die Maschine wieder vorwärts. Der Fahrtwind verzog ihr Gesicht zu einem bestürzten Lachen. „Sie sind zu schnell!“, schrie sie ihm ins Ohr. Er nahm das Gas zurück, aber nur ein wenig, sie flogen in die nächste Kurve hinein, die enger war, als es ausgesehen hatte, noch einmal drehten sie sich, wie sie es nun schon kannte, das war nicht schlimm, sie kamen wieder in die Spur, dann gab es einen gewaltigen Ruck. Als habe jemand in ihr Vorderrad gegriffen, von vorn, eine große, unverletzliche Hand, so hob sich das Hinterrad der Maschine, und sie schossen über den Lenker wie eine Person.

Sie landeten im Graben. Er hatte ihr seine Ledermütze überlassen, so dass ihr bis auf Schrammen an Händen und Armen nichts passierte. Er aber hatte eine stark blutende Platzwunde an der Stirn. Wie immer, wenn sie Blut sah, geriet sie in Panik. Papa hatte sie deshalb oft gerügt. Er verstand es nicht, natürlich nicht, als Arzt. Er hatte ihr und Zsófia gezeigt, wie man besonnen mit Wunden umgeht, doch das hatte nur bei Zsófia geholfen, und auch diesmal zitterte sie am ganzen Körper, konnte nicht mehr denken. Ludwig musste sie in den Arm nehmen, sie trösten, statt umgekehrt. Sie schämte sich, schimpfte und merkte, dass sie wirres Zeug redete. Er lachte. „Das wird sich nicht verheimlichen lassen!“, sagte er und schien auch die Beichte vor ihren Eltern kein bisschen zu fürchten.

Gegen sechs schreckt Mari hoch, weil Dieter den Knopf der Nachttischlampe für sich entdeckt hat. Sie wundert sich, dass sie überhaupt geschlafen hat, rappelt sich auf und prüft die gestern drapierten Kleidungsstücke. Sie sind noch feucht – bis auf das Korselett.

Nach dem Frühstück läuft sie schon einmal an die Rezeption, wegen des Geldes.

Es ist nicht angekommen.

Das Stubenmädchen hat derweil die feuchte Wäsche aufs zerwühlte Bett geworfen – mit spitzen Fingern, stellt Mari sich vor – und ist dabei, das Bad zu reinigen. Mari bittet sie, ihnen noch ein wenig Zeit zu geben. Sie lässt sich erweichen und verschwindet, so dass sie den Kindern und sich selbst eine improvisierte Geschichte erzählen kann, von einem Mädchen, das verschiedenfarbige Sprachen spricht. Nebenan röhrt das Staubsaugerungetüm, das sie vorhin im Flur gesehen hat: Es ist so hoch wie Rudolf. Dennoch lässt sie das Mädchen aus ihrem Märchen seine warme, rote Sprache sprechen, dann eine kühlere, blaue und noch ein bisschen gelb, aber nur kurz, denn das ist eine eher ungehobelte Sprache. Sie ist glücklich, als sie die Buben zum Lachen bringt und lacht mit.

Nach einer Dreiviertelstunde läuft sie wieder zur Rezeption. Der Portier sieht sie zweifelnd an.

„Bedaure."

Wird sie Ludwig telegrafieren müssen? Langsam, unsicher schleicht sie die Treppe wieder hoch, deren goldene Teppichkanten sich hier und dort gelockert haben. Dann stampft sie als lebende Lokomotive durchs Zimmer, mit Rudolf und Dieter als Waggons, ein Spiel, von dem sie nicht genug bekommen können. „Hälfts – ma. Hälfts – ma. Hälfts – ma – hälfts ma – gehtschobesser, gehtschobesser gehtschobesser, tuuut tuuut tut tuuuut ..." Bis das Stubenmädchen kommt und meint, das ginge so nicht.

Sie gibt ihr recht. Drückt ihr Klára in die Arme und rennt hinunter.

Das Geld ist angekommen.

Der Portier lächelt, weicht aber zurück, als sie Anstalten macht, ihn über den Empfangstresen hinweg zu umarmen. Also küsst sie stattdessen den Umschlag mit den Scheinen und bezahlt auf der Stelle die Rechnung, ohne den Betrag auch nur wahrzunehmen. Lässt eine Taxe zum Südbahnhof ordern. Fragt erst hinterher nach dem ungefähren Preis und zählt ihre Scheine. Entschuldigt sich, lässt die Taxe wieder abbestellen. Fragt nach dem Weg. Ist, als sie wieder hinaufstürmt, sicher, von der Erklärung des Portiers kein Wort behalten zu haben.

Derweil hat das Stubenmädchen die Buben aus dem Zimmer geworfen, und sie balgen sich auf dem Gang. Dieter beklagt sich wütend, Rudolf habe ihn geboxt. Aus dem Zimmer hört sie Klára gegen den Staubsauger anbrüllen. Sie beruhigt die Buben, so gut es geht, und läuft mit Klára im Flur auf und ab, bis das Stubenmädchen fertig ist. Jetzt darf sie ihre klamme Wäsche zusammenrollen. Klára auf dem rechten Arm, den Koffer in der Linken, die

Buben mit ihren Umhängetaschen am Rockzipfel verlässt sie erhobenen Hauptes das Hotel.

Nach wenigen Minuten wird ihr klar, dass sie umkehren müssen. Ihr Gepäck ist zu schwer. Sie bestellt die Taxe ein zweites Mal.

Und das Geld reicht tatsächlich, für Taxe und Fahrkarten. Es bleibt sogar ein ordentlicher Rest. Als sie im gut besetzten Abteil angekommen sind, erklärt sie den Buben glücklich, was für liebe, treusorgende Großeltern in Osnabrück auf sie warten. Die strampelnde Klára legt sie hinter sich auf die Holzbank, sitzt selbst ganz vorn auf der Kante und plaudert weiter ungarisch mit Rudolf und Dieter, die fasziniert an der Fensterscheibe kleben. Eine Dampflok ist eingefahren. Braune Waggons fließen vorbei. Langsam setzt sich nun auch ihr Zug in Bewegung.

Mari gegenüber dreht ein junger Mann seine *Kronen Zeitung* unbehaglich in den Händen.

„Verzeihung, verstehen Sie Deutsch?“, fragt er plötzlich sehr laut und fügt an, ohne auf ihre Antwort zu warten: „Warum setzen Sie sich nicht ordentlich hin? Ist das bei Ihnen so üblich?“

Die Buben fallen erschrocken auf ihre Plätze. Mari erklärt ihm eifrig und in ihrem besten Hochdeutsch, sie und ihre Kinder hätten sogar die deutsche Staatsbürgerschaft. Ihr Mann sei Deutscher. Sie komme aus Preßburg, und sie selbst habe auch deutsche Vorfahren. Sicher habe er schon gehört, dass es in der Gegend um Preßburg schon immer ein lebhaftes Durcheinander der Nationen und Sprachen gegeben habe.

„Ein lebhaftes Durcheinander, so?“, fragt der Mann ironisch. Dann lehnt er sich zurück, schlägt die Beine übereinander und öffnet mit einem entschlossenen Knall die Zeitung.

In Osnabrück ist es weniger schlimm, als sie erwartet hat. Ludwigs Eltern scheinen zu begreifen, dass Mari keine Schuld trägt, an ihrem Überfall mit drei kleinen Kindern. Aber Waltraud ist inzwischen schwer krank, teilweise gelähmt. Sie kann ihr mit den Kindern kaum helfen. Immerhin haben sie ein Hausmädchen.

Am Wochenende kommt Ludwig. Er muss bald wieder fort, und als er ein paar Tage später wieder erscheint, erzählt er ganz selbstverständlich von seinen Schwierigkeiten beim Aufbau einer neuen Existenz in Deutschland.

Eine Existenz in Deutschland!

Mari verschlägt es die Sprache. Insgeheim hofft sie auf noch mehr Schwierigkeiten.

Sie interessiert sich jetzt wieder mehr für die Zeitung und hat den Eindruck, dass sich die Weltlage hier deutlich anders liest als in der Tschechoslowakei. Von Osnabrück aus gesehen ist es für Hitler ein Kinderspiel, nicht nur in Deutschland, sondern auch in den Nachbarländern das Böse auszumerzen und Ordnung zu schaffen. Sie möchte das gerne glauben. Aber warum hat Ludwig sie dann hierher entführen müssen?

Mitte Dezember ruft er sie nach Frankfurt am Main. Zu diesem Zeitpunkt ist schon alles entschieden, die Hausschuhfabrik gekauft. In einem für seine Verhältnisse langen Brief setzt er ihr seine Pläne auseinander: Zunächst soll sie mit dem Zug nach Frankfurt kommen, damit sie gemeinsam eine Wohnung suchen können. Wenn sie ihr neues Heim gefunden haben, wird er sie noch einmal nach Preßburg und Tyrnau bringen, wie er es versprochen hat. Zum Abschiednehmen. Zur Auflösung des Haushalts. Dann kehren sie zu zweit nach Frankfurt zurück und richten die neue Wohnung ein. Die Kinder bleiben zu ihrer Entlastung noch eine Weile bei seinen Eltern.

Ist das so in Deinem Sinne? Ich bin mir sicher, dass Du in Frankfurt rasch heimisch werden wirst!

Sie antwortet mit einem für ihre Verhältnisse kurzen Kärtchen:

Lieber Ludwig,

ich freue mich sehr, von Dir zu hören. Ich freue mich auf Pozsony, auf Nagyszombat, auf Szuha, obzwar es ein schmerzhafter Abschied werden wird. Holst Du mich in dem Bahnhof Frankfurt ab? Die genaue Zeit werde ich Dir telefonisch noch geben.

Deine Mari

4. Kapitel
in dem der sympathische Herr Siegl tüchtige Handwerker empfiehlt

Was für ein Bahnhof das ist! Ganz anders als der Wiener Südbahnhof, von dem in Bratislava gar nicht zu reden. Dieses Riesenbogenfenster! Mari hat noch nie ein so großes Fenster gesehen. Es ist ja, als fahre man in eine ungeheure, liegende Tonne – und wie es hier hallt! Lautsprecherstimmen schweben unter der himmelhoch gewölbten Decke, überall Stahl, diffuses, graues Licht, Herren in Anzügen eilen wie an Schnüren gezogen, eine Familie schreit aufgeregt durcheinander. Auch Ludwig hat einen dunkelgrauen Anzug an. Sie sieht ihn gleich, noch bevor sie aussteigt, wie er am Perron hin und her tigert und versteht plötzlich, warum er hier, unter diesem metallenen Himmel, an seine Zukunft glauben kann. Er strahlt über das ganze Gesicht. Wenn alles hier so staunen macht – vielleicht kann sie sich einfach beeindrucken und von seiner Freude anstecken lassen?

Kaum haben sie sich umarmt, verkündet er, dass man ihm ein Haus angeboten hat, in bester Lage, geräumig, mit Garten – und der Preis: sensationell! Für ein Haus in Frankfurt meinten sie gar nicht das Geld zu haben! Stolz zitiert Ludwig den Makler, wie er Mitglied der NSDAP: „Im Vertrauen: Diese Chance bekommt nur ein ausgesuchter Käuferkreis.“

Im Hotelbett lieben sie sich fast wie in den Flitterwochen – so ganz ohne Kinder im Hinterkopf! Dann ruht sich Mari aus, während Ludwig Zeitung liest. Es ist doch sehr angenehm, denkt sie, dass sich sein Engagement für diese Partei jetzt endlich einmal bezahlt macht. In der Slowakei hat er sich ja damit vor allem Feinde gemacht. Er wurde von der Polizei beobachtet, einmal sogar verhaftet – nur weil er die Grenze nach Deutschland überschreiten wollte! Auch für sie selbst wurde es schwierig.

Die Geschichte mit Martin fällt ihr ein, dem Lebensmittelhändler in Pozsony, bei dem sie regelmäßig einkaufen ging. Der fünfjährige Rudolf plapperte herum, ungarisch, deutsch, und dann sagte er diesen Hitler-Spruch auf:

Im März macht er einen Scherz.
Im April macht er, was er will.
Und im Mai nimmt er die ganze Tschechoslowakei!

Martin hat erst eine Weile geschwiegen. Dann hat er gefährlich leise behauptet, er wisse schon, woher der Sohn diesen Spruch habe. Von seinem Vater, von wem denn sonst. Mari bestritt das nicht sehr überzeugend – er hatte ja recht. Martin begann zu schimpfen, wurde immer lauter, knallte die Gemüsezwiebeln auf die Waage, dass sie quietschend in Wallung kam. Alles, was sie sagte, verstand er falsch. Es gelang ihr nicht mehr, ihn zu beruhigen. Sie bekamen Hausverbot.

Abends erzählte sie Ludwig davon und schlug ihm gleich vor, Martin in eins der Preßburger Kaffeehäuser einzuladen, die gerade die Männer hier so liebten. Auch Ludwig hatte im „Berlin" schon Stunden zugebracht, arbeitend, entspannend. Er könnte Martin vielleicht einen Pálinka ausgeben? Dann könnten sie reden, von Mann zu Mann? Aber Ludwig schlug mit der flachen Hand auf den Tisch, lachte wütend und nannte sie prinzipienlos. Sogar verlogen nannte er sie, und damit sei das Ganze für ihn erledigt.

Die Sache mit Martin hat ihr noch lange auf der Seele gelegen. Was ist falsch daran, miteinander zu reden? Wenn es Probleme gibt, bei ihnen zu Hause, löst man sie auf diese Weise – oder versucht es. Péter zum Beispiel würde es ungefähr so machen, wie sie es Ludwig vorgeschlagen hat. Sie findet, dass Peti eigentlich viele Gemeinsamkeiten mit Ludwig hat: Auch er ist ehrgeizig und intelligent. Sie interessieren sich beide leidenschaftlich für die aktuelle Politik, aber auch für die Geschichte, die länger zurückliegt. Mari ist stolz auf Ludwig, was er alles weiß, wie begeistert er arbeitet, seine für den Anfang doch vielversprechende Karriere, aber auch auf ihren Bruder, der inzwischen sogar in Paris und Prag studiert hat und Journalist werden will. Wie Ludwig hat er hochfliegende politische Träume. Ein vereintes Europa stellt Peti sich vor. Wenn Ludwig vom Dritten Reich spricht, meint er vielleicht etwas Ähnliches? Sie hofft es.

Jedenfalls hätte Peti, an Ludwigs Stelle, den Lebensmittelhändler Martin mit Sicherheit zu einem Pálinka eingeladen. Martin hätte erst abgesagt und dann doch zugesagt. Peti hätte im Kaffeehaus reichlich auftischen lassen, sie beide aßen und tranken ja gern. Und sie wären ganz natürlich ins Reden gekommen ...

Schon am Morgen nach Maris Ankunft haben sie einen Termin mit dem Makler des preiswerten Hauses, Herrn Siegl. Wohl um die Sache spannender zu machen, hat er sie nicht direkt an das fragliche Haus bestellt, sondern in ein anderes Gässchen im selben Stadtteil Bornheim. Während sie warten, laufen sie schon ein paar Schritte – und was sie sehen, gefällt ihnen. Krumme Sträßchen, überwiegend bescheidene, teils auch respektgebietendere Bürgerhäuser, auch ein paar Geschäfte, Restaurants, eine Kirche. Nicht zu laut, nicht zu ruhig.

Herr Siegl kommt mit der Taxe. Die am linken Arm ganz offen getragene Hakenkreuzbinde irritiert Mari nur kurz. In der Tschechoslowakei hat man sie höchstens in Hinterzimmern gesehen, doch hier gehört sie selbstverständlich zum Stadtbild. Unter der polierten Schirmmütze lächeln Mari zwei braune Augen freundlich an. Klein und leicht untersetzt ist er. Obwohl er sich sehr bemüht, hochdeutsch zu reden, hört sie doch den Anklang an das Bairische, was sie beinahe heimatlich stimmt.

Zu dritt promenieren sie gemütlich die Straßen entlang, und er nennt sie „gnä Frau“, spricht ihr launig vor, wie die Einheimischen zu diesem Stadtteil sagen: „Bernem“. Sie spricht es nach. Sie lachen. Dann lobt er die Nähe zur Altstadt, begeistert sich für die heimelige und nichtsdestotrotz flott urbane Umgebung, den tadellosen Ruf dieser Gegend. Sie biegen ab, biegen noch einmal ab und sind in diesem noch ruhigeren, schmalen Sträßchen, in dem besagtes *Zuckerstückerl* sich befinden soll.

Von der beigen Wand des alten Stadthauses leuchtet ihnen schon von Weitem ein Davidstern entgegen. Er ist nicht zu übersehen. Herr Siegl ist ein so liebenswerter Mensch, sagt sich Mari, er bietet ihnen, der jungen, sympathischen Familie, dieses Haus zu selten günstigen Konditionen an – da kann man wohl über eine Schmiererei hinwegsehen? Und sie passt auch gar nicht hierher, diese Schmiererei. Und man kann sie einfach überpinseln.

Der Makler beeilt sich, ihnen die rehbraun gebeizte Eingangstür zu öffnen, schon stehen sie im Flur und Mari hat nur mit halbem Blick wahrgenommen, dass die grünen Fensterläden sämtlich geschlossen sind. Drinnen ist es dementsprechend duster. Das Flurlicht sei bedauerlicherweise defekt, erläutert Herr Siegl und öffnet die nächsterreichbare Zimmertür, legt den Schalter für die dortige Lampe um, so dass ein breiter Lichtstreif in die Diele fällt.

Auf der mit eleganten Lilien gemusterten Tapete ausgeblichene Schatten, wo einmal eine Kommode stand, ein Schrank, wo Bilder hingen, große und kleine. Spuren gelebten Lebens. So sieht es eben aus, wenn eine Familie auszieht. Etwas aber macht dieses Haus besonders ungemütlich. Mari zögert, bevor sie es ausspricht.

„Es zieht ein wenig, nicht wahr?“

Herr Siegl entschuldigt sich noch einmal. Aus terminlichen Gründen habe er keinen Ofen anfeuern können, und dann murmelt er noch etwas hinterher, ein Scherz, Ludwig und er lachen, sie lacht vorsichtig mit, obwohl sie ihn, wenn sie ehrlich ist, nicht verstanden hat. Aber Lachen kann nicht verkehrt sein, denkt sie, will die Schwermut vertreiben, die sie befällt, nein, wahrscheinlich ist nicht das Haus schuld. In den vergangenen Wochen hat sie diese Melancholie immer wieder überfallen, überall.

Sie betreten die Küche, und Mari begreift, woher der Luftzug kommt. Das Fenster hat kein Glas mehr. Dass die Läden geschlossen sind, hilft nicht viel, sie haben breite Lamellen, und es sieht aus, als hätte jemand mit irgendeinem schweren Werkzeug in aller Ruhe das Glas beseitigt, nicht nur in der Mitte oder am Griff, sondern ringsherum, fast bis an den cremefarbenen Holzrahmen. Nur ein schmaler Splitterkranz ist geblieben. Drei Küchenschränke stehen herum, aber nicht, wo sie hingehören, sondern kreuz und quer.

Leitungen zeigen an, wo der Herd gestanden haben muss, und als sie einen der Schränke vorsichtig umrundet, sieht sie, dass sich an seiner Hinterseite jemand zu schaffen gemacht hat – mit einer Axt?

„Die Küche war nicht das Gelbe vom Ei, wenn Sie das Wortspiel gestatten“, schmunzelt Herr Siegl. „Dass nicht viel davon übrig ist, muss Sie nicht bekümmern. Da lohnt sich so oder so eine Investition in eine moderne Ausstattung. Ich kann Ihnen einen ausgezeichneten Küchenhändler empfehlen, manche sagen: der beste in Frankfurt, bei sehr vernünftigen Preisen. Mit einwandfreien Papieren, natürlich.“

Ludwig nickt langsam. Sie tut es ihm mechanisch nach, und sie folgen dem Makler ins Wohnzimmer, das er „Salon“ nennt. Hier wurden die Läden nicht geschlossen, doch die beiden Fenster sind ebenfalls nicht mehr heil, haben Löcher wie von Steinwürfen. An der Fensterwand zwei fast zimmerhohe Rußschleier. Im Parkett Brandflecken, einer von ihnen tellergroß. Mari wird bewusst, dass es schon die ganze Zeit brandig gerochen hat. Vor dem Kamin eine hölzerne, zweimal gebrochene Gardinenstange. Die Ringe hat jemand an die Wand gekehrt. Und ein großer Blecheimer steht dort, über und über gefüllt mit Scherben.

„Wenn Sie nicht selbst Hand anlegen wollen, schicke ich Ihnen gern eine Liste mit tüchtigen Handwerkern.“

Ihr Gesicht verzieht sich zu einem hilflosen Lächeln. Sie versucht, einen Blick von Ludwig aufzufangen. Erst weicht er aus – dann sieht er ihr doch noch kurz in die Augen, sachlich, prüfend.

Über die blaue Holztreppe geht es in den ersten Stock, vorbei am Klosett, von dem nur noch das Seil der automatischen Spülung von der Decke baumelt. Maris Blick kann sich nicht von dem geblümten Porzellangriff lösen, er erinnert sie an einen Onkel, Gábor bácsi aus Trencsén. Der hat fast genau so einen gehabt.

Die drei Kinderzimmer sind mit einfachem Dielenboden belegt. „Tannenholz!“, betont Herr Siegl, und dass sie sich problemlos reparieren ließen. Auch hier Spuren von Feuer, vor allem an den Tapeten, zwischen Häschen und Entchen. Das geräumige Bad wurde vollständig leergeräumt.

„Ein Jammer, dass sich jemand die Wanne unter den Nagel gerissen hat!“, ruft Herr Siegl. „Ein Prachtstück war das! Aber wie ich Sie beide einschätze, bevorzugen Sie so und so den moderneren Einrichtungsstil, die radikal sachliche Linie?“

Mari weiß nicht, was sie sagen soll.

„Das kommt darauf an …“, sagt Ludwig und hört sich unsicher an.

„Und jetzt aufgepasst: Das Beste kommt zum Schluss!“, verspricht der Makler und fordert sie auf, ihn in den zweiten Stock zu begleiten, wo sich das junge Paar beispielsweise sein Schlafzimmer einrichten könne. Ein Liebesnest par excellence!

Hinter der unscheinbaren Tür erscheint ein ausgebauter Dachboden, von kräftigen Holzbalken gestützt. Das Licht wirft ein Dreieck aus Staub in den Raum. Auf dem Weg zu dem quadratischen Fenster unter der Schräge kickt Herr Siegl zwei weiße Porzellanscherben in den dunklen Winkel, in dem der Dielenboden auf die Schrägwand stößt. Dort liegt noch mehr. Sie glaubt, eine verbogene Brille zu erkennen.

„Sehen Sie sich das an!“

Er öffnet das Fenster, kalte Luft durchwirbelt die Staubwand, und Mari sieht widerwillig hinaus. Er hat nicht unrecht: Der Garten ist klein, aber wunderschön, das sieht man sogar zu dieser Jahreszeit. Eine alte Eiche hält ihre letzten Blätter fest. Üppige Sträucher flechten ihr braunes, rotes Astholz. Links und rechts vom Sitzplatz zwei Scheinzypressen. Auch die hohe Hecke ist immergrün.

„Sehen Sie die Laube ... Sowas von entzückend! Und sie hat kaum Schaden genommen! Sie können sie so, wie sie ist, stante pede mit einem ehelichen Rendezvous einweihen!“

Sie laufen nur Sekunden nebeneinander her, schon muss Mari ihrem Herzen Luft machen.

„Das können wir nicht machen, Ludwig. Das hat keine Zukunft.“

Er scheint nur auf ihren Protest gewartet zu haben.

„Was soll daran keine Zukunft haben!“, kontert er.

„Das sah nach roher Gewalt aus! Da ist geplündert worden und Feuer gelegt und ... Man hat sie vertrieben, nicht wahr?"

„Mari, hör mir zu. Du bist zu weich. Selbst für eine Frau bist du zu weich, und, entschuldige, manchmal auch hysterisch. Es gibt nun mal Fälle, in denen rücksichtsloses, emotionsloses Handeln angebracht ist. Du wirst den Davidstern gesehen haben? Das wird einer dieser Schmarotzer gewesen sein. Einer dieser jüdischen Schädlinge."

Ihre Gefühle schlagen hohe Wellen. Sie kann nicht mehr denken, nicht mehr reden. Wortlos laufen sie nebeneinander her, rennen fast, kommen nicht einmal auf die Idee, die Straßenbahn zu nehmen wie auf dem Hinweg.

Im Hotelzimmer kramt sie im Necessaire, ohne zu wissen, wonach sie sucht. Er studiert die drei vergilbten Blätter mit den Grundrissen des eben besichtigten Hauses. Er scheint nicht genug davon zu bekommen.

Erst nach dem Abendessen hat sie den Mut, das Thema noch einmal zur Sprache zu bringen.

„Gibt es denn keine anderen Wohnungen, die für dich in Betracht kommen?"

„Preislich nichts Vergleichbares!"

„Das wird wohl seinen Grund haben ..."

„Natürlich hat das seinen Grund. Ich sagte es schon: Das wird eine dieser jüdischen Parasitenfamilien gewesen sein."

„Seit wann sprichst du so über die Juden? Das kenne ich nicht von dir, Ludwig, und wenn ich mich richtig erinnere, hast du in Tyrnau gern mit ihnen zusammengearbeitet. Samu und Lili sind ja wohl keine Parasiten, oder? Mir ist nicht wohl dabei. Wir sollten dieses Angebot nicht annehmen."

Er pafft an seiner Zigarre.

„Kann es sein, dass du unsere Umsiedlung nach Frankfurt ganz allgemein torpedieren willst?"

„Nein! Nein! Aber ich möchte dann lieber in eine kleine Wohnung. Der Stadtrand wäre mir auch recht."

„Wir sind zu fünft! Und ich bin jetzt Direktor einer Fabrik, vergiss das nicht. Ich habe Verantwortung. Ich kann mir überhaupt keinen langen Anfahrtsweg leisten."

Sie seufzt. Schroff wechselt er das Thema, erzählt von einem ersten Einstellungsgespräch, dem zahlreiche weitere folgen sollen. Sie brauchen Arbeiter, die im Umgang mit moderner Technik nicht auf den Kopf gefallen sind, erklärt er ihr. Sie hört kaum zu. Dann schweigt er vor sich hin. Die Zigarre muss er ein zweites Mal entzünden.

5. Kapitel in dem es für Claudia ernst wird und Andreas ein langes Wort üben muss

„Ich werde eine neue Stelle antreten“, erklärte Claudias Vati eines Abends. „Wir werden nach Bayern ziehen.“

Claudia verreiste gerne, aber es war schon wichtig, wieder nach Hause zu kommen. „Und wann ziehen wir wieder zurück?“, fragte sie deshalb.

„Hierher?“, rief Mutti. „Nach Bergen-Enkheim? Um Himmels willen!“

Offenbar freute sie sich riesig auf die neue Wohnung, die gar keine Wohnung war, sondern ein richtiges Haus, mit einem Garten auf drei Seiten, mit sechs Zimmern und zwei Bädern plus einem Gästeklo.

„Wir werden endlich nicht mehr vor dem Bad Schlange stehen müssen!“

Da jubelten sie alle ziemlich übertrieben, Susanne fing an, Andreas fiel eifrig ein, auch Claudia und sogar das Baby Bastian freuten sich laut mit, obwohl es doch dazugehörte, dass man vor dem Bad warten musste, auch mal zu zweit oder dritt. Aber sie wollten jetzt etwas, worauf sie sich freuen konnten.

Irgendwann fragte ihre Freundin Duja, wohin sie denn eigentlich umziehen würden. Vor dieser Frage hatte sich Claudia schon länger gefürchtet, weil sie nicht wusste, wie sie das ausdrücken sollte. Die Eltern sagten meistens nur „euer neues Zuhause“. Sie hatten Susanne und ihr natürlich auch gesagt, wie das Dorf hieß, in dem sie wohnen würden, es hieß Emmering. Das Haus lag aber nicht wirklich in Emmering, sondern fast schon in der Kleinstadt daneben: Fürstenfeldbruck. Ihr Zaun würde die Grenze zwischen den beiden Orten sein – nur gab es ihn noch nicht. Er musste noch gezogen werden. In Fürstenfeldbruck würde Susanne ins Gymnasium gehen, und dort würden sie auch einkaufen. Claudias Grundschule würde aber in Emmering sein.

Dann gab es noch die Großstadt. In München würde der Vater arbeiten, dort würden sie ins Theater und zu Konzerten gehen. Es gab einen S-Bahnhof, über den waren sie mit München verbunden.

„Es ist also alles vorhanden. Es ist für alles gesorgt", schloss Mutti diese Ausführung. Das konnte schon sein. Aber es war auch kompliziert.

Als Duja sie fragte, antwortete Claudia deshalb so energisch wie möglich: „Wir ziehen nach Emmering! Das ist bei Fürstenfeldbruck! Das ist bei München!"

Und Duja schaute genauso unsicher, wie Claudia es befürchtet hatte.

Es dauerte noch etwas. Claudia konnte es gut erwarten. Sehr plötzlich, eines Mittags, stellte die Mutter einen großen Karton vor den Eckschrank, in dem sich Claudias Spielzeug befand.

„Jetzt wird es ernst!", sagte sie.

Claudia sollte den Schrankinhalt in den Karton packen, auch die Sachen von Andreas. Susanne bekam zwei Kartons, für ihre Schubladen und das gemeinsame Kinderbücherregal. Dazu gab es einen Stoß alte Zeitungen, in die sie die empfindlichen Sachen einwickeln sollten.

Claudias Karton war so tief, dass sie mit dem ausgestreckten Arm den Boden nicht ganz erreichen konnte. Als Erstes verpackte sie die Schachtel mit der Blockflöte. Sie brauchte lange dafür, weil sie es nicht tun konnte, ohne in der Zeitung mehrere Überschriften zu lesen und den halben Text unter „Wieder Krawalle am Westend". Ein großes Bild zeigte drei rennende Männer. Einer lachte. Einer guckte erschrocken. Das Gesicht des Dritten war ein verschwommener, weißer Fleck. Als sie die umwickelte Flötenschachtel auf den Kartonboden gleiten ließ, öffnete sich in ihrem Bauch ein Loch, durch das es zog.

„Hallooo …", raunte sie auf den braunen Kartonboden hinab. Das klang ein bisschen dumpfer als normal.

„Jetzt wird es ernst …"

Wenn Claudia sich wehtat, sich zum Beispiel das Knie aufschlug, setzte sie sich an den Bordstein und betastete die Haut um die Wunde herum, während sich ihr Gesicht verzog. Dann sagte sie zu sich selbst: „Tschaperle!"

Das war ein Wort ihrer Großmutter. Sie konnte es gut brauchen, auch wenn die Großmutter gerade nicht da war. Sie fuhren ja nur an den Wochenenden hin und auch nicht an jedem. Zu sechst im VW Käfer, mit dicken Taschen und Tüten, das war eng und lustig und fing schon gut an. Vati rief dann durch den Tumult, dass er kein Autoradio brauche, weil er seine Familie habe.

Claudia hatte ja frisch lesen gelernt und las alles, was sie mit ihren Augen erwischen konnte, auch wenn sie mit dem Auto unterwegs waren. Auf dem Weg zu den Großeltern, eingequetscht zwischen Fenster, Badetasche und dem größeren kleinen Bruder Andreas, las sie:

„Henninger Bier" als goldgelbe Leuchtschrift.

„Rote Blockade!" an einer Hausfassade.

„Ich geh meilenweit …" auf dem riesigen Plakat.

„Keine heiße Asche einfüllen!"

Sie weigerte sich, darüber nachzudenken, wie die Besuche bei der Großmutter sich nun verändern würden. Sie konnte sich nicht vorstellen, dass es einen Grund geben könnte, die Großmutter, ihr Haus und ihren langen Garten nicht mehr zu besuchen, auch wenn die Entfernung zu ihrem neuen Zuhause offenbar ziemlich groß war – aber was hieß das schon? Keine Entfernung konnte so sein, dass man ihretwegen nicht mehr in die Tiroler Straße fand. Als sie das letzte Mal vor ihrem Umzug zu den Großeltern fuhren, sagte Claudia deshalb bei der Verabschiedung nichts Besonderes zu ihrer Großmutter. Auch die Großmutter umarmte sie und ihre ganze Familie nicht anders als sonst – oder war da doch etwas in ihren Augen?

Sie hatten nun ein größeres Auto, einen VW Variant. Aber auch mit mehr Platz dauerte die Fahrt von Bergen-Enkheim nach Emmering länger, als sie es in Ordnung fand. Deutlich länger. Endlich fuhren sie über eine lange Schotterstraße an den frischgebauten Reihenhäusern entlang. Das war die Straße, in der sie wohnen würden, und obwohl sie noch keinen Teerbelag hatte, hatte sie schon einen Namen: Nordendstraße. Das klang nicht sehr freundlich, fand Claudia und überlegte, ob sich dieser Name mit dem Fertigwerden der Straße vielleicht noch ändern konnte.

Das sei eine wirklich große Reihenhaussiedlung, erklärte ihr Vati. Ein nicht unerhebliches Wachstum für das Dorf sei das, denn bis jetzt habe Emmering zwar viel Fläche, aber wenig Einwohner gehabt.

Ihr Hausriegel bestand aus sechs Häusern. Sie hatten ein Eckhaus, und neben ihnen begann ein Maisfeld. Es gab noch keine Gärten, nur Erde, ein paar Bretter und viele Steine: graue, rundliche, in allen Größen. Zum Glück hatte es länger nicht geregnet, da konnte man über die bloße Erde gehen, ohne in dem neuen Haus viel Dreck zu machen. Die Möbel standen schon in den Zimmern, und nun trugen sie nach und nach den Proviant und Bastian, die Koffer und die vielen Taschen in das neue Haus, und Vati erklärte ihnen, warum es hier so viele Steine gab. Die kamen von den Gletschern in den Alpen. In der Eiszeit waren sie gewandert und hatten die Steine vor sich hergeschoben, viele Kilometer weit, bis hierher.

„Und warum haben sie sie gerade hier liegen lassen?“, fragte Andreas missmutig.

Da lachte Vati erstaunt auf und fand, dass das eine wirklich kluge Frage sei und dass er keine Antwort wisse.

Das Haus hatte drei Stockwerke, mit dem Keller vier. Sie hatten jetzt also drei eigene Treppen und liefen sie stolz hinauf und hinunter. Es gab allerdings keine Wände wie bei den Treppen der Großeltern, alles war offen, die Stufen hingen an Eisenstreben und Claudia meinte fast, das Treppensteigen noch einmal neu lernen zu müssen. Immerhin bekamen Susanne und sie ein großes Zimmer ohne die Jungs, sogar mit einem eigenen Balkon. Der hatte nach vorne eine dicke, graue Betonbrüstung, und auch hier gab es Eisenstreben an den offenen Seiten.

„An die Stangen hängen wir meine Strickleiter!", rief Susanne. „Dann können wir von hier auf die Terrasse flüchten."

Das war eine gute Idee, fand Claudia.

„Die Markise ist das Segel. Dann haben wir ein Piratenschiff", schlug sie vor. Als Seeräuber, mit einem Betonpiratenschiff, konnte man sich vielleicht in dieses Steinland hineinwagen.

Sie stellte sich an die Brüstung und schaute hinaus. Aber selbst der Himmel war hier anders. Er stand in einem so deutlichen Blau über der Erde, dass man meinte, er sei ganz nah. Der Himmel über Frankfurt hatte an manchen Tagen milchig ausgesehen, an manchen grau oder hellblau, aber seine Farbe war immer sanft gewesen, und das begriff Claudia heute zum ersten Mal, weil sie sah, wie schmerzhaft anders ein Himmel sein konnte. Sie konnte nicht aufhören, sich zu wünschen, diesen aufdringlichen Blauhimmel hier ein bisschen nach hinten zu schieben.

Sie kam in die zweite Klasse. Am Sonntag vor dem ersten Schultag zeigten die Eltern ihr den Weg. Mutti musste jetzt besonders auf Bastian aufpassen, der immer auf die Treppe wollte, die für ihn viel zu gefährlich war, und Andreas musste Radfahren lernen, lange Wörter und Schuhe binden, eben alles, was Kinder in seinem Alter eigentlich schon konnten. Mutti hatte eine eigene Liste für ihn.

Susanne kam aufs Gymnasium, musste also in die entgegengesetzte Richtung gehen. Allein lief Claudia die endlosen Straßen ab, erst an den frisch bezogenen Reihenhäusern entlang, dann nach rechts, an niedrigen Einzelhäusern mit großen Gärten vorbei, nach links, wieder nach rechts. Vor sich sah sie eine Menge anderer Kinder gehen und lief ihnen einfach hinterher, mit Abstand. An der Emmeringer Hauptstraße gab es ein paar kleine Geschäfte mit dunklen Fensterscheiben. Man sollte wohl nicht hineinsehen, vielleicht auch nichts kaufen. Sie war froh, als sie ankam.

Die Schule war viel größer als die, in die sie in Bergen-Enkheim gegangen war. Zwei lange, dreistöckige Gebäude und die Turnhalle standen um einen weiten Hof herum. Gleich vorn ragte ein riesiger Maibaum mit weißblau lackiertem Stamm, genauso deutlich weiß und blau wie der Himmel hier, und weit oben hockten bunte Figuren, die sie von unten kaum erkennen konnte. Wozu dieser riesige Vorhof da war, verstand Claudia nicht. Es war unangenehm, ihn zu durchqueren. Den eigentlichen Pausenhof hatten die Eltern ihr am Sonntag schon gezeigt, er lag noch hinter den Gebäuden, vor dem Wald, und er war deutlich kleiner.

Der Klassenraum hieß „Klaßzimmer", mit einem scharfen „S". Die Lehrerin war die Klaßlehrerin. Das passte zu diesem Himmel, wie die sich hier ausdrückten, und wenn man ins Klaßzimmer kam, drehte man sich besser nicht mehr um, nur Claudia tat das leider, als sie zum ersten Mal hineinging, danach nie wieder. Denn rechts und halb über der Tür hing ein riesiges Kreuz aus schwarzlackiertem, schwerem Holz. Claudia wusste natürlich, dass es ein Jesuskreuz ohne Jesus war, aber sie verstand auch sofort, dass das Kreuz den Schülern zeigen sollte, wie streng man hier war. Das Kreuz sollte sozusagen von vornherein alles durchstreichen, was sie nicht richtig machen würden. In ihrer alten Schule hatte es das nicht gegeben.

Sie suchte sich einen Platz am Fenster und hinten. Neben sie setzte sich ein Mädchen, das die ganze Zeit redete, und zwar mit den beiden Mädchen, die vor ihnen saßen. Claudia verstand die drei gerade so, kam sich aber trotzdem ausländisch vor. Wenn die Großmutter ungarisch sprach, mit Réka néni oder Zsófia néni, dann hatte sie überhaupt nichts verstanden und es hatte sie nicht gestört. Manchmal hatte sie so getan, als könnte sie selbst Ungarisch sprechen, hatte einfach die Laute der Sprache nachgeahmt, und darüber hatte sich die Großmutter sehr gefreut, aber auch Réka néni, zu zweit oder dritt hatten sie glücklich darüber gelacht. Doch die Sprache der drei Mädchen hier hätte Claudia nicht mitreden können. Wahrscheinlich hatten sie Münder, die ganz anders gebaut waren. Bestimmt würden sie sie auch nicht üben lassen, sondern sie böse auslachen, wenn sie es versuchte.

Gerade regten sich die drei über die Zwillinge auf, die vorne herumliefen. Das eine Mädchen war noch etwas dünner als die andere, aber sonst waren sie ganz gleich, zierlich und flink, mit blonden, kurzen Haaren. Die Zwillinge waren besonders gemein, das behaupteten jedenfalls die drei Mädchen um Claudia herum.

„Hinterfotzig ...“, murmelte das Mädchen neben ihr.

„Wie die ratschen ... Hinterfotzige Weiber!“, bestätigten die anderen.

Sie freute sich, als die Lehrerin endlich hereinkam. Alle standen auf. Man sagte aber nichts, auch wenn die Lehrerin einen begrüßte. Man stand gerade und still. Hinsetzen durfte man sich erst wieder, wenn sie *Setzen!* rief. Sie hieß Frau Bichler und hatte, das musste sie ihnen gleich einmal sagen, dieses Schuljahr eine besonders große Klasse zu bewältigen. Es seien ja einige von auswärts dazugekommen. Die nenne man hier die „Zuagroaßten“, ob sie das schon wüssten. Claudia hatte das schon gehört. Sie sollten aber nicht antworten.

„Da ist es wohl am besten, ihr zählt euch erst einmal durch.“

Der Bub an der Tür sollte mit „Eins“ beginnen. Sie sollten sich ihre Nummer gut merken, denn die war von nun an wichtig, immer. Besonders, wenn sie etwas abgeben sollten. Dann sollten sie oben rechts ihre Nummer darauf schreiben, und der Name sei gar nicht nötig, ob sie das verstanden hätten. Claudia hatte schon verstanden, dass sie auch darauf nicht antworten sollte.

Oans!, rief der Bub, und der Nächste machte so schnell es ging mit der *Zwoa!* weiter. Claudia langweilte sich schon nach der *Siem!* so sehr, dass sie sehnsüchtig aus dem Fenster in eine schöne Baumkrone sah, an die Wildnis im Garten der Großeltern dachte und alles um sich vergaß. Als sie an der Reihe war, hatte sie die Nummer des Mädchens neben ihr nicht mitbekommen. Sie wurde rot, musste fragen und eins der Zwillingsmädchen stöhnte leise auf. Es wurde auch gekichert. Sie war die Nummer Dreiundvierzig. Hinter ihr kamen noch zwei Buben.

Als es vorbei war, rannte Claudia als eine der ersten hinaus, über den großen Vorhof, die Brücke, die über die Amper führte, nach links, dann rechts, bis sie an die Hauptstraße kam. Von dort wusste sie nicht weiter. Es gab drei Straßen, und sie ahnte gleich, dass sie verkehrt ging, aber es war ihr egal. Auch der richtige Weg wäre verkehrt gewesen.

Sie kam an ein Feld, das kein Maisfeld war, sondern dunkelgrün. Die Häuser waren höher und wie von Staub bedeckt. Da war ein Friseur. Ein Schild kündigte eine Ballettschule an. Obwohl sie jetzt sicher war, dass sie sich verirrt hatte, lief sie einfach weiter und bildete sich irgendwie ein, dass sie ihren Fehler durch Schnelligkeit und Kraftanstrengung wettmachen konnte. Natürlich war auch das wieder falsch, sie wusste es, wollte aber gerade nichts wissen und nur laufen.

Mit der Zeit brannten die Augen. Sie wurden heiß, füllten sich mit Tränen, und sie wollte keine Heulsuse sein, auf keinen Fall, sie musste sich dringend zusammenreißen, aber die Tränen ließen sich nicht aufhalten, man konnte da gar nichts machen.

Sie kam zu einer Bushaltestelle und sah durch die Tränen hindurch, dass dort drei Jugendliche rauchten: ein langhaariger Junge, einer mit einem engen T-Shirt mit einer Fratze darauf und ein dunkelhaariges Mädchen, das länger und dünner war als die beiden Jungs. Sie wollte die Straßenseite wechseln. Aber der Langhaarige hatte sie schon gesehen. Er sah sie prüfend an, trat die Zigarette aus und kam auf sie zu.

„Wos host'n du!"

Claudia wich zurück und wäre am liebsten weggerannt, aber damit hätte sie ihre Angst furchtbar sichtbar gemacht. Das Mädchen zog den Langhaarigen am T-Shirt.

„Ey, du mochst ia Angst! Wos wettma: Die is von dera neichen Siedlung!"

Der Langhaarige blieb stehen, ließ sie aber nicht aus den Augen.

„Wo wohnst'n du?"

Sie konnte nicht mehr normal denken, das kannte sie schon, deshalb fiel ihr jetzt auch der Name ihrer Straße nicht mehr ein, und sie kam sich sehr dumm vor und dachte auch, dass sie den Jugendlichen vielleicht besser nicht so genau sagen sollte, wo sie wohnte, weil das sicher Gammler waren, was denn sonst. Ihr wurde immer heißer, ihr Herz trommelte, und das einzige, was ihr einfiel, war etwas, was die Lehrerin ihnen heute gesagt hatte, über zwei verschiedene Orte in Emmering: Fettemmering und Dürremmering. In Fettemmering gab es den guten Boden, deshalb wollte man eigentlich nur dort wohnen, hatte sie gesagt. Ihre Straße an der Grenze zu Fürstenfeldbruck war Dürremmering. Deshalb die vielen Steine.

„In Dürremmering ..." murmelte sie deshalb.

„Was?!", fragte der Langhaarige und legte die Hand ans Ohr, während hinter ihm der Junge mit der Fratze auf dem T-Shirt loslachte.

„Die hot Dürremmering gsoagt! Die hot fei echt Dürremmering gsoagt! Mei ... du redst ja wie mein Opa, Kloane ..."

Auch die beiden anderen fanden das komisch. Claudia biss sich auf die Lippen und versuchte, einfach um die drei herumzugehen. Aber der Langhaarige stellte sich ihr in den Weg, nahm sie bei den Schultern und drehte sie einfach um.

„Da entlang, verehrtes Fräulein!", sagte er so hochdeutsch wie möglich.

„Wir bringen dich jetzt nach Dürremmering, wenn es recht ist! Wenn es der Dame behagt!"

Da musste sie wohl mitlaufen. Sie konnte kaum atmen, als sie den dreien folgte, die ganze, lange Straße zurück. War das die richtige Richtung? Daran konnte sie nicht glauben.

Nach einer Weile fing das Mädchen an, etwas Englisches vor sich hin zu singen. Der in dem engen T-Shirt hüpfte mit der Zigarette zwischen den Fingern dazu herum und machte komische Geräusche mit dem Mund. Das Mädchen und der Langhaarige grinsten sich an. Noch zweimal fasste er Claudia an beiden Schultern, drehte sie in eine andere Richtung, sagte: „Bittesehr, da entlang, gnädige Frau!" Sie schielte scheu in seine Richtung, und in die Richtung der anderen zwei, die jetzt zu zweit sangen, hüpften und Geräusche machten, die wirklich lustig waren. Sie wollte eigentlich nicht und musste doch lächeln.

Jetzt fiel ihr auch der Name ihrer Straße wieder ein. *Nordendstraße.*

„Des is koa Sach ...“, sagte der Langhaarige und deutete nach vorn.

„Da ist Norden. Dann ist da deine Straße, Verehrteste.“

Claudia zeigte ihnen ihre Haustür, die ja nur an der Lage des Hauses von allen anderen zu unterscheiden war. Der Langhaarige klingelte energisch, und Mutti öffnete sehr schnell. In ihrer Küchenschürze sah sie aus, als habe sie Claudia noch gar nicht vermisst. Erschrocken bedankte sie sich, lief in die Küche und kam mit ihrer Geldbörse zurück, aber die drei schüttelten heftig ihre Köpfe und sagten „Naaa ...“, und dass das selbstverständlich sei. Der Langhaarige nahm sogar den Zigarettenstummel aus dem Mundwinkel und sagte so übertrieben „A – naaaa!“, dass Claudia kichern musste.

Dann gingen die drei davon. Der im engen T-Shirt fing schon wieder an zu singen, zu hüpfen, aber das Mädchen stieß ihn in die Rippen, da hörte er auf.

Die Mutter schloss die Tür und musterte Claudia von der Seite. Claudia schaute so harmlos sie konnte vor sich hin und hoffte sehr, dass sie nicht verheult aussah. Natürlich musste sie tun, als sei nichts passiert.

„Es gibt Fischstäbchen!“, rief Mutti. „Susanne kommt jetzt jeden Moment!“, und übte noch schnell ein langes Wort mit Andreas.

„Sag mal: *Lo*!“

„Lo“, sagte Andreas und zog eine leidende Grimasse.

„*Loko*! Sag mal *Loko*!“

„Loko...“

„*Lokomo*! Sag *Lokomo*!“

Andreas stieß zischende Laute aus und stampfte im Flur

herum, um der Mutter zu zeigen, dass er begriffen hatte, worum es ging.

„*Lokomotive*! Sag *Lokomotive*!"

„Lokomotive", murmelte Andreas, musste dann aber einen Kugelschreiber von der Kommode nehmen, in eine Flurecke laufen und ächzende, keuchende Laute ausstoßen, angestrengt, vornübergebeugt, während er an dem Kugelschreiber herumfingerte, und man merkte, dass er nicht mehr Lokomotive spielte, sondern etwas tat, was er nicht tun wollte, etwas Unheimliches, was aus dem Ruder lief, zurück in die Flurmitte, mit einer scharfen Kehre in eine andere Richtung, als ziehe ihn jemand an dem hin und her zuckenden Kugelschreiber, wieder zurück, wieder Richtung Küche ... Man wurde schon vom Hinsehen ganz verrückt.

Claudia schaute lieber aus dem Fenster. Auch ihre Mutter drehte sich weg und betrachtete die Flasche mit dem Speiseöl.

„Ich mache schon mal die Fischstäbchen in die Pfanne!", verkündete sie.

Hinter dem Maisfeld neben ihrem Garten gab es den Fliegerhorst der Bundeswehr. Das hieß, dass im Himmel über ihnen ab und zu ein paar Kampfjets für den Krieg übten – aber sie übten nicht sehr eifrig. Wenn ein Jet die Schallmauer durchbrach, gab es eine Detonation, und das war ein Anlass, sich an das Kriegsspiel zu erinnern, um es dann wieder vergessen zu dürfen.

Ihr Garten bekam einen Maschendrahtzaun, und gleichzeitig standen zwei große Walzen an der Straße. Es roch scharf nach Teer. Schwarzhaarige Männer in blauen Kitteln liefen herum und bereiteten alles vor. Bastian machte große Augen und wehrte sich heftig, als die Mutter ihn wieder ins Haus tragen wollte. Mutti freute sich, dass die Straße endlich eine richtige Straße wurde, und auch Andreas schaute sich die Walzen von allen Seiten genau an. Dann ging er auf sein Zimmer und malte.

Er hatte auch darin eine besondere Art. Er benützte nur ganz wenige Farben, am liebsten Schwarz, und verteilte sie wild. Wenn Claudia malte, nahm sie es genau, mit allen kleinen Dingen, die sie sah, suchte ewig nach den richtigen Farben und merkte doch am Ende, dass das Ganze nicht stimmte – nicht nur der Farben wegen. Andreas war mutig. Er ließ von der Wirklichkeit das meiste einfach weg, warf seine Striche nur so hin und schien gar nicht auf Farben und Formen zu achten. Trotzdem stimmte es am Ende so, dass alle staunten. Die Walzen zum Beispiel waren krumm und schief und ausgesprochen unvollständig, aber es sah doch aus, als würden sie gleich aus dem Bild hinaus in die Wirklichkeit fahren. Claudia verstand das nicht. Konnten Kinder mit einer leichten geistigen Behinderung vielleicht immer besser malen als normale Kinder? Oder wäre Andreas ein noch viel besserer Maler geworden, wenn er nicht behindert wäre?

Mutti lobte Andreas sehr für seine Bilder, aber eigentlich lobte sie ihn für alles, was er irgendwie hinbekam, auch für Selbstverständlichkeiten. Wenn er seine Schuhe band, lobte sie ihn so überschwänglich, dass er wohl selbst denken musste, er sei nicht ganz in Ordnung, obwohl ihm das niemand sagte. Eine Behinderung war ja etwas, was zu schlimm war, um es zu verraten, nur die Großen aus der Familie wussten Bescheid, deshalb auch sie selbst, als große Schwester. Für Andreas war es unbedingt wichtig, nicht über sich Bescheid zu wissen. Das hatten die Eltern ihr und Susanne zwar nicht ausdrücklich erklärt, aber sie wussten es trotzdem.

In Claudias Traum waren die Teerwalzen riesig, viel größer als sie selbst. Sie glänzten tiefschwarz. Verhalten dröhnten sie vor sich hin, und Claudia stand zwischen ihnen, konnte sich nicht bewegen, wusste, dass die Walzen sie überrollen würden, wenn sie ihre Angst nicht tief genug begrub. Schon ruckte eine von ihnen an, fuhr auf sie zu, und sie wachte mit hämmerndem Herzen auf.

In der Nacht darauf kamen sie wieder. Eine der Riesenwalzen wurde laut, näherte sich ohrenbetäubend, und sie konnte nichts tun als darauf zu warten, dass sie sie plattmachen würde.

Am Morgen schlich sie zerschlagen in die Schule. Die anderen Kinder und die Lehrerin nahmen sie kaum wahr, das war ihr nur recht. Leider bekamen sie jetzt Hausaufgaben. In der ersten Klasse in Frankfurt hatte es die kaum gegeben, aber hier, in Emmering, reichte es ihnen nicht, dass sie ihren Vormittag bestimmen durften. Sie wollten auch noch ihren Nachmittag.

In der dritten Nacht wusste sie schon, was sie im Traum erwartete, und vielleicht war es deshalb diesmal anders. Als die Walzen wieder auf sie zukamen, fiel ihr etwas ein, was sie im Traum ganz einfach und einleuchtend fand: Sie konnte in sich hineingehen. Sie brauchte es nur zu denken, und schon veränderte sich alles, plötzlich war sie so klein, dass sie zwischen den Kieseln am Feldrand verschwand. Sie war winzig wie eine Ameise und auch so verletzlich – aber gerade das half ihr. Die Walze konnte sie ja kaum mehr erkennen. Und selbst wenn sie über sie hinwegrollen würde, würde ihr das nichts anhaben können, denn der Feldrand war jetzt eine völlig andere Welt, ein merkwürdig dichtes, sanftes Hügelland, in dem sie geschützt war, ein Insekt zwischen Steinen. Sie war ganz ruhig, bewegte sich frei. Hoch oben am Horizont bogen sich Halme, wie Pappeln am Bahndamm.

6. Kapitel
in dem Ludwig nicht zu bremsen ist
und Mari ihre Buben blamiert

Sie fahren mit dem Skoda über den Main. Dann läuft Mari neben Ludwig eine lange Baustellenreihe ab, und er setzt ihr die Einzelheiten der entstehenden Doppelhäuser auseinander. Sie ist erleichtert. Einen Neubau kann man niemandem weggenommen haben, denkt sie und versichert, dass sie alles wunderbar findet. In Wirklichkeit kann sie sich nicht vorstellen, hier zu wohnen. Aber das sagt sie nicht.

Um eine dieser Doppelhaushälften kaufen zu können, werden sie sich beträchtlich verschulden müssen, sagt Ludwig. Der Makler, ein junger Herr mit modisch ausrasiertem Schnurrbärtchen, führt sie durch ein Musterhaus, das einzige, das schon Fenster und Türen hat. Ludwig rechnet ihr vor, wie lange sie abzahlen müssen, und der Makler bestaunt seine flinken Kopfrechenkünste. Sie könnten sich eine gute Woche für ihre Entscheidung Zeit lassen, betont er, doch Ludwig hat keine Lust auf Bedenkzeit. In einem staubigen Baustellenbüro lässt er sich sämtliche Papiere zeigen, liest sie quer – und unterschreibt. Dem jungen Mann steht unter seinem Bärtchen der Mund offen. Er will noch etwas sagen. Dann zieht er es vor, den Vertrag wortlos zwischen Pappdeckeln verschwinden zu lassen.

„Du kaufst ein Haus, wie andere Brötchen kaufen!“, sagt Mari zu ihm, als sie wieder im Auto sitzen, und er lächelt sein unwillkürliches Lächeln, nach dem sie immer Ausschau hält.

Ludwig freut sich so sehr auf das neue Leben, die schöne Reichsstadt am Main, erfüllt vom Geist der Parteigenossen, das moderne, geräumige Haus mit großem Garten, seine Selbständigkeit. Schon im Hotel, Erkältung hin oder her, hat er sich auf seine neue Arbeit gestürzt und mehrmals täglich mit Herrn Montag telefoniert. Auch nachdem sie nun eingezogen sind, will er mit Mari immerzu Pläne machen. Ihr geht es anders, leider. Im

Grunde interessieren sie nur zwei Dinge: ihr Bücherregal und das Telefon.

Beides ist noch nicht vorhanden.

Ludwig gibt sich Mühe. Ruckzuck besorgt er in einem Möbelgeschäft Holzwangen und Bretter in einem dunklen Mahagoniton und schleppt sie eigenhändig in ihr Zimmer. Sie werden ein einfaches, modernes Regal von dreieinhalb Metern Länge ergeben, erklärt er. Sie fällt ihm um den Hals und stellt sich vor, gleich am nächsten Morgen ihre Bücherkisten auszupacken. Dann aber liegt das zerlegte Glück furchtbar lange so, wie er es platzsparend gelagert hat, längs der Wand. Es gibt ja immer Wichtigeres. Sie sieht das ein. Die schon vorhandenen Maschinen und Materialien der Schuhfabrik müssen inspiziert, ein Anschaffungs- und ein Fabrikationsplan erarbeitet, Gespräche mit der Stammbelegschaft und mit neu einzustellenden Arbeitern geführt werden. Bei einer kleinen Fabrikführung lernt Mari seinen Partner kennen – und hat ein gutes Gefühl. Herr Montag ist deutlich älter als Ludwig, sein bedächtiges Wesen ein gutes Gegengewicht zu Ludwigs vorpreschender Impulsivität. Auch mit Neuanschaffungen will der Compagnon es vorsichtig angehen lassen, und Mari wünscht sich mit ihm, dass die Schulden im Rahmen bleiben. Vielleicht ergibt sich doch bald eine Gelegenheit, wieder nach Pozsony zurückzukehren? Dann wären allzu hohe Schulden nicht von Vorteil.

Doch Ludwig ist nicht zu bremsen. Nächtelang brütet er über dicken Katalogen, die die neuesten Entwicklungen im Bereich der Schuhfertigungsapparaturen präsentieren. Am Frühstückstisch hält er ihr einen Vortrag über den ökonomischen Einsatz von Arbeitskraft, zum Wohle der Arbeiter wie des Arbeitgebers. Herr Montag habe ihm versprechen müssen, die seiner Ansicht nach unbedingt erforderlichen Modernisierungen so bald wie möglich anzugehen. Abends, wenn sie die Kinder ins Bett gebracht hat, fischt sie sich also nach wie vor ein Buch aus einer der Kisten, setzt sich auf die Recamiere. Sie liest in einem der beiden „Nyugat“-Bände, die sie aber schon in- und auswendig kennt. Manchmal schaut sie auch nur vor sich hin und erinnert sich daran, wie mutig sie früher davon träumte, eine ungarische Schriftstellerin zu werden. Das war ja schon immer ein gewagter Zukunftstraum. Nicht nur, weil sie ein Mädchen war, auch wegen des Sprachverbots in der Schule. Seit Kriegsende durften sie nur noch slowakisch schreiben und lesen. Das machte sie zornig, trotzig! Jetzt gerade wollte sie Ungarin sein, Ungarisch-Lehrerin werden, ungarisch schreiben, nichts sonst! Und warum nicht etwas wagen?

Ihre Mutter bestärkte sie darin, dass man in ihrer Muttersprache viel besser dichten könne als auf Slowakisch, diesem Idiom der Bauern und Dienstboten. Das Ungarische ist eine perfekt logische Sprache, hat Anyu ihr erklärt. Mit achtzehn grammatikalischen Fällen. Einem riesigen, fein abgestimmten Wortschatz. Die Ungarn können in ihrer Sprache menschliche Empfindungen genauer benennen als selbst die Deutschen oder Engländer! Das sagt Anyu – und Papa muss ihr recht geben. Schon an der dummen Feindseligkeit, die die Slowaken ihnen seit dem Weltkrieg entgegenbringen, sieht man ja, wie unzivilisiert sie sind! Also hofft Mari mit ihrer ganzen Familie, dass früher oder später alles wieder in die Ordnung kommt, die sie aus ihrer Kindheit kennt: die Ungarn die freundlichen Herren im Land. Die Deutschen die zuverlässigen Handwerker. Die Slowaken die Dienstboten und Bauern, die hart arbeiten können.

So hat sie in ihrer gefährdeten, umso kostbareren Muttersprache immer wieder kleine Texte geschrieben: Gedanken, Gedichte, Erzählungen. Das ist nicht leicht, aber ein wunderschönes Spiel, das schönste von allen. Wenn etwas gelingt, hat sie das Gefühl, zu schweben! Natürlich wollte sie Abitur machen, sie lernte ja leicht. Sie hat sich immer vorgestellt, ungarische Literatur zu studieren. Aber dafür hätte sie nach Budapest ziehen müssen, und ihr Papa verdiente nicht so üppig, dass er allen Kindern eine höhere Bildung im Ausland hätte finanzieren können. Es verstand sich von selbst, dass ihr Bruder gegenüber Zsófia und ihr den Vortritt bekam. Péter ist auch außergewöhnlich begabt. Sie gönnt ihm das – und ist doch traurig.

Trotzdem hat sie auch nach der Heirat noch gelesen, geschrieben, gehofft. Erst seit der Geburt des dritten Kindes hat sie nicht mehr die Kraft, ihren Einfällen nachzugehen.

Gerade jetzt, zum Beispiel, hätte sie doch Zeit?

Warum kann sie dennoch nicht schreiben?

Zeit ist vielleicht nicht alles, überlegt sie. Man braucht noch etwas anderes. Wie kann man es nennen: Kraft? Zuversicht? Sie sieht nichts, was sie mitzuteilen hätte. Sieht niemand, der sich dafür interessieren könnte. Das alles ist in weiter Ferne.

So sitzt sie, misst ihre innere Leere aus, zwingt sich wieder in den Nyugat-Band, schaut wieder vor sich hin, bis Ludwig endlich genug hat, von seinem erträumten Maschinenpark, an dem glückliche Arbeiter ihr Tagwerk verrichten. Langsam wie ein Schlafwandler steigt er die Treppe hinauf, die jetzt ein Geländer hat, der Handlauf dunkelgrün. Zwei Stufen knarzen leise.

Aus den ewigen Schneehäufchen im Garten spitzt schon gelb der Hahnenfuß, als sie sich traut, Ludwig an das Regal zu erinnern. Er entschuldigt sich, verspricht, sich an einem der nächsten Abende daran zu machen. Tatsächlich dauert es nur noch zwei Tage, bis er die fehlenden Dübel besorgt hat – und schon am Sonntagmorgen steht das Regal.

Es ist nicht so sanft gerundet, nicht so blumig verziert wie das von ihrem Papa – aber dieses Kantige, Kahle ist jetzt wohl der Geist der Zeit. Mari wird sich daran gewöhnen. Schon hält Ludwig einen Schwung Bücher aus der erstbesten Kiste zwischen beiden Händen und stellt sie oben links hinein, die nächsten wahllos daneben. Sie muss ihn bremsen. Das macht sie lieber selbst.

Erst einmal bäckt sie eine Schokoladentorte: zur Feier des Tages! Die erste im neuen Haus! Die ganze Familie soll etwas haben, worüber sie sich freuen kann. Sie erzählt es Klári, die nicht mehr von ihrer Seite weicht, erzählt es Rudolf, als er, wie immer ziemlich zerzaust, als Erster zum Mittagessen erscheint, schließlich auch Dieter, der jetzt immer häufiger ohne seinen Bruder unterwegs ist. Ludwig möchte sie lieber überraschen.

Über zwei Stunden braucht sie, so ohne Hilfe und mit den Kindern im Schlepptau. Anschließend kocht sie einen doppelten Mokka, wie Ludwig ihn im Kaffeehaus „Berlin“ immer genossen hat, deckt den Tisch mit dem feinen, blauen Service und legt ihm die *Frankfurter Zeitung* hin. Er soll sich an sein Preßburg erinnern, an ihr Pozsony. Vielleicht schafft sie es, dass auch er sich ein bisschen sehnt?

Vorsichtig öffnet sie die Tür zu seinem Arbeitszimmer.

„Der Tisch ist bereit, für den gnädigen Herrn. Die Kipferln sind leider aus – aber vielleicht wünschen der Herr ein Stückerl Schoklat-Tortä?“

Er macht sich gerade wichtige Notizen und runzelt unwillkürlich die Stirn. Sie steht und wartet, und als er endlich aufschaut, ist sein Blick verschleiert.

„Was?“

„Ich habe eine Jause gerichtet.“

„Moment noch.“

Was das Telefon betrifft, muss man einen komplizierten Antrag stellen. Das ärgert auch Ludwig, der zuhause jederzeit erreichbar sein will. Man füllt unzählige Seiten aus, geduldet sich dann. Ein Brief kommt, mit seltsamen Zeichenfolgen, Wortungetümen, verschachtelten Sätzen. Selbst Ludwig muss ihn dreimal lesen.

„Sie wollen nichts als deinen Mädchennamen! Herrgott, das hätten sie gleich schreiben können! Zustände wie auf dem Balkan!“, ruft er. „Unsere Leute sollten da mit eisernem Besen durchkehren!“

Sie stellt sich vor, wie seine Leute, also zwei, drei Burschen mit Hakenkreuzbinde, mehr oder weniger elegant auf einen mächtigen Behördenschreibtisch springen, sich drei Laubrechen reichen lassen – und dann durchkehren. Da muss sie lächeln. Ihm fällt das gar nicht auf, weil er einen geharnischten Brief formuliert, mit der gewünschten Information.

Und sie hofft. Wann hat sie das letzte Gespräch in der Sprache geführt, die ihr ganz von selbst über die Zunge fließt? An die Stimme ihrer liebsten Freundin Julika kann sie sich manchmal schon nicht mehr erinnern.

Endlich wird der schwarze Bakelitapparat geliefert. Den Anschluss hat Ludwig in der Diele legen lassen, zwischen Garderobe und Tür. Das Brett auf Brusthöhe lässt gerade genug Platz für eine stehende Person. Mari wäre es natürlicher vorgekommen, eine gemütliche Sitzecke einzurichten, im Wohnzimmer vielleicht? Nun wird sie zwischen Tür und Angel telefonieren müssen, wird sich beim Erzählen vorkommen wie ein Gardeoffizier, der Mäntel und Hüte bewacht. Aber das ist nicht so wichtig. Die Hauptsache ist, dass sie von heute an diese ungeheuerliche Entfernung überbrücken kann, die sich so plötzlich zwischen sie und ihre Heimat geschoben hat.

Mari telefoniert, während Ludwig in der Fabrik ist. Sie tut es, um ihn nicht zu stören oder ehrlicher: um von ihm nicht gestört zu werden. Ausführliche Gespräche erlaubt sie sich, so ausführlich es eben geht, bevor Klára ungeduldig wird, die Wäsche gespült oder eine Mahlzeit gerichtet werden muss. Endlich wieder mit den Eltern reden! Mit Zsófia, Julika, Peti und Réka ... Es geht ihnen gut. Ihr nicht.

Sie hat gehofft, dass ihr Heimweh durchs Telefonieren gelindert werden würde. Das Gegenteil ist der Fall.

Sie versucht, ihre Traurigkeit durch Aktivität zu vertreiben. Richtet die beiden Kinderzimmer ein. Fragt Anyu nach dem Nuss- und dem Mohnbeugelnrezept, auch die Schwiegermutter nach Ludwigs Lieblingsspeisen, brieflich. „Lieblingsspeisen?“, fragt Waltraud zurück. „Daran war nicht zu denken, Kindchen. Man isst, was auf den Tisch kommt.“ Sie packt Klára in den beigen, kugeligen Kinderwagen und sucht nach einer Gärtnerei, findet eine nahe dem Waldstadion, lässt sich noch blütenlose Rosenstöcke zeigen und kann sich nur schwer entscheiden. „Riechen sie auch gut?“, fragt sie immer wieder, muss an Szuha denken, das Rosental, den milden, cremigen Duft der gelben Rosen, den sie besonders geliebt hat.

In der Tiroler Straße spielen die Kinder in unübersichtlichen, lärmenden Horden. Mari hat zu tun, denn eine Haushaltshilfe haben sie noch immer nicht, weil sie sich nicht überwinden kann, eine zu organisieren. Also muss sie froh sein, ihre Buben an die Nachbarsjungen loszuwerden. Offenbar geht Rudolf keiner Rauferei aus dem Weg. Mari schimpft, wenn sie die Spuren heftiger Kämpfe an seiner Kleidung, an den Armen, im Gesicht entdeckt. So sind Jungen eben, versucht sie sich selbst zu beruhigen. Auch Peti hat eine Phase gehabt, in der er mit zerrissener Kleidung und blauen Flecken nach Hause kam. Dieter scheint begabter darin zu sein, tätliche Auseinandersetzungen zu meiden.

„Er haut ab! Die Memme!", schreit Rudolf.

„Ich bin nicht so blöd wie du und lasse mich einkesseln!", ruft Dieter und rennt davon.

„Mutti ...", beginnt Rudolf eines Nachmittags. Schon seit Wochen heißt sie für ihn und Dieter nur noch so. Sie hat es nicht verhindern können. Nur Klári sagt noch Anyu zu ihr.

„Mutti, kannst du vielleicht statt *Rudolf, Dieter, Jausen kommen!* etwas anderes rufen?"

„Aber was soll ich denn anderes rufen? Ihr sollt doch zur Jause kommen!"

„Du könntest zum Beispiel *Tee ist fertig!* rufen", schlägt Dieter vor und stochert im Marmorkuchen herum.

„Einfach *Kuchen!* geht auch", ergänzt Rudolf sachverständig.

Mari meint zu verstehen. „Man sagt hier nicht *Jausen*, nicht wahr?" Und sie verspricht lachend, es mit *Kuchen!* zu versuchen.

Leider hält sie die Sache für nicht so wichtig. Sie vergisst schon am nächsten Tag, ihren Jausenruf zu ändern.

„Mutti ...", beginnt Rudolf wieder. Es ist ihm sehr peinlich. „Wenn du schon *Rudolf, Dieter, Jausen kommen* rufen musst – dann wenigstens nicht *so*!"

„Die machen dich alle nach!", platzt Dieter heraus. Rudolf erklärt ihr, dass sie einen singenden Akzent hat, einen Singsang, den hier alle komisch finden.

„Es ist ganz einfach! Du kannst eigentlich alles, was man sagen will, auch viel zackiger sprechen!“ Er macht es ihr vor: *„Rudolf! Dieter! Jausen kommen!“*

„Es gibt Kuchen!“, ergänzt Dieter und versucht, Rudolfs Zackigkeit noch zu übertreffen.

„No – wir kommen nun mal woanders her ...“, beginnt Mari.

„Aber man kann das ganz leicht lernen!“, unterbricht sie Rudolf. „Nicht so viel Ä immer. Das ist falsch.“

Mari will nicht zeigen, dass sie verletzt ist.

„Ja. Ich weiß das. Ihr beiden, meine Kleinen, ihr könnt euch schnell umgewöhnen. Aber mir fällt das schwer. Ich habe nun mal Deutsch von meinem Papa gelernt, sein Wienerdeutsch, wie es die Ungarn sprechen, mit rollendem R und Ä und dunklem A. Und wenn man erwachsen ist, ist die Sprache, in der man aufgewachsen ist, mit dem Menschen verwachsen wie seine Haut. Ich mag meine Sprache, wie sie ist. Ihr habt sie bisher auch gemocht, nicht wahr?“

Die Buben schauen betreten vor sich hin.

„Ist es sehr schlimm, wenn ich es nicht so zackig hinbekomme? Wenn ich euch weiter rufe wie bisher?“

„Ach was, überhaupt nicht!“, versichert Rudolf, und Dieter fällt sofort ein, wie ein Echo.

„Ach was, überhaupt nicht!“

Von diesem Nachmittag an fürchtet sich Mari davor, ihre Buben zum Jausen zu rufen.

7. Kapitel
in dem im März 1939 große Zeiten anbrechen

Zweimal schleicht Mari nachmittags ans Gartentor, öffnet es, stellt sich wie eine Wachsfigur davor, beobachtet die Kinderhorde, die *Räuber und Gendarm* spielt und wartet stumm, bis ihre Buben sie von selbst bemerken. Das dauert. Also will sie doch versuchen, zu lernen, wie man seine Kinder deutsch und zackig zur Jause ruft. Einen Vormittag lang übt sie das deutsche A, das helle E, das R, das kein R ist. „Kuchen!“, versucht sie zu sagen, wie Dieter es ihr vorgeschlagen hat. „Dieter! Rudolf!“

Ihre Schmerzen haben nicht abgenommen, im Gegenteil. Sie ziehen sich vom Bauch hinauf, auch in den Rücken. Und der Nachmittag kommt viel zu schnell. Steif läuft sie ans Tor, hebt einen Arm, winkt.

„Dieter! Rudolf!“

Dann hält sie sich am Tor fest. Die Straße vor ihr ist leer. Nur ein vielleicht elfjähriger Junge lehnt am Zaun gegenüber, beobachtet sie unter halb geschlossenen Lidern, während linker Hand, ein gutes Stück entfernt, das übliche Knäuel von einem guten Dutzend Jungen und Mädchen ein ziemlich wildes Auszählspiel macht. Sind ihre Buben überhaupt dabei? Sie kann sie nicht entdecken. Sie kann auch keine Reaktion feststellen. Sie war zu leise.

Gerade will sie ihren Ruf wiederholen, da sieht sie Rudolf, der auf einen anderen Jungen eindrischt. Warum macht er das? Sie müsste hinübergehen und ihn zur Ordnung rufen, aber ihr Bauch krampft, vor Schmerzen bricht ihr der Schweiß aus, und sie flieht gekrümmt ins Haus zurück, setzt sich vornübergebeugt auf den Stuhl in der Diele. Atmet ein und aus, wie ihr Papa es ihr gezeigt hat.

Nach einigen Minuten lässt der Schmerz nach, und sie kann zurück ans Tor. Der Elfjährige hat sich in den Garten zurückgezogen, doch als er sie bemerkt, kommt er zurück und mustert sie jetzt ganz offen. Rudolf ist nicht mehr zu sehen. Die Kinder laufen durcheinander, klatschen einander ab, schreien.

„Jetzt, jetzt! Die Messer gewetzt!“

„Du bist ein verfaulender Volkskörper ...“

„Der hatse doch nicht mehr alle!“

Das hat Dieter gerufen. Wie locker er das deutsche A und das helle E schon beherrscht ... Sie wird das nie hinbekommen.

Aber ist das so schlimm?

„Rudolf, Dieter, Jausen kommen!“, ruft sie und lässt es klingen, wie es immer klingt – kein bisschen zackig. Das Geschrei bremst sich langsam ab, wie ein schwerbeladener Güterzug. Ein Junge lacht. Dann löst sich Dieter aus der Kinderschar. Er sieht sich nach Rudolf um.

„Slowak! Lumpenpack!“, ruft jemand.

„Wir sind Deutsche, du Schwachmatikus!“

Das war Rudolf. Er kommt aus dem Buschwerk hinterm Trottoir. Betont langsam, die Arme schwenkend wie ein kleiner Gorilla, der Eindruck machen will, bewegt er sich aufs Gartentor zu und reißt Dieter grob mit sich.

Eines Abends kommt Ludwig gutgelaunt nach Hause und winkt mit einer Flasche Sekt.

„Hast du Radio gehört? Wir haben Grund zum Feiern!“

Erst gestern haben sie den Einmarsch der Hitlerschen in Prag verkündet. Ist schon wieder etwas Neues passiert? Mari kommt nicht mehr mit, bei all diesen Ereignissen, die ihr ganz unwirklich vorkommen. Manchmal glaubt sie fast, dass alles inszeniert ist, ein dramatisches Theaterstück. Natürlich eines mit triumphalem Ausgang.

„Mari, die Slowakei ist jetzt ein unabhängiger Staat! Mit Hauptstadt Preßburg! Hitler hat ein bisschen Druck gemacht – und schon funktioniert alles wie am Schnürchen. Wie findest du das?“

Sie lächelt überrascht. Preßburg als Hauptstadt eines kleinen Staates – diese Vorstellung gefällt ihr, auch wenn es natürlich kein ungarischer Staat ist, sondern nur Slowakei. Gleichzeitig ist ihr die Nachricht nicht ganz geheuer. Wird es in ihrer Heimat Kämpfe geben? Wird Péter gar einrücken müssen? Oder wird Hitler am Ende tatsächlich eine friedliche Lösung finden?

„Wie sind sie denn in Preßburg empfangen worden?“, fragt sie.

„Enthusiastisch!“

„Das ist schön. Und gestern, in Prag? Hast du Näheres gehört?“

„Nach allem, was ich weiß: auch dort hundertprozentig begeistert!“

„Also wird es kein Blutvergießen geben?“

Er hat Gläser geholt und entkorkt jetzt bedächtig die Flasche. Bevor er ihr antwortet, gießt er ein und reicht ihr das Glas. Feierlich.

„Wir haben das im Griff.“

Sie stoßen an. Mari tischt das Abendbrot auf. Sie trinkt schnell. Die Art, wie sie den Sekt kippt, erinnert sie an ihre Silvester-Abschiedsfeier in Preßburg, und dieser Abend scheint ihr ewig her zu sein – dabei sind es nicht mehr als dreieinhalb Monate. Wie damals beginnt sie zu plappern, zu fragen, ohne auf Antworten zu warten: „Meine Eltern wird das stolz machen – oder was meinst du? Was sich Peti wohl für Gedanken macht? Vielleicht ist er nicht gerade enthusiastisch – aber hoffnungsvoll? Oder – warum eigentlich nicht – vielleicht doch enthusiastisch? Was denkst du? Das ist schon jetzt die Nachricht des Jahres, findest du nicht auch? Oder meinst du, es könnte dort Krieg geben? Das wollen wir nicht hoffen, nicht wahr?“ Und sie erzählt ihm, erzählt sich selbst, wie sehr sie sich darauf freut, mit den Geschwistern, mit den Freunden aus Preßburg über die atemberaubenden Veränderungen zu sprechen. Sie will so bald wie möglich mit Julika telefonieren. Auch mit Samu und Lili, mit Peti, natürlich mit den Eltern ...

Ludwig stört sich diesmal offenbar nicht daran, wie viele, ausführliche Telefonate sie plant. Gelassen isst er sein Salamibrot, wartet ab, bis sie eine Pause macht.

„Siehst du, wie es geht, Mari?“, beginnt er dann. „Es kommt nur auf die Entschlossenheit an. Alles ist so einfach zu lösen, wenn man beherzt zupackt. Endlich bekommen die gesunden Völker den Raum, der ihnen zusteht. Hitler macht es der Welt vor. Wir sind dabei, die Politik wieder vom Kopf auf die Füße zu stellen! Schon jetzt erleben wir gewaltige Entwicklungen – und das ist erst der Anfang!"

Für seine Verhältnisse hält er fast eine Rede!

„Unsere Generation wird große Lasten zu tragen haben. Herausforderungen besonderer Art. Aber wir sehen dem getrost entgegen, denn unser Führer kämpft an unserer Seite. Tatkraft ist unsere Stärke. Eine große Zeit bricht an!"

Ihr beschwipstes Lächeln steckt fest, als wüsste es nicht wohin. No, denkt sie – starke Worte sind doch sonst nicht dein Ding? Du hörst dich heute schön kraftvoll an, und du freust dich so – es ist fast ein Rausch! Da freue ich mich gern mit dir!

Sie schenkt sich erst einmal selber nach und nimmt einen großen Schluck. An seinem letzten Satz hat sie zu kauen: diese große Zeit, die anbrechen soll. Ich brauche eigentlich keine große Zeit, denkt sie, sagt es nicht laut. Warum brauchst du sie, diese große Zeit? Ich bräuchte ganz andere Sachen. Meine Leute bräuchte ich und meine Sprache, Umarmungen, ein großes Hallooo und dass man sich feste drückt, mit einem Schwall warmer Worte. Gegen deine große Zeit, Ludwig, kommt mir das alles ein bisserl lächerlich vor, aber das sind nun mal meine Sehnsüchte. Und wie ich meine Leute kenne, brauchen die meisten von ihnen eigentlich auch keine große Zeit. Ich fürchte, Peti braucht sie auch nicht so wie du. Was soll's, du und deine Leute, ihr braucht sie offenbar, und meinetwegen sollt ihr sie kriegen! Solange ich und meine Leute auch ein bisserl was von dem bekommen, was wir brauchen.

Sie lässt den Rest aus ihrem Glas in den noch immer lächelnden Mund rinnen, bevor sie sich über die Tischecke hinweg zu Ludwig hinüberbeugt. Und sie gibt ihm einen Kuss. Er schmeckt nach deutscher Salami.

Als Klára ihre Steinklötzchen zum zweiten Mal umwirft, hat Mari schon keine Lust mehr, sie wieder aufzubauen. Sie tut es dennoch. Dann erhebt sie sich vom Schlafzimmerteppich, seufzend wie eine alte Frau, läuft ans Fenster. Sie hat Bauchschmerzen, Gliederschmerzen, fühlt sich schwer und schwach – und kann und kann nicht schlafen, weder nachts noch tagsüber. Immer wieder einmal muss sie an ihren Zustand nach der Abtreibung denken. Da hat sie sich ähnlich gefühlt.

Natürlich hat es sie damals schockiert, dass Ludwig das von ihr verlangte. Sie waren doch verheiratet! Er sagte: „Ich kann mir keine Wohnung leisten, die groß genug wäre für drei. Wir werden Kinder haben, wenn ich sie ernähren kann. Vorher nicht. Ich will nicht, dass es meinen Kindern ergeht wie mir und meinen Geschwistern.“ Sie versuchte anfangs, ihm diese Angst zu nehmen. Dann verstand sie ihn. Er war erst 25! Sein Gehalt war tatsächlich noch sehr bescheiden, und er hatte keinerlei Ersparnisse. Auch dass er kein Geld von ihren oder seinen Eltern annehmen wollte, verstand sie. Andererseits glaubte sie an seine Fähigkeiten, die ihm bald schon eine solide Stellung eröffnen würden. Also beschloss sie, die Regeln ihrer Religion und ihres Landes mutig über Bord zu werfen und modern zu denken, wie er.

Einige Tage fühlte sie sich ungeheuer stark, befreit, als seien Ludwig und sie erst jetzt ein wirklich verschworenes Paar. Natürlich musste die Abtreibung unter der Hand geschehen. Er besorgte eine Adresse, die dann doch nicht funktionierte, aber zu einer anderen Adresse führte. Sie hörte, dass er sich am Telefon nach der Vorgehensweise erkundigte. Ihr sagte er nur: „Eine Krankenschwester, die ihr Handwerk versteht. Sie arbeitet in einer großen Klinik.“ Mari war überrascht, dass es offenbar keine Ärzte gab, die so etwas machten. Sie hatte keine Ahnung von alldem gehabt – woher auch?

Und sie hatte sich etwas wie ein Behandlungszimmer vorgestellt, wie sie es von ihrem Papa kannte. Stattdessen fuhren sie zu einem Privathaus. Die Schwester, die ihr gleich zu jung vorkam, für eine solche Aufgabe, führte sie in eine gewöhnliche, schummrige Küche. Auf dem Herd vibrierte ein dünnwandiger Topf mit dem Operationsbesteck. Als Mari auf dem Tisch lag, auf einer groben Wolldecke, den Unterkörper freigelegt, flutete Entsetzen ihren Körper. Die Schwester machte ihr Vorwürfe.

„Natürlich schmerzt es. Was denken Sie. Aber wenn Sie sich so versteifen, schmerzt es noch viel mehr! Nehmen Sie sich bitte zusammen!“

So überlegen sie sich nach ihrer Entscheidung gefühlt hatte, so elend fiel sie jetzt in sich zusammen. Sie verlor viel Blut. Dann kam eine Infektion. Ihr Krankheitszustand streckte sich über Wochen, und es wurde schwierig, ihn vor den Freunden zu erklären, erst recht vor der Familie. Sie wusste, dass Papa vorbeikommen würde, wenn sie vorgab, länger als zwei Wochen die Grippe zu haben. Also mussten sie sich gemeinsam Lüge um Lüge ausdenken, um ihre Abwesenheit zu begründen. Das fiel auch Ludwig schwer. Er überwand seinen Stolz, der ja auch eine Schüchternheit war, und sprach mit Samu, der bereit war, sein Gehalt spürbar aufzustocken. Das hat ihr damals sehr geholfen, wieder zu Kräften zu kommen.

„Építs!“, ruft Klára hinter ihr unzufrieden. Mari soll weiterbauen.

Sie tut, als hätte sie nichts gehört, sieht weiter aus dem Fenster. Der Rasen lässt noch immer auf sich warten, obwohl sie ihn jeden Tag gegossen haben. Die Aprilsonne scheint schon einigermaßen warm. Rechter Hand, hinter dem neu gezogenen Zaun, sieht sie die Nachbarin, Frau Dold. Mit ihrem kleinen Sohn Jochen sitzt sie auf einer Decke und schaut in ein Bilderbuch.

„Építs!“

Kláras Ton wird schriller. Schnell läuft Mari zur Tür und lockt sie: „Gyere ide ...“

Plaudereien laufen in Deutschland deutlich zäher an, als sie es aus ihrer Heimat gewohnt ist. Auch Frau Dold ist eine zurückhaltende Frau, und man scheint es hier besonders zu finden, wie Mari auf Menschen zugeht. Aber in diesem Fall helfen die Kinder. Jochen brabbelt etwas von einem Hasen, der wohl in seinem Buch herumspukt, Mari fragt nach, und Frau Dold erzählt bereitwillig von seinen lustigen Streichen. Sie reden auch noch ein bisschen über den langsam wachsenden Rasen. Schließlich traut Mari sich zu fragen, ob sie Klári einfach zum kleinen Jochen dazusetzen darf – für ein paar Minuten? Maximal ein halbes Stündchen? Sie müsse dringend saubermachen. In Wirklichkeit hofft sie, sich einen Augenblick hinlegen zu können.

Frau Dold lächelt – und zögert.

„Sie können einfach zusammen das Bilderbuch ansehen. Das wird Klári genau so lieben wie Ihr Jochen!"

„Schon. Aber sie versteht uns ja gar nicht."

„Die Klára tut nich sprechen", bestätigt Jochen.

„Aber sicher spricht sie!", wundert sich Mari. „Noch nicht sehr viel, vielleicht. Aber sie versteht schon sehr gut!"

„Lassen Sie sie nur hier", beeilt sich Frau Dold zu versichern. „Wir werden uns prächtig verstehen, nicht wahr, Klára?"

Ihre Tochter antwortet nicht. Mari spürt ihre Umklammerung am rechten Bein, und erst jetzt wird ihr klar, dass sie die beiden tatsächlich kaum versteht. Mari hat es sich immer so vorgestellt, dass die Kinder beide Sprachen lernen: deutsch mit Ludwig und den Kindern auf der Straße. Ungarisch mit ihr. Aber nun ist Ludwig den ganzen Tag in der Fabrik. Klára ist im Bett, wenn er heimkommt, und natürlich ist sie noch zu klein, sich selbständig unter die anderen Kinder zu mischen.

Frau Dold ist schon aufgestanden, um Klára in Empfang zu nehmen. Mari stottert einen Dank und hebt ihre Tochter hoch, die sofort zu brüllen beginnt. Trotzdem landet sie in den Armen von Frau Dold, die sich rührend um sie bemüht. Auch Mari redet ihr durch den Zaun zu.

„No, Tschaperle. Anyu kommt gleich wieder. Der Jochen und seine Mutti zeigen dir den Hasen im Buch."

Klári gibt einen Klagelaut von sich und schaut sie mit offenem Mund an, tränenüberströmt. Verfolgt von den Schluchzern ihrer Tochter steigt sie die Schieferstufen zur Glastür hinauf, quert die Küche, die Diele, läuft hinauf in den ersten Stock. Sie legt sich auf die Recamiere, das Gesicht zur Lehne gewandt, hält sich die Ohren zu, obwohl Klára von hier nicht zu hören ist, und muss an ihre

Auseinandersetzungen mit Ludwig denken, als es um den Namen für ihr erstes Kind ging. Sie stellte sich einen ungarischen Namen vor, doch es sollte einer sein, der auch in anderen europäischen Sprachen gut verstanden und ausgesprochen werden kann. Péter, Klára, Éva, schlug sie vor. Er wollte einen deutschen Namen, ohne Rücksicht auf andere Sprachen: Rudolf, Günter, Gudrun. Schließlich einigten sie sich darauf, dass er die Namen der männlichen Kinder bestimmen durfte, sie der weiblichen. Auch aus diesem Grund war sie besonders glücklich, als das dritte Kind endlich ein Mädchen wurde – und gab sich viel Mühe, einen Namen zu suchen, der im Grunde international war. Bis auf den kleinen Akzent auf dem A.

Klára muss deutsch sprechen lernen, sagt sie sich jetzt. Ich werde auch mit meiner Klári deutsch sprechen müssen. Sie muss eine deutsche Klara werden. Ich werde nur noch deutsch sprechen. Meine Wurzeln liegen bloß und ohne Nahrung. Ich werde hier nicht anwachsen, nie. Aber das Leben geht einfach weiter, immer weiter. Es hilft ja alles nichts.

Ende des Monats entschließt sich Ludwig, seinen ehemaligen Chef und Freund Samu anzurufen. Das hat wie immer sachliche Gründe. Er ist unsicher, auch ein wenig uneins mit seinem Compagnon, Herrn Montag, über allerlei, das Mari nicht weiter interessiert, und Samu hat viel kaufmännische und strategische Erfahrung. Mari hat so ein Gefühl, dass es höchste Zeit wird, wieder mit Samu und Lili Kontakt aufzunehmen, und wenn sie sich nicht so krank fühlen würde, hätte sie es längst getan. Seit ihrem letztem Telefonat mit Lili, Anfang Februar, hat sich in der Slowakei vermutlich einiges geändert, gerade für Juden. Sie hat sich darüber lieber keine genauen Gedanken gemacht – aber es wird bestimmt kein Fehler sein, den beiden ihre Freundschaft zu versichern.

Ludwig hat sich für dieses Telefonat eine Stunde am Vormittag frei genommen. Er hat sich präzise Fragen notiert und muss das

Nummernverzeichnis auf die Fensterbank räumen, um Platz für sein Schreibzeug zu machen. Jetzt holt er noch einen Ordner aus dem Arbeitszimmer, den er zu seinen Füßen deponieren muss – einen anständigen Telefontisch gibt es ja nicht! Sie sieht es mit einer gewissen Genugtuung.

Die Tür lässt sie einen Spalt offen, und während sie das Frühstücksgeschirr spült, überlegt sie, ob sie Ludwig bitten kann, selbst hinterher noch ein bisschen mit Samu plaudern zu dürfen. Oder ist es klüger, Lili anzurufen, wenn er zur Arbeit gegangen ist? Sie weiß ja, was Ludwig in solchen Fällen sagt: „Mitten am Tag? Hast du nichts Besseres zu tun?"

Eben lässt er sich vom Amt mit seiner ehemaligen Arbeitsstelle verbinden. Er wechselt freundliche, aber knappe Sätze, wohl mit einer Kollegin. Fragt schon nach dem Chef.

Stille.

Samu lässt auf sich warten, denkt Mari. Ist er unterwegs?

Ludwig sagt noch immer nichts. Sie vergrößert den Türspalt um eine Handbreit – und jetzt räuspert er sich.

„Das ist doch nicht möglich. Was erzählen Sie da!"

Sie erschrickt, weil er sehr unfreundlich klingt. Warum muss er immer gleich so heftig reagieren?, denkt sie, da fährt er verärgert fort:

„Samu Nagy? Wir kennen uns sehr gut, das wissen Sie. Das passt absolut nicht zu ihm."

Sie greift ins trübe Spülwasser, zieht den Stöpsel. Ihr Nacken wird steif, als sie dem Wasser zusieht, wie es einen Strudel bildet, und in demselben Moment, in dem es röchelnd im Ablauf verschwindet, ruft Ludwig: „Hören Sie mal!"

Sein Ton lässt Mari zur Küchentür stürzen, sie öffnet sie ganz, sieht in seine entsetzten Augen, doch er wendet sich ab. Mit dem Rücken zu ihr versucht er, seine Stimme wieder unter Kontrolle zu bekommen.

„Verzeihen Sie, aber daran kann gar nichts wahr sein. Das ist Nonsens. Hat man den Fall genau untersucht! Es kann doch ein Unglück ... ein Verbrechen ..."

Stille.

„Ein Brief."

Sie hat das Gefühl, ihn nicht länger beobachten zu dürfen, damit dieses Gespräch nicht weiter entgleist, nichts Furchtbares offenbart, was es auch sei. So wendet sie sich wieder der Küche zu und sucht den Lappen, mit dem sie den Frühstückstisch abwischen will. Er liegt nicht da, wo er soll. Er ist nicht an seinem Platz. Er ist einfach nicht da, und sie läuft verwirrt in der Küche herum, hat vergessen, wonach sie sucht, nimmt den Spüllappen in die Hand, nein, gespült hat sie. Sie meint auch nicht das Abtrockentuch. Mechanisch streichelt sie den Blumenkohl. Er ist schon recht weich. Ludwig spricht jetzt wieder, aber mit so mickriger Stimme, dass sie sie kaum als die ihres Mannes erkennt.

„Das ist nicht nötig. Natürlich glaube ich Ihnen, so war das nicht gemeint. Ich danke Ihnen für die Information."

Und er murmelt eine Verabschiedung.

Sie wird den Blumenkohl bald verwerten müssen, denkt sie zitternd, als sie die Tür zur Diele wieder öffnet und Ludwig auf dem zierlichen Stuhl vor dem Fenster sitzen sieht. Da sitzt er sonst nie. Er scheint schon auf sie gewartet zu haben, streift sie mit einem finsteren Blick, bevor er sich halb zum Fenster dreht und die Gardine mit einem wütenden Ruck öffnet.

„Samu hat sich umgebracht", schnarrt er mit fremder Stimme in Richtung Fenster. „Er hat sich erschossen."

„Das ist nicht wahr."

„Doch."

Er schaut weiter aus dem Fenster. Ein wenig Strauchwerk, ein Stück blauer Himmel sehen gleichgültig zu ihnen hinein.

„Aber warum? Wissen sie ..."

„Es gibt einen Abschiedsbrief. Er schreibt, er fühlt sich zu alt für eine Auswanderung."

„Auswanderung?"

Ludwig steht auf und zerrt die Gardine mit einem hässlichen Geräusch bis zum Anschlag auf.

„Ich kann das so wenig nachvollziehen wie du! Er muss der

antideutschen Propaganda aufgesessen sein! Sie verunglimpfen uns, sie behaupten, Juden seien dem Tod geweiht, sobald wir in einem Land das Sagen haben! Kokolores! Wie hat er das glauben können!"

Sie betrachtet den Telefonhörer, der etwas schief in seiner schwarzen Gabel hängt und nimmt schon den Hörer ab.

„Ich muss Lili anrufen."

„Sie auch."

„Was?"

„Sie! Auch!" Ludwig nimmt ihr den Hörer aus der Hand, presst ihn auf die Gabel, rafft seinen Ordner, seinen Block, seinen Bleistift zusammen, stürzt in sein Arbeitszimmer, knallt die Tür hinter sich zu. Ein Aufprall, Poltern. Er hat etwas gegen das Regal geworfen.

Sie setzt sich auf den Stuhl, auf dem er eben saß, vor das nackte Fenster, neben dem die Gardine schräg herunterhängt. Unwillkürlich bückt sie sich und sieht nach, ob auf dem Teppich, unter der Heizung, ein Gardinenring liegt. Es sieht nicht danach aus.

Am Abend sitzen sie im Wohnzimmer beisammen und versuchen zu lesen: Sie einen deutschen Roman, den sie sich selbst gekauft hat – aber leider kann sie sich nicht konzentrieren. Er scheint in ein Geschichtsbuch über die Hunnen vertieft.

Etwas macht sich in ihr breit, das sie schon kennt, auch wenn es sich heute zum ersten Mal so deutlich bemerkbar macht. Ein graues Wesen. Ein Etwas, das ihr den Sauerstoff raubt, an den Muskeln nagt. Ihre Gedanken fallen in sich zusammen, bevor sie sie denken kann.

Als das Telefon klingelt, zucken sie beide zusammen. Ludwig steht auf, nimmt ab. Er klingt überrascht, und sie hört, dass er nach irgendwelchen Zahlen fragt. Schließlich bittet er sich Bedenkzeit aus, und nachdem er aufgelegt hat, steht er scheinbar noch eine ganze Weile in der Diele, ohne sich zu rühren. Sie will schon nach ihm sehen, als er in der Tür erscheint.

„Stell dir das vor: Sie haben mir die Geschäftsführung der Stahlwerke in Preßburg angeboten“, sagt er. Ihr Herz springt – vor Freude und Schreck gleichzeitig.

„Das ist, also, es wäre wunderbar ... wenn die Sache mit Samu ... und Lili ...“

„So ist es. Ich soll die Nachfolge von Samu antreten.“

Sie kann nichts sagen, so sehr streiten ihre Gefühle. Sie mit der ganzen Familie zurück in Pozsony ... Ludwig als Chef der Stahlwerke ... Sie hätte gar nicht den Mut gehabt, sich etwas so Herrliches zu wünschen! Aber so kaltblütig können sie nicht sein, das geht nicht.

„Du hast dir Bedenkzeit erbeten?“

„Ja, und sie schicken mir noch Unterlagen zu. Aber ich denke, ich werde ablehnen. Mein Instinkt sagt mir, dass ich ablehnen soll.“

Sie versucht, ihre wilden Gefühle unter Kontrolle zu bekommen. Natürlich hat er recht. Aber wie kann er so schnell so sicher sein!

„Das tut mir leid, für dich, Mari. Unser Platz ist jetzt hier.“

Sie senkt den Kopf. Er darf es für ein Nicken halten.

Als sie sich kaum mehr aufrecht halten kann, fragt er sie, wo es ihr genau wehtut. Sie schämt sich, weil sie nichts anderes sagen kann als: „Überall!“ Das murmelt sie so leise, dass er kopfschüttelnd die Hand hinter die Ohrmuschel legt. „Überall!“, wiederholt sie verzweifelt. Er sieht sie ungläubig an. Aber es ist so, und es hilft auch nicht mehr, wenn sie sich setzt und atmet, wie Papa es ihr gezeigt hat.

Gestern Morgen hat sie nur darauf gewartet, dass Ludwig in seine Fabrik verschwindet, damit sie sich mit Klara ins Schlafzimmer zurückziehen und ihren Kopf im Kissen vergraben kann. Doch diesen Gefallen tut er ihr heute nicht. Er ruft einen Arzt.

Es kommt ein magerer Mann, der mit ihr ganz anders umgeht, als sie es von Papa kennt. Dr. Schiller fasst sie nicht an, nicht einmal zur Begrüßung. Er fragt sie auch nicht nach ihrem Namen. Sofort will er den genauen Ort ihrer Schmerzen genannt bekommen („überall!“, wiederholt sie traurig, zeigt dann doch auf den Bauch, fasst sich an den Kopf), das allgemeine Befinden

(„schlecht!“) und die Art ihrer Schmerzen. Stechend, reißend oder pochend? Sie schwitzt vor Anstrengung, als sie über diese drei Worte nachdenkt. Was sollen sie bedeuten, bezogen auf einen Schmerz, der einfach ein Schmerz ist und nichts sonst?

„Es tut mir leid, ich bin keine Deutsche ...“, flüstert sie und findet es peinlich, dass ihr dabei die Tränen kommen. Ludwig steht ja noch immer an der Schlafzimmertür, starrt auf das Hausschuhmodell *Manfred von Richthofen* an seinen Füßen. Dr. Schiller hört ihr Herz ab. Dann berührt er sie am Bauch – zart, als könnte er auf dünnem Eis einbrechen – und fragt, wo der Schmerz am stärksten sei.

„Da!“, ächzt sie irgendwann, damit er Ruhe gibt.

Ob sie fetter als sonst gegessen habe?

Hat sie nicht.

Es könne sich dennoch um eine Gallenkolik handeln. Das könne auch Veranlagung sein. Ob sie Verwandte habe, mit Gallenproblemen?

Sie hat eine Tante, ja. Aber sie hat für jede Krankheit irgendeine Tante.

Dr. Schiller schmunzelt. „Sagen Sie, haben Sie denn eine Haushaltshilfe?“

Sie schüttelt matt den Kopf. Ludwig knurrt aus dem Hintergrund, er habe ihr schon vor Wochen ans Herz gelegt, sich eine zu besorgen. Sie bestätigt das. Er hat ihr erklärt, dass sie ein „Pflichtjahrmädchen“ beantragen können, doch schon dieses Wort klang in ihren Ohren abschreckend, und sie hat davon geträumt, jemand aus der Slowakei zu holen, mit Zsófias Hilfe. Jemand, der auch ungarisch spricht. Das ist natürlich nicht so einfach. Sie ist auch zu schwach gewesen, sich zu kümmern.

Dr. Schiller verschreibt ein Schmerzmittel. Magere, ungesüßte Kost. Einen Tee. Ruhe.

„Ich denke, es hängt mit Ihrer neuen Umgebung zusammen. Vielleicht haben Sie Ihre Umsiedlung noch nicht ganz verkraftet?“

Sie lächelt erleichtert. Er ist also doch ein kluger Arzt. So zuversichtlich wie möglich behauptet sie, dass sich ihre Umsiedlungsschmerzen sicher bald geben werden.

8. Kapitel
in dem Zsófia in den Tennisklub einlädt und Dieter den Krieg schon einmal zu spüren bekommt

Ludwig organisiert ein Pflichtjahrmädchen. Dann telefoniert er sogar mit Zsófia und bittet sie, so bald wie möglich zu kommen, um ihrer Schwester zu helfen. Als Zsófia zwei Wochen später tatsächlich in der Tür steht, muss Mari schon wieder weinen, sie behauptet: vor Freude. In Wirklichkeit schämt sie sich ihrer Schwäche. Sie kann sich nicht freuen. Über nichts.

Zsófia beginnt sofort, alles zu loben, das Haus, den Garten, die Nachbarn, die Stadt. Beim Pflichtjahrmädchen sind sie sich allerdings einig: Helga taugt nichts, weil sie nichts taugen will. Alle jungen Mädchen, die eine Ausbildung oder ein Studium beginnen wollen, verdonnert die Regierung jetzt zu einem Dienstjahr in der Landwirtschaft oder in Familien – und sie dürfen sich nicht einmal aussuchen, wohin sie kommen. Helga will ins Büro. Noch lieber will sie Sängerin werden. Kein Wunder, dass sie schlecht gelaunt herumhängt und gleich wieder vergisst, was man ihr erklärt.

Von der Sache mit Samu und Lili hat Zsófia noch gar nichts gehört. Sie kannte die beiden kaum. Auch in Ungarn und der Slowakei gab es immer Vorbehalte gegen die Juden, das wissen sie beide, aber jetzt sei der Ton deutlich schärfer geworden, meint sie. Die alte Dame, von der Zsófia zur Klavierlehrerin ausgebildet wird, sagt, die neuen Maßnahmen gegen die Juden seien eine Schande.

„Ludwig meint, das ist übertrieben, das ist antideutsche Propaganda“, wendet Mari ein.

„Ich hoffe es!“ – Zsófia klingt nicht überzeugt. Auch Papa und Anyu haben sich skeptisch geäußert, als Mari sie nach der neuen slowakischen Regierung gefragt hat. Und Péter wollte gar nicht mit ihr über Politik sprechen.

„Das lassen wir lieber!“, hat er gerufen. Es klang geladen. Das gab ihr einen Stich. Sie vermisst ihn so sehr! Peti ist als älterer Bruder gerne altklug gewesen, und als Kind hasste sie ihn manchmal dafür. Einmal stiftete sie Zsófia an, einfach nicht mehr mit ihm zu reden. Wenn er etwas erzählen würde, würden sie tun, als wäre er nicht da. Sie rechneten beide damit, dass eine Weile vergehen würde, bis er das überhaupt wahrnahm – weil er gern monologisierte! Aber er sagte erst lange nichts. Dann sagte er einen Satz über Sandi, ihren Hund in Szuha, und fragte sich, ob er noch krank sei. Wie verabredet ignorierten sie ihn, obwohl Mari das sehr schwerfiel. Da fragte er, ob sie wieder gut sein könnten, und sie sagte auf der Stelle Ja.

Zsófia kann es nicht fassen: Mari ist schon ein Dreivierteljahr hier und hat doch noch nicht einmal den Tennisklub entdeckt? Man läuft nicht einmal zehn Minuten hin! Weil sie ihre große Schwester nicht überreden kann, dort zu spielen, tut sie es einfach selbst und verabredet sich schon nach dem zweiten Match mit einem Ehepaar im dortigen Café. Auf ein Glas Wein, abends.

„Ich habe versprochen, dass ihr beide mitkommt! Ihr müsst endlich Leute kennenlernen!"

Ludwig glaubt, nicht richtig gehört zu haben.

„In Deutschland trifft man sich nicht abends im Café. Hat das überhaupt offen?"

„Eigentlich nicht. Aber für uns machen sie eine Ausnahme. Wir trinken doch nur eine Kleinigkeit miteinander!"

Die ganze Sache ist ihm peinlich. Wenn überhaupt, lädt man zu sich nach Hause ein, erklärt er der Schwägerin. „Eure Kaffeehauskultur – das gibt es hier nicht!"

„Wenn du meinst – dann bittet ihr sie eben hierher?"

„Aber das Haus ist noch nicht präsentabel. Und Helga taugt nicht für eine respektable Abendeinladung", wendet Ludwig ein. Und er kennt die beiden gar nicht! Er weiß überhaupt nicht, ob sie seine Kragenweite sind!

„Kragenweite?" Zsófias Blick bleibt irritiert an seinem Hals hängen. Mari muss ein wenig lächeln. Sie erklärt ihr die Redensart, so gut es geht, und ihre Schwester lacht herzhaft.

„No ... ich werde jedenfalls hingehen, übermorgen. Die beiden sind sehr nett. Ihnen hat meine Idee gut gefallen!"

„Jetzt sag noch einmal, dass es in Frankfurt keine netten Leute gibt!“, triumphiert Zsófia auf der Toilette des Tennisklubs, und Mari muss ihr recht geben. Herr Wirth ist Buchhalter – aber ein komischer! Freimütig erzählt er von den vergeblichen Versuchen, Ordnung auf seinen Schreibtisch zu bekommen. Seine Frau geniert sich sehr für ihn, besonders vor Ludwig. Mehrmals muss ihr Mann versprechen, auf der Stelle still zu sein, und babbelt dann doch weiter, erzählt im tiefsten Frankfurterisch, wie er einmal einem Kunden heißen Kaffee über die Hemdmanschette goss. Auch eine Ecke des Kaufvertrages hat er noch erwischt.

Ludwig wird von einem ungewohnt heftigen Lachanfall geschüttelt, es ist fast ein Krampf. Er trinkt noch einen guten Schluck vom Äbbelwoi, erzählt dann eine Begebenheit, von der Mari gar nichts wusste: Auch er hat einmal, als sehr junger Mann, in Tyrnau einen Kunden empört, indem er die Krempe seines Homburgers mit tiefschwarzem Mokka bekleckerte. Natürlich hat er den Schaden ersetzt. Dennoch ließ sich der Kunde nicht mehr blicken.

„Ja, da kriegt ma ja de pudelnaggisch Krenk!“, ruft Herr Wirth, und seine Frau will partout nicht ins Hochdeutsche übersetzen, tut es dann doch. Auch sie ist eine interessante Person, findet Mari. Sie beweist nicht nur im Tennisklub viel sportlichen Ehrgeiz, sondern ist auch selbst beruflich tätig, als Telefonistin. Mari ist nicht ganz sicher: Können sie keine Kinder bekommen oder wollen sie nicht? Letzteres hat sie noch vor wenigen Monaten gar nicht für möglich gehalten. Wie ein Mensch trinken und schlafen will, will er Kinder haben, hat sie gedacht, doch in letzter Zeit hat sie manchmal darüber nachdenken müssen, was sie alles tun könnte, wenn sie kinderlos wäre. Auch Zsófia ist noch so herrlich frei ... Sie hat schon länger einen Galan, der aber verheiratet ist. Seit sie ihm ein Ultimatum stellt, schwört er, sich demnächst scheiden lassen und sie ehelichen zu wollen. Auch Kinder will er nur von ihr, behauptet er. Mari ertappt sich bei dem Gedanken, dass es so schlimm nicht wäre, wenn er sich weiter Zeit ließe.

Zsófia muss sich wieder verabschieden, und Mari begleitet sie zum Bahnhof. Sie bedankt sich für ihre tapferen Versuche, sie aufzumuntern, und behauptet, diese Bemühungen seien geglückt. Sie weiß ja, dass sie nur dank Zsófia einen halbwegs normalen Alltag leben konnte. Aber als die schwarze Lok dampfend einfährt, senkt sich die Angst wie eine eiserne Glocke über sie. Sie muss bleiben, darf nicht mit. Sie will so sehr mit ihrer Schwester tauschen, dass sie sie kaum umarmen kann.

Schon wieder sagt sich Besuch an: Siegfried, Ludwigs älterer Bruder, will kommen, mit Frau Valentina und deren Schwester Juana. Siegfried ist in der Wirtschaftskrise nach Mexiko ausgewandert und hat dort Valentina kennengelernt, eine Tänzerin und Schauspielerin. Mari kennt die drei von der Olympiade 1936, als sie sich in Berlin getroffen haben. Sie haben sich gleich gemocht. Früher hat Mari doch Besuch erwartet wie ein vielgerühmtes Buch, einen besonderen Ausflug: voll freudiger Neugier? Jetzt traut sie ihrem Körper nur noch Schlechtigkeiten zu. Er kann sie jederzeit hinterrücks im Stich lassen.

Juana, die kleine Frau mit dem großen Gesicht, drückt Mari mit einem breiten Strahlen an sich, und während sie wenig später das Kaffeegeschirr aus dem Küchenschrank heben, trompetet sie: „Weißt du, dass du die Einzige in dieser verdammten Familie bist, mit der man auch ohne Alkohol normal reden kann?“

Siegfried lacht dröhnend. Valentina klatscht Beifall wie ein kleines Mädchen. Ludwig lächelt.

„Kann es sein, dass du Rückenschmerzen hast?“, fragt Valentina eines Morgens, als Mari mit dem Frühstückstablett den Gartenweg entlangkommt, und springt sofort auf, nimmt ihr das Tablett ab, deponiert es auf dem Tisch, ohne die Teller zu verteilen. Stattdessen macht sie ihr zwei, drei Übungen vor, mit denen sie sich künftig lockern und stärken soll. Sie soll sie am besten sofort nachmachen, damit sie sie richtig lernt. Mari geniert sich. Sie macht sonst keinen Sport, ist mickrig geblieben, trotz der Schwangerschaften, und hier, so vor den Männern ... Aber Valentina lässt keine Ausrede gelten, breitet Maris Arme. Es knackt. Sie führt Maris Hände über dem Kopf zusammen, bittet sie, in den Bauch zu atmen. Sie soll den linken Fuß ein wenig querstellen, mit dem rechten einen Schritt nach vorn machen, in die Knie gehen, einen Arm nach vorn, den anderen nach hinten führen. So halten. Dann beide Hände nach oben strecken.

„Der Krieger!", ruft Valentina. „Yoga ist das! Ganz neu. Ganz schnell zu lernen."

Und Mari meint für einen Moment, tatsächlich Kraft zu sammeln. Sie könnte sich jetzt wehren, denkt sie. Wenn es nötig wäre, könnte sie jetzt kämpfen.

„Donnerwetter!", grinst Siegfried.

„Oha!", macht Ludwig.

„Ja, sieh mal einer an!", ergänzt Siegfried, und Mari muss lachen, fällt aus ihrer Haltung. Valentina lässt sich nicht beeindrucken. Sie will ihr weitere Übungen zeigen, aber Mari kann sich nicht mehr konzentrieren.

„Lass mich erst frühstücken, ja? Hinterher lasse ich mich gern weiter von dir zur Kriegerin ausbilden ..."

Beifälliges Gelächter.

Eine ungarische Frau! Mexikanischer Besuch! Mari erfährt von ihren Söhnen, dass ihr neues Zuhause jetzt als „das Ausländerhaus" berüchtigt ist. Dieter spricht das Wort mit einem Schauder aus, als sei das ein Ort, an dem es spukt, und so beschließt Mari schweren Herzens, die Dolds, die Wirths und auch die Schmiedleins von gegenüber zum Sonntagskaffee einzuladen. Sie sollen selbst erleben, dass es bei ihnen mit rechten Dingen zugeht.

Das stellt sich als kluger Schachzug heraus. Valentina und Juana tanzen mit den Kindern zur Radiomusik. Mit der „Räuberballade" kommen sie in Schwung, und bei „Kann denn Liebe Sünde sein" ist noch lange nicht Schluss. Der kleine Jochen Dold ist mehr als begeistert: Verliebt ist er, in Valentina!

Einmal, nach dem Mittagessen, als der Besuch im Garten vor sich hin döst, Ludwig in der Fabrik ist, die Buben und Klara friedlich spielen, zieht Mari sich in ihr Zimmer zurück, nimmt einen Bogen Schreibmaschinenpapier und überlegt sich eine Geschichte. Von einem kleinen Jungen soll sie handeln, der sich in eine mexikanische Tänzerin verliebt. Er träumt davon, schon erwachsen zu sein, damit sie ihn ernst nehmen und heiraten kann. Das stellt er sich so inbrünstig vor, dass es tatsächlich geschieht: Plötzlich ist er ein Mann! Doch die Zeiten sind schwer, die Welt spielt verrückt. Der Junge findet sich in der Erwachsenenwelt nicht zurecht, und die Tänzerin flieht in ihre Heimat, ohne ihn zu erhören. Das macht ihn sehr traurig. Wie er so vor sich hin weint, erinnert er sich daran, wie es war, ein kleiner Junge zu sein – und kommt in seinen Kinderkörper zurück. Darüber ist er dann doch sehr glücklich. Er möchte noch lange nicht erwachsen sein!

Sie hat sich Notizen auf Ungarisch gemacht, aber vielleicht schreibt sie die Geschichte doch auf Deutsch? So gut es eben geht. Damit sie sie den Kindern vorlesen kann, denn sonst wird sich ja niemand dafür interessieren. Dennoch möchte sie sich Mühe geben und am Ende alles auf Ludwigs Schreibmaschine ins Reine schreiben. Wenn sie es geschickt anstellt, wird er davon gar nichts merken.

Aus dem Volksempfänger tönt nicht nur Tanzmusik. Die politischen Meldungen werden mit zunehmend erregter Stimme vorgetragen, und auch ihr Besuch ist besorgt. *Ludwig, las noticias!*, rufen die Mexikanerinnen immer öfter, um nichts Wichtiges zu verpassen.

Am frühen Abend des ersten Septembers bereitet Mari mit Juana und Helga in der Küche das Abendessen zu, als im Wohnzimmer der Ton lauter gestellt wird.

... Truppen melden Grenzverletzungen durch polnisches Militär. Die Provokateure dürfen nicht ungeschoren davonkommen!

Juana unterbricht ihren Redeschwall.

Die Strafaktion wird umgehend eingeleitet.

Sie gehen zusammen nach drüben. Siegfried und Ludwig sitzen vorn auf der Sesselkante und lauschen, während Dieter sich im Sessel fläzt.

„Werden sie verprügelt?“, fragt er.

„Damit spaßt man nicht!“

Siegfrieds Arm holt aus, es knallt, Dieter rollt im Sessel zur Seite. Einen langen Moment bleibt er so liegen, die Augen geschlossen. Sein Vater lehnt sich zurück und nickt Siegfried fast unmerklich zu. Dann dreht sich Dieter langsam aus seinem Sitz und läuft hinaus.

Als Mari ihre Söhne ins Bett bringt, hat sie das Bedürfnis, ihnen Siegrieds Ohrfeige zu erklären.

„Es ist kein Wunder, dass euer Onkel manchmal etwas streng reagiert!“, sagt sie. „Zwei eurer Uronkel sind im Krieg jung gefallen, einer schon im ersten Kriegsjahr. Auch euer Großvater musste den ganzen Krieg über hart kämpfen. Dann kam die schlimme Hungersnot. Und es gab keine Arbeit, in Deutschland! Deshalb musste Siegfried nach Mexiko auswandern und euer Papa in die Slowakei. Ohne den Krieg hätten eure Eltern sich also niemals kennengelernt! Da seht ihr, dass im Schlechten fast immer auch etwas Gutes verborgen liegt. Man muss nur sehr tief buddeln ...“

„Ja, kommt denn jetzt Krieg?“, fragt Dieter trocken.

Sie hat sich verplappert. Jetzt ist es zu spät.

„Ich weiß es nicht. Aber wenn, wird alles ganz anders als damals – bestimmt! Ihr müsst euch keine Sorgen machen.“

„Hitler passt auf uns auf“, sagt Rudolf andächtig.

Sie zögert.

„Und auf Hitler passt der liebe Gott auf, hoffentlich!“

Gleich am nächsten Morgen packen Juana und Valentina die Koffer, während Siegfried nach Hamburg telefoniert, wegen eines Schiffes nach Übersee. Sie wollen nicht einmal mehr bei ihr zu Mittag essen. Sie verabschieden sich mit ernsten Gesichtern und wünschen ihnen alles erdenklich Gute. Juana weint.

9. Kapitel
in dem Maris Lebensgeist erwacht

Ludwig kündigt Überstunden an, fährt in die Fabrik. Er hat wegen des Besuchs dies und das liegen lassen. Die Kinder spielen auf der Straße, und sie sitzt allein in der Küche, hat plötzlich nichts mehr zu reden, nichts zu tun. Der Himmel scheint ihr sogar das Gießen abnehmen zu wollen. Sie sieht einem Amselpärchen auf dem Rasen zu, wie es nasse Blätter beiseite wirft, Würmer pickt. Sie hört dem Wasserhahn zu, der tropft, aber ganz langsam, während es sich draußen einregnet. Es ist, als bekäme das Haus eine Gänsehaut.

Sie könnte jetzt ihre Geschichte ausarbeiten – und kann es doch nicht. Diese Tätigkeit des Schreibens ist so weit entfernt, überseeweit ... Was hat sie nur geritten, vor anderthalb Wochen? Wie konnte sie sich einbilden, ihre kleine, dumme Geschichte sei irgendeiner Mühe wert?

Sie stellt den Volksempfänger an. Er redet jetzt offen von Krieg.

Die Sonne ist noch nicht aufgegangen. Ludwig liegt auf der Seite, ganz leicht bewegt sich sein linker Arm im Atemrhythmus. So leise sie kann, steht Mari auf, zieht die Wolljacke über das Nachthemd und lauscht. Ludwigs Schnorcheln ist anzuhören, dass er nicht wach geworden ist. Ohne Schuhe schleicht sie hinaus, die träge knarzende Treppe hinunter, durchquert die Diele, die Küche, öffnet die Glastür in den Garten. Aus dem Dunkel vor ihr steigt ein Schnalzen, Zwitschern, ein Motorengeräusch entfernt sich. Es riecht nach dem gemähten Gras der Nachbarn, nach nassem Laub, und der Horizont hinter den Pappeln hat einen fahlen Schein. Sie ist nicht sicher: Sind das Großstadtlichter oder schon die Sonne? Soll sie ihre Stiefel aus der Diele holen?

Barfuß läuft sie die sanft gefurchte Schiefertreppe hinunter, den Weg entlang. Es ist kalt, aber sie kann es aushalten. Wie ihr Papa es ihr gezeigt hat, steigt sie mit Storchenschritten durch den nassen

Rasen. Die Gänseblümchen sind grau geschlossen. Der Tau weckt Mari noch einmal ganz neu. Schritt für Schritt tappt sie durchs Morgengrauen, springt auf den Steinweg zurück, rennt in den hinteren Gartenteil, und als der Grünfink trällert, zirpt, seufzt, ist sie sich auf einmal sicher, dass sie bis eben nicht wirklich genug am Leben gewesen ist. Von den eisig piekenden Sohlen bis zur Schädeldecke durchfließt sie etwas, das sie hinaussummen muss. *Életerő ...* singt sie vor sich hin. Sie lacht. *Életerő ...*

Das heißt so etwas wie Lebensgeist, aber wenn sie es singt, klingt es wie der Ruf eines ziemlich komischen Fabelvogels. In dem matten Licht, das die Sonne vorausschickt, erkennt sie das Kirschbäumchen, seinen glatten, quergestromten Stamm. Die armseligen Ribizelnsträucher. Das kleine Kräuterbeet. Die Birne, ein Dutzend Kartoffeln – viel mehr haben sie in diesem Jahr nicht pflanzen können, und bis es ernsthaft etwas zu ernten gibt, werden sie sich noch Jahre gedulden müssen. Aus dem Gestrüpp der wilden Stauden rauscht ein Rabenvogel in den Himmel. Dann summt es oben auf dem Damm, und mit langsamen, rhythmischen Stößen rollt ein kaum beleuchteter Zug heran. Er fährt wirklich sehr langsam, aber sie lässt ihn vorüber, trippelt und springt auf der Stelle, um die Zehen zu wärmen, wartet ab, bis nichts mehr vom Zug zu hören ist. Erst dann läuft sie zurück.

Als sie die aufgehende Sonne in ihren Haaren spürt, bleibt sie noch einmal stehen und sieht zu den orange blitzenden Fenstern hoch, hinter denen Ludwig und die Kinder schlafen. Das alles ist noch so verletzlich. Es wird ihre ganze Kraft brauchen. Auf einmal ist die Frage nicht mehr offen, wozu sie auf der Welt ist. Sie hat es sich anders vorgestellt. Aber jetzt ist alles klar.

Das Radio verkündet Erfolge und fordert gleichzeitig, den ganzen Tag eingeschaltet zu bleiben, damit niemand die Luftlagemeldungen verpasst. Der Führer und sein Gefolge haben die Situation bestens durchdacht. Überall in Frankfurt legt man Löschwasserbecken an, gräbt Bunker, die selbst großen Bomben standhalten sollen. In ihrem Keller ist ein fensterloser Schutzraum schon eingeplant gewesen. Mari ist froh darüber, aber sie fragt sich auch, woher die Architekten ihrer Doppelhaushälften schon letztes Jahr gewusst haben, dass Krieg kommt.

„Das kam sicher von ganz oben", vermutet Ludwig.

„Also hat man es ganz oben gewusst?"

„Was heißt gewusst ... Wir können glücklich sein, dass der Führer sich so umsichtig kümmert!"

Auch über Flugblätter werden sie auf die ersten Sirenentöne vorbereitet: ein auf- und abschwellender Ton. Der Dauerton ist die Entwarnung. Vorerst bleibt es beim harmlosen Probealarm, und die Kinder sind fast enttäuscht, dass es so lange dauert, bis ihre Stadt mit einem echten Bombardement an der Reihe ist. „Keine Angst vor dem Krieg!", so steht es auch in der *Frankfurter Zeitung*.

Herr Dold und Ludwig besorgen sich je eine Spitzhacke, dann verabreden sie sich in ihren Schutzräumen und fangen jeder von seiner Seite an, einen Durchbruch zu schlagen. Auch das empfiehlt die Regierung. Dieter weiß Bescheid: Die Öffnung soll gerade so breit sein, dass ein kräftiger Mann gebückt hindurchpasst. So können sie sich im Nachbarhaus in Sicherheit bringen, wenn ihr Haus einmal verschüttet werden sollte. Sie können also wieder nach oben gelangen, ohne dass man sie ausgraben muss. Mari nickt ergeben und versucht vergeblich, das Thema zu wechseln. Für einen Fünfjährigen ist die Sache einfach zu spannend, und alle Kinder sind Feuer und Flamme, als sie helfen dürfen, den Schutt wegzuräumen. Sie lassen sich auch nicht davon abbringen, den Durchbruch wieder und wieder zu testen.

Gerade hat die Hausschuhfabrik „Montag und Wacholz" ihre Anfangsschwierigkeiten überwunden, da droht ihnen schon wieder das Aus, weil sie keine kriegswichtige Ware herstellen. Gemeinsam mit seinem Compagnon brütet Ludwig an einer Argumentation, die die Wichtigkeit von Hausschuhen in jedweder

Lebenssituation glaubhaft machen soll. Gleichzeitig berechnen sie den Kostenaufwand, Maschinen und Materialien auf robuste Feld-, Wald- und Wiesentreter umzurüsten. Zusätzlich macht ihnen eine Flut von neuen Bestimmungen das Leben schwer. Die Behörden stellen seltsame Fragen, die sie wohl selbst nicht ganz verstehen. Ihre mühsam akquirierte Belegschaft bröckelt, weil Männer sich freiwillig zum Kriegsdienst melden, Frauen ihrem Vaterland als Krankenschwestern beistehen möchten. Manche haben auch nicht den richtigen Ahnenpass.

In ihrer Umgebung bekommt Mari mit, wie man im Fall der Fälle gegen die Wehrdienstverpflichtung argumentieren kann. Frau Dold zum Beispiel ist eigentlich sehr für den Krieg, aber ihr Mann hat leider einen angeborenen Herzfehler. Und Herr Wirth ist in seiner Firma „zum jetzigen Zeitpunkt gänzlich unabkömmlich". Diese Formulierung will sie sich merken. Sie schreibt sie sich sogar auf.

„Unsere Produktion ist auf die Hälfte der Vorkriegszeit gesunken!", stellt Ludwig eines Abends bitter fest und will nicht weiter darüber reden. Werden sie ihre Schulden dennoch bezahlen können?, fragt sich Mari. Oder soll sie noch einmal versuchen, ihn zur Rückkehr in die Slowakei zu überreden? Noch scheint sich in ihrer Umgebung niemand ernsthaft Sorgen zu machen. Noch herrscht kein Lebensmittelmangel, und es sieht auch nicht danach aus, trotz der Karten, über die sie jetzt alles beziehen müssen. Für Familien sind die Rationen großzügig bemessen.

Es ist noch lange nicht Weihnachten, da entschließt Ludwig sich zu ihrer Überraschung, regelmäßig zum Mittagessen heimzukommen und danach noch eine gute Stunde im Arbeitszimmer zu verbringen. Noch vor einem Monat wäre das für ihn undenkbar gewesen.

Mari ist es unheimlich. Sie hatte immer den Eindruck, dass ihr Mann gar nicht fähig ist, einfach nur zu entspannen. Also sieht sie sich während seiner Abwesenheit in seinem Zimmer um. Zeitungen liegen herum, die sie noch nie gelesen hat: *Das Schwarze Korps*, *Der Stürmer*. Auch viele Geschichtsbücher findet sie. Politische Schriften. In Hitlers *Mein Kampf* stecken Büroklammern als Lesezeichen.

Ein hartes Uhrticken leitet die Meldung ein. *Achtung Achtung Luftlagemeldung: Britische Flugzeuge im Anflug auf Frankfurt!*

Die Sirene schwillt schnell an, hält den hohen Ton, schwillt wieder ab, und das wieder und wieder. Ist es diesmal ernst? Ludwig ist in der Firma und wird wohl in einem der Bunker in der Innenstadt unterkommen. „Hinunter!", ruft sie, gibt Klara einen zärtlichen Schubs. Die Buben kommen von oben gepoltert, schreien aufgekratzt. Auch Helga scheint die Situation leicht zu nehmen.

In ihrem Schutzraum steht vorläufig nur ein grober, quadratischer Holztisch mit Stühlen. Gegen die Kälte liegen Decken bereit. Mari sieht durch den Durchlass und wechselt ein paar Worte mit Frau Dold, während die Kinder still sitzen, gespannt. Ein Grollen, ein Stück entfernt, so verwischt und tief, dass man sich einbilden kann, es sich eingebildet zu haben. Sie warten. Es geschieht nichts weiter.

Als die Sirene Entwarnung meldet, nennt Rudolf das Ganze stinklangweilig. Blödes Theater! Das nächste Mal wird er oben bleiben und weiterlesen.

Am nächsten Morgen schwärmen ihre Buben mit der Kinderhorde aus, in eine Richtung, in der jemand eine Explosion gehört haben will.

„Die Briten, die Schisser, haben nur Flugblätter abgeworfen!", verkündet Rudolf, als sie nach Hause kommen.

„Und? Was steht drin?"

Das würde Mari tatsächlich interessieren. Aber ihre Söhne haben keins zu Gesicht bekommen. Man wird auch bestraft, wenn man sie mit sich herumträgt, klären sie sie auf.

Sehr aufrecht am Kamin stehend, eröffnet Ludwig ihr im Februar des Jahres 1940, dass er sich freiwillig gemeldet hat. Zur Waffen-SS.

Die Kinder sind schon im Bett. Helga hat sich zurückgezogen, und Mari wollte sich eben in ihren Lesesessel setzen. Jetzt verschanzt sie sich hinter der Lehne, vergräbt die Finger im Leder.

„Das ist nicht wahr."

„Was machst du für ein Gesicht? Hast du die Rede des Führers nicht gehört? Und ich wäre so oder so irgendwann dran gewesen!"

„Aber warum schon jetzt! Kannst du es nicht erwarten? Und warum sprichst du nicht mit mir, bevor du eine solche Entscheidung triffst?"

Er antwortet nicht. Er hat wohl nicht mit so viel Widerstand gerechnet.

„Ludwig, als Fabrikdirektor könntest du gute Gründe anbringen, warum du hier gebraucht wirst. Andere tun das auch, und mit Erfolg. Die Wirths zum Beispiel haben mir erzählt ..."

„Duckmäusertum ist nicht meine Sache!"

Er verschränkt die Arme vor der Brust. Seine Lippen schlängeln sich.

„Deine Reaktion enttäuscht mich, Mari, ich kann es nicht anders sagen. Mir scheint, du vergisst, dass ich nicht nur meiner Familie verpflichtet bin. Ich kämpfe für meine Ideale! Für mein Volk!"

Sie schnappt nach Luft und versucht, sich und ihn zu beruhigen.

„Du wirst doch auch in der Fabrik gebraucht ..."

„Die läuft so und so nur noch auf Sparflamme. Ich habe mit Herrn Montag vereinbart, dass er die Stellung hält, bis der Krieg vorüber ist. Selbstverständlich werde ich ihn unterstützen, so oft es geht. Und ich werde gut bezahlt, bei der Waffen-SS! Du musst dir um die Familie keine Sorgen machen."

„Du müsstest wirklich wissen, wie es laufen kann. Zwei deiner Onkel sind blutjung gefallen. Ihr habt so sehr gelitten, du auch, unter der Abwesenheit deines Vaters ... für nichts und wieder nichts!"

„Eben deshalb. Wir werden vollenden, woran unsere Väter scheitern mussten."

Er hat sich gefangen und wirkt jetzt siegessicher. „Ich habe gründlich nachgedacht, das kannst du mir glauben. Aber es geht um so viel! Die Geschichte kann sich jetzt drehen! Im Augenblick gemeinsamer Gefahr – wie kann ich da abseits stehen? Deutschland darf sich nicht in die Fesseln von Versailles zurückdrängen lassen. Das siehst du sicher genauso."

Was soll sie sagen?

„Warum gerade die SS?", fragt sie leise. Sie erinnert sich an schwarzgekleidete Gestalten auf öffentlichen Veranstaltungen. Die mit dem Doppelblitz am Kragen. Ihr süffisantes Gebaren war ihr unbehaglich.

„Die SS ist das Herz der Bewegung. Die Ausbildung ist hart – und einmalig auf der Welt. Wer dazugehört, ist schon dadurch ausgezeichnet, verstehst du? Und als Angehöriger der SS hat man besondere Rechte. Ich werde viel mehr Entscheidungsfreiheit haben als ein gewöhnlicher Wehrmachtssoldat. Das heißt auch, dass ich häufiger bei euch sein kann!"

„Meinst du!"

„Das haben sie mir zugesichert!"

Nachts liegt sie noch Stunden wach. Er atmet so leise – kann er auch nicht schlafen? Sie würde ihm gerne ihr Herz ausschütten, weiß aber, dass sie ihn nicht mehr umstimmen kann. Er würde sein Gesicht verlieren, wenn er jetzt einen Rückzieher machen würde. Einen Rückzieher. Mit Ludwig kann man überhaupt nicht über Ängste reden, das gibt nur böses Blut, und seine Sprache hält eine große Auswahl an Ausdrücken für Angstaustreibungen bereit: Heulliese zum Beispiel. Schisser. Schwachmatikus. Duckmäuser. Zusammenreißen. Am Riemen, reiß dich am Riemen. Früher fand sie es nicht allzu schlimm, wenn Ludwig so redete. Es war fremd, ja – aber doch auch ein Zeichen von Stärke?

Das Licht vom Bahndamm zeichnet eine Senkrechte an die schwarze Wand. Einer dieser langsamen, langen Güterzüge fährt vorbei und zieht die Lichtlinie in die Breite, verkürzt sie, bis sie kaum mehr zu erkennen ist. Dann springt sie in die alte Länge zurück, und im selben Moment begreift sie. Mit der Firma ist er gescheitert. Er ist nicht schuld daran – die Politik hat seine Ideen ruiniert. Aber er hat seinen Elan verloren, und auf der Flucht vor der großen Leere kommt ihm der Krieg gerade recht. Er sehnt sich so, ihr, der Familie, der ganzen Welt zu zeigen, was er kann, sehnt sich nach fremden Ländern, Eroberungen! Aber auch nach dem Gegenteil. Er möchte endlich dazugehören. Nichts möchte er so sehr.

10. Kapitel
in dem die Flugabwehr noch üben muss
und Mari etwas in Ludwigs Regal versteckt

„Etelka?“

„Frau Wacholz?“

Ihre neue Haushaltshilfe trägt ein Reisekleid aus schwarzem, kräftigem Stoff, aus dem ein Spitzenkragen sehr weiß herausleuchtet. Quer über den Perron ruft Mari ihr ein paar slowakische Worte zu. Etelka lächelt erleichtert und setzt den großen, nagelneuen Koffer ab, den sie wahrscheinlich speziell für diese Reise gekauft hat. Als sie sich umarmen, reiben sich kurze, krause Locken an ihrer Wange, und Mari kommen die Tränen, so sehr kennt sie diesen Duft. Ihr ist gar nicht bewusst gewesen, dass Haare in ihrer Heimat so anders riechen.

In der Bahnhofshalle laufen, stehen, sitzen Dutzende Frauen in ihrem Alter herum, fiebrig um sich blickend, Kinder um sich scharend, ihre Männer in den Krieg verabschiedend. Das steht ihr auch noch bevor. Vorhin rasten ihre Gedanken, sie hat sehr gebangt, ob Etelka die Richtige sein wird, ihr durch die schweren Zeiten zu helfen, so ohne Mann, ohne ihre eigene Familie ... Ganz langsam nimmt nun ihr aufgelöstes Inneres festere Konturen an. So selbstbewusst wie möglich lotst sie Etelka zum Taxistand und erzählt ihr, wie froh sie ist, dass sie statt des muffeligen Pflichtjahrmädchens eine Hilfe aus ihrer Heimat beschäftigen darf. Ludwig will im Guten von ihr scheiden, darum hat er dieses Projekt jetzt ausdrücklich unterstützt. Weil er eine großzügige Entlohnung in Aussicht gestellt hat, ist Zsófia in Trnava bald fündig geworden.

Am nächsten Morgen beseitigt Etelka sofort und ohne Aufforderung einige Dinge, die Ludwig schon länger gestört haben. Sie fängt die Staubschleier aus dem Treppenhaus ein, räumt vertrocknete Pflanzen von Fensterbrettern und kämpft erfolgreich gegen die Fettschichten auf dem Herd. Mari weiß selbst, dass sie dazu neigt, im Haushalt Fünfe gerade sein zu lassen – wieder so eine lustige, deutsche Redensart! – und Ludwig ist begeistert.

„Ein Volltreffer, diese Dame!“

Also zeigt Mari ihr gleich noch die Waschküche mit dem modernen Bottich, der das Wasser elektrisch erhitzt. Dort probt sie vorsichtig einen ungarischen Satz. Etelka versteht ihn nicht nur, sondern kann auch ungarisch antworten.

„Verzeihen Sie, Etelka“, plappert Mari los, „ich weiß, ich sollte Slowakisch mit Ihnen reden. Es ist nicht höflich, was ich mache, aber ich hoffe einfach, dass Sie verstehen können, wie sehr ich mich nach meiner Sprache sehne.“ Ihre neue Hilfe nickt und mustert die Wäschehäuflein, die Helga noch sortiert hat, natürlich falsch.

„Mit Ihren Kindern sprechen Sie sicher Ungarisch?“

Mari beißt sich auf die Unterlippe. Etelka wird das nicht verstehen. Sie begreift es ja selber nicht – wie soll sie es ihr erklären?

„Es ist hier anders als bei uns. Man hat es gerne einfach. Einfach deutsch.“

Etelka schaut zu Boden, ihre rechte Schulter zuckt, als wollte sie sagen: Es geht mich nichts an. Ich werde nicht weiter fragen.

„Mein Deutsch wird schon bessern, mit Zeit!“

Kurz nach Ostern wird Rudolf endlich eingeschult. Er ist jetzt sieben und kann längst lesen, weshalb er sich erst einmal furchtbar langweilt. Dass sie am ersten Tag wirklich nur das A und das E durchnehmen, kann er kaum fassen.

Dann darf kein Auto mehr privat genutzt werden. Schweren Herzens bockt auch Ludwig seinen Skoda auf – aber er will ja so oder so fort. Mitte April bricht er auf, mit den nötigsten Habseligkeiten im Wanderrucksack, nach Lublinitz, in die Unterführerschule der SS-Totenkopf-Standarte Breslau. Er hat es sich verbeten, dass die Familie ihn zum Bahnhof begleitet, ihn rührselig verabschiedet.

Also winkt sie von der Haustür aus und verkneift sich die Tränen. Ihre Kinder finden alles einfach nur aufregend, und sie versucht, ihn so optimistisch zu verabschieden wie sie. Aus dem Volksempfänger tönen weiterhin festliche Fanfaren, die die Erfolge der deutschen Kämpfer ankündigen. Vielleicht ist es wirklich schnell vorbei?

Aber sie schläft schlecht, so allein im Ehebett. Was macht sie, wenn dieser Krieg so furchtbar wird wie der letzte? Wenn die Wirtschaft wieder zusammenbricht? Ludwig vielleicht schwer verletzt zurückkommt, vielleicht gar nicht mehr? Das hatten sie doch alles schon, hier in Deutschland! Warum machen sie trotzdem wieder Krieg? Hätten sie es nicht verhindern können?

Auf der Suche nach einer Möglichkeit, sich zu wappnen, erinnert sie sich an die drei einfachen Übungen, die Valentina ihr gezeigt hat. Die macht sie jetzt jeden Morgen, gleich nach dem Aufstehen. Ein wenig hilft es, bildet sie sich ein.

Sie telefonieren regelmäßig. Stolz berichtet Ludwig von seiner körperlich harten Ausbildung.

„Die nehmen uns ran! Die schenken uns nichts! Du wirst staunen, wie ich hier in Form komme ..."

Doch er beschwert sich auch ein wenig. Bisher sei ihm die ganze Sache zu sehr auf sinnlosen Drill ausgerichtet. Der Geist der Bewegung komme zu kurz. Er hat sich ideologische Lerneinheiten vorgestellt, in denen sie leidenschaftlich diskutieren, wie Deutschland und die Welt zu retten seien. Aber das könne ja noch kommen.

Sie erzählt ihm, dass es immer schwieriger wird, die Kinder in den Keller zu bekommen – weil keine wirklichen Bomben fallen. Er lässt ihnen Prügel ausrichten, wenn sie nicht spuren.

Die Sirene schwillt an, verharrt, schwillt ab. Mari muss die Vorwarnung im Volksempfänger überhört haben. Sie zerrt die Bettdecke nach innen, die sie ins Fenster gehängt hat, knallt beide Flügel zu, läuft in den Garten. Klara war gerade dabei, Jochen Dold zu heiraten und sieht nun traurig zu Etelka hoch, die sie ihrem Bräutigam zuführen sollte. Hinterm Bahndamm ein entferntes Pfeifen. Eine dumpfe Explosion.

Jetzt wird es also ernst.

„Dieter ist Holz suchen für Baumhaus!“, ruft Etelka ihr aufgeregt zu und deutet vage in den hinteren Garten. Mari bittet sie, Jochen und Klara in den Keller zu bringen. Rudolf ist in der Schule – dort gehen sie in den Bunker vor Ort. Im Zickzack hastet sie durch den Garten, ruft nach Dieter und sagt sich, dass sie ruhig nachdenken muss. Hier sind kaum Bretter zu holen – also wird er bei Nachbarn sein oder am Bahndamm, am Bahndamm, da, wo dieses Pfeifen laut wird, wo sich über den Pappeln der Horizont bewegt. Die Flugabwehr beginnt zu rattern, das Motorendröhnen, das sie schon kennt, wird lauter, und jetzt wickelt der Himmel eine goldbräunliche Kette auf, die metallische Reflexe zurückwirft. Es pfeift, kracht, sie öffnet wieder den Mund, schreit, da sieht sie Dieter oben auf dem Bahndamm. Er hechtet hinunter, springt zu weit, rutscht, fällt. Rappelt sich auf, rennt in den Zaun, läuft wie ein panisches Käfigtier hin und her, bis er die Stelle findet, an der er selbst den Draht gelöst hat.

Im Stadtteil Gallus hat es Tote und Verletzte gegeben, erfahren sie am nächsten Tag. Mari ermahnt die Buben noch einmal, sich nicht so weit von zu Hause zu entfernen. Damit es ihnen nicht auch so geht. Rudolf meint es wieder besser zu wissen: Für Sachsenhausen interessiere sich der Feind überhaupt nicht! Und das sei ein guter Grund, außerhalb der Schulzeit von nun an bei jedem Alarm einfach im Zimmer zu bleiben.

„Spiel nicht mit deinem Leben, mein Sohn! Das sieht der liebe Gott nicht gern!“, schimpft sie.

„Gott liebt den Wagemut, nicht die Feigheit!“

Woher er das wieder hat? Sie bleibt hart, droht jetzt auch mit dem Vater. Das scheint zu wirken.

„Was war mit unserer Flugabwehr los? Warum haben die den Feind nicht vom Himmel gepustet?“, fragt Dieter.

Sie weiß keine Antwort.

„Vielleicht müssen sie noch üben?“, schlägt Dieter vor.
„Das wird es sein.“

Im Juni meldet sich Ludwig zu ihrer Überraschung aus Berlin Spindlersfeld, von der Wohnung seiner Schwester Tilda aus. Seine Ausbildung wurde schon nach zwei Monaten abgebrochen, informiert er sie, selbst etwas verwirrt. Die höhere SS-Führung sei der Meinung, dass ihre Kenntnisse bereits jetzt dazu taugen, das Vaterland zu verteidigen. In der besonderen Situation dieser Tage.

„Krieg ist Krieg. Und übrigens: Dein Mann ist jetzt *Leibstandarte SS Adolf Hitler*!“

Sie gratuliert.

„Wäre ich nur ein bisschen früher dran gewesen, wäre ich jetzt in Paris dabei!“, ärgert er sich und schildert begeistert Bilder aus der *Deutschen Wochenschau*, von der Parade vor dem Arc de Triomphe, der Unterzeichnung der französischen Kapitulation. Sie hat das alles nur im Radio gehört und war auch nicht sicher, richtig gehört zu haben. Frankreich soll jetzt zum Deutschen Reich gehören? Kann das gutgehen?

„Im Grunde kommt mir die frühe Einberufung gerade recht“, behauptet er. „Die Exerziererei hängt mir zum Hals heraus. Ich bin kein Soldat – ich bin Kämpfer!“

Er hat sich zur Propagandakompanie gemeldet, soll an der Front als Kriegsberichter tätig sein und hat schon kleine Texte für *Das Schwarze Korps* schreiben dürfen. Stolz erinnert er sie an den Slogan dieser SS-Zeitschrift: *OFFEN – RAUH – ZACKIG.*

„Verstehst du? Zackig wie die SS-Blitze!“

Und dann schwärmt er minutenlang von seinem neuen Chef, Sturmbannführer Gunter d’Alquen, dem Hauptschriftleiter des *Schwarzen Korps*.

„Der sucht sich die besten Leute hier. Und politische Rücksichten sind ihm völlig einerlei. Ein genialer Kopf! Ein absoluter Nonkonformist! Der traut sich was. Diese Sachlichkeit, diese Sicherheit des Urteils ... Genau solche Leute braucht die Bewegung!“

Kleinere Kurier- und Erkundungsfahrten hat er schon erfolgreich absolviert, weitere werden folgen – auch direkt an die Front. Er schweigt bedeutungsvoll. Mari weiß nicht, was sie sagen soll. Gratulieren will sie nicht noch einmal.

Zum Abschied bittet sie ihn, es mit dem Kämpfertum nicht zu übertreiben. Dann redet sie noch mit Tilda, die ihren Bruder mit kaum gedämpfter Stimme für komplett bekloppt erklärt.

„Warum bleibt er nicht bei seinen Pantoffeln, der Held?"

Mari lacht traurig auf – und sorgt sich gleich wieder, als sie sich vorstellt, wie die beiden Geschwister sich nachher über diesem Satz in den Haaren liegen werden.

Auf dem Boden in Rudolfs Zimmer türmen sich die Brockhaus-Bände, mit unzähligen Zeitungsschnipseln als Lesezeichen, bei „Römer" und „Streitwagen", „Arabien", „Harem", „Wüste", „Gift", „Schierling" ... Es sieht so aus, als habe er zu jedem Artikel alle Stichworte nachgeschlagen, die er nicht vollständig verstanden hat. Diese Wissbegierde macht sie stolz. Gleichzeitig ärgert sie sich, dass es für ihn und Dieter keine brauchbaren Kinderbücher zu kaufen gibt. Wenn sie das gewusst hätte, hätte sie sich noch in Pozsony damit eingedeckt, wo es ja auch deutsche Buchläden gab. Ludwigs und ihre Bücher interessieren einen Siebenjährigen kaum – das ist klar.

Unterm Bett findet sie auch fünf zerlesene Ausgaben dieser Zeitschrift auf Zeitungspapier, die Ludwig so fasziniert und die schon lange wöchentlich im Briefkasten landet: *Das Schwarze Korps*. Mari sammelt sie ein, schon um endlich einmal selbst hineinzuschauen. Sie weiß selbst nicht recht, was sie bisher daran gehindert hat. Die dicken, schwarzen Runen des Titels und der Überschriften? Oder die Karikaturen auf der ersten Seite, die professionell gezeichnet sind, aber gleichzeitig etwas so Hässliches an sich haben, dass sie sie eigentlich nicht näher ansehen möchte? All das gibt es ja in anderen Zeitungen auch. Vielleicht nicht ganz so schwarz, nicht ganz so dick.

Also setzt sie sich abends entschlossen mit den fünf Zeitschriften ins Wohnzimmer. Schon auf den ersten Blick findet sie viel Unfreundliches über Juden und denkt: Das kann wohl kein Thema sein, für das sich Ludwig begeistert. Ihre Zeit mit Samu und Lili wird er doch nicht plötzlich vergessen haben? Schon eher traut sie ihm zu, dass er sich negativ über die katholische Kirche auslässt, wie es hier ebenfalls einige Artikel tun. Er hat sich strikt geweigert, kirchlich zu heiraten, schon weil sie nach dem Kirchenrecht dann auch alle Kinder katholisch hätten taufen müssen. Anyu hat ihm das übel genommen. Mari war es nicht so wichtig. Immerhin hat er ihr zugestanden, alle Töchter katholisch zu taufen – und die Söhne protestantisch, in Gottes Namen ... Er selbst war längst aus der Kirche ausgetreten.

Sie sucht nach Namen unter den Texten. Viele sind nicht gezeichnet, manche nur mit Abkürzungen. Ein *L. W.* findet sie nicht. Es ist wohl noch zu früh.

Nicht sentimentales Mitleid, sondern schutzbringende Heilung – diese Überschrift klingt immerhin freundlich genug, dass sie in den Text hineinliest. Es geht um Erbkrankheiten im geistig-psychischen Bereich. Hier dürfe man niemals nur den einzelnen Fall betrachten, sondern immer die ganze Sippe, schreibt jemand, und alles liest sich sehr gelehrt. Das moderne Denken, „Sippenpsychiatrie" genannt, sei inzwischen glücklicherweise fest im Bewusstsein des Volkes verankert. Mari wundert sich ein wenig, dass sie dennoch nie etwas von Sippenpsychiatrie gehört hat. Sicher liegt es daran, dass sie sich sonst nie die Zeit nehmen würde, einen solchen Fachartikel zu lesen. Ausführlich wird über verschiedene Wissenschaftler und Irrenärzte in Heilanstalten berichtet, die schon seit dem 19. Jahrhundert die Krankheitsgeschichte von Patienten dokumentieren. Wer eine Erbkrankheit in sich trage, dürfe sich logischerweise nicht weiter fortpflanzen, und 1933 sei nun endlich ein „Gesetz zur Verhütung erbkranken Nachwuchses" erlassen worden, „betreffend Angeborener Schwachsinn, Zirkuläres Irresein, Erblicher Veitstanz, Erbliche Blind- und Taubheit, Schwere erbliche körperliche Mißbildung, Schwerer Alkoholismus, Erbliche Fallsucht ..."

Die Liste geht noch weiter, aber bei dem letzten Stichwort fällt Mari eine Begebenheit ein, die sie als Kind einmal sehr erschreckt hat. Sie wartete auf ihren Papa, im Wartezimmer seiner Praxis, und mit ihr saß da ein dünner, junger Mann, der eine seltsam gepolsterte Mütze trug. Auch sonst hatte er etwas an sich, was ihr nicht geheuer war, und plötzlich fiel er vom Stuhl auf den Boden wie ein Sack, den eine unsichtbare Hand geschubst hat, paddelte mit Armen und Beinen, sein Gesicht lief bläulich an und Mari schrie. Sie schrie nach Éva, Papas Assistentin, dann, als der Mann noch ärger krampfte, auch nach ihrem Papa. Beide kamen angelaufen, wunderten sich aber nicht besonders über den Mann auf dem Boden, der noch immer heftig zuckte. Papa zog Mari mit einem Seufzer Richtung Tür, und als hätten sie das alles schon mehrmals getan, räumten sie zwei Stühle und den kleinen Tisch mit der Pflanze an die Wand. Éva verschwand und kam mit einem Holzkeil wieder, den sie dem Mann vorsichtig in den verzerrten Mund schob. Doch da war es schon fast vorbei. Es sah aus, als schlafe er jetzt, mitten auf dem Parkett des Wartezimmers, und Éva blieb bei ihm, während Papa Mari an der Hand nahm und in das kleinere der beiden Behandlungszimmer führte.

„Das nächste Mal musst du nicht so herumschreien!“, tadelte er sie. „Er hat eine ganz normale Krankheit. Sie heißt Fallsucht. Er tut dir nichts und steckt dich nicht an. Man muss einfach aufpassen, dass er sich nicht verletzt.“

Ludwig ist immer sehr gegen das Bürokratendeutsch – aber dieser Text ist voll davon, und sie findet kein Mitgefühl, kein Nachdenken. Lebensunwertes Leben sei das. Im Rahmen eines zügigen Aufartungsprozesses müsse man dafür sorgen, dass diese Sorte Patienten nach und nach ganz von selbst verschwinde.

Mit Erbkrankheiten hat Ludwig sich wohl kaum beschäftigt, Gott sei Dank, und sie kann nur hoffen, dass er weniger kalte Texte schreibt als diesen hier. Was gefällt ihm an diesem Blatt? Was hat dieser d'Alquen an sich, dass er ihn so bewundert? Ludwig ist nicht da, sie kann ihn nicht fragen. Sie ist auch nicht sicher, ob sie ihn fragen könnte, wenn er hier wäre. Wenn sie ehrlich ist, fürchtet sie sich gleich vor mehreren möglichen Antworten, weil sie weiß, dass er zu Hass fähig ist, den sie nicht nachvollziehen kann, zum Beispiel gegen die Polen. Seine Familie hat einige Jahre in Posen verbracht, und nach dem Krieg ist er dort immer wieder von einer polnischen Jugendbande verprügelt worden. Als Fünfzehnjähriger hat er sich eine Art Schlagring gebastelt und einen dieser Jungen fast totgeschlagen. Seinem Vater, der damals als Regierungsassessor arbeitete, hat er damit große Unannehmlichkeiten bereitet.

Aber vielleicht ist seine Begeisterung für *Das schwarze Korps* auch etwas sehr Vorübergehendes. Sie hat in ihrer Ehe bereits mehrmals erlebt, wie plötzlich Ludwigs Ziele, Ludwigs Leidenschaften von völlig anderen abgelöst wurden. Wird es in diesem Fall auch so gehen? Sie hofft es.

Sie trägt die Zeitungen in Ludwigs Arbeitszimmer und deponiert sie nach einigem Nachdenken so unauffällig wie möglich, mitten im Regal. Die neuen Ausgaben des *Schwarzen Korps* will sie nun möglichst abfangen und ebenfalls hier verschwinden lassen. Rudolf soll das nicht mehr lesen.

11. Kapitel
in dem böse Stiefel die Tür bewachen und eine Familie beten lernt

Es ist Herbst geworden. Der kleine Birnbaum trägt zwei zierliche Früchte, von denen nur eine heranreift, bevor die Mäuse sie durchlöchern. Mari sehnt sich. Bald ein halbes Jahr ist es her, dass Ludwig gegangen ist. Nachts dreht sie sich zu den blauen Vorhängen und denkt an ihn, an Szuha, wie sie ihr erstes Kind feierten, nach der Abtreibung, nach den Fehlgeburten – endlich war sie mit Rudolf Mutter geworden, und die Geschwister, Freundinnen, Tanten freuten sich mit ihr, hinter dem Rosenfeld, auf dem kleinen Wiesenplatz, mit Schoklattorte und Apfelkuchen.

Manchmal gönnt sie sich nachts ein stundenlanges Wolkenkuckucksheim. Wenn sie schließlich aufstehen muss, öffnet sie den Vorhang und sieht den Pappeln zu, die sich zur Seite dehnen, ganz ähnlich, wie Valentina es ihr gezeigt hat. Sie tritt vom Fenster zurück und macht Valentinas drei Übungen. Das ist der einzige Vorteil an Ludwigs Abwesenheit: Sie hat die Freiheit, dies und das zu tun, was er nicht verstehen würde.

Ludwig bekommt noch immer keinen Urlaub. Und die Alarme nehmen zu, fast einmal wöchentlich laufen sie in den Keller. Wenn Lichter brennen, müssen sie vorher gelöscht werden, das „Verdunkelungsgebot" wird auch im Volksempfänger erklärt, und Rudolf bringt ein Informationsblatt aus der Schule mit, das befiehlt, alle Läden zu schließen. Andererseits soll man „ohne Verzug sofort" in den Schutzraum. Wie soll das gehen – in einem großen Haus?

Mit Hilfe der Kinder schließt Mari so viele Läden wie erreichbar und lotst sie dann Richtung Kellertreppe. Unten setzt sie sich in den Wanddurchbruch und plaudert ein bisschen mit Familie Dold, über die Einkaufsmarken auf festem Papier, auf die man noch immer reichlich Lebensmittel und Kleidung bekommt, über den Garten, mit dem man so viel Geduld braucht. Dann kommt das Dröhnen über sie, das Pfeifen, die Detonationen. Einmal zittern die Mauern ein wenig. Wenn Mari nicht mehr weiß, was sie reden soll, hilft Etelka, so gut sie kann, indem sie zum Beispiel eine heitere Geschichte aus dem letzten Krieg zum Besten gibt. Sie hat als Neunjährige im Auftrag der Mutter Speck und Gemüse im Garten vergraben. Als es einmal nichts Anständiges zu Abend gab, hat sie die Hälfte davon frühmorgens heimlich wieder ausgegraben und vertilgt. Von dem rohen Gemüse hat sie Bauchweh bekommen, und seitdem hat sie jedes Mal ein furchtbar schlechtes Gewissen, wenn sie Bauchweh hat.

Sie lachen. Sie sind ja satt und in Sicherheit. Hitler will es nur ein bisschen spannend machen. Es ist fast gemütlich, hier unten. Mari deckt ihre Angst mit Lächeln, Plaudern, Lachen zu. Sie könnte schon verschiedene Gedanken äußern, die sie zwischendurch aus der Fassung bringen, aber natürlich ist es besser, das nicht zu tun. Andere sind da weniger vorsichtig. Herr Dold zum Beispiel.

„Noch ist alles ein gutes Stück entfernt", merkt er eines Nachmittags an, aus dem Hintergrund seines Kellers, aber nicht besonders leise. „Leider wohnen wir an dieser vermaledeiten Bahnlinie, am Güterbahnhof. Wir werden ein Ziel sein, früher oder später."

Die Kinder, haben ihn die Kinder gehört? Vielleicht nicht. Sie hofft es.

Weihnachten naht, und sie weiß noch immer nicht, wann Ludwig nach Hause kommen wird. Eines Morgens kommt Mari die Treppe hinunter und hört Etelka in der Küche herzhaft lachen. Klara steht an der Tür, mit schiefem Mund lächelnd, verwirrt.

„Ihr Mann ist da!", ruft Etelka ihr fröhlich zu. „Er sitzt drüben und hat einen guten Appetit!"

Mari stürzt zum Essplatz, und da sitzt er, unter sich schauend, fast schüchtern. Er putzt sich den Mund ab, bevor er aufsteht, und sie erschrickt fast, so unverschämt gut sieht er aus. Er ist immer sportlich gewesen, aber jetzt hat er diesen gebräunten Teint, die Locken sind heller, eine Spur länger sogar, nicht besonders soldatisch, und die feldgraue Uniform steht ihm, er wirkt darin wie ein sehr junger Mann, ein wilder, unwiderstehlicher Eroberer.

„Was ist das für ein Rasierwasser?“, fragt sie, als sie sich umarmen. Sie spürt ein verliebtes Lächeln in ihrem Gesicht.

„Rumänisch!“

Hinter ihrem Rücken klappert Etelka mit dem Geschirr. „Stellen Sie sich vor, was Ihre Tochter mich gerade gefragt hat: *Wer ist der fremde Soldat, der mit mir gefrühstückt hat?*“ Sie lachen.

Die Buben kommen dazu und beginnen sofort, ihren Vater zu löchern. Er erzählt bereitwillig. Im verbündeten Rumänien hat er geholfen, die dortigen Deutschen umzusiedeln. Begeistert berichtet er von Bukarest, Konstanza, Giurgiu und Hermannstadt, von prachtvollen Kirchen, freundlichen und weniger freundlichen Menschen, wilden Fahrten mit beschlagnahmten Autos verschiedener Marken, die Mari nicht besonders interessieren, aber Rudolf und Dieter umso mehr. Es hört sich an wie ein ausgedehnter Abenteuerurlaub. Kein Wort mehr vom *Schwarzen Korps* und seinem Schriftleiter. Das freut sie.

Sie hat Klara lang und breit erklärt, wer Ludwig ist, aber sie fremdelt noch immer. Vor allem vor seinen hohen, schwarzen Stiefeln scheut sie zurück, die er neben der Haustür im Treppenhaus abgestellt hat. Sie traut sich nicht an ihnen vorbei.

„Mädele!“, lacht Ludwig sie aus. „Das sind nur Stiefel!“

„Böse Stiefel ...“, trotzt sie.

Mari stellt sie in die Garderobe, hinter den Vorhang, und endlich ist Klara bereit, sie zu vergessen.

Abends will sie nicht ins Bett. Als Mari sie endlich versorgt glaubt, sehen sie ihre Fingerchen plötzlich wieder an der Kante der Wohnzimmertür, hinter der sie sich versteckt. Die Brüder dürfen ja noch dort sitzen ... Nur sie soll nicht wissen, was der fremde Papa noch zu erzählen hat?

Sie bringen sie ein weiteres Mal ins Bett – und haben Ruhe.

„Ich hätte wetten können, sie kommt noch mindestens ein weiteres Mal!“, grinst Dieter.

„Ich habe ihr meine Stiefel vor die Tür gestellt“, erklärt Ludwig.

„Du hast was?“

„Meine Stiefel halten Wache vor ihrer Tür!“

Die Buben lachen. Mari zögert. Ein wenig Respekt kann nicht schaden, sagt sie sich ... und bleibt stumm, obwohl sie doch eigentlich weiß, dass ihre Tochter auf diese Weise nicht nur die Stiefel, sondern auch ihren Vater fürchten lernt.

Nachdem auch die Buben im Bett sind, erzählt er noch, dass er doch wieder für *Das Schwarze Korps* geschrieben hat: einen Bericht über die Umsiedlungsaktion. Sie versteht nicht ganz, worum es geht und fragt nach. Detailliert erörtert er, wertvolles deutsches Blut dürfe nicht durch Assimilation im Balkanausland verloren gehen, weshalb es nötig sei, im besetzten Polen neue, rein deutsche Siedlungen anzulegen. So recht kann sie das mit dem wertvollen, rein deutschen Blut nicht nachvollziehen, gibt sie zu. Auch weil sie selbst kein reines Blut hat. Bisher hat Ludwig dagegen doch offensichtlich nichts gehabt? Auch seine Kinder haben kein reines Blut – und machen sich doch ganz gut?

Er lächelt ungeduldig, als habe sie ihm nicht gut genug zugehört. „Das ist eine längerfristige Strategie. Und vergiss nicht: Du hast auch deutsche Vorfahren! Wir müssen das nicht so eng sehen“, erwidert er und wechselt das Thema. Sie ist noch immer verunsichert. Wenn man es nicht so eng sehen muss, geht es schon in Ordnung, beruhigt sie sich. Es wäre ihr doch unheimlich gewesen, wenn sie es hätten eng sehen müssen.

Bald nach Weihnachten muss Ludwig schon wieder fort. Aber wenig später bekommt er sogar einen fünfwöchigen Arbeitsurlaub in Frankfurt genehmigt – Herr Montag hat sich sehr darum bemüht. Mari ist glücklich. Offenbar hat er als Angehöriger der Waffen-SS tatsächlich mehr Freiheiten!

Eigentlich haben sie sich bemüht, sich nur an ihren unfruchtbaren Tagen zu lieben – und sie ist dennoch wieder schwanger! Jetzt müssen sie es akzeptieren, wie es ist. Immerhin wird sie das Mutterkreuz bekommen, das ist eine Anerkennung und besser als nichts, auch wenn sie sich davon nichts kaufen kann. Man kann sich so oder so nichts Schönes kaufen, momentan – und zu welchen Anlässen sollte sie es auch anziehen?

In Pozsony ist sie als sehr junges Mädchen einmal Modell gestanden, für Werbefotografien. So wertvolle Kleidung hat sie später nie wieder angehabt. Der Fotograf hat sie angeschwärmt, das machte er vielleicht immer so, damit man den richtigen Ausdruck in die Augen bekam, aber sie weiß noch gut, wie süß sie sich in dem cremefarbenen Mantel mit Pelzkragen fühlte, wie unwiderstehlich unter dem hohen, weichen Hütchen, das etwas von einem sonnigen Bienenkorb hatte. Damals hat sie sich vorgestellt, demnächst in einem ähnlich todschicken Aufzug im neuen slowakischen Nationaltheater in Pozsony–Bratislava–Preßburg herumzuspazieren. Sobald sie einen Mann hat, mit ein bisschen Geld, hat sie gedacht. Stattdessen hat sie nun einen Mann mit Schulden, demnächst vier Kinder und Krieg. Aber dafür kann Ludwig nichts. Und er sorgt gut für sie, hat als SS-Mann ein gutes Salär, auch wenn er bisher nicht in der Hierarchie aufgestiegen ist. Bei anderen geht das zu ihrem Erstaunen schnell. Herr Wiesenhardt von schräg gegenüber hat nicht nur irgendeinen Orden bekommen, sondern ist jetzt auch Sturmscharführer. Ludwig ist weiterhin nur Sturmmann. Das ist offenbar ein großer Unterschied. Dennoch wünscht sie sich nicht, dass auch er Sturmscharführer wird. Ganz ohne Sturm wäre es ihr am liebsten.

Weil sie sich nun auf häufigeren Nachtalarm einrichten sollen, besorgt Ludwig drei einfache Doppelstockbetten, Kissen und Decken für den Schutzraum. Nur für den Fall der Fälle organisiert er Ersatzglühbirnen, zwei Säcke Kartoffeln, legt einen Trinkwasservorrat an. Geschwärzte Luftschutzbirnen gibt es jetzt ebenfalls. Es gebe aber keinen Grund zu übertriebener Ängstlichkeit, betont er. Mit gutem Grund sei alles über Wertmarken geregelt: So könne sich niemand unvernünftig bevorraten und anderen etwas wegnehmen.

Als die Sirene zum ersten Mal mitten in der Nacht ihre empfindungslose Stimme erhebt, als Mari und Ludwig aus dem Schlafzimmer stolpern, steht Dieter vor allen anderen im dunklen Flur und ist der erste im Keller. Rudolf dagegen bleibt einfach liegen, hält sich mit dem Kissen die Ohren zu. Bevor Mari etwas tun kann, stürmt Ludwig ins Zimmer, zieht ihn mit der Linken hoch und verpasst ihm mit der Rechten eine Ohrfeige, dass er zurück auf die Bettkante taumelt. Benommen erhebt er sich, findet die Zimmertür und tappt ins Bad. Er zieht seine Zahnbürste aus dem Becher. Mari folgt ihm besorgt.

„Du musst jetzt keine Zähne putzen ..."

Sein Vater stellt sich in die Tür, starrt ihn durchdringend an. Wie in Trance drückt Rudolf ein wenig Zahnpasta auf die Borsten und beginnt, seine Zähne zu schrubben – hat er sie überhaupt gehört? Sein Vater holt mit zusammengepressten Zähnen Luft, stößt sie wieder aus.

„Wie alt bist du? Acht? Das ist nicht zu glauben. Habe ich einen schwachsinnigen Sohn?"

„Geh schon runter", bittet Mari ihn. „Wir kommen sofort nach."

„Hat mein Ältester den Verstand verloren? Muss er sich putzen, statt seiner Familie beizustehen?!"

Verächtlich schüttelt er den Kopf, dreht sich um und stürmt geräuschvoll die Treppe hinunter.

„Du musst ihn ganz anders anpacken!", brüllt er noch, während Rudolf sich über das Becken beugt und spült. Sie streicht ihm über den Rücken, fühlt seinen kalten Schweiß. Dann nimmt sie ihn an der Hand und lässt erst los, als sie die Tür zum Schutzraum öffnet.

Zum Muttertag ist Ludwig wieder fort. Von Dieter und Klara bekommt sie selbstgepflückte Blumen. Rudolf hat sich etwas Besonderes ausgedacht: Er überreicht ihr ein Schächtelchen aus einem Streifen Verdunkelungspapier, dem man ansieht, dass er es selbst gefaltet hat. Ein rostrotes Stoffband hat er darum geschlungen.

„Damit du dich immer an diese besondere Zeit erinnerst!"

Das klingt sehr feierlich. Gerührt wickelt sie das Band auf – und findet ein scharfes Stück Eisen, lang wie ihr kleiner Finger. Ratlos sieht sie ihn an.

„Das ist ein echter Granatsplitter!"

Sie begreift. Er meint: Ein Splitter von einer Granate. Sie streichelt ihm besorgt über den Kopf und bedankt sich – nicht gerade überschwänglich. Er scheint dennoch zufrieden.

Dieter hat es schwer erwischt, er glüht vor Fieber. Maris Hände zittern in unangemessener Panik, als sie erkennt, dass er die Masern von der Schule heimgebracht hat. Sie macht ihm Wadenwickel und muss Etelka sofort ihr Herz ausschütten: Ihr ältester Bruder, Géza, ist im Alter von sechs Jahren an Masern gestorben. Sie selbst war gerade erst geboren und kann sich nicht erinnern, aber Papa hat es ihnen oft genug erklärt: Die Komplikationen waren sehr ungewöhnlich. Es muss eine genetische Anlage sein. Und Anyu hat gefühlte tausendmal erzählt, wie sie abwechselnd an seinem Bett wachten, Kräuter gaben, Medikamente, Trost, wie sie beteten und doch nichts tun konnten. Das alles hat sich in Maris Körper eingeschrieben, als hätte sie es miterlebt.

„Wir passen gemeinsam auf", verspricht Etelka.

Schon rasselt auch Klaras Atem. Kaum zeigen sich auf ihrem Rücken die ersten roten Flecken, beginnen auch Rudolfs Augen unnatürlich zu glänzen. Mari fühlt seine Stirn und ruft Dr. Schiller an, der kommt, um sie zu beruhigen. Alles normal. Ein Drittel der Schulkinder hat das, jedes Jahr, und sie macht schon alles richtig: Wadenwickel, viel zu Trinken, Ruhe, Zuwendung.

Mit den zwei Zitronen, die Etelka ergattert hat, macht sie ihnen Limonade. Tagsüber muss sie besonders Dieter daran hindern, das Bett zu verlassen. „Das ist doch blöd, im Frühling im Bett!", winselt er, und nachts jammern sie alle drei. Klara, deren Bettchen sie neben ihres geschoben hat, redet plötzlich wieder ungarisch.

„Anyu, citrom!"

Sie ist glücklich über diese zwei Worte in ihrer Sprache. Aber sie bekommt keine Zitronen mehr, kann ihr keine Limonade machen – überhaupt sind Obst und Gemüse seit einigen Wochen Mangelware. Frau Dold gibt ihr den Tipp, Tee aus Brennnesseln zu kochen. Klara spuckt ihn wieder aus. Die Buben trinken ihn tapfer.

Auf der Suche nach Teeresten aus Szuha stößt sie in ihrem Sekretär auf das Papier, auf dem sie im Herbst vor anderthalb Jahren diese Geschichte skizziert hat, von dem kleinen, verliebten Jungen, der erwachsen sein will. Wie lange scheint ihr das jetzt her! Mit ihr war es wohl umgekehrt, damals: Längst erwachsen, hat sie doch noch einmal eine törichte Kinderei begonnen. Was sie geschrieben hat, ist ihr sehr fremd. Sie versteht kein Wort von sich selbst und lässt die Seite im Papierkorb verschwinden.

Eine Woche später muss Dr. Schiller zugeben, dass ihre Kinder tatsächlich ungewöhnlich auf das Virus reagieren. Sie dürfen bei Alarm nicht mehr in den Keller, sagt er. Die Gefahr, dass sie sich eine Lungenentzündung holen, sei zu groß. Und zu allem Überfluss wird Etelka ebenfalls krank! Sie hat keine Masern, aber ein Problem mit der Lunge. Es könnte Tuberkulose sein. Dr. Schiller verbietet ihr jeglichen Kontakt und weist sie in ein Sanatorium ein.

Mari kann nur beten, dass die britischen Flugzeuge Ruhe geben. Es sieht so aus. Aber immer weint eins der Kinder, und sie deckt sie ab und wieder zu, kocht Tee, spricht mit ihnen, versucht, sich an die Gebete ihrer Kindheit zu erinnern. Das „Gegrüßet seist du" kann sie noch, das „Vaterunser", aber auf Deutsch wird es schwierig. Und was soll es helfen? Ihr Glaube ist immer oberflächlich gewesen, merkt sie jetzt, sie hat gebetet und gesungen, wie man spazieren geht, mit den Gedanken immer woanders.

Dann weint Klara wieder ihr „Citrom!", und sie bekommt sie eine ganze Weile nicht beruhigt. Nebenan hört Mari Dieter schimpfen, er steht auf und schließt die Tür. Sie liegt lange wach, glaubt, wachzuliegen, und merkt nur an ihrer Lähmung, der stark verlangsamten Reaktion, dass sie wohl doch geschlafen hat. Klara dreht sich wimmernd auf den Bauch, während die Sirene höhnisch auf ihrem hohen Ton besteht, abschwillt, wieder anschwillt, verharrt ...

Sie muss aufstehen, schnell! Dieter ist schon auf der Treppe, und es ist viel zu kalt dort, für ihn! Sie muss ihm noch einmal sagen, dass sie diesmal oben bleiben müssen, muss ihm noch einmal erklären warum.

Die Sirenen sind schon wieder still. Mari fährt auf, läuft an die Treppe, ruft Dieter hinterher: „Komm wieder hoch! Sofort!"

Ein Ameisenlaufen im ganzen Körper. Ein grauer Vorhang fällt.

Sie findet sich auf dem Boden wieder, schaut in Dieters panische, nasse Augen. Er kniet neben ihr. Sie muss ihn beruhigen.

„Das war nur der Kreislauf. Es ist schon vorüber. Du musst dir keine Sorgen machen, Tschaperle, ich kann schon wieder aufstehen, schau! Und jetzt komm mit mir."

Zusammen schieben sie Klaras Bett ins Bubenzimmer, dann muss Dieter sich wieder hinlegen, und sie setzt sich an seine Bettkante. Rudolf schläft – oder tut so.

„Das ist nur vorübergehend, dass wir nicht in den Keller dürfen", flüstert sie. „Morgen ist alles vorüber, wirst sehn."

Das bekannte Grollen kündigt sich an und kommt sehr schnell näher. Die Flak feuert. Dumpfe Explosionen – aber alles entfernt. Es pfeift, und für einen Moment klingt es, als hätte sich der schrille Ton im Kamin verfangen. Mari schaudert, zieht den Kopf ein. Es geht vorbei.

„Mutti ..."

Selbst Rudolf kann sich jetzt nicht mehr schlafend stellen.

„Ab wann darf man Soldat sein?"

„Mit einundzwanzig. Wenn man erwachsen ist."

„Das dauert viel zu lang."

„Ihr seid jetzt still! Ihr schlaft jetzt!"

Die Deckenlampe klirrt sanft, und sie weiß selbst, wie unsinnig ihre Aufforderung gewesen ist. Unwillkürlich legt sie die Handflächen glatt aneinander, wie sie es gelernt hat.

„Wir beten jetzt."

Sie staunt, wie selbstverständlich alle drei ihrem Beispiel folgen.

Aber was soll sie sagen? Die ungarischen Texte ihrer Kindheit kennen sie nicht, sie würden sie nur erschrecken. Und deutsche Gebete kennt sie kaum. Eigentlich nur eins.

„Müde bin ich, geh zur Ruh,
schließe meine Augen zu,
Vater lass die Augen Dein,
über meinem Bettchen ...“

Ein Licht grellt durch den Vorhang. Das Flugzeug hört sich an, als müsste man nur das Fenster öffnen, um es zu berühren. Sie spürt die Augen der Kinder auf sich, unhörbar bewegen sie die Lippen, während das Dröhnen sich langsam verändert. Es schwächt sich ab. Es entfernt sich.

Kommen noch Flieger nach? Entfernte, vereinzelte Schüsse der Flak.

Dann die Entwarnung.

Mari wendet ihren Blick vom Fenster weg, beobachtet auch nicht mehr ihre Kinder. Sie sieht in sich hinein.

„Lieber Gott, wir danken dir, dass wir leben. Dass wir beisammen sind. Dass der Angriff vorüber ist und das Haus noch steht. Wir haben Boden unter den Füßen. Der Himmel gibt Ruhe, die Nacht ist wieder dunkel. Du hast deine Hand über uns gehalten. Danke.“

„Danke“, hört sie die klare Stimme ihrer Tochter, die noch nicht einmal vier Jahre alt ist und sich gerade unheimlich viel älter anhört.

„Danke!“, flüstert Dieter, murmelt Rudolf.

„Lieber Gott, wir bitten dich, lass die Masern bald vorübergehen. Auch Etelka muss gesund werden, bitte. Und hilf meinem Mann, eurem Papa. Zeig ihm die richtigen Wege, überall. Lass ihn bald wieder heimkommen.“

„Bittebitte!“, ruft Klara.

„Bitte!“, echoen die Buben.

„Und beschütze unsere ganze Familie, die in der Slowakei, die in Osnabrück, in Berlin und in Mexiko. Amen.“

„Amen.“

Sie schiebt Klaras Bett zurück ins Schlafzimmer. Als sie noch einmal nach den Buben sieht, ist Rudolf schon eingeschlafen. Dieter lächelt sie entspannt an. Müde und stolz kriecht sie unter die eigene Decke. So ähnlich kann sie es jetzt immer machen.

Ludwig ruft aus Berlin an, von wo aus er schon in zwei Tagen wieder einrücken soll. Es geht nach Schweden und Finnland. Als Mari ihm ihre Situation andeutet, will er sofort seine Schwester zu ihr schicken.

„Bist du sicher? Wir kommen irgendwie zurecht. Und Reisen ist gefährlich geworden ..."

Er will Tilda trotzdem fragen und verspricht, sie nicht zu sehr unter Druck zu setzen.

Schon drei Tage später steht sie schnaufend vor ihrer Haustür, einen prall gefüllten Koffer gegen den Rock gelehnt. In ihm stecken neben Kinderkleidung auch ein paar Äpfel, die die Kinder in Entzückung versetzen, obwohl sie schon ziemlich runzlig sind. Außerdem allerlei Saatgut.

„Ich werd euch helfen, hier so einfach schlappzumachen!", dröhnt sie fröhlich und kneift Klara so sanft sie kann in die noch immer fiebrigen Wangen. Klara kichert und liebt ihre Tante auf den ersten Blick. Schon dafür ist es gut, dass sie gekommen ist.

In Sachen Krankenbetreuung ist Tilda allerdings wenig begabt. Länger als drei Minuten hält sie es an keinem Bett aus, und statt auf die Wünsche der Kinder zu hören – zu Trinken geben, eine Geschichte erzählen, einen Happen zu Essen richten, Händchen halten ... – meint sie, ihnen immerzu etwas aufdrängen zu müssen. Ihren Lebertran nehmen die drei nur genau einmal zu sich. Auch Salbeitee schmeckt ihnen nicht.

Etwas beleidigt zieht Tilda sich zurück und fragt nach einem Spaten, der Grabgabel. Zwei Stunden später hat sie ein Drittel des Gartens umgegraben und beginnt mit dem säen, setzt Kartoffeln. Mari beneidet sie für ihre Kraft. Sie selbst braucht für derlei die doppelte Zeit – und dann eine lange Pause! Klara passt gerade noch in den Kinderwagen, und so schiebt sie sie in die Sonne hinaus und lobt Tilda ausführlich. Verlegen, in gespielter Empörung, stemmt sie die Hände in die Hüften: „Willst du mich vergackeiern?“

„Gackeiern!“, jauchzt Klara.

Die Tante bleibt fast zwei Wochen – und endlich scheinen die Kinder auf dem Weg der Gesundung. Auch Etelka soll in ein paar Tagen aus dem Sanatorium entlassen werden, also kann Tilda beruhigt wieder fahren.

Am Abend vor ihrer Heimreise sitzt Mari noch mit ihrer Schwägerin im Wohnzimmer beisammen. Sie leeren eine Flasche Äbbelwoi und sehen sich die Fotos von der Olympiade in Berlin an. Fünf Jahre ist das her. Siegfried, Valentina und Juana waren aus Mexiko angereist und hoch beeindruckt von der internationalen Veranstaltung. Als sie sich an die spannenden Cafébesucher aus aller Welt erinnern, kommen Tilda und Mari ins Schwärmen. Mari erzählt, wie sie an der Hotelbar mit einem Herrn französisch parliert hat, und wie Ludwig aus der Haut gefahren ist – so eifersüchtig war er! Damals hat sie gelitten, es war ihr furchtbar peinlich. Heute kann sie darüber lachen.

Tilda lacht nicht mit.

„Er weiß gar nicht, was er an dir hat!“, platzt sie plötzlich heraus, und ihre Stimme hat einen bösen, scharfen Klang. Mari weiß schon, dass sich die beiden nicht immer verstehen, gerade weil sie sich in ihrer Heftigkeit ähneln. Aber jetzt meint sie doch, Ludwig verteidigen zu müssen, erzählt, wie liebevoll er sich um die Einrichtung des Schutzraums gekümmert hat. Wie glücklich er manchmal mit den Kindern ist.

„Manchmal! Mit seinen Kindern, ha!“, schnaubt sie.

„Dein Bruder ist ein liebevoller Ehemann, ich kann mich nicht beschweren. Dass seine Fabrik nicht ans Laufen gekommen ist, dafür kann er nun wirklich nichts. Immerhin ist er jetzt in dieser SS-Elitetruppe und verdient dort auch recht gut.“

„Es geht ihm viel zu gut, dort!“

Mari wundert sich. Ein kleines Loch des Schweigens tut sich auf. Dann lenkt ihre Schwägerin ein.

„Entschuldige. Ich habe zu viel getrunken, was? Natürlich weiß ich, dass mein Bruder nicht auf den Kopf gefallen ist. Und körperlich belastbar ist er auch, wie wir alle. Aber er neigt zu ... zu Übermut, wie soll ich sagen. Übertreibungen. Diese Truppe da, die er so großartig findet, tut ihm nicht gut, überhaupt nicht! Mein kleiner Bruder sitzt auf einem verdammt hohen Ross!"

Dann klatscht sie in ihre breiten Hände und will schleunigst ins Bett. Auch auf Nachfrage will sie nichts mehr sagen.

Das ärgert Mari. Nun ist sie so lange gut mit Tilda ausgekommen – und jetzt das, an ihrem letzten Abend! Was hat sie immer gegen ihren Bruder?, denkt sie, als sie nachts wach liegt. Warum müssen sie in dieser Familie so streng miteinander sein? Wozu diese ständigen Kämpfe? Ludwigs Übermut kann man auch liebenswert finden!

Nein, sie will sich von Tildas Aufregung nicht länger anstecken lassen. Von Klaras Bettchen ein leises Rasseln. Und aus der spaltbreit geöffneten Tür des Bubenzimmers dringt nur noch die Andeutung eines Schnarchgeräuschs. Die Kinder sind beinahe gesund, das ist es, was zählt.

12. Kapitel
in dem Claudia auf eine einsame Insel zieht und doch nicht mehr allein ist

Eigentlich war es sehr merkwürdig, dass es länger als ein Jahr dauerte, bis Sevim und Claudia einander entdeckten. Sevim war in ihrer Klasse, und sie wohnte nicht weit von ihr in derselben Reihenhaussiedlung. Sie war auch die einzige Ausländerin in der Klasse und sah sehr besonders aus: schwarze, glänzende Haare. Eine schöne, braune Haut am ganzen Körper. Manchmal war Claudia wirklich blind! Aber sie wusste warum. Wenn sie zur Schule ging, machte sie sozusagen nur noch einen kleinen Seh- und Hörschlitz auf, um gerade so auf alles reagieren zu können, was andere taten oder sagten, und das war der Grund, aus dem sie Sevim so lange nicht bemerkt hatte.

Vorher hatte sie sich selbst helfen müssen. Zu Weihnachten bekam sie von den Eltern eine Schallplatte mit den wichtigsten Arien aus der „Entführung aus dem Serail“ geschenkt. Susanne bekam eine „Zauberflöten“-Platte. Ihr Vater setzte sich an den Wochenenden mit ihnen ans Klavier, spielte aus zwei dicken Klavierauszügen und sang dazu mit luftiger Stimme: „Der Vogelfänger bin ich ja …“ oder „Erst geköpft, dann gehangen, dann gespießt auf heiße Stangen …“ Seitdem sang auch Claudia, wenn sie von der Schule oder der Flötenstunde nach Hause ging. Zum Glück lief niemand mit ihr, da konnte sie sich in Ruhe konzentrieren.

Ihre Arien waren lang und handelten fast nur vom Abschiedsschmerz, von den Pappeln am Bahndamm zum Beispiel. Natürlich sang sie ausführlich über die Großmutter, über den Garten der Großeltern. Auch das Zimmer, in dem sie dort manchmal übernachtet hatte, bekam sein Lied, besonders, was dort an der Wand hing:

Da hängt die Fee mit dem blauen Kleid. Daneben der rote
Zwerg im Kreis. Der läuft im Kreis wie in einem Rad.
Onkel Ferdi hat sie ausgesägt. Jemand anders hat sie angemalt.

Solche Dinge sang sie und dachte darüber nach, wie man das Orchester einen vorüberfahrenden Zug nachmachen lassen könnte, mit leisen Pauken, lauten Streichern, schrillen Flöten, stoßenden Posaunen. Ihr Vati hatte ihnen jedes Instrument genau erklärt.

Dann sang sie von ihrer Freundin Duja und von den drei Birken, zwischen die sie eine Decke spannten. Da hatten sie ein Indianerzelt. Sie hatte so viel Sehnsucht, dass sie für unendlich viele Arien reichen würde.

„Grüß dich, Claudia!“, rief eines Tages die Nachbarin. Sie sagte immer „Grüß dich“, obwohl sie auch nicht aus Bayern war, wie viele hier.

„Wenn ich dich sehe, bist du immer so nett am Singen. Du bist ein so fröhliches Mädchen, es ist eine Freude!“

Claudia erschrak. Sie hatte nicht gewusst, dass andere Leute sie singen hörten! Sie sang doch nicht laut, sang immer nur in sich hinein. Aber die Nachbarin hatte alles gehört, ihre ganze, geheime Sehnsucht! Auch wenn sie offenbar nichts davon verstanden hatte.

„Wenn man singt, muss man nicht fröhlich sein!“, rief sie trotzig und lief so schnell sie konnte nach Hause.

Von da an sang sie nur noch, wenn sie sich sicher war, allein zu sein, und auch dann möglichst nur, wenn Staubsauger oder Spülmaschine ihre Lieder übertönten. Sie fand aber einen guten Ersatz. Sie hatte von Freunden der Eltern ein Poesiealbum geschenkt bekommen, das dafür da war, dass man seine Freundinnen hineinschreiben ließ. Weil sie keine hatte, lag es eine Weile in der Schreibtischschublade herum. Dann sah Claudia in der Zeitung ein schönes Bild von einem Wolf, der einsam durch den Schnee strich. Sie schnitt es aus, klebte es ins Album und schrieb daneben, dass sie sich auch so fühle. Sie schrieb noch das Datum dazu – da hatte sie ein Tagebuch.

Das Bilderkleben wurde ihr bald zu mühsam. Schreiben ging schneller, vor allem, wenn man es so machte wie sie. Anfangs versuchte sie noch, ihre Erlebnisse gewissenhaft aufzuschreiben. Aber mit der Zeit fand sie heraus, dass sie sich in den Wörtern ganz anders bewegen musste als in der Wirklichkeit. Das Tagebuchschreiben erinnerte sie an die Nachmittage am Schwimmbad der

Großeltern: Im Wasser musste man sich auch ganz anders bewegen als auf dem Trockenen. Im tiefen Wasser ging man sofort unter, wenn man normal ging, wie an Land, und im Tagebuch ging man unter, wenn man die Wirklichkeit aufzuschreiben versuchte. Also probierte sie andere Fortbewegungsmöglichkeiten aus. Wenn es gut lief, konnte sie sich auf die Wörter legen wie aufs Wasser.

Dann, eines Tages, liefen Claudia und Sevim zu zweit von der Schule nach Hause. Weil es fast auf Claudias Weg lag, begleitete sie Sevim bis an die Haustür. Ihre Mutter öffnete und begrüßte sie auf Türkisch. *Anne* nannte Sevim ihre Mutter, und am liebsten hätte Claudia einfach mitgeredet, wie früher bei der Großmutter oder bei Duja. Auch Dujas Vater war ja kein Deutscher gewesen, sondern Jugoslawe. Aber dafür, eine fremde Sprache einfach nachzuplappern, war sie jetzt nicht mehr klein genug.

Nachmittags spielten die Kinder auf den schmalen Wegen zwischen den Häuserriegeln Gummitwist, Fangsdi oder Räuber und Gendarm. Zwei Buben kurvten mit neuen Bonanzarädern herum. Erst hatte nur einer von ihnen einen dreieckigen Wimpel am Lenker, dann auch der andere. Sevim und sie merkten schnell, dass sie wichtige Dinge gemeinsam hatten: Sie mochten diese Spiele nicht. Und sie wurden auch beide nur zögernd gefragt, ob sie mitmachen wollten. Was sie stattdessen spielen wollten, wussten sie aber noch nicht.

Dann saß Sevim auf der Waschbetontreppe vor ihrer Haustür und bewegte sich ganz langsam, nur zum Spaß. Sie sagte, das sei würdevoll, und die Treppe ein Thron und sie ein König, ein mächtiger natürlich. Um etwas zum Herrschen zu haben, brauchte der König einen Diener, deshalb stellte sich Claudia vor sie hin und machte eine extra schiefe Verbeugung, über die sie sich schon einmal kaputtlachten.

Der König befahl dem Diener, die kostbarsten Schätze herbeizubringen. Er wollte einen Palast daraus bauen lassen, und der Diener schwärmte sofort aus, genau gesagt lief er zu sich nach Hause und griff sich das Erstbeste, was er erwischte: bunte Kunststoffkegel, die auf der Terrasse herumlagen. Die waren aus Smaragd, Rubin und anderen unvorstellbaren Edelsteinen, erklärte der Diener dem König gleich darauf und war noch ganz atemlos vom Rennen. Daraus einen Palast zu bauen sei ein Klacks. Dazu könne ihre Majestät noch ein tolles Labyrinth mit Hollywoodschaukel bekommen, und dem Nachbarskönig würde die Kinnlade herunterfallen vor Neid. Das machte der Diener vor, war also kurz nicht mehr Diener, sondern Nachbarskönig, und sie lachten sich wieder kaputt.

Jetzt aber wollte Sevim Diener sein, denn die andere zum Lachen zu bringen war das Größte. Der neue König, der gerade noch Diener gewesen war, wollte heiraten und befahl, man solle ihm die schönsten Jungfrauen des Reiches bringen. Da verschwand der Diener kurz hinter den Mülltonnen, um sich in eine Jungfrau zu verwandeln, die einen Buckel hatte und aus dem Mund sabberte. Der König erklärte so höflich wie möglich, das sei ihm nicht so recht. Also wurde diese Jungfrau von einem untröstlichen Diener hinter die Mülltonnen geführt, und die nächste kam. Die bewegte sich zwar normal, aber sobald sie den Mund aufmachte, kamen scheußliche Knarzlaute heraus. Die komme von den Fiffipinen, erklärte der Diener, da sei das so, da könne man nichts machen. Klar, sagte der König, das sei ja auch ganz in der Nähe von Istanbul. Da knarzte die Jungfrau und quietschte, dass Majestät keine Ahnung habe von Istanbul und wurde sofort wegen Majestätsbeleidigung auf die Fiffipinen, also nach Hause verbannt. Jetzt hatte der König vor lauter Lachen schon Bauchweh. Der Diener auch.

Bald schon wurde sie von Sevim und Anne zum Mittagessen eingeladen. Sie deckten dort auch wochentags auf einer weißen Stofftischdecke, und es gab lauter Sachen, die furchtbar schmeckten. Natürlich aß sie alles auf und behauptete, dass es gut war, obwohl sie nicht einmal wusste, was für ein Tier das war: ein Hammel. Bei Sevim Mittag zu essen war nicht einfach, aber auch aufregend wie eine Reise.

Sevims kleiner Bruder Aslan erzählte von seiner Carrerabahn. Er solle türkisch reden, mahnte ihn seine Mutter immer wieder. „Ihr könnt schon gar nicht mehr richtig Türkisch, wisst ihr das!" Claudia fand es komisch, dass Anne das auf Deutsch zu den beiden sagte, als könnte sie sich wirklich nicht mehr mit ihnen auf Türkisch verständigen! Dabei hatten sie immer wieder in der fremden Sprache miteinander gesprochen, und nur von seiner Carrerabahn war Aslan so begeistert gewesen, dass er es auf Deutsch sagen musste, schon damit Claudia es mitbekam. Deshalb grinste sie ein bisschen vor sich hin, aber Sevim machte ein besorgtes Gesicht, also hörte sie damit auf und stocherte weiter in ihrem Gemüse herum. Den Hammel hatte sie schon herunterbekommen.

Den Nachtisch bekam man hier auf dem Sofa, als würde er gar nicht zum Essen dazugehören. Sevim reichte ihr eine besonders dicke Pralinenschachtel, die leider nur eine Sorte Süßes enthielt: weiße, glibberige Würfel, von denen sie eine Gänsehaut bekam.

„Stell dir vor, du müsstest auf eine einsame Insel umziehen, auf der es alles gibt, was du brauchst, nur keine Menschen. Und du dürftest nur einen Menschen mitnehmen. Wen würdest du mitnehmen?"

Solche Spiele gefielen ihnen besonders. Sie beschäftigten sie stundenlang, während sie sich auf der Terrasse in den Liegestühlen wälzten und ab und zu aufsprangen, um etwas vorzumachen. Es waren Gedankenspiele, für die man nichts brauchte außer eine Freundin. Sevim fand, dass ihr Vater sehr einsame-Insel-tauglich war, weil er es mit gefährlichen Tigern und frechen Affen aufnehmen konnte. Zumindest konnte sie sich das vorstellen. Claudia konnte sich das von ihrem Vater nicht vorstellen. Als sie überlegte, wer in ihrer Familie zum Beschützen geeignet wäre, fiel ihr nur Susanne ein. Die ging schon so bestimmt durchs Leben, dass kein Krokodil es wagen würde, auch nur die Nase aus dem Fluss zu strecken. Doch Susanne hatte auch gewaltige Nachteile, und nur mit Susanne auf einer einsamen Insel, das wäre nicht auszuhalten gewesen. Gab es überhaupt einen Menschen, mit dem das auszuhalten gewesen wäre?

Bei dieser Frage erinnerte sich Claudia an ihre Großmutter, und sie gab ein bisschen mit ihr an. Leider musste sie zugeben, dass sie zwar bestimmt mit ihrer Großmutter auf der einsamen Insel leben könnte, doch die Großmutter leider nicht mit ihr. Sie würde nicht ohne ihre ganze Familie leben wollen, das war klar. Und diese Familie war gewaltig groß, schon weil man oft nicht sicher wusste, wer von ihren Leuten wirklich verwandt war und wer nur befreundet.

Dann malten sie sich das Inselleben mit Menschen aus, die gar nicht ernsthaft in Frage kamen, zum Beispiel mit Oliver, dem Klassenclown, mit der runden Frau aus der Bücherei oder Claudias Flötenlehrerin. Das war nur dazu gedacht, die andere wieder zum Lachen zu bringen. Eigentlich hätte sie auch Sevim begleiten können, auf die einsame Insel, oder Sevim sie, aber das stellten sie sich nicht vor. Sie waren sich ja sicher, dass sie einander nie verlieren würden.

Sevim hatte in der vierten Klasse eine Durchschnittsnote, die gut genug war fürs Gymnasium. Claudia nicht. Glücklicherweise hatten sie eine neue Klaßlehrerin mit einer großen Frisur, die Afrolook hieß, und Frau Keramaris merkte sich Claudias Namen, das wunderte sie schon einmal sehr. Als die Eltern sich eigentlich schon damit abgefunden hatten, dass sie auf die Realschule gehen würde, sagte Frau Keramaris der Mutter in der Sprechstunde: „Ihre Tochter gehört aufs Gymnasium!“

Mehr sagte sie eigentlich nicht. Doch in den folgenden Wochen merkte Claudia, dass sie auf geheimnisvolle Weise gute Noten bekam, vor allem in ihren schlechtesten Fächern: Schönschreiben und Rechnen. Das lief so, bis der Notendurchschnitt stimmte. Dann hörte das Geheimnis wieder auf.

Claudia war erleichtert, nun doch auf dieselbe Schule gehen zu können wie Sevim und Susanne. Sie fragte sich aber auch, ob etwas falsch war mit ihr. Sie wollte wirklich gern so lernen, wie die Erwachsenen sich das vorstellten, aber ihr wurde oft schon übel, wenn sie nur die Bücher aus dem Schulranzen nahm – und das, obwohl sie Bücher sonst so mochte. Seit Bastian kein Babyzimmer mehr brauchte, hatte sie ein eigenes, kleines Zimmer, und dort las sie alles, was sie in die Finger bekam, auch die alten Bücher aus dem Wohnzimmer, mit schwieriger Sprache und verschnörkelter, deutscher Schrift. Oft verstand sie nur die Hälfte, aber diese Hälfte war spannend genug, sich durch die Seiten zu kämpfen. Auch aus der Emmeringer Gemeindebücherei beschaffte sie sich alle paar Wochen einen Stapel Bücher.

Wenn Claudia lange las, brachen ihre Gedanken irgendwann aus, und sie merkte es oft erst, wenn sie sich schon längst gedanklich mit allem Möglichen beschäftigte, nur nicht mit dem Buch. Das war nicht weiter schlimm. Sie stand einfach auf, öffnete das Fenster und betrachtete die zwei kleinen Kirschbäume, die die Mutter gepflanzt hatte. Das hatte sie in Erinnerung an den Kirschbaum im langen Garten der Großeltern gemacht. Es mussten zwei sein, damit sie irgendwann mit vereinten Kräften mit dem alten, schönen Kirschbaum in der Tiroler Straße mithalten konnten. Claudia grüßte also die beiden Kirschbäume und dachte an den langen Garten. Sie lehnte sich hinaus und wieder hinein, dann trieb es sie schon bald zum Buch zurück. Auf diese Weise fiel ihr das Lesen nicht schwer. Dagegen war Lernen in der Schule die reinste Quälerei. Um Emmering herum gab es viele Feldwege, auf denen ihr der Wind so heftig entgegenblies, dass er sie nach Luft schnappen ließ, und sie musste sich mit Gewalt in die Pedale stemmen. Wenn sie endlich bei den Häusern ankam, war sie erschöpft, obwohl sie gar nicht weit gefahren war. Genau so fühlte sie sich beim Lernen in der Schule.

Mutti hatte Andreas rechtzeitig vor seiner Einschulung alles beigebracht, was man in seinem Alter können musste. Jetzt machte sie mit ihm Hausaufgaben und oft noch zusätzliche Übungen. Sie hatte jetzt diesen Freiraum, weil Bastian in den Kindergarten ging.

„Mit Zahlen kann er überhaupt nichts anfangen!“, stöhnte Mutti, wenn Andreas nicht dabei war, und Claudia war froh, dass sie nicht mitbekam, wie schlecht sie selbst im Rechnen war – sonst hätte sie am Ende auch jeden Nachmittag mit ihr gelernt. Das hätte Claudia nicht ertragen. Wenn sie rechnen musste, stocherte auch sie in einem dicken Nebel herum, und wenn sie ausnahmsweise das richtige Ergebnis herausbekam, war sie sicher, dass sich das nur zufällig so ergeben haben konnte. Aber Rechnen war nicht wichtig. Das verriet ihnen gleich zu Anfang dieser besondere Mathelehrer auf dem Gymnasium. Herr Lotte sagte ihnen, dass auch Maschinen rechnen konnten – und besser als Menschen. Es gab jetzt Taschenrechner, die sie aber erst ab der siebten Klasse benutzen durften. Das hieß, dass Claudia sich bis zur Siebten irgendwie durch den Nebel mogeln musste. „Du kannst logisch denken!", hatte Herr Lotte festgestellt. Das war ein Trost.

Vielleicht sollte sie ihrer Mutti das sagen, dass Rechnen nicht wichtig war?, überlegte Claudia. Es war nicht schwer zu erkennen, dass Andreas sich jedes Mal furchtbar anstrengte, wenn er mit der Mutter an seinem Kinderschreibtisch saß, und Mutti strengte sich ebenso an, mit ihm – so lange, bis Andreas plötzlich aufstehen musste. Die ganze Familie wusste längst, was dann kam. Er machte, was sie „Keuchen" nannten, nahm also einen Stift und ließ sich von ihm in alle Ecken des Zimmers ziehen, während er Laute ausstieß, die klangen, als ob man kurz ein dickes Ventil öffnete. Mutti ließ ihn keuchen, als müsste das so sein. Dabei war es natürlich verrückt. Es war eben seine Behinderung, und eigentlich hätte sie es gar nicht zulassen dürfen. Aber sie war mit Andreas bei einer Psychologin gewesen, und die meinte wohl, dass es besser sei, ihn so lange verrückt sein zu lassen, bis er von alleine zurück an den Schreibtisch kam. Er kam immer von allein zurück. Manchmal winselte er.

Wenn sie endlich mit der Schularbeit fertig waren, malte er oft – zum Beispiel Sirenen. Er kannte sie von einem Probealarm, hatte sie auf dem Feuerwehrhaus gesehen, und sie verfolgten ihn in den Schlaf. Er träumte, dass sich mehrere von ihnen heulend von ihren

Dächern lösten und die Menschen verfolgten, auch ihn, und das machte ihm so viel Angst, dass er weinen musste, wenn er versuchte, davon zu erzählen. Deshalb malte er sie. Seine Sirenen sahen aus wie schwarze Ufos, die über den rennenden Menschen hingen. Mutti versuchte, ihn zu beruhigen.

„Was für ein Quatsch! Die Zeiten, in denen man vor Sirenen Angst haben musste, sind lange vorbei!"

Das klang eigentlich interessant. Aber bevor Claudia etwas fragen konnte, bekam die Mutter ihren strengen Mund und hatte dringend zu tun.

Claudia träumte etwas ganz anderes. Mit Andreas Träumen hatten ihre eigentlich nur gemeinsam, dass sie sich so ähnlich wiederholten – und dass es Albträume waren. Sie lief einen Bahnsteig entlang, so schnell es ging, aber es ging nur langsam. Ihre Umgebung, den Bahnhof, spürte sie mehr, als sie ihn sah, weil sie sich so sehr auf ihre Gepäckstücke konzentrieren musste. Sie konnte sie kaum tragen, weil es so viele waren. Um sie herum hasteten viele Menschen, und auf den Geleisen wartete schon ein bräunliches Ungetüm, in das sie einsteigen mussten.

Dieser Traum schien sich schon wiederholt zu haben, bevor sie ihn zum ersten Mal träumte, was natürlich Quatsch war, sie hatte sie nicht mehr alle. Manchmal waren Teile der Familie schon eingestiegen, sie wusste es und fand keine Tür. Einmal sah sie jemanden aus ihrer Familie vorn in der Menge verschwinden – einer ihrer Brüder? – und wollte ihm schleunigst nach, aber gleichzeitig durfte sie nichts von ihrem Gepäck verlieren. Sie hatte einen Koffer oder irgendwelche Taschen oder undefinierbare Stoffklumpen, einmal einen Mantel, aus dem wichtige Dinge herausfielen, ein gefaltetes Papier, Metallteile, die sie unbedingt aufheben musste, ständig verlor sie etwas und fragte sich, was sie eigentlich alles trug oder hätte tragen müssen, und der Zug konnte sich jeden Moment in Bewegung setzen und ihre Familie mit ihm. Sie hätte sich die Schuhe binden müssen oder den Schal, aber es gab Wichtigeres. Einmal ging sie in die Hocke und sammelte der Einfachheit halber alles vom Betonboden ein, was sie fand, Münzen, die ihr ganz fremd waren, selbst Schrauben und Eisenringe sammelte sie in ihre Manteltaschen. Man wusste ja nie, wozu man sie noch brauchen würde.

Eine Frau rief nach ihr, ohne ihren Namen zu benutzen. Sie kannte die Stimme länger als sich selbst und wusste doch nicht, zu wem sie gehörte. Bewegte sich der Zug? Sie muss, muss, schnell, schnell, schnell ...

Sie nahm sich vor, diesen Traum Sevim zu erzählen, und zwar gleich am nächsten Tag. Bis dahin waren es noch viele Stunden. Der Wecker mit den Leuchtzeigern zeigte zwanzig nach zwei. Also dachte sie so fest sie konnte an Sevim, an ihren Traum, wieder an Sevim, aber sie war sehr müde und merkte bald, dass sie schon kaum mehr wusste, was da war und worüber sie mit Sevim reden wollte. Oft kam ihnen beiden ja auch alles Mögliche dazwischen. Das fand sie jetzt aber nicht mehr schlimm. Seit ich nicht mehr allein bin, komme ich besser allein zurecht, dachte sie noch.

13. Kapitel
in dem sich in einem Nähkorb ein Abgrund auftut

Im Frühjahr 1941 rundet sich Maris Bauch schon deutlich. Ludwig ruft aus dem verbündeten Finnland an. Wieder arbeitet er als Wortberichter und Kurier, kämpft aber auch an der Front, gegen die Russen. Er schwärmt von einer Fahrt durch die Fjorde, zählt stolz Orte mit Zungenbrechernamen auf. Dann schimpft er mit gedämpfter Stimme über die miese Moral von Kameraden und Vorgesetzten. Da habe er sich wirklich mehr erwartet. Weltanschaulich und charakterlich seien viele seiner Führer und Unterführer völlig unzulänglich. Das murmelt er so schnell in sich hinein, dass sie ihn nur mit Mühe versteht.

„Ich denke, man hat die Waffen-SS zu schnell erweitern müssen. Wenn der Krieg gewonnen ist, wird man da aufräumen müssen. Weißt du, Mari, ich gewinne den Eindruck, dass es doch ein Fehler war, die Führer und Unterführer allein nach rassischen Merkmalen auszusuchen. Ich habe erwartet, bei der SS Menschen vorzufinden, die vom Gedankengut der Partei bis ins Letzte durchdrungen sind! Und was begegnet mir? Großmäulige Nichtsnutze! Vorgesetzte, die von sinnvoller Menschenführung keine Ahnung haben! Sittliche Verkommenheit! Selbstsucht! Feigheit vor dem Feind!“

„Sittliche Verkommenheit? Inwiefern?“

„Ach! Das willst du gar nicht wissen.“

Réka schickt ein Ungarisch-Lehrbuch für die erste Klasse, das sie in einer deutschen Buchhandlung in Budapest gefunden hat. Mit vielen Grüßen von Peti. Sie freut sich – endlich hat sie eine Basis, auf der sie den Kindern ihre Muttersprache in Erinnerung rufen kann. Réka und sie schreiben oder telefonieren regelmäßig, während Péter sich eher rarmacht. „Er ist furchtbar unglücklich, der Politik wegen“, entschuldigt ihn die Schwägerin.

„Aber das bin ich doch auch! Ist das ein Grund, nicht mit mir zu reden?“

„Du bist nicht das Problem.“

Mari zögert, bevor sie versichert, auch Ludwig sei längst nicht mit allem einverstanden, was er mit seinen Leuten erlebe. Und er tue doch nur seine Pflicht. Réka versteht das. Dann gesteht sie ihr, dass sie sich ernsthafte Sorgen um Peti macht. Er brütet furchtbar über jedem Artikel, erzählt sie. Er weiß schon vorher, dass er vieles von dem, was er gern schreiben würde, nicht schreiben darf. Sie muss sich lange Schimpftiraden anhören, immer in der Angst, dass ihm all die bösen Worte über die Hitlerschen auch einmal in Gesellschaft herausrutschen könnten.

„Und das ist ja nicht ganz unwahrscheinlich. Wie du weißt, hat er immer gern getrunken. In letzter Zeit wird es zu viel.“

Wie gerne wäre Mari bei ihnen! Natürlich weiß sie, dass sie an der Politik nichts ändern könnte. Aber sie stellt sich vor, mit Peti durch Pozsony zu streifen, am Donauufer zu sitzen, dort, wo es die schmalen, krummen Kiesstrände gibt, die Bachstelzen, die von Bibern abgenagten Stämme. Sie würde ihm von den Kindern erzählen, von Rudolfs Brockhausstapeln, Dieters Frechheiten, Klaras Bockigkeit. Dann würde sie ihm sagen, dass sie zumindest dem Ältesten nun Ungarisch beibringen wird, wie schwer das auch sei, in diesem Deutschland. Das würde Peti freuen. Er würde sie drücken.

Rudolf ist überrascht. „Ich lese gerade Papas Buch über die Germanen und die Kelten ...“

„Das kannst du weiterlesen und dennoch mit mir ein bisschen Ungarisch lernen. Dann haben wir eine Geheimsprache miteinander!“

Damit hat sie ihn an der Angel. Sie merkt es gleich und lockt ihn weiter: „Ungarisch ist ganz einfach! Alle Wörter werden genau so ausgesprochen, wie sie geschrieben werden!“

Vokabeln lernt er mühelos, auch die Aussprache hat er noch gut im Ohr. Dennoch tut er sich schwerer, als sie gedacht hat. Auch wenn er sich an manche Wörter noch erinnert, erkennt er sie nicht, wenn er sie geschrieben sieht. Das mit den Buchstaben und der Aussprache findet sie so leicht – aber es funktioniert eben alles ganz anders, als er es vom Deutschen gewöhnt ist. Auch die ungarische Grammatik ist von der, die er kennt, himmelweit entfernt, das wird ihr jetzt erst klar. Die vielen Endungen, die unzähligen Fälle machen ihm zu schaffen. Also belässt sie es vorläufig bei einfachen Sätzen, die sie in immer neuen Varianten mit ihm durchspielt. Sie fürchtet schon, dass er aufgibt – doch er scheint immer wieder froh zu sein, über diese Stunde mit ihr.

Eigentlich hat sie geplant, auch Dieter und Klara früher oder später in den Unterricht mit einzubeziehen. Jetzt erlebt sie, wie schwer sich selbst ihr wissensdurstiger Ältester tut – und lässt es lieber. Dieter geht inzwischen auch in die Schule, aber er liest nicht besonders gern, bewegt sich dafür umso lieber. Er hat es auch nicht so nötig, dass sie sich mit ihm beschäftigt, denn im Gegensatz zu Rudolf hat er Freunde, mit denen er sich nicht prügelt. Dieter streift mit seinen Kumpanen im Stadtwald herum, hat schon allerlei mit ihnen gebaut, eine Wippe, ein Katapult. Ab und zu ermahnt sie ihn, nicht so weit zu laufen. Man weiß nie, wann der Alarm kommt. Aber sie versteht, dass er seine Freiheit braucht. Besonders seinen Geschwistern gegenüber ist er sehr frech, stibitzt auch schon mal Essbares aus der Küche. Dafür stellt er sich geschickt an, schneidet die Zwiebeln schneller als sie selbst und dabei so fein, dass man sie im Gulasch kaum mehr sieht. Rudolf käme nie auf die Idee, ihr oder Etelka im Haus zu helfen. Das ist Weibersache, sagt er. Sie sind so verschieden, ihre Buben!

Leider streiten sie sich viel und heftig. Rudolf nennt Dieter einen bolschewistischen Vollidioten, ein kriminelles Element. Dieter kontert mit Intellektuellenschwein. Auch Klara wehrt sich inzwischen gegen die Angriffe ihrer Brüder, indem sie sie als Schwachsinnige beschimpft, die ins Irrenhaus gehören, ins Lager – und bekommt ihren anerkennenden Beifall. „Ist das nun Sprache von Dichter und Denker?“, fragt Etelka einmal halb im Scherz. Statt einer Antwort brüllt Rudolf wie ein Löwe, und Dieter und Klara brüllen begeistert mit. Etelka weicht erschrocken zurück, verschwindet in der Küche. Mari schimpft mit ihnen – und hat das Gefühl, dass es sie wenig beeindruckt.

Die Wehen kündigen sich pünktlich an. Mari fährt mit der Tram ins Diakonissenhaus in der Eschersheimer Landstraße. Es ist nichts so besonderes mehr, sie hat es dreimal hinbekommen, also auch ein viertes Mal, sagt sie, und der nette, wenn auch ein wenig nervöse Arzt sieht es ebenso. Die Geburt wird schon eingeleitet, da nimmt die Sirene vom Hof höhnisch Anlauf und schraubt sich in die Höhe. Die Schwestern seufzen. Der Arzt erstarrt. Ihr laufen vor Schmerzen die Tränen.

„In den Keller ...“, murmelt der Arzt, als sei er nicht ganz sicher.

Auf einer scheppernden Eisenbahre rollen sie sie in den Lastenfahrstuhl, der mehrmals hält, ohne dass jemand zu- oder aussteigt. Bei jedem Halt wippt er auf und nieder, was höllisch an ihren Nerven zerrt. Unten riecht es nach Benzin. Lange Röhren verbreiten gleißendes Licht, in dem Kinder und Erwachsene aus allen Abteilungen sitzen, an der Wand aufgereiht, und ihr jetzt offenbar zusehen sollen, wie sie ihr Kind bekommt. Sie kann nicht schreien wie sonst, gurgelt und winselt nur. Von der Bombardierung bekommt sie kaum etwas mit. Einmal scheint der ganze Keller krachend ein Stück zur Seite zu rucken. Das Licht fällt aus. Zögernd, flackernd geht es wieder an.

Der nasse, schreiende Säugling landet kaum auf ihrem Bauch, da nehmen sie ihn schon wieder fort und fahren sie quietschend und scheppernd zum Fahrstuhl zurück. Doch der funktioniert nicht mehr. Halb getragen, halb gestützt wird sie zwei Treppen hinaufbugsiert und fürchtet um ihr Kind, das unten zurückbleibt. Draußen geben die Sirenen Entwarnung. Sie hat wahrgenommen, dass es ein Junge ist – und ein Grübchen im Kinn.

In dem Flur, in dem man sie warten lässt, zieht es aus mehreren Richtungen. Hektisch laufen Schwestern und Patienten vorbei, auch ein junger Mann, der unflätige Worte ausstößt und sie dafür um Verzeihung bittet. Endlich kann sie eine Schwester nach ihrem Kind fragen. Die bittet um Geduld.

„Die Kleinen werden gerade erst heraufgebracht.“

„Haben sie eine wärmere Decke? Warum zieht es hier so?“

„Wir haben einen Treffer.“

Sie bringen ihr drei männliche Säuglinge, sozusagen zur Auswahl. Vor Angst bricht ihr der Schweiß aus – dann erkennt sie ihn doch, am Grübchen. Wie er heißt, weiß sie längst: Heiner. Diesen Namen hat sie Ludwig beim letzten Telefonat vorgeschlagen, weil sie merkte, dass er den Kopf nicht freihatte, für derlei. Er war erleichtert und einverstanden. Wäre es ein Mädchen geworden, hätte sie sie Elizabet genannt und manchmal Lili gerufen, zur Not heimlich.

Als sie mit Heinerle im Tragetuch heimkommt, sieht sie, die Tiroler Straße entlanglaufend, zum ersten Mal Kinder mit Bomben spielen. Eisenstäbe, lang wie ein Schullineal, dick wie eine Feldflasche, stecken halb oder ganz im Asphalt, und Kinder stehen dazwischen, hocken davor, untersuchen sie furchtlos. Sie verbietet ihnen streng, sie anzurühren. Sie sollen die Polizei rufen. Ungläubiges Grinsen. „Polizei?“, fragt ein Mädchen, das sie vom Sehen kennt. „Machen Sie sich keine Sorgen, Frau Wacholz. Wir können damit umgehen.“

Mit Jochen und mit Dieters Hilfe baut Klara im Garten ein Steinpuppenhaus ohne Puppen. Zapfen, aufeinandergesteckt, sind ihnen menschenähnlich genug. Sie spielen zu dritt, Mari, Heiner auf dem Schoß, und Frau Dold sitzen dabei. Da erwähnt die Nachbarin beiläufig, dass alle Angehörigen der SS unter der Achsel mit ihrer Blutgruppe gezeichnet werden.

„Gezeichnet?“

„Also – tätowiert! Ist es Ihnen noch nicht aufgefallen?“

Ist es nicht. Sie staunt. Ludwig hat auch nie davon erzählt. Sie versteht schon den Sinn dieser Prozedur – sollte er verletzt werden, kann ihm schneller geholfen werden – aber ein bisschen schaudert es sie doch, wenn sie sich seine so gezeichnete Achselhöhle vorstellt. Sie selbst kennt seine Blutgruppe nicht einmal. Sie möchte sich auch nicht vorstellen, dass es nötig wird, sie zu kennen.

Im November kommt Ludwig endlich wieder heim. Es geht ihm

gut. Nachdem sie sich ausführlich geliebt haben, schaut sie unter beiden Achseln nach – und findet nichts.

Er lacht verlegen auf.

„Als meine Einheit tätowiert wurde, war ich unterwegs, auf Kurierfahrt ..."

„Und jetzt kannst du es nicht mehr nachholen lassen?"

„Dochdoch. Kann ich."

„Es ist keine schlechte Idee, im Prinzip, nicht wahr?"

„Im Fall einer Verwundung, ja. Natürlich ist es auch ein Mitgliedszeichen, weißt du – eins, das nicht gelöscht werden kann. So hat man es uns vermittelt, und ich hätte nichts dagegen, wirklich überhaupt nichts, wenn ich nach wie vor stolz sein könnte, auf diesen Verein."

„Dann musst du dich nicht beeilen, damit."

„Man wird sehen."

Er hat schon wieder hochfliegende Pläne: Zusammen mit Herrn Montag will er eine zweite Schuhfabrikation erwerben. Wieder ein arisierter Betrieb. Diesmal in Amsterdam.

„Mitten im Krieg?" – Mari ist entgeistert.

„Herr Montag und ich sind uns einig, dass wir expandieren müssen, um die schweren Zeiten zu überstehen. Und die Konditionen sind günstig, gerade jetzt. Es kommt allerdings darauf an, den Produktionsort sorgfältig auszusuchen. Dort müssen ja auch nach dem Krieg noch genügend Menschen zur Verfügung stehen, als Arbeiter und als Kunden."

Sie ist nicht sicher, ob sie ihn richtig verstanden hat.

„Noch genügend Menschen?"

„Wie gesagt in den Niederlanden wird das der Fall sein, davon gehen wir aus."

Das geht ihr durch und durch. Wie kann er das so nüchtern sehen? In welchen Ländern werden denn seiner Information nach nicht genügend Menschen übrig sein, nach dem Krieg, um eine Schuhfabrik betreiben zu können? Sie will ihn danach fragen. Sie schiebt es immer wieder auf – und dann muss er schon wieder fort, etwas früher als geplant.

Als der erste Schnee ihre Rosenstöcke zur Erde biegt, ist er längst wieder in Finnland, in Kiestinki. Der Krieg ist für sie alle zu einer so nervtötenden wie bekannten Plage geworden, vergleichbar mit einer Seuche, die nicht locker lässt. Obwohl der Güterbahnhof inzwischen tatsächlich bombardiert wird, alarmiert der Alarm sie gar nicht mehr ernsthaft. Sie beten nur noch, wenn es länger dauert. Die Buben hören in der Schule wöchentlich von neuen, gefallenen Vätern – und nehmen diese Nachricht ungefähr mit derselben inneren Bewegung hin, mit der Mari in ihrem Alter einen toten Vogel betrauerte.

Immer wieder streiten sich die beiden, ob es nötig ist, in den Luftschutzbunker an der Feuerwache zu laufen. Dieter meint zu wissen, dass ihr Schutzraum einem direkten Treffer nicht standhalten wird, wahrscheinlich nicht einmal einem Einschlag in nächster Nähe. Rudolf ist sicher, dass das nur das blöde Geflenne von Weibern und Angsthasen ist. Mari fürchtet, dass Dieter recht hat, aber sie ist oft einfach zu erschöpft, den weiten Weg zur Feuerwache zu rennen, selbst wenn Etelka ihr den Säugling abnehmen kann. Also machen sie es mal so, mal so.

Im Mai lädt Tilda sie zu sich ein, nach Berlin, weil Ludwig ebenfalls ein paar Tage dort sein wird. Sie zögert. Inzwischen sind auch die Personenzüge ein beliebtes Ziel für feindlichen Beschuss geworden. Heinerle müsste sie mitnehmen, und Etelka mit den anderen drei Kindern alleinlassen. Und wenn die Kinder wieder krank werden, während sie fort ist? Aber Tilda lässt nicht locker, beschwört sie geradezu: „Wer weiß, wann ihr euch wiedersehen könnt ..."

Auch Etelka sieht das so und ist sich sicher, mit den dreien fertig zu werden. Herr Dold rät zum Nachtzug, der inzwischen so vollkommen verdunkelt werden könne, dass der Brite rein gar nichts von ihm bemerke.

Tilda holt sie morgens vom Bahnhof Spindlersfeld ab. Ludwig hat noch zu tun. Sie haben es nicht weit, zu Tildas Haus, aber schon was sie unterwegs vom Zugfenster aus gesehen hat, hat sie erschreckt. Viel zerstörte Industrie. Aufgerissene, rußgeschwärzte Mehrfamilienhäuser. Sie weiß, dass Dieter und Rudolf derlei auch in Frankfurt schon gesehen haben, aber sie selbst ist in den letzten Monaten kaum über Sachsenhausen hinausgekommen, und man kann es sich nicht vorstellen, wenn man es nur erzählt bekommt.

Ludwig kommt eine gute Stunde nach ihrer Ankunft und drückt sie so fest, dass ihr die Luft wegbleibt. Den acht Monate alten Heiner sieht er heute zum ersten Mal. Tilda schickt sie beide in den Park an die Dahme, während sie auf Heiner aufpasst und ein spätes Frühstück vorbereitet. Glücklich fasst Mari ihn um die Hüfte, während er noch etwas fremdelt – aber nicht mehr lang. Mari hat viel zu erzählen. Wenn sie telefonieren, müssen sie sich immer kurzfassen. Er fragt nach, stürmt aber auch so rasch vorwärts, dass sie kaum mitkommt. Dann müssen sie umdrehen. Eine Weile sagt er nichts.

„Ich würde euch so gerne unterstützen, bei all dem!“, seufzt er.

„Hast du nicht gemeint, du könntest als Mitglied der SS öfter nach Hause kommen?“

„Jaja, ich weiß. Glaub mir, ich habe mir das alles anders vorgestellt.“

Sie fragt ihn nach seinen Erlebnissen. Er will nicht erzählen. Sie ermuntert ihn, sich auch die schlimmen Dinge von der Seele zu reden.

„Man kann sich nichts von der Seele reden.“

Schon drei Tage nach ihrer Ankunft muss sie ihn wieder auf den Zug Richtung Hamburg bringen. Sie selbst will wieder den Nachtzug nehmen, und so kann sie Tilda vorher noch ein wenig mit ihrer Wäsche helfen. Als sie zu diesem Zweck ihre gute, rote Bluse gegen das einfache Hemd tauschen will, fällt ihr auf, dass an der linken Manschette ein Knopf lose ist.

„Der soll nicht abfallen und verloren gehen!“, sagt sie zu Tilda. „Fang du schon an mit der Wäsche. Ich richte das noch schnell.“

Sie weiß von früheren Besuchen, wo sie Nähzeug findet: im

Schlafzimmer, oben auf dem Schrank. Tilda hat einen großen, runden Nähkorb, dessen geblümter Deckel mit zwei Laschen am Rand befestigt ist. Sie sucht und findet das rote Garn, auch die passende Nadel. Dann gräbt sie nach einer Schere. Der Korbboden knistert seltsam, und als sie ihn vom Nadelkissen befreit, von weiteren Garnrollen, begreift sie: Der Boden ist kein Boden, sondern ein lose aufgelegter Karton, mit dem gleichen Blumenstoff bezogen wie der Deckel. Darunter: ein Geheimfach! Kleine Briefe in duftenden Umschlägen. Sie muss lächeln. Liebesbriefe eines Verehrers?

Der oberste liegt mit dem Absender nach oben – und der ist weiblich! Inge Weber. Eine Adresse in Hermannstadt. Verblüfft dreht sie den Umschlag. Ludwigs Name. Tildas Adresse. Er ist an Ludwig adressiert – aber an Tildas Adresse. Von Inge Weber. Hermannstadt.

Hermannstadt, den 4. Jänner 1941

Liebster Du,

so furchtbar es ist, daß alles geheim bleiben muss, so sehr genieße ich jede Minute mit Dir! Schreib mir schnell, wann wir uns wieder sehen. Ich reise in jedes Ausland, ich fliege auf den Mond, Dir nach, wohin es sei. Du kannst Dir nicht vorstellen, wie krank ich bin ohne Dich. Jede Nacht liege ich lange wach, nur um mir unser letztes Treffen bei Johanna zum hundertsten Male wiederzuerzählen oder mir das nächste auszumalen. Manchmal habe ich allerdings auch den Albtraum, daß Du meiner überdrüssig wirst. Ich weiß ja, daß ich manchmal melancholisch bin oder üble Launen habe, weil ich Dich so gerne für mich hätte, ganz für mich. Natürlich verstehe ich Deine Entscheidung, den Kindern zuliebe. Also: Bitte, bitte, verzeih mir mein Betragen vor vier Wochen. Und schreib mir, wohin ich kommen soll – ich finde dann schon einen Grund, der die Eltern befriedigt.

Tausend Küsse und eine innige Umarmung sendet Dir
Dein Ingchen

II

Aber siehst du Mariela, so traurig, wie dies auch klingt, war es doch nicht so schlimm, wie man denken würde. Man soll eben niemals den Mut verlieren, immer findet man etwas Schönes und Gutes, Du musst es nur suchen und herausbuddeln aus dem Schlechten, wo es sich verborgen hat.

14. Kapitel
in dem Mari wieder und wieder verschwindet

Claudias Mutter erzählte lange Zeit so gut wie nichts vom Krieg – wie alle ihre Geschwister, wie die Großeltern, die Großtanten. Ab und zu streifte sie ihn mit ein, zwei Sätzen, die sie harmlos klingen ließ. Zum Beispiel sagte sie, es sei alles nicht so schlimm gewesen.

„Wir kannten es nicht anders! Es war normal. Und unsere Mutter war die Ruhe selbst."

Claudia fragte nicht weiter. Dann erfuhr sie viel über diesen Krieg, den sie ja wieder und wieder in der Schule behandelten. Sie sah Filmaufnahmen, in denen sich die Flugzeuge wie Insekten am zuckenden Himmel bewegten, hörte ihr Dröhnen, die Flak, Detonationen, sah aufgerissene, brennende Häuser, Schutt, aus dem eine Leiche gezogen wurde und fand, dass es Dinge gab, die nicht normal werden konnten. Sie erinnerte sich an die Erklärungen ihrer Mutter bei jedem Probealarm. Obwohl Claudia und ihre Geschwister sich kein bisschen dafür interessiert hatten, obwohl sie eigentlich meinten, das sei überflüssiges Wissen, hatte ihre Mutter ihnen bei jedem Probealarm erklärt, was welche Sirene bedeutete: „Das ist Luftschutzalarm. Der an- und abschwellende Ton. Luftschutzalarm. Das ist jetzt die Entwarnung. Hört ihr? Der Dauerton. Die Entwarnung", und Claudia stellte sich vor, dass die Mutter in ihrer Kindheit lernen musste, jede Art von Angst sofort in die Flucht zu schlagen. Sicher musste sie das üben, aber nach und nach gelang es ihr: Sie erspähte die Angst kilometerweit und fing sie ab, wie ein feindliches Flugzeug. Der Krieg ist nicht vorüber, wenn er zu Ende ist, dachte Claudia. Wenn sie zum Beispiel nach Italien in den Urlaub fuhren, hätte ihre Mutter eigentlich Angst vor jedem Tunnel gehabt, das spürte Claudia an ihrer Stelle, es war auch nicht schwer zu spüren, sie wussten es alle, doch im Gegensatz zu Claudia selbst war ihre Mutter immer stark genug, die Tunnelangst rechtzeitig beiseitezuschieben, bevor sie in die Dunkelheit tauchten. Auf dem Kilometer davor wurde sie höchstens eine Spur leiser als sonst. Schlimmstenfalls verstummte sie ganz, konzentrierte sich darauf, vor sich hinzuschauen, bis sie in den Tunnel einfuhren und redete dann plötzlich wieder, als wäre nichts gewesen. Sie überstand den Tunnel also, ohne Angst gehabt zu haben, genau wie die Aufzüge, die Mutti auch nicht mochte oder tiefes Wasser oder Räume, in denen jemand die Läden geschlossen hatte. Durch ihre frühen Übungen war Claudias Mutter zum mutigsten Menschen geworden, den man sich vorstellen konnte, indem sie einfach keine Angst mehr gelten ließ, weitermachte, immer weiter, als wäre nichts. Claudia wünschte sich vergeblich, das hinzubekommen wie sie.

Manches bleibt im Dunkeln. Ihre Mutter hat es vergessen, zusammen mit ihrer Angst, bis es ihr im Alter von vierundachtzig Jahren eines Nachmittags wieder einfällt, unerwartet, ungefragt. Dann erzählt sie es, und Claudia wundert sich. Meine Mutter hat noch ihre Kelleraugen, fährt es ihr durch den Kopf, ein Gedanke, den man nicht aussprechen kann, weil er sich viel zu dramatisch anhört. Meine Mutter sitzt noch immer auf der zweitobersten Stufe der Betonkellertreppe. Ihre Augen halten sich an den schnurdünnen Lichtstreif unter der Holztür.

Klara sitzt auf der zweitobersten Stufe der Betonkellertreppe. Ihre Augen halten sich an den schnurdünnen Lichtstreif unter der Holztür, die direkt über der obersten Stufe aufragt. Dass sie sich Mühe geben muss, mit dem Bravsein, hat sie schon verstanden. Trotzdem ist es ihr wieder misslungen, weil Jochen sie zu sehr geärgert hat. Warum muss er behaupten, dass sie immer noch Fehler macht, im Deutschreden? „Das ist doch Quatsch!“, hat sie ihn angefaucht. „Du willst dich nur wieder wichtigmachen! Immer willst du bestimmen! Nur weil du der Junge bist, meinst du, du bist schlauer!“ Jochen hat behauptet: „Du darfst ruhig ein bisschen anders deutsch reden, ich finde das nicht schlimm ...“, aber natürlich ist das schlimm, wenn er sowas sagt, und deshalb hat sie ihn gegen die Teppichstange gestoßen, er hat geschrien, hat sich wehgetan,

Etelka kam gerannt, hat Klara schmerzhaft am Handgelenk gepackt, durchs Haus geschleift und in den Keller gesperrt. Ohne Licht anzumachen. Dabei weiß Etelka genau, dass sie noch zu klein ist, den Schalter erreichen zu können.

Sie versucht es wieder. Sie könnte ja gewachsen sein. Sie versucht es springend und fällt bei dem Versuch fast in den schwarzen Treppenabgrund. Gerade so kann sie sich noch am Geländer halten.

Etelka ist böse. Wahrscheinlich hat sie viel Ärger angesammelt, nicht nur auf Klara, überhaupt nicht nur auf die Kinder, weil Mutti wieder und wieder verschwindet und sie alleine lässt. Etelka hört nicht auf, darüber zu seufzen, zu schimpfen, und da sitzt Klara nun allein in der Finsternis, bis sich Etelka erbarmt. Etelka kann ja wirklich nicht richtig Deutsch! Sie sagt: „Ihr werdet sehen, ich erbarme jetzt nicht so schnell!“ Aber Klara kann astrein Deutsch, wie Rudolf und Dieter, Mutti inzwischen auch, jedenfalls fast. Etelka wird es nie lernen, weil sie nur eine einfache Slowakin ist. Da kann man das nicht erwarten.

Eigentlich war es immer egal, wie gut Etelka deutsch redete, weil sie sich verstanden haben. Etelka ist sonst nicht so gemein. Sie ist sogar lieb und sehr tüchtig, meistens. Aber jetzt gerade hasst Klara sie, weil sie im Dunkeln warten muss. Es gibt nichts Schlimmeres als dumm rumsitzen, nach den Schnürsenkeln tasten, sie lösen und wieder binden und hoffen, dass bald jemand kommt. Angst hat sie natürlich nicht. Wenn sie wütend genug bleibt, traut sich die Angst nicht an sie heran, und wahrscheinlich weiß auch Etelka, dass Klara groß genug ist, sich im Dunkeln nicht mehr in die Hosen zu machen, was unbedingt stimmt. Auch wenn die Sirene heult, schlägt ihr Herz schon kaum mehr schneller. Im Moment würde sie sich über ein bisschen Bombenangriff sogar freuen, damit jemand das Licht anmacht und sie Unterhaltung hat. Vielleicht würde Mutti dann auch schnell nach Hause gelaufen kommen.

Vielleicht auch nicht. Mutti ist beim Alarm im Keller schon mal nicht dabei gewesen, das war nicht gut, schon weil Etelka nur slowakisch beten kann. Sie hat abwechselnd slowakisch gebetet und auf Mutti geschimpft, welcher Teufel ist in sie gefahren, hat sie unter anderem geflüstert, leise und schnell, aber Klara hat es genau verstanden. Das darf nicht wieder passieren, dass Mutti bei Alarm wegbleibt, das muss sie ihrer Mutter unbedingt sagen, laut und deutlich, dass sie es auch hört. Das Haus verliert sein Gleichgewicht, wenn sie nicht da ist. Mutti sagt nur kurz zu irgendwem, der gerade in der Nähe ist, dass sie mal eben einen Gang macht, und wenn man fragt wohin, sagt sie manchmal nichts, manchmal: in den Wald. Dann lässt sie alles stehen und liegen, rennt davon, bleibt lange weg. Der Stadtwald ist auch nicht so nah, sagt Rudolf. Sie leben normal weiter, aber innerlich warten sie. Innerlich müssen sie durchhalten. Sie haben auch schon in die Dunkelheit hinein gewartet.

Jetzt muss Klara allein in die Dunkelheit hinein warten. Aber das Warten ist nur eine Frage der Zeit. Wirklich gefährlich ist es nicht.

Etelka hat zu Mutti gesagt, dass sie es nicht alleine schafft, es ist zu viel, der Säugling, die drei Kinder, der Haushalt, gerade jetzt, wo man länger anstehen muss für alles und es Verschiedenes fast gar nicht mehr gibt. Mutti hat ein klein wenig genickt, aber dann war sie doch wieder weg. Sie läuft weg wie eine Katze, die sich nicht zuhause fühlt, hat Dieter gesagt.

„Ihre Kinder sind ihr wohl egal, was?!“, hat Etelka gerufen, als Mutti wieder weggelaufen war, und sich dann selbst darüber erschrocken. Sie hat sich bei Klara und Dieter entschuldigt, sogar bei Heinerle, obwohl der erst eins ist und sie sicher nicht verstanden hat. Rudolf hat es nicht mitbekommen, zum Glück, wenigstens das. Aber Mutti läuft wirklich herum, als wäre ihr alles egal. Auch wenn sie gerade nicht im Wald ist, schaut sie jetzt meistens durch Klara hindurch. Sie erzählt ihrer Mutti schon nichts mehr, deshalb, und sie wird sich sehr zusammennehmen müssen, ihr das mit dem Alarm und dem Wegbleiben deutlich genug zu sagen, dass sie es nicht überhören kann.

Die Lichtschnur unter der Tür ist an drei Stellen durchbrochen, und sie versucht, dort mit dem kleinen Finger hineinzubohren. Sie will die dunklen Stellen unter der Tür reinigen, die Schnur darf nicht abreißen, aber es funktioniert nicht, der Dreck ist zu fest, wie eingewachsen. Jetzt macht sie die Augen zu und lehnt die Stirn gegen das raue Türholz. Dem Treppenabgang kehrt sie den Rücken zu, weil man ihn sowieso nicht sieht, aber doch fühlt, tief, zugig, unheimlich, was leider bedeutet, dass ihre Wut auf Etelka schon zu sehr nachgelassen hat. Das ist nicht gut. Sie muss sich auf ihre Wut konzentrieren. Ganz unten, am Treppenende, sitzt ein böser Zwerg, der schon zweimal geraschelt hat.

Die Geräusche aus der Küche, das ist Etelka. Der wird sie nicht den Gefallen tun, zu betteln, zu heulen! Sie weint nie, zumindest hat sie sich das vorgenommen, weil Tränen überhaupt nichts bringen, außer ausgelacht zu werden. Sie wird Etelka nicht rufen. Lieber zeigt sie sich und allen, wie stark und mutig sie ist.

Gleich wird sie sich im Sitzen umdrehen, das Gesicht gegen die Schwärze halten. Dann aufstehen. Stufe für Stufe wird sie sich am eisernen Handlauf hinuntertasten, das kriegt sie hin, warum denn nicht, auch wenn sich der Zwerg wieder melden sollte, der eine Spitzhacke hat und hier wahrscheinlich alles untergräbt.

Rudolf erinnert sich besser als alle anderen, und das nicht nur, weil er in der Kinderreihe der Älteste ist. Zahlen, Namen, Details, das ist seine Stärke, und auch seine beste Waffe, das ist ihm klar. Wenn er jemand verprügelt, ist der nur vorübergehend still, und oft gibt es erst recht Ärger, hinterher – aber gegen eine hingeschleuderte Wahrheit kommt niemand an, es sei denn, er lügt. Dann kann man ihm immer noch Bescheid geben, so oder so. Andererseits versteht Rudolf oft nicht, worüber sich andere aufregen. Ihn macht auch manches wütend, ja, aber ganz andere Dinge, zum Beispiel: Wenn er am Lesen ist, abends gegen zehn, schleicht Dieter in ihrem gemeinsamen Zimmer herum, jammert und droht, weil er schlafen will. Dabei ist man um diese Zeit noch lange nicht müde. Er ignoriert ihn, was sonst. Bis Dieter ihm plötzlich den

Stecker zieht und mit der Nachttischlampe davonläuft! Die Wut schwappt hoch in ihm, brüllend stürzt er hinterher, und nur weil Dieter immer schon Vorsprung hat, erwischt er ihn oft nicht. Einmal hat er ihn ordentlich zu fassen bekommen und auf ihn eingedroschen. Ein anderes Mal hat er nach Muttis Schneidemesser gegriffen, weil das herumlag und er gerade fand, dass es besser wäre, Dieter das Licht auszupusten. Dann wäre Ruhe gewesen. Das ist schon eine Weile her. Damals ist Mutti rechtzeitig gekommen und hat sich zwischen sie geworfen. Inzwischen ist er ihr übrigens dankbar, dafür. Er wäre nicht so gern ins Gefängnis gekommen. Und natürlich muss man seine Geschwister ertragen, dazu sind sie da.

Dagegen sind die Bomben keinen Gedanken wert. Wenn Krieg ist, fallen Bomben – wozu sich den Kopf zerbrechen? Auch dass Papa im Feld ist und nicht zuhause, ist aus verschiedenen Gründen ärgerlich, aber ab und zu kommt er zu Besuch, und irgendwann wird er wieder ganz bleiben dürfen. Ihn macht da nichts nervös. Seit einigen Wochen haben Etelka und seine Geschwister einen weiteren Grund für Geflenne: Mutti macht manchmal einen Gang in den Wald. Was soll's? Etelka holt die Marken ab, macht Essen. Solange sie zu essen bekommen und ein Dach über dem Kopf haben, gibt es keinen Grund, sich anzustellen, schon gar nicht für Etelka. Die ist Mutti gegenüber schon einmal frech geworden:

„Frau Wacholz, was ist Ihnen?“, hat sie in einem lauten Ton gefragt, und Mutti hat nicht geantwortet. Genau richtig, dachte er sich und wies Etelka darauf hin, dass sie aufpassen soll, was sie sagt, wenn sie mit seiner Mutter redet. „Warum soll sie keinen Gang in den Wald machen, wenn ihr danach ist? Das ist doch kein Verbrechen!“

Und Mutti schloss die Haustür hinter sich, und Etelka lief in die Küche und seufzte und fluchte auf Slowakisch, weil sie sich einbildet, dass er es nicht versteht. Dabei kennt er ihre slowakischen Schimpfwörter längst. Das gehört sich nicht, in einem deutschen Haushalt, auch das hat er ihr noch sehr geduldig erklärt, obwohl er überhaupt nicht versteht, was es zu fluchen gibt. Dann hat er sich die *Frankfurter Zeitung* genommen und ist rauf ins Bubenzimmer.

Dieter und Klara mussten ihn bald wieder stören, mitten im Artikel über das „Unternehmen Trappenjagd“ auf der Insel Krim. Das war ein verdammt spannender Artikel.

„Mutti ist schon wieder im Wald“, murmelte Klara und machte ein Gesicht wie drei Tage Regenwetter.

„Ich weiß!“, ärgerte er sich. „Und? Warum soll sie nicht im Wald spazieren? Das macht man so!“

Er fragt sich wirklich, warum seine kleinen Geschwister das noch immer nicht hinbekommen, solche Sachen normal zu finden. Normal ist, was immer wieder passiert und wogegen man nichts machen kann. Bomben sind normal, kaputte Fabriken und Häuser, Straßen, Schienen, Verletzte sind normal. Tote sind blöd, aber normal, genau, wie dass es keine Kinder- und Jugendbücher gibt. Essen auf Marken ist normal, und dass das Essen immer langweiliger wird, immer weniger Gemüse und Fleisch, kein Obst oder Zuckerzeug, öfters mal keine Butter, keine Eier, das alles ist traurig, aber normal. Klara ist noch klein, gut, aber Dieter wäre wirklich alt genug, zu kapieren, was Sache ist. Stattdessen behauptete er plötzlich, er wäre Mutti am Vortag nachgelaufen, hätte sie im Stadtwald gesucht und dann auch gefunden, am Weiher.

„An welchem Weiher denn! Es gibt mehrere!“

„An dem, der jetzt Jakobiweiher heißt.“

„Am großen Weiher also. Sie hätten ihn nicht Jakobiweiher nennen dürfen, das war ein Judenfreund. Und warum bist du nicht mit ihr zurückgekommen?“

„Sie hat gesagt, sie möchte lieber alleine sein. *Noch ein bisschen. Ich gehe doch nur spazieren*, hat sie gesagt. Also bin ich zurück.“

„Na also!“, triumphierte Rudolf. „Das war doch klar. Wenn sie niemand mitnimmt, will sie alleine sein. Was ist daran nicht zu kapieren?“

Dieter schnaubte durch die Nase und lächelte wieder so ironisch herum, wie Rudolf das absolut nicht leiden kann. Sein kleiner Bruder lächelt viel zu viel! Er hat ihn deshalb einmal einen hinterhältigen Polacken genannt, und das war wenig übertrieben. Warum grinst er immer, als würde er über allem darüberstehen und benimmt sich dann doch wie die letzte Memme? Vielleicht ist das sein slawisches Blut? Rudolf selbst hat so gut wie kein slawisches Blut, da ist er sich absolut sicher.

„Früher wollte sie nie so lange alleine sein", sagte Dieter noch. „Da stimmt was nicht. Sie hat auch ein komisches Gesicht gemacht, als ich sie gefunden habe."

„Was für ein komisches Gesicht?", wollte Klara wissen.

„Ich weiß nicht. Sie hat schon gelächelt, aber so, als würde sie das furchtbar anstrengen. Früher hat Lächeln sie doch nicht angestrengt. Vielleicht ist sie krank?"

„Blödsinn. Wenn sie krank wäre, würde sie Dr. Schiller anrufen, statt einen Gang in den Wald zu machen!"

Dieter verdrehte die Augen und grinste blöd, dass ihm ganz heiß wurde und er sich seinen kleinen Bruder ernsthaft vorknöpfen wollte. Zumindest hätte er ihm sagen müssen, dass er solche Schnapsideen wie die, dass ihre Mutter krank sein könnte, schleunigst bei sich ausmerzen muss! Aber da war Dieter schon weg, und Klara huschte hinterher.

Im Keller wartet dieses stetig wachsende Gebirge aus Schmutzwäsche auf Etelka. Aber es gibt immer Wichtigeres, überall drohen Katastrophen, sie kommt sich vor wie einer dieser tapferen Feuerwehrleute nach einem Angriff, der tut, was er kann und doch kaum etwas ausrichtet. Schon seit Tagen muss sie immer wieder denken, dass es ihr jetzt aber endgültig reicht. Bei allem Respekt. Wenn sie jetzt nichts tut, klappt sie zusammen und hat gar nicht mehr die Kraft, mit Frau Wacholz zu reden, geschweige denn, den Alltag mit den Kindern durchzustehen. Sie hat seit vier Tagen nichts mehr eingeholt. Sie kann kaum weg, schon wegen Heinerle.

Also hat sie einen Plan gemacht. Sie will die Ohren spitzen und sich auf die Frau stürzen, sobald die das nächste Mal zur Haustür hereinkommt. Heinerle wird sie sich im Tuch umbinden und die Frau in den Garten schleifen, egal bei welchem Wetter. Sie können nicht offen reden, wenn eins der älteren Kinder in der Nähe ist. Besonders gegenüber Rudolf muss sie energisch werden, falls er sich blicken lässt. Er wird sich vielleicht nichts sagen lassen, aber sie muss es versuchen und kann nur hoffen, dass die Frau ihr beisteht. Ohne ihren guten Willen wird der Plan nicht funktionieren, auch kein anderer, das weiß Etelka. Sie hat sich in den letzten Tagen und Nächten genug das Gehirn zermartert. Sie hat auch schon ihre Sachen gepackt, obwohl sie weiß, dass sie es nicht schafft, die Kinder mit dieser Mutter allein zu lassen. Die Frau ist ja im Moment selbst wie ein Kind, und das schwierigste von allen! Sie muss herausfinden, was passiert ist.

Also kann sie heute wieder keinen Streichkäse kaufen, den die Kinder seit Tagen fordern, kein Gemüse holen, keine Wäsche machen, sondern treibt sich in der Küche, der Diele herum, ein Ohr immer Richtung Haustür. Sie putzt herum, schaukelt Heinerle, windelt ihn, redet auch slowakisch mit ihm, auf die Gefahr hin, dass es jemand mitbekommt. Im Radio näselt ein Tenor eine Operettenmelodie, zu der die Frau und sie noch vor zwei Monaten fröhlich gesungen haben. Es ist verboten, den Apparat auszustellen, aber sie macht ihn leise.

Das Haus ist so still, der Regen so laut. Die Kinder sind wohl in ihren Zimmern. Wo bleibt die Frau, bei diesem Wetter? Es blitzt und donnert sogar. Und bald ist Abendessenszeit.

Etelka kehrt die Küche. Etelka sieht seufzend in die Speisekammer. Brot und Streichwurst. Streichwurst und Brot. Das ewige Einerlei. Einmal hört sie ein Geräusch aus dem Treppenhaus und stürzt hinaus. Nichts. Sie öffnet die Haustür. Hinter dem Nachbarhaus fernes Wetterleuchten, und der Regen hat ein wenig nachgelassen. Sie läuft durch den Niesel zum Gartentor, schaut sich um. Die Straße ist fast leer. Nur hinten auf dem Trümmergrundstück treiben sich Menschen herum, wahrscheinlich Kinder. Da steht sie, das helle Leinen ihrer Schultern wird nass, die festen Schuhe, die streng zurückgesteckten Haare, und sie ist sich plötzlich sicher, dass die Frau sich umbringen will. Vielleicht hat sie es schon versucht. Vielleicht irgendwo im Stadtwald ein Seil deponiert, um das sie seitdem herumschleicht, sich fragend, wie man das macht, mit welchem Knoten. Von wie hoch man hineinspringen muss, damit es schnell vorüber ist oder ob sie besser in den Weiher geht, wenn niemand in der Nähe ist.

Sie muss sich aus dieser Vorstellung reißen. Laut schimpfend rennt sie ins Haus. Wieder einmal möchte sie dringend Herrn Wacholz anrufen oder sonst jemand, der helfen könnte. Aber das Telefon ist seit zwei Wochen außer Betrieb, im ganzen Stadtteil.

Die Kinder können jeden Moment kommen und nach dem Abendessen fragen. Das passt nicht in ihren Plan! Unschlüssig schneidet sie Brot auf und überlegt, ob sie ein Mus machen soll, aus drei, vier alten Kartoffeln. Schon dieses Essens wegen sehnt sie sich so sehr nach ihrer Heimat ... Dann hört sie einen Kinderruf, ganz nah. Seltsam. Eigentlich ist es kein Ruf, es klingt wie eine Meldung oder ein Ruf, der sachlich klingen möchte.

„Hallo. Hallo."

Als Etelka ins Treppenhaus stürzt, steht die Frau schon an der Kellertür, klatschnass, und dreht den Kellerschlüssel. Klara stolpert ins Licht. Die Augen ihrer Mutter füllen sich mit wütenden Tränen.

„Etelka! Was machen Sie mit meiner Tochter!"

Etelka schlägt die Hände vors Gesicht. Sie hat vergessen, dass sie Klara dorthin gesperrt hat, vor Stunden. „Es tut mir leid! Es ist mir alles zu viel!", ruft sie und will Klara trösten, aber die windet sich mit steinernem Gesicht aus ihren Armen, läuft hinauf. Sie weint nicht, beschwert sich nicht. Sie ist doch erst fünf ... Was sind diese Kinder heute so hart!

Frau Wacholz´ Augen starren sie böse an, als wäre Etelka der Teufel persönlich. Dabei sieht sie mit ihren nassen, dicken Haarsträhnen selbst aus wie eine Hexe, ihr Gesicht ... Etelka erschrickt, wie alt und männlich es geworden ist. Aus der Küche hören sie Heinerle weinen, und seine Mutter schlurft an ihr vorbei in seine Richtung, eine schlammige Spur hinterlassend. Etelka folgt ihr.

„Es tut mir sehr leid, dass ich Klara vergessen habe. Verzeihen Sie das, bitte."

Die Frau nimmt Heinerle aus dem Kinderstuhl. Sie wiegt ihn in ihren nassen Armen, und der Kleine murmelt erstaunte Laute, weil sie sich so anders anfühlt, als er es gewöhnt ist.

Stille.

„Ich kann nicht mehr", sagt Etelka. „Ich bin am Ende."

„Ich auch."

„So geht es doch nicht weiter!"

„Dann eben nicht."

„Sie sagen mir jetzt bitte, was los ist!"

„Sie sind meine Angestellte! Sie machen einfach weiter wie bisher und hören auf zu fragen!"

„Und warum machen Sie nichts wie bisher?", entgegnet Etelka scharf, auf Slowakisch. Sie weiß, dass das frech ist. Es ist ihr herausgerutscht.

Die Frau läuft einfach davon, ins Wohnzimmer, es ist ihr egal, wie viel Dreck sie hinterlässt, und Etelka folgt ihr, durch die Diele, dann, es ist nicht zu fassen, öffnet sie die Kellertür und stürzt sich, den nassen, einen erstaunten Klagelaut ausstoßenden Heiner an die Brust gepresst, die Kellertreppe hinunter ins kalte Dunkel.

„Wohin laufen Sie! Sie werden noch stolpern! Sie werden sich erkälten!"

Etelka macht ihnen Licht, aber die beiden sind schon unten, biegen ab, und sie verfolgt sie einfach. Sie darf jetzt nicht lockerlassen.

In der Waschküche geht es nicht mehr weiter. Wie eine Salzsäule steht die Frau mit dem Säugling vor einem Gebirge aus Kleidern, Wäsche, Windeln. Sie hat nicht einmal mitbekommen, wie lange Etelka nicht gewaschen hat! Sie hat nichts mitbekommen, nichts! Wut steigt in Etelka hoch.

„Schauen Sie sich das nur an!", ruft sie. „Sie können mich entlassen, jederzeit! Eins können Sie mir glauben: Ich kehre mit Freuden in die Slowakei zurück!"

„Vielleicht komme ich ja mit."

Verblüfft sieht Etelka zu, wie die Frau den protestierenden Heiner in Kinderhosen bettet, wie sie ihn mit einem Hemdchen trocknet und sich einfach dazulegt. Da liegt sie, ihre Herrin, eingerollt, auf der Seite, auf Kinderkleidung und Frauenröcken, stopft ein Tischtuch unter den Kopf und lächelt verlegen vor sich hin. Sie sieht Etelka nicht an. Sie schaut trotzig auf ihre nassen Schuhe, die sie langsam auszieht. Auch die Strümpfe. Dann rubbelt sie die Füße trocken, mit einem Kissenbezug, streift sich die nasse Bluse und das Hemd über den Kopf, breitet ein Leintuch über den nassen Rock, wickelt sich in verfleckte Tischwäsche ein.

Etelka lacht auf. Dann lässt sie sich mit einem Schnaufer neben sie fallen.

„Verzeihung. Darf ich sagen, was ich denke? Das ist die beste Idee, die Sie in den letzten Wochen hatten."

„Ludwig hat eine andere."

„Was? Welche andere Idee hat Ihr Mann?"

„Nicht Idee. Mein Mann hat eine andere Frau."

„Das glaube ich nicht."

„Er liebt mich nicht mehr. Er trennt sich nur wegen der Kinder nicht."

„Wer behauptet das!"

„Ich habe ihre Briefe gefunden. Ihre Liebesbriefe an ihn."

Heiner macht Anstalten, sich in dreckige Windeln hineinzuwühlen, und Etelka setzt ihn zwischen sich und seine Mutter.

„Haben Sie ihn gefragt ..."

„Wie denn! Er war ja schon weg! Seitdem ist er ununterbrochen in diesem verdammten Krieg, und ich weiß nicht einmal wo. Ich glaube, er hat sich mit Absicht als Kurier und Kriegsberichter gemeldet, damit ich nie sicher wissen kann, wo er sich aufhält! Und jetzt ist das Telefon ausgefallen. Aber das ist schon egal. Ich will nicht mehr mit ihm reden."

„Er wird bald wiederkommen, so Gott will. Dann werden Sie miteinander sprechen, und er wird um Verzeihung bitten."

„Das nützt mir nichts. Ich glaube ihm nichts mehr! Und ich hasse

Deutschland! Wenn die Kinder nicht wären, wäre ich längst zurück in Nagyszombat ..."

„Sagen Sie ihm das. Seien Sie ruhig wütend, wenn er kommt. Ihnen fällt das schwer, ich weiß, aber Sie werden sich ihm diesmal anders entgegenstellen müssen. Dann wird er sich für Sie entscheiden. Bestimmt!"

„Da bin ich mir nicht so sicher. Sie ist jünger als ich und hat noch keine Kinder geboren. Ich fühle mich oft so schwach, so dumm, seit ich in Frankfurt wohne. In Pozsony habe ich mich besser aufrecht halten können. Ich will nichts mehr, kann nichts mehr."

„Heute Abend brauchen Sie Ruhe, ja. Und morgen fällt uns was ein. Sie könnten doch mit den Kindern in die Slowakei gehen – vorübergehend! Ich könnte Ihnen helfen. Soll er mal schauen, wo er bleibt! Soll er Ihnen nachreisen!"

„Sie sind wahnsinnig, Etelka! Quer durch den Krieg in die Slowakei ... Ich kann die Kinder nicht so gefährden, das Haus alleinlassen. Ludwig würde mich umbringen!"

„Das war eine dumme Idee, Sie haben recht. Es ist zu gefährlich. Was sind das für verfluchte Zeiten! Aber wir werden eine Lösung finden."

Heiner beginnt zu wimmern, und sie weinen zu dritt ein bisschen herum. Bis es Etelka zu viel wird.

„Ich werde etwas Kinderkleidung einweichen. Vielleicht können Sie sich trockene Sachen anziehen und sich dann ums Abendessen kümmern? Brot ist schon geschnitten."

Und Frau Wacholz wühlt sich aus der Wäsche.

So leid es Ludwig tut, so gern er sich noch mit Heinrich unterhalten würde – er muss jetzt auf dem Quivive sein. Sie rollen schon in Frankfurt ein, und er will wieder am Güterbahnhof abspringen, um nicht kilometerweit durch die Stadt laufen zu müssen. Heinrich hat durch einen Volltreffer Haus und Familie verloren, erst im Mai, da hört man zu, spricht Mut zu, das ist Kameradenpflicht. Aber

Ludwig hat in letzter Zeit so viel gehört und gesehen. Er möchte sich wenigstens hier, in Frankfurt, den Anblick der fortschreitenden Zerstörung ersparen. Und so schnell wie möglich nach Hause.

Er schultert sein Sturmgepäck.

„Mach‘s gut!“

„Ebenso!“

„Heinrich, ich fände es schön, wenn wir uns wieder einmal sehen würden. Ich wünsche dir alles Gute.“

„Ebenso, ja. Danke.“

Sie drücken sich die Arme, dann öffnet er das Abteil, läuft durch den Gang zur Waggontür und sieht durch ihr gesprungenes Glas hinaus. Die Gleise vervielfältigen sich schon. Da, die Gärten. Der Zug drosselt seine Geschwindigkeit, und sofort dreht er den Griff, stemmt sich gegen die Tür, mit der Linken nach hinten sichernd, damit er nicht hinausfällt. Unter ihm flitzen Gleisschlangen, bündeln sich, verästeln sich wieder. Sie glänzen. Es scheint hier heftig geregnet zu haben, könnte rutschig sein. Kommt ein zweiter Zug? Er dreht sich in den Wind, das Sturmgepäck behindert ihn. Sieht nicht so aus. Er dreht sich wieder zurück.

Jetzt.

Sein rechter Fuß landet halb auf einer Schwellenschraube, aber er kann das abfangen, rennt, springt über die Geleise Richtung Grün. Dort schnauft er aus. Am Standort der Pappelreihe sieht er gleich, wie viel zu weit er gefahren ist. Er wird ein gutes Stück zurücklaufen müssen, den steilen, hoch verbuschten Bahndamm entlang. Und der rechte Fuß, auf dem er unsanft gelandet ist, tut doch ein wenig weh.

Er flucht. Noch letztes Jahr hat er den Absprung viel besser hinbekommen. Dann hat ihn im finnischen Ranua eine schwere Angina ins Lazarett gezwungen. „Im Krieg kostet jeder Monat Jahre!“, hat Boris gesagt, und er hat ihm recht geben müssen. Er steigt den Bahndamm schräg hinunter, schlägt sich durch stachliges Gewächs in Richtung der Zaunlinie, an der irgendwo hinten auch sein eigener Garten liegt. Boris ist sein finnischer Dolmetscher, aber auch sein Freund gewesen. Nach der „gewaltsamen Erkundung“ von Kananainen aus hat er nur mit ihm über seine Enttäuschung reden können, die Moral der Vorgesetzten betreffend. Die Erschießungen waren unsinnig, nicht förderlich, und beim ersten Mal hat er seinem Untersturmführer gegenüber eine Äußerung gemacht. Eine sehr vorsichtige eigentlich. Nach dem, was dann folgte, hat er den Mund gehalten.

Boris wird er höchstwahrscheinlich nie wiedersehen – ebenso wie Heinrich. Es sind nicht nur die gefallenen Kameraden, die ihm abgehen. Es fällt ihm unendlich schwer, Menschen wie Boris zu vergessen, die seine Freunde waren oder hätten werden können, und sich in diesen immer neuen Kameradschaften zurechtzufinden. Zuhause kann er ja das Allermeiste nicht erzählen. Selbst wenn er es seiner Familie zumuten könnte, hätte er keine Worte dafür. Zum Beispiel dafür, wie primitiv man denkt und fühlt, mit der Zeit ... Er ist ein Automat, der Routinen abspult. Er kennt gerade noch drei Gefühlszustände: Angst, Wut und Erleichterung. Ach ja: und Langeweile.

Er greift sich an die linke Brusttasche. Das Infanterie-Sturmabzeichen hat er für diese Heimkehr bewusst angesteckt. Es ist sein erster Orden, und er ist froh, dass er diesmal etwas vorzuzeigen hat. Die Buben werden stolz sein – vielleicht auch Mari? Natürlich. Sie gibt es nur nicht zu. Damit er nicht zu leichtsinnig wird, denkt sie, aber das wird er schon lange nicht mehr. Die Flausen vom Anfang, dieses Allmachtsgefühl in Rumänien hat ihm der mal zähe, mal grausige Alltag gründlich ausgetrieben. Er befolgt Befehle. Er wartet darauf, dass er abends lebendig auf dem Feldbett zu liegen kommt. Dann holt er seine Familienfotos heraus, wie alle. Er hat seine Familie, Gott sei Dank.

Er will doch schwer hoffen, dass er sie noch hat.

Er läuft jetzt direkt an den Zäunen entlang, starrt angespannt durch die mal schwarzen, mal silbernen Maschen ins wechselnde Grün. Die Doppelhäuser sind von hier schwer zu erkennen, zwischen den jungen Bäumen, dem Strauchwerk. Ein Stück Dach, die Ecke eines Fensterladens ... Es sieht nicht nach größeren Schäden aus, Gott sei Dank.

Da ist sein Kompost, sein Birnbaum!

Er greift in den Draht, an der Stelle, an der sein zweiter Sohn ihn zerschnitten hat, zwängt sich durch den Zaun, schließt die Lücke wieder. Am liebsten würde er rennen, rufen! Stattdessen schleicht er sich durch seinen eigenen Garten, obwohl er diese Vorsicht selbst übertrieben findet. Er kann schon nicht mehr anders. Man weiß nie.

Zwischen den Johannisbeersträuchern bewegt sich etwas, und er bleibt stehen. Eine Kinderstimme. Seine Tochter! Sie sitzt auf dem Boden, und es sieht aus, als spräche sie mit einem Bündel aus Holz und Gras.

„So, und jetzt wirst du einmal vernünftig sein ..."

Das Holz ist wohl eine Puppe, denn sie zieht ihr etwas an. Ein blaues Stück Stoff.

„Stell dich nicht an, das steht dir gut! Und es ist auch gar nichts anderes zu haben."

Er lacht. „Mein Mädele!", entfährt es ihm, und sie schaut erschrocken auf, weicht schreiend zurück: „Etelka! Mutti!"

Sie versteckt sich im Gebüsch vor ihm!

„Klara. Du wirst mich doch wohl wiedererkennen?"

Sie zögert einen langen Moment.

„Papa?"

Mari hat ihm Kartoffeln und Wirsingsuppe gemacht. Etelka hat bei den Nachbarn nach Eis für den schmerzenden Fuß gefragt – ohne Erfolg. Die Versorgungslage scheint hier kaum besser zu sein als im Feld. Das ist nicht gut. Seine Söhne sollen tüchtig wachsen, seine Kinder gesünder essen als er selbst in ihrem Alter. Besonders Mari macht einen entkräfteten Eindruck.

„Funktioniert denn das Lebensmittelkarten-System nicht mehr?"

Die Frauen schauen peinlich berührt.

„Es wird schwieriger", murmelt Etelka. „Und ich hatte noch keine Zeit, Nachschub zu holen."

„Es gibt schon länger kein Obst mehr, wenig Gemüse", ergänzt seine Frau.

„Mari, man könnte dich umpusten! Es ist wichtig, dass ihr euch vernünftig ernährt!"

Nach dem Essen schultert Ludwigs Ältester begeistert sein Sturmgepäck, hängt sich das Koppelzeug um und trägt alles die Treppe hinauf. Täuscht er sich oder ist Rudolf wirklich der Einzige, der sich heftig freut, über seine überraschende Heimkehr? Die jüngeren Kinder fremdeln noch immer. Mari und Etelka wirken angespannt.

In der Diele sieht er sich seit langem zum ersten Mal im Spiegel – und zuckt zurück. Diese tiefen Geheimratsecken! Die lederne Haut! Im Feld bekommen sie das eigene Gesicht so selten zu sehen, dass sie ein ganz falsches Bild von sich im Kopf haben. So tiefe, harte Falten hat er also um die Augen …

Er hört Rudolf oben im Schlafzimmer, wie er das Sturmgepäck mit einem Ächzen plumpsen lässt und folgt ihm, zusammen mit Mari.

„Wie weit musst du das tragen? Wie viele Kilometer?", will Rudolf wissen, während Mari seine Sachen in einer Ecke unterbringt.

Er antwortet nicht. Etwas stimmt nicht, hier. Er ist verwirrt.

„Was ist das?"

Mari bittet Rudolf, sie für einen Moment alleinzulassen, schiebt ihn hinaus und schließt die Tür. Ungläubig lachend deutet er auf ihre Ehebetten. Zwischen ihnen klaffen mindestens zwei Meter.

„Ich habe sie auseinandergestellt, ja. Wir müssen miteinander sprechen."

„Was wird das?!"

Sie öffnet den Schlafzimmerschrank und kramt im obersten Fach, hinter ihrer Wäsche. Dann wirft sie etwas auf sein Bett.

„Die kennst du, nicht wahr?"

Ein Packen Briefe. Ihm wird heiß. Hat Tilda doch nicht dichtgehalten. Man kann den Weibern nicht trauen.

„Ach! Das, Mari. Das musst du nicht ernst nehmen!"

„*Sie* nimmt es sehr ernst, nach allem, was ich gelesen habe. Seht ihr euch weiterhin?"

„Himmelherrgott, nein! Das ist lange, lange her!“

„Der letzte Brief ist vom September letzten Jahres. So lange her ist das nicht. Sie schreibt, du hättest ihr erklärt, dass du dich nur der Kinder wegen nicht von mir trennen wirst.“

„Mumpitz. Hat sie das wirklich geschrieben? Ich habe ihr nie ernsthafte Hoffnungen gemacht!“

Aber Mari zieht sich noch weiter von ihm zurück, vor die geschlossene Zimmertür. Sie nimmt die Klinke in die Hand. Als wäre er gar nicht da, so schaut sie vor sich hin, mit einem verhärmten Gesicht, wie er es noch nie an ihr gesehen hat. Er holt Luft, stößt sie wieder aus. Er stellt sich ans hintere Ende ihres Bettes.

„Komm, Liebes, pack mit an. Das ist lächerlich.“

Sie öffnet die Tür, läuft hinaus, die Treppe hinunter.

„Ich warne dich!“, schreit er, doch die Haustür fällt schon ins Schloss. Er eilt ihr nach, mit schmerzendem Knöchel springt und humpelt er die Treppe hinunter, hinaus und durch den Vorgarten, ans Tor. Da rennt sie die Straße entlang, in westlicher Richtung! Und da schraubt Herr Dold von nebenan an seinem aufgebockten Opel herum. Ein Drückeberger. Sie begrüßen sich knapp.

Er wird sich jetzt nicht zum Gespött der Straße machen und rufend hinter seiner Frau her humpeln.

„Mutti ... Was machst du da immer, im Wald?“

„Ich klettere an Bäume und bete.“

„Es heißt *auf* Bäume, Mutti.“

„Wirklich? Aber – weshalb?“

„Man klettert eben auf Bäume.“

15. Kapitel in dem Claudia von Sevim beim Namen genannt wird und sich später sogar im Tagebuch verstellt

Nach den Ferien, wenn sie aus Rosa Pineta oder Oberstdorf oder Marina Marittima zurückkamen, lief Claudia immer gleich zu Sevims Reihenhaus und klingelte. Aber einmal kamen sie aus den Pfingstferien, und Anne machte auf und sagte, Sevim sei leider krank. Sie liege in München auf der Intensivstation.

Als sie nach Hause kam, war Mutti gerade dabei, die Treppe zu wischen, und hörte erst gar nicht richtig zu. Erst als Claudia die Intensivstation erwähnte, schaute sie hoch und fragte nach.

Dann lehnte sie den Schrubber an die Wand, wo sie gerade stand, mitten auf der Treppe, stieg die Stufen hinauf in den zweiten Stock und schloss die Tür des Arbeitszimmers hinter sich. Claudia vermutete gleich, dass ihre Mutter dort mit Anne telefonierte. In Vatis Arbeitszimmer gab es einen zweiten, bordeauxroten Telefonapparat, mit dem man ausnahmsweise telefonieren durfte, wenn es wichtig war, nicht gestört zu werden. Das normale, graue Telefon hing am Treppenabsatz an der Wand, wo der Flur sich in die Essecke öffnete. Man hörte jedes Wort im ganzen Haus, weshalb Claudia fast nie telefonierte. Sie konnte das nicht richtig, fand sie selbst. Wenn sie eine Nummer wählte, egal welche, bekam sie Herzklopfen und meinte immer, dass der Mensch am anderen Ende der langen Telefonleitung bestimmt gerade jetzt auf keinen Fall gestört werden wollte. Außerdem wusste derjenige nicht, was sie ihm sagen wollte, und sie dachte sich immer so tief in ihn hinein, dass sie es dann auch nicht mehr wusste. Susanne telefonierte schon so leicht, als sei das eine Sache wie Zähneputzen. Auch Sevim hatte sie schon telefonieren sehen, mit einem Cousin in Istanbul, der Geburtstag hatte. Sie wählte eine ziemlich lange Nummer, die Anne ihr im Adressbuch zeigte, und es schien ihr nicht besonders schwerzufallen. Claudia war sich sicher, dass sie an ihrer Stelle gestorben wäre, bevor die Nummer zu Ende war.

Als Mutti an diesem Nachmittag zum ersten Mal mit Anne

telefonierte, ging Claudia auf ihr Zimmer, las Sherlock Holmes und vergaß darüber, dass sie immer noch oben saß. Dann hörte sie sie nach ihr rufen. Sie kam an die Treppe, die Mutter kam ihr von oben ein paar Schritte entgegen, blieb mit einem Seufzer stehen und machte ein Gesicht, als würde sie es gerade nicht schaffen, weiter nach unten zu steigen.

„Sevim hat sich von Aslan mit Mumps angesteckt“, erklärte sie. „Bei ihr hat es aber Komplikationen gegeben. Sie liegt in der Uniklinik in München. Wir dürfen sie noch nicht besuchen. Sowas“, sagte sie in sich hinein. „Sowas.“

Und Tränen liefen über ihr Gesicht.

Claudia hatte ihre Mutter noch nie weinen sehen und fand das sehr übertrieben. Man wurde mal krank, dann ging es einem schlecht. Dann wurde man wieder gesund. Sie hatte selbst schon die Windpocken gehabt und Erkältung mit hohem Fieber. Einmal hatte sie im Bad einen Handtuchhalter von der Wand gerissen und wusste hinterher selber nicht wie. Sie war kurz ohnmächtig geworden, hatte Mutti ihr erklärt. Ein bisschen kannte sie sich also mit dem Kranksein schon aus! Und ihre Eltern waren sich doch immer einig gewesen, dass man aus einer Krankheit keine große Sache machte?

Natürlich tat sie, als hätte sie die Tränen ihrer Mutter nicht gesehen. Sie ging in ihr Zimmer und las weiter Sherlock Holmes.

Alle paar Tage stieg Mutti nun abends ins Arbeitszimmer hinauf und telefonierte mit Anne. Claudia hoffte jedes Mal, dass sie danach nicht wieder weinen würde, sah aber lieber nicht nach, wenn sie herauskam. Sie fragte auch nie, wie es Sevim ging. Ihre Mutter erzählte es ihr sowieso.

Und nach einer Weile berichtete sie, was Claudia nicht anders erwartet hatte: Sevims Zustand besserte sich. Dann dauerte es nur noch wenige Tage, bis die Ärzte sagten, sie sei jetzt über den Berg.

Sevim lag allein in einem kleinen, weißen Raum, und ihre schwarzen Haare waren sehr lang und matt geworden. Außer dem Bett gab es nur noch einen Tisch mit einem Stuhl an der Tür. Anne, die

Claudia im Auto mitgenommen hatte, streichelte den Arm ihrer Tochter und setzte sich auf den Stuhl. Claudia wusste erst nicht wohin, lehnte sich an die Bettkante, schob dann die weiße, dünne Decke ein wenig beiseite und setzte sich an den Matratzenrand. Sie richtete Grüße aus, von ihren Eltern, ihren Geschwistern, dann von der ganzen 6d und dem Religionslehrer, der in diesem Schuljahr auch ihr Klaßlehrer war. Er hatte mit der Klasse einen Brief geschrieben. Mutti hatte ihr Blumen und Obst mitgegeben. Da hatten sie etwas zu reden, wenigstens das – es gefiel ihr ja überhaupt nicht hier! Das Krankenhaus war so etwas wie ein fremder Planet, auf dem Sevim nun zu Hause war, sie aber nicht.

Eine breite Frau im weißen Kittel kam herein. Sie war Physiotherapeutin, und Anne erklärte, Sevim müsse regelmäßig Übungen machen, die Muskulatur bilde sich sonst zurück.

„Man kann sich sogar wund liegen, wenn man so lange ans Bett gefesselt ist!"

Claudia schaute Sevim zu, wie sie die Beine langsam anzog und wieder streckte, sich hierhin und dorthin drehte, sich mit Hilfe der Frau aufsetzte und zurücklegte. Sevim sah nicht einmal aus, als ob sie Fieber hätte. Warum steht sie nicht einfach auf?, fragte sie sich, obwohl sie wusste, dass das ein dummer Gedanke war.

Dann fragte Anne die Physiotherapeutin nach dem Arzt und wollte mit ihm reden. Sie war ja in der Türkei selbst Ärztin gewesen und kannte sich aus. Die Therapeutin versprach, sie zu ihm zu führen – und kaum hatten die beiden den Raum verlassen, redete Sevim ganz anders mit Claudia. Sie fing von der Fünf in Mathe an, die sie vor den Ferien zurückbekommen hatte. Die Schule, das war auch Claudias riesiger Sorgenberg, und so freute sie sich fast über Sevims Mathefünf, obwohl es eine wichtige Arbeit gewesen war und klar war, dass man über dieser Note verzweifeln musste. Erst jetzt erinnerte sie sich wieder an Sevims Panik – wie hatte sie das vergessen können! Sevim hatte den Eltern die Fünf nicht zeigen können, sie schämte sich zu sehr. Und sie wussten bis heute nichts davon! Und es wurde immer schwieriger, es ihnen jetzt noch zu erzählen! Das war eine schreckliche Sache, einerseits, andererseits verstand sie ihre Freundin wieder, wenigstens das. Sie sagte sich, dass Sevim diesen fremden, fahlweißen Planeten bald verlassen würde, sehr bald, und dann würden sie sich wieder zum Lachen bringen, um die Schule zu vergessen.

Natürlich musste sie Sevim versprechen, niemandem etwas von der Mathefünf zu erzählen.

Als Anne zurückkam, stellte sie sich lächelnd ans Fußende von Sevims Bett und sagte: „Es geht voran!“ Claudia erzählte noch ein bisschen von der neuen Katze der Nachbarn und hoffte, dass sie jetzt bald gehen würden, damit es wirklich voranging und Sevim bald hinterherkommen konnte.

Aber dann passierte noch etwas.

Anne saß schon wieder auf dem Stuhl an der Tür. Sevim hatte schon seit einer Weile nichts mehr gesagt und sah Claudia einfach an. Das begann, merkwürdig zu werden. Dann nahm sie ihre Hand.

„Claudia!“, sagte sie lächelnd.

Sie nannten einander nicht so beim Namen und sagten sonst nichts und lächelten dazu. Was soll das!, dachte Claudia. Sevim aber blieb bei ihrem Lächeln und hielt weiter ihre Hand. Sie hielten einander nicht so bei der Hand! Ihr ganzer Körper verhärtete sich, zusammen mit ihren Gedanken, und irgendwann merkte sie, dass sie schon länger den Atem anhielt. Sie holte wieder Luft, aber es war zu spät, sie hatte schon verstanden. Sevim hatte sich gerade von ihr verabschiedet, und nicht nur für diesen Nachmittag.

„Es gibt Komplikationen“, meldete ihre Mutter ein paar Tage später. Sie sagte es vor dem Mittagessen und mit so dünner Stimme, dass Claudia sofort wusste, wen sie meinte.

Sevim habe sich über den Tropf mit krankenhauseigenen Bakterien infiziert. Sie sei ja noch sehr geschwächt gewesen.

Dann machte sie eine Pause. Sie schaute auf ihre linke Hand und zog mit Daumen und Mittelfinger der rechten ein wenig Haut vom Handrücken nach oben. Nach einer Weile ließ sie los und schaute und schaute, als gäbe es dort etwas zu sehen. Dabei war da nichts.

„Sie liegt im Koma."

Nach dem Essen fuhr Claudia mit dem Fahrrad in den Ballettunterricht. Sie konnte sich unter einem Koma nichts Konkretes vorstellen, und das wollte sie auch gar nicht. Aber das Wort war so besonders. Eckig spürte sie es zwischen den Rippen, schon während des Fahrradfahrens, ebenso in der engen, dunklen Umkleide, dann in dem kleinen Ballettsaal, der wohl ein umgebautes Wohnzimmer war. Das Wort blieb, wo es war, auch als sie an der Stange den Oberkörper besonders weit nach hinten bog und dann nach vorn, bis es wehtat.

Sevims Koma dauerte.

„Selbst wenn sie jetzt noch aufwacht", meinte die Mutter eines Tages, „dann ist sie schwer behindert. Da ist es wohl besser, sie wacht nicht mehr auf."

Das war nicht schwer zu verstehen. Wenn schon eine leichte Behinderung so viel Kummer machte, würde eine schwere noch viel schwerer wiegen. Und während sie so auf die Nachricht von Sevims Tod warteten, beschlich Claudia eine Sorge, für die sie sich sofort schämte, aber das half ihr nichts. Sie sah voraus, dass sie nicht traurig sein würde. Sie würde vermutlich nicht weinen können, würde das spielen müssen, und manchmal meinte sie sogar, dass überhaupt kein echtes Gefühl mehr in ihr vorhanden war, abgesehen von dieser ewigen Sorge, nicht zu funktionieren, wie alle es zu Recht von ihr erwarteten.

Ihre Mutter erschien wie immer in der Zimmertür, um sie für die Schule zu wecken, doch statt der Uhrzeit sagte sie ihr, dass Sevim jetzt gestorben war. Claudia drehte sich zur Wand und hörte, wie die Mutter die Tür wieder hinter sich schloss. Sie weinte kurz, aber nur aus Erleichterung, weil die Warterei zu Ende war. Dann stand sie auf und war schon nicht mehr traurig, genau, wie sie es befürchtet hatte.

Der Klaßlehrer wusste, dass Sevim ihre beste Freundin war. Auf dem Weg in die Schule versuchte sie sich deshalb darauf vorzubereiten, dass er sie besonders ansprechen würde. Wie stellten sie sich dort vor, dass eine beste Freundin reagieren musste? Diese Frage machte ihr große Sorgen.

„Eure Mitschülerin Sevim ist in der vergangenen Nacht von uns gegangen!“, sagte der Lehrer. Er sagte es gleich nach der Begrüßung, nachdem sich alle wieder gesetzt hatten. Dann kam er durch den ganzen Raum auf Claudia zu, schüttelte ihr die Hand und drückte sein Beileid aus. Sie sei doch die beste Freundin gewesen. Obwohl das in etwa so war, wie Claudia es sich ausgemalt hatte, wusste sie nicht, wie sie schauen und was sie sagen sollte.

Und in der kleinen Pause wurde es schlimm. Die Klassenkameraden kümmerten sich so ungewohnt um sie – zum Beispiel, indem sie sie traurig ansahen, schüchtern fragten, woran Sevim gestorben sei und ob sie wisse, wann die Beerdigung sei. Darauf konnte man eigentlich einfache Antworten geben. Die Eltern hatten ihr schon vor ein paar Tagen erklärt, dass Muslime immer in ihre Heimat überführt und dort bestattet wurden. Sie sagte also, dass es keine Beerdigung geben würde und warum, aber es kam ihr vor, als hätte sich ihre gewohnte Wirklichkeit ein Stück zur Seite verrückt, als sei sie nicht mehr erreichbar. Dann kam Manuela. Manuela war eine Kunstturnerin, die schon wichtige Wettkämpfe gewonnen hatte und nicht nur von der ganzen Klasse, sondern überhaupt von allen dafür bewundert wurde. Von Claudia hatte sie noch nie Notiz genommen – warum sollte sie? Jetzt sagte sie: „O, du Arme!“, schaute ihr tief in die Augen und legte ihr den Arm um die Schultern.

Da begann das mit dem furchtbaren Lachen. Es kam aus einer Tiefe, die sie nicht kontrollieren konnte, drohte höher und höher zu steigen, so dass sie sich sofort befreien musste, und sie drehte sich aus Manuelas Arm, wendete sich ab, biss die Zähne zusammen, so lange, bis es vorbei war. Es war ihr gelungen, das Lachen nicht herauszulassen, aber es konnte jederzeit wiederkommen. Eigentlich war es immer da. Sie hätte sich ausschütten können vor

Lachen! Gleichzeitig schämte sie sich in Grund und Boden. Sie wusste ja, dass sie die falschen Gefühle hatte.

Sevims Mutter, die in Claudias Gedanken noch immer Anne hieß, sollte von der Klasse Blumen und eine Karte mit Beileidswünschen überreicht bekommen. Natürlich wurde Claudia beauftragt, und ein weiteres Mädchen aus ihrer Straße sollte sie begleiten. Vor diesem Gang hatte sie große Angst. Was, wenn sie wieder lachen musste? Sie konzentrierte sich sehr auf ihr Gesicht, schaute Anne nicht an, und das alles war so anstrengend, dass sie hinterher, als sie gefragt wurde, nicht sagen konnte, was Sevims Mutter getan und geredet hatte. Sie wusste nur noch ihre eigenen Sätze, die sie vorher, in Gedanken, hundertmal geübt hatte.

„Guten Tag. Wir möchten Ihnen Beileidswünsche von der ganzen Klasse überbringen. Auch von der gesamten Lehrerschaft und von den Eltern. Wir sind alle sehr traurig. Wenn Sie etwas brauchen, melden Sie sich bitte."

Wahrscheinlich hatte Anne so gut wie nichts gesagt. Das glaubten ihr die Mitschüler zumindest, und der Lehrer nickte schwer und ernst. Da stieg schon wieder ein Lachen in ihr hoch ...

Mit der Zeit ließ der furchtbare Lachzwang nach. Aber Traurigkeit stellte sich nicht ein. Claudia sah Aslan wieder, auf dem Weg in die Schule, den er schon immer ohne die Schwester gelaufen war. Es kam auch vor, dass sie Anne begegnete, die sie unverwandt ansah. Anne konnte ihren Blick überhaupt nicht mehr von ihr lösen! Da fürchtete sie sich vor ihr. Auch als sie einmal zum Kaffeetrinken zu ihnen nach Hause kam, starrte Anne Claudia so an. Ihrer Mutti fiel das ebenfalls auf, und nachdem Anne gegangen war, erklärte sie ihr, warum sie so schauen musste. Wenn Claudia sich äußerlich irgendwie verändert hatte, und sie veränderte sich gerade sehr schnell, musste sich Sevims Mutter natürlich vorstellen, auf welche Weise sich Sevim wohl verändert hätte, wenn sie noch leben würde. Das verstand Claudia und passte auf, dass sie Anne möglichst nicht mehr begegnete.

Sie musste sich ununterbrochen verstellen, sogar wenn sie Tagebuch schrieb. Was macht es für einen Sinn, im eigenen Tagebuch zu lügen? Sie wusste es selbst nicht und schrieb doch alles Mögliche von Trauer und Verzweiflung, vom Lieben Gott, Abschied, Alleinsein – aber das war Theater. Wahrscheinlich hoffte sie einfach, dass sie traurig werden konnte, wenn sie oft genug schrieb, dass sie traurig sei, denn was wirklich in ihr vorging, musste sie geheim halten, sogar vor sich selbst, weil das etwas war, was überhaupt nicht ans Licht durfte.

Und das wäre ihre Wahrheit gewesen, wenn sie sie hätte schreiben können: *Sevim ist in die großen Ferien gefahren. Vielleicht nach Rosa Pineta oder Istanbul oder noch viel weiter weg? Wahrscheinlich weiter weg. Ich muss nur warten.*

16. Kapitel
in dem vier Menschen sieben Gepäckstücke tragen und ein Paar Handschuhe verloren geht

Auf der Straße liegt heute ein Scherbenteppich. Das Knirschen unter den vielen, vielen Schuhen macht Klara frieren, und es riecht nach Verbranntem, auch süßlich. Mutti sagt, sie sollen vor sich schauen, nicht zur Seite, und Klara versucht, auch mit dem Riechen bei den Mänteln und Schuhen ihrer Familie zu bleiben. Wenn man es sehr will, geht es vielleicht?

Es geht nicht.

Sie sind Teil eines hastigen Menschenzuges. „Zusammenbleiben!", ruft Mutti.

Sie würde sich gern bei irgendwem aus ihrer Familie festhalten, aber niemand hat eine Hand frei. Dieter hat ein Stück Mantelärmel für sie, wenigstens das. Sieben Gepäckstücke tragen sie zusammen, einen Koffer, einen Rucksack, eine Reisetasche, vier mit Gürteln und Kordeln zusammengeschnürte Bündel, und Mutti muss ja auch Heiner noch tragen.

Bevor sie aufgebrochen sind, hat Mutti sich allein ein Stück Straße angesehen und sich gegen den Kinderwagen entschieden.

„Jetzt wird es ernst", hat sie gesagt. „Wir machen das jetzt. Auch ohne Etelka. Wir fahren zu meinen Eltern, nach Nagyszombat, Tyrnau, Trnava."

Etelka wohnt wieder im Sanatorium, hat wieder TBC, und Mutti hat jeden Abend mit ihnen gebetet, dass sie bald wieder wird. Leider versteht der Liebe Gott unter „bald" etwas anderes als sie.

„Und wenn Papa heimkommt? Er weiß ja nicht, wo wir sind!", protestierte Rudolf.

„Ich habe es schon zu lange aufgeschoben", erwiderte Mutti und holte die Liste heraus, die seit Monaten in der Anrichte lag. Dieter hatte sie längst entdeckt und zusammen mit Klara gerätselt, was ihre Mutter da auf Ungarisch zusammenstellte, Wörter streichend, Wörter hinzufügend, einklammernd, unterstreichend. Jetzt blätterte

Mutti geschwind durch ihre drei Seiten, schickte Rudolf, den Wanderrucksack von Papa aus dem Schrank zu holen, stellte Streichwurst und Schmalz bereit, schnitt Brot und zählte die Scheiben ab.

„... három, négy, öt, hat, hét ..."

„Das wird unser Proviant! Helft ihr mir?"

Die Liste ist also eine Packliste gewesen.

Am Morgen davor hat es einen Großangriff gegeben, und sie mussten in den städtischen Bunker. Klara hockte zwischen Fremden, es war sehr eng, es stank und dauerte, dauerte ... Als sie zurückkamen, gab es schon wieder einen neuen Riss im Haus, im Wohnzimmer. Klara dachte, gut, dass wir diesmal zuhause sind, bevor es dunkel wird.

Aber nachts heulten die Sirenen schon wieder. Christbäume in zwei Fenstern, das kannte Klara, nichts Besonderes, und Dieter kam diesmal einfach mit in den Keller. Als sie hinunterliefen schon erste Pfeiftöne, Explosionen – „Bestimmt Mosquito-Schnellbomber!", sagte Rudolf – die Flak ratterte, und darüber lag das Dröhnen aus dem Himmel, in dem Klara sich schon länger keinen Lieben Gott mehr vorstellen konnte.

Im Schutzraum legte sie sich in ihr Doppelstockbett, unter dem von Dieter. Es pfiff jetzt unaufhörlich. Das Krachen hörte sich anders an als sonst, schon weil es einfach nicht mehr aufhörte. Es knallte sehr laut. Dann ein Rieseln von irgendwoher, dass sich ihr ganzer Körper zusammenzog, das Bett zitterte, das Kellerlicht flackerte, Klara schrie und schämte sich sofort, aber offenbar durfte man schreien, jetzt, alle taten das, selbst Herr Dold durch die Wandöffnung, selbst Rudolf stieß einen tiefen Schrei aus. Als sie Rudolf schreien hörte, brachte sie keinen Laut mehr heraus. Mutti saß wie immer in der Wandöffnung, Heiner auf dem Schoß, um den Kontakt mit den Nachbarn nicht abreißen zu lassen. Sie hatte auch geschrien – jetzt war sie stumm.

„Ich rieche das doch, verdammt noch mal ...", schrie Herr Dold. „Feuer!"

Die Kellerlampe ging aus und wieder an. Mutti stand auf, Heiner im Arm, bewegte sich langsam zur Eisentür, öffnete sie einen sehr kleinen Spalt, den sie vorsichtig erweiterte. Dann streckte sie den Kopf hinaus.

„Da ist kein Rauch. Ich schaue nach dem Rechten."

Rudolf und Dieter stürzten ihr nach. Auch Klara sprang aus dem Bett, die Kellertreppe hinauf, vor die Haustür.

Sie wusste nicht, wohin schauen. Links brannte es, schräg gegenüber, im zweiten Stock, und der erste Stock war ein Stück aufgerissen, man sah ins Bad, die Badewanne ragte mit einem Fuß aus dem Haus, und es gab ein Stück die Straße hinauf noch viel mehr Feuer und ein zermalmtes Haus und schreiende Menschen. Sie standen einfach da und sagten nichts. Klara kannte ein Mädchen aus dem Haus, aus dem die Badewanne ragte, Ursula. Sie hatten einen Schäferhund.

„Hört ihr die Entwarnung?", sagte Mutti schließlich. „Und die Feuerwehr ist schon da. Wir müssen nachsehen, ob bei uns alles in Ordnung ist, auf der anderen Seite."

Sie wollten das Flurlicht anmachen und stellten fest, dass der Strom endgültig ausgefallen war. Mutti fand Papas Taschenlampe. Sie suchten in ihrem Schein die Wände ab. Auch die Küche hatte jetzt einen Riss in der Wand, wie ein stehengebliebener Blitz. Durch die Terrassentür sahen sie dicke, gesplitterte Äste auf ihrem Rasen, die von weit hierher geflogen sein mussten, ahnten Feuer am Bahndamm – aber was war das gegen die Dinge, die sie vor dem Haus gesehen hatten? Das war ja beinahe nichts, und sie trauten sich zusammen hinaus.

Heinerle brabbelte fragend vor sich hin. Sonst war es viel stiller, hier, als auf der anderen Seite. Dem Schein der Lampe nach kletterten sie über die Äste, bildeten eine kurze, feste Kette, stolperten in die unruhig flackernde Finsternis, immer tiefer, bis ganz nach hinten, an den Zaun. Klara kam der Bahndamm viel höher vor als sonst, und oben rechts loderten mehrere Feuer. Sie beobachteten sie eine Weile und überlegten, ob sie sich etwa durchs Gestrüpp zu ihnen hinunterfressen könnten. Dann wurde es ihnen kalt, und sie beschlossen, dass das nicht passieren würde.

„Danke, Lieber Gott, dass wir diesen schlimmen Angriff überstanden haben“, betete Mutti.

„Danke“, sagten sie alle vier. Auch Heiner hatte dieses Wort inzwischen gelernt.

„Zusammenbleiben!“, ruft Mutti wieder. Schon auf der Adolf-Hitler-Brücke hat Klara Dieters Ärmel loslassen müssen, jetzt klammert sie sich an den Lederriemen, der von seinem Rucksack herunterhängt. Ihre zwei Bündel hat sie sich um die Handgelenke geschlungen, sie dürfen nicht verloren gehen, auf keinen Fall, es ist nur das Notwendigste drin, hat Mutti gesagt. Klara bekommt einen Stoß ab, wird von hinten mit dem Gesicht gegen den blassgrünen Stoff von Dieters Rucksack gedrückt, stolpert, fällt aber nicht hin. Eine Gruppe älterer Buben in Feuerwehrkleidung kommt ihnen entgegen, mit rußigen Ärmeln, einer hat ein schwarz verschmiertes Gesicht. Später schieben sie sich um das Gerippe einer Straßenbahn herum.

Endlich sieht sie vorn das runde Dach des Hauptbahnhofs. Die kleineren Gebäude haben schwarz umrandete Fensteraugen. Die Menschenwelle schwemmt sie in die Bahnhofsvorhalle, an dem hohen Kasten mit den Abfahrtszeiten vorbei. Rudolf schreit: „Wir versuchen Gleis vier! Gleis vier! Vier!“ Rudolf hat heute Morgen von Mutti den Auftrag bekommen, mit Hilfe der Landkarte alle nur irgendwie möglichen Bahnverbindungen nach Wien zu studieren. Er kennt sich also aus. Bis auf Dieters Rucksackschnalle sieht Klara nichts mehr. Es ist, als wären sie alle zusammen ein scharf riechender, blind vor sich hin kriechender Körper. Plötzlich rempelt sich Dieter so rücksichtslos durch die Menge, dass Klara loslassen muss. „Durchs Fenster!“, ruft er wild, springt schon am Waggon eines Zuges hoch. Protestgeschrei. Ein Arm reckt sich ihm entgegen, er klettert durchs halb geöffnete Fenster, dreht sich um, streckt seine Arme hinaus. Erst nimmt er Heiner entgegen. Dann hilft er Mutti hinein. Aber zwischen Klara und dem Eisenbahnfenster stehen noch Leute, eine ganze Familie mit zwei Kindern. Und Rudolf. Wenn der Zug jetzt losfährt ... Wenn sie sie nicht mehr hereinlassen ... Wieder wird sie von hinten gestoßen, kann sich kaum auf den Beinen halten, das breite Kreuz einer kleinen Frau zwängt sich an ihr vorbei. Dieter flucht, als sich die Frau ans Fenster hängt, auch an seinen linken Arm. Rumpelnd verschwindet sie im Innern. „Unverschämtes Weib!", brüllt Dieter ihr hinterher. „Weib ... Weib ...", stammelt Klara ihm nach, heiser vor Angst und Wut.

Mutti steht jetzt neben Dieter, im offenen Fenster.

„Lassen Sie bitte meine Kinder durch", sagt sie freundlich und gar nicht besonders laut. „Wir müssen zusammenbleiben. Das verstehen Sie, nicht wahr?"

Klara sitzt vor fremden, wollbestrumpften Beinen. Hinter ihr jongliert Rudolf Städtenamen: Würzburg, Nürnberg, Ingolstadt, Salzburg ... Dazwischen fragt er: „Wo sind wir?", und bekommt keine Antwort. Als der Zug stehen bleibt, regen sich alle auf. „Kein Bahnsteig, nichts!", ruft jemand. „Feld!". Mutti reicht Klara die Teeflasche. Das tut gut. Sie schwitzt, sie haben alle ihre Wintersachen an, Mützen, Handschuhe, obwohl es erst Anfang Oktober ist und am Tag nicht besonders kalt. Rundherum nervöses Palavern. Endlich ruckt der Zug, fährt weiter, die Diskussionen schwellen noch einmal an, bevor sie sich beruhigen.

Sie könnte jetzt die Augen mal zumachen, die Stirn aufs Knie legen. Sie versucht es, lässt es wieder bleiben. Es fühlt sich gefährlich an.

„Heidelberg!", ruft eine Frauenstimme, und das Wort dreht eine Runde durch viele Münder.

„Heidelberg geht auch", murmelt Rudolf.

„Was heißt das jetzt? Steigen wir aus?", fragt Dieter ungeduldig. Klara spürt eine Bewegung und sieht, dass Mutti versucht, mit Heinerle aufzustehen. Sie schwankt, eine Frau stützt sie. Sie bedankt sich bei ihr. Dann richtet sie sich auf, lächelt, eine Frau lächelt zurück. Noch eine.

„Wir steigen aus. Machen Sie bitte Platz? No, ich weiß schon, das wird nicht leicht ..."

Sie glauben es kaum: Der Bahnhof in Heidelberg ist fast menschenleer. Auch dass der Stationsvorsteher eine Frau ist, ist komisch, und wie da zwei andere Frauen auf den Stümpfen einer abgeschraubten Bank sitzen und sich über die Apfelernte unterhalten. Rudolf lacht traurig über den mächtigen Glaskasten, in dem nur links unten ein mickriger Zettel mit Fahrplan hängt. In gut zwei Stunden können sie einen Zug nach Stuttgart nehmen.

„Das ist schon wieder ein Umweg. Aber was will man machen“, sagt er.

Es gibt hier einen Arkadengang. Mutti sucht ihnen dort einen windgeschützten Platz und packt die Vorräte aus, die Klara in einem ihrer Bündel transportiert hat: Schmalz- und Wurstbrote. Eingelegtes Gemüse. Nachdem sie sich gestärkt haben, schickt sie Rudolf Billets kaufen. Klara muss dringend aufs Klo. Weil dieser Bahnhof so ruhig ist, erlaubt Mutti ihr, alleine nach einem Örtchen zu suchen. Wenn etwas ist, soll sie schreien.

Sie läuft zu verfallenden Gebäuden, die aussehen, als könnte es dort eine Toilette geben. Sie schaut durch zerbrochene Fensterscheiben, und allmählich kommen ein paar mehr Menschen durch das große Tor in ihre Richtung. Ein scharfer Wind treibt Klara Rußpartikel und Sand in die Augen. Sie drückt einige Klinken, doch die Türen sind alle abgeschlossen. Endlich findet sie ein Mäuerchen mit etwas Strauchwerk, hinter dem sie sich erleichtern kann.

Sie läuft zurück – und die Familie ist nicht mehr da.

Bestimmt sind sie in der Nähe! Sie schaut um die Ecke. Wind fegt die leeren Gänge, links und rechts.

Den Arkadengang läuft sie hinauf, durch einen dichter werdenden Menschenstrom, bis ganz ans Ende und wieder zurück. Das kann gar nicht sein, dass sie einfach weg sind. Sie rennt die Treppen hinunter und wieder hinauf, von Bahnsteig zu Bahnsteig, zwei von ihnen füllen sich mit Menschen, und sie wühlt sich durch die sture Menge, die tut, als wäre sie gar nicht da! Jetzt kann sie nicht einmal mehr rufen, wie Mutti es ihr geraten hat, schon weil sie dann losheulen würde. Das will sie auf keinen Fall.

Werden sie ohne sie in einen der Züge einsteigen? Sie glaubt das ja nicht, trotzdem laufen ihr plötzlich die Tränen über die heißen Backen. Man kann da gar nichts machen. Warum lassen sie sie allein?

Sie wird langsamer, fährt sich immer wieder mit dem Mantelärmel durchs Gesicht, kämpft sich zurück in den Innenhof – und plötzlich steht da ihre Familie an einem Billetschalter. Mutti ist in ein aufgeregtes Gespräch mit einem Bahnbeamten verwickelt – oder nein, es ist gar kein Mann, sondern schon wieder eine Frau. Sie hält Rudolf am Oberarm. Als Klara seinen Gesichtsausdruck sieht, sein dunkelrotes Gesicht, begreift sie sofort, warum sie nicht auf sie gewartet haben.

Sie stellt sich einfach dazu, als wäre nichts gewesen. Dieter wirft ihr einen erleichterten Blick zu. Mutti hat wohl gar nicht gemerkt, wie lange sie fort war. Gerade versucht sie der Beamtin zu erklären, warum Rudolf einen anderen Jungen verprügelt hat. Er habe ihn doch nur deshalb geschlagen, weil er ihm Geld gestohlen habe.

„Der Junge war ihm körperlich haushoch unterlegen!", regt sich die Beamtin auf. „Ein paar Pfennige hat er ihm stibitzt! Da muss man nicht dermaßen zuschlagen. Der Junge muss genäht werden, im Spital! Er hätte ihn umbringen können!"

„Das tut mir sehr leid", sagt Mutti. „Rudolf, du entschuldigst dich."

„Das war ein niederträchtiger Dieb!", schreit Rudolf. „Da muss man sich nicht entschuldigen!"

Mutti ohrfeigt ihn, und Heinerle, der sich an ihrem Rock festhält, beginnt zu weinen. Sie sucht aus der Reisetasche ihr schwarzes Notizbuch heraus, schreibt etwas hinein, reißt die Seite aus und reicht sie der Frau in Uniform.

„Das ist unsere Adresse in Tyrnau. Wenn uns jemand den Wohnsitz des Jungen mitteilt, wird mein Sohn ihm einen Entschuldigungsbrief schreiben."

„Werd ich nicht!"

„Wirst du. Wir kommen auch für etwaige Kosten auf."

„Slowakei?", fragt die Beamtin und schaut, als wäre die Adresse ihr nicht ganz geheuer, während Heiner an Muttis Rock zerrt und sein Weinen steigert.

„Wir haben auch eine Anschrift in Frankfurt", meldet sich Dieter. „Soll ich sie dazuschreiben?"

„Das macht nicht viel Sinn", findet Mutti und schaut hilfesuchend hoch auf die Bahnhofsuhr, obwohl die kaputt ist. Sie zeigt schon seit ihrer Ankunft dieselbe Zeit. Klara kann noch nicht jede Uhrzeit lesen, aber diese ist puppeneinfach: ein Uhr. Mutti seufzt. Dann sieht sie der Beamtin entschlossen in die Augen.

„Können wir das so machen?"

Sie sind gerannt, haben den Zug von Stuttgart nach München gerade so erwischt, mussten wieder durchs Fenster klettern, und jetzt wird es schon Abend. Klara und Heiner stehen nebeneinander im Gang. Als die Strecke eine Kurve macht, jauchzt ihr kleiner Bruder, weil sie ihre Lok sehen, inmitten von Funkengarben und Rauch. Dann werden überall die Verdunkelungsjalousien heruntergezogen. Rudolf weiß, dass sogar die Loklampen verdunkelt werden. „Sie lassen nur einen ganz schmalen Lichtstreif durch. Und sie kleben sogar die Signale ab!"

„Aber sie brauchen doch auch in der Nacht Signale?", zweifelt Dieter.

„Sie fahren langsam. Und es gibt ja noch den Funkverkehr."

Es geht wirklich nur noch sehr langsam vorwärts. Sie bleiben wieder stehen, ohne dass jemand aus- oder einsteigen könnte. Weil sie Luftschutzalarm hören, vermuten sie, dass sie sich zumindest in der Nähe einer Stadt befinden. Klara lugt durch den Spalt zwischen der Jalousie und dem dunkelhölzernen Fensterrahmen.

„Ein Christbaum!"

„Das ist doch nichts! Warum fahren wir nicht weiter?", ärgert sich Rudolf.

Klara hat noch Hunger. Sie zieht die Handschuhe aus und bekommt ein Stück Brot mit Streichwurst – nur ein kleines. Wer weiß, wie lange wir noch unterwegs sind, sagt Mutti. Dann legt Klara ihren Kopf auf ihr Bündel, das schon viel leichter geworden ist, deckt sich mit ihrem Mantel zu und denkt darüber nach, ob das Essen reichen wird, das Trinken, oder ob sie den anderen zu viel weggegessen hat. Sie liegt gekrümmt, weil Mutti auf dem Koffer ein Bett für Heiner gebaut hat.

Irgendwann fahren sie wieder an. Sie rattern über Weichen, die Stöße werden gleichmäßiger, rütteln sie gemütlich durch. Klara umhüllt ein cremeweißes Glück. Sie fahren zu den Großeltern, wo es echte Butter gibt, Sahne und Tomaten. Butter! Wie satt das schon klingt ... Sie ist sich nicht sicher, wie sie genau schmeckt und ob sie schon einmal welche gegessen hat. Vielleicht nicht? Oder ist es nur lange her? Wieder und wieder legen sich ihre Gedanken ein Stück Butter auf die Zunge, möchten sich an den Geschmack von Butter erinnern, drücken die Zunge gegen den Gaumen und schmecken nichts. Aber das findet sie jetzt nicht mehr schlimm. Sie fahren ja ins Butterland, und es ist ihnen nichts passiert. Zusammen bleiben, rumpelt der dunkle Boden unter ihr. Zusammen bleiben.

Der Münchner Bahnhof ist riesig, windig, Klara erkennt nur Funzeln verwehten Lichts, dann schwarze Gestalten. Es sind mehr Menschen hier, als sie im ersten Moment gedacht hat, manche haben es eilig, wie sie, andere bewegen sich nicht, hocken auf Bänken, vor einer rauen Wand, in Grüppchen, und plötzlich kommt aus dem Dunkel ein Soldat mit Kopfverband auf sie zu. Das Weiß bedeckt ein Auge, leuchtet im Schein einer schaukelnden Lampe. Sie wird langsamer, staunt ihn an, wie er mit einem leeren Auge auf sie zuläuft. Sie ist sich auch nicht sicher, ob sie träumt. Mutti zieht sie energisch weiter, weil sie einen Zug einfahren sieht, und sie boxen sich durch die Menge, rennen, bis Mutti lesen kann, was auf den Wagen steht.

„Die falsche Richtung!“, stellt Rudolf traurig fest.

Sie sind eine erschöpfte Karawane. Auch Rudolf fallen die Augen fast zu.

„Ich hab Kopfweh ...“

Er starrt auf den Fahrplan, als wäre er in Hieroglyphen geschrieben.

„Jetzt ist es nicht mehr weit, Tschaperle. Schau, da sehe ich doch einen Zug nach Wien!“

„Der fährt erst mittags, vierzehn Uhr dreißig. Sollen wir solange hier herumhocken? Dann lieber nach Salzburg, sieben Uhr dreißig! Von da kommt man gut nach Wien.“

Mutti ist einverstanden. Sie setzen sich an den Rand der zugigen Bahnhofshalle, vor ein Häuschen, das fast kein Dach mehr hat und auch nur noch eine halbe Fensterscheibe. Über dem Holzrahmen hängt ein weißes, beleuchtetes Schild, das sie nicht ganz im Dunkeln sitzen lässt. Klara bekommt ihren müden Mund kaum noch zu.

„Was steht auf dem Schild?“, gähnt sie.

„Geöffnet.“

Das finden Rudolf und Dieter sehr lustig. Auch Klara kichert mit. Sie hat kalte Hände. Und ... sie hat keine Handschuhe mehr.

Sie hat ihre Handschuhe im Zug vergessen.

Plötzlich ist sie hellwach. Sie ballt die Fäuste und lässt sie in den Manteltaschen verschwinden. Das darf sie Mutti nicht verraten, auf keinen Fall.

Da sitzen sie. Rudolf und Dieter schnarchen bald. Mutti noch nicht.

„Du zitterst ja!“, flüstert sie. „Frierst du?“

„Nein ...“

„Du kannst dein Bündel aufschnüren und dich mit der Decke zudecken.“

Sie versucht es, doch die kalten Finger sind so ungeschickt.

„Wo hast du deine Handschuhe?“

Sie antwortet nicht.

„Klara! Du hast sie doch nicht ... Hast du sie …“ Mutti stammelt so komisch. Es ist noch schlimmer, als sie es sich vorgestellt hat. „Ich hätte ... Du ... Wenn man einmal ... Einmal ...“

„Ich friere fast gar nicht! Du musst dir keine Sorgen machen!“

Aber Mutti stammelt weiter herum und verzieht das Gesicht, als wollte sie weinen oder schreien oder wahrscheinlich beides.

„Muss das … Muss das jetzt auch noch …“

„Ist doch kein Beinbruch“, unterbricht sie Dieters Stimme. Sie haben ihn geweckt.

„Ich kann meine Handschuhe mit ihr teilen, Mutti. Schau, das ist kein Problem. Ich kann zwei Hände in einen Handschuh stecken. Dann kann Klara das erst recht.“

Er macht es ihr vor. Klara bekommt seinen rechten Fäustling und macht es genauso.

„Aber verlier jetzt nicht auch noch den, ja! Nicht auch noch den ...“, klagt Mutti mit dünner Stimme und kann noch eine ganze Weile nicht damit aufhören.

Auch in Salzburg müssen sie wieder rennen, steigen wieder durchs Waggonfenster ein. Kaum haben sie den Bahnhof verlassen, tauchen Flugzeuge auf, auf freiem Feld und ohne Warnung, der Zug gibt Gas, sie fallen übereinander und bleiben einfach liegen, es pfeift, kracht, pfeift, kracht. Eine Flugabwehr gibt es hier natürlich nicht, auch keinen Keller. Sie können nur die Hände über den Hinterkopf halten. Ein Knall, ganz nah. Etwas prallt gegen die Metallverschalung unterm Fenster. Sie werden langsamer.

Sie stehen.

Dann entfernen sich die Flugzeuge. Es ist vorbei – aber der Zug fährt nicht weiter. Sie rappeln sich langsam auf, und Rudolf meldet, dass unter ihrem Fenster ein großes Eisenteil liegt.

Zwei Männer steigen aus. Nach einer furchtbar langen Weile kommt einer von ihnen wieder und berichtet, dass die Lok und ein Waggon schwer getroffen wurden. Heinerle weint. Mutti seufzt. Klara dreht Heiner in ihre Richtung, schneidet Grimassen und ist glücklich, als er sein Weinen einstellt, erst staunt und dann lächelt. Ab jetzt will sie für den Rest ihres Lebens immer auf Draht sein, immer. Keine Probleme mehr machen. Nie mehr.

Irgendwann rollen sie wieder an, aber sehr, sehr langsam.

In St. Pölten schreit eine Bahnbeamtin, der die Uniform zu klein ist: „Endstation!“ Murrend steigen sie aus. Die Uniformierte wird belagert. Die meisten wollen nach Wien, und sie verspricht ihnen einen Schnellzug, irgendwann. Vielleicht um sie loszuwerden? Das vermutet zumindest einer der alten Männer und regt sich darüber auf, dass es hier nichts zu kaufen gibt.

„Nicht einmal Tabak!“, ruft er und hebt klagend seine bunt emaillierte Tabakdose in die Höhe. Heiner streckt seine Händchen danach.

„Entschuldigung. Darf ich sie meinem kleinen Bruder für einen Moment zeigen?“, fragt Klara ihn mutig. „Sie ist so hübsch ... Natürlich bekommen Sie sie gleich wieder!“

Sie darf. Und Mutti streicht ihr dankbar über die Haare, bevor sie die Brote zählt, die noch übrig sind. Zweimal Schmalz, zweimal Wurst. Négy.

17. Kapitel
in dem Hans seinen Mokka schaukelt
und Klara Gudruns Hütchen hasst

Gegen halb fünf am Nachmittag treten sie vor dem Wiener Südbahnhof ins Licht. Mari läuft auf das erstbeste Hotelschild zu.

Am Morgen telegrafiert sie Hans und Elsa. Sie weiß, dass sie noch immer direkt an der Grenze wohnen, in dem hübschen Haus auf dem Land, in Engerau. Hans hat in der NSDAP Karriere gemacht und ist jetzt auch Vorsitzender der Reichsdeutschen in Preßburg. Mari hofft, dass er sie auch ohne Papiere über die Donaubrücke bringen kann. Natürlich hat sie Zweifel. Als sie noch in Preßburg wohnten, waren sie sehr gute Freunde, aber in den letzten zwei Kriegsjahren haben sie sich eher spärlich geschrieben. Immer wieder fragt sie sich, wie sie so rücksichtslos sein kann, die beiden einfach zu überfallen – und nach ihnen dann ihre alten Eltern! Das ist mehr als riskant ... Aber sie kann ja nicht mehr zurück.

Hans empfängt sie so, wie sie ihn in Erinnerung hat: rundlich, fröhlich, gesprächig. Der Bauch ist noch gewachsen. Seine Tochter Gudrun war ein Säugling, als sie sich das letzte Mal gesehen haben, jetzt ist sie schon größer als Klara und rennt gleich wieder in den Garten. Von der zweiten Tochter, Lenchen, wusste sie noch nichts. Sie ist ein wenig älter als Heiner und sitzt mit ihnen am Tisch, im Kinderstühlchen.

„Ihr habt Glück: Elsa ist gerade bei der Familie, da haben wir Platz für euch alle! Erst einmal bleibt ihr hier.“

Die Haushaltshilfe heißt Nina und kommt aus Trencsén, wo Mari auch Verwandtschaft hat. Sie hat einen Apfelkuchen gebacken. Ein Kuchen mit Äpfeln! Mit echter Butter! Und Nina entschuldigt sich noch, keine Sahne zu haben! Ihre Kinder halten das für einen Scherz, lachen herzhaft, und Nina verzieht irritiert den Mund, als die drei ihr erstes Kuchenstück binnen Sekunden vertilgt haben. Dieter hat nicht einmal die Gabel benützt. Mari sieht ihre Kinder mit Ninas Augen, ihre verfilzten Haare, die geflickte, verschwitzte Kleidung, ihr heftiges Temperament und erkennt erst jetzt, wie verwildert sie tatsächlich sind, im Vergleich zu Gudrun und Lenchen. Sie schämt sich. Ermahnt sie streng, sich zu benehmen.

Hinterher fallen die drei Älteren in das frisch bezogene Ehebett. Heinerle wird in einer Tragetasche untergebracht. Mari dankt Hans wieder und wieder und macht ihm zwischendurch klar, dass sie so schnell wie möglich nach Preßburg will, zu den Eltern.

„Habt ihr denn ein Visum?"

„Dafür war keine Zeit."

„Aber Pässe!"

„Die Kinder nicht."

„Maria und Joseph! Wie hast du dir das vorgestellt?"

„Frankfurt ist die Hölle, glaubst du mir das? Wir können nicht dorthin zurück. Wir müssen zu meinen Eltern."

„Legal ist da nichts zu machen."

„Aber irgendwie wird es gehen, nicht wahr?"

„Nicht so einfach. Wir werden jedes Kind einzeln hinüber schleusen müssen."

„Oh ..."

Er schaukelt seinen Mokka in der Tasse und denkt nach. Dann zwinkert er ihr zu. „Erinnerst du dich, wie Elsa und ich diesen wundervollen Birnenschnaps über die Grenze geschmuggelt haben? Wie du weißt, sind wir ein unschlagbares Gespann, wenn es darum geht, krumme Dinger zu drehen!"

Sie lachen. Er hat schon ein paar Ideen, sagt er schmunzelnd. Es scheint ihm wirklich Vergnügen zu bereiten! Alles ist besser hier, wirklich alles, denkt sie – auch die Menschen! Sie hätte viel früher zurückkommen sollen! Wie viel Lebenszeit hat sie verspielt ...

Elsa wird allerdings noch einige Tage auf einer Familienfeier sein und Verwandtschaft besuchen, erzählt Hans. Das ist schade. Andererseits: Dass in dieser Familie offensichtlich noch gefeiert wird, hört sich herrlich heimatlich an, und wunderbar entspannt. Dann erst fällt ihr ein, dass die beiden ihnen vor vielen Jahren einmal gestanden haben, dass Elsas Vater Jude ist. Sie selbst ist also Halbjüdin.

„Ist mit ihrem Vater ... alles in Ordnung?“, fragt sie.

„Alles gut. Solange niemand redet. Aber Elsa ist nicht bei ihrem Vater, sondern bei den Stauffenbergs.“

„Ach was!“ Mari kommt sich vor wie in den glücklichen, alten Zeiten, in denen sie an den Wochenenden zu viert, zu sechst, zu neunt das Kaffeehaus besuchten und allerlei Geschichten tauschten, mit Vorliebe natürlich über alle Nichtanwesenden. Elsa hat eine Schwester, Melitta, die ein bisschen berühmt ist, als Fliegerin und Flugzeugingenieurin. Kurz vor Maris Umsiedlung nach Deutschland hat sie einen Grafen Schenk von Stauffenberg geheiratet – zwar nicht Claus, den zarten, mutigen Major, bei dessen Erwähnung viele Frauen ihrer Generation ins Schwärmen geraten. Aber einen der älteren Brüder, Alexander.

„Was macht Melitta?“

„Fliegen, was sonst? Aber bei den Stauffenbergs ist nichts mehr, wie es war. Die Brüder sind ständig unterwegs. Ich habe den Eindruck, sie stehen unter einem enormen Druck, besonders Claus. Du weißt, dass er an der Front ein Auge und eine Hand verloren hat? Und ist immer noch ein Prachtkerl! Nimmt keine Rücksicht auf seine Versehrtheit, verlangt sich alles ab! Auch diesmal wird er nicht mitfeiern können.“

Sie reden noch ein bisschen über die berühmte Familie, und Nina schenkt einen Rotwein aus der Heimat ein.

„Aber du hast noch beinahe nichts von Ludwig erzählt. Ist er gesund?“, fragt Hans.

„Ich hoffe doch!“

„Wo ist er?“

„Soweit ich weiß in der Ukraine. Zur Partisanenbekämpfung.“

Hans streift sie mit einem Blick, den sie nicht deuten kann.

„Hat er das näher ausgeführt?“

„Inwiefern? Er schreibt wenig. Und das Telefon war gestört.“

„Er sollte zusehen, dass er da wegkommt.“

„Warum?“

„Er war doch als Kurier tätig und in der Propaganda? Das sollte er wieder machen. Wann bekommt er Urlaub?“

„Ich weiß nichts von einem Urlaub.“

Hans sieht ihr kurz in die Augen, senkt den Blick. Wie es seine Gewohnheit ist, schaukelt er die rote Flüssigkeit im Glas. Wartet, bis sie sich wieder beruhigt. Schaukelt sie wieder.

„Ludwig weiß schon von eurer ... kleinen Reise?“

„Nein.“

„Nein?!“

„Er ist ja immer weg! Und, wie gesagt, die Telefonleitungen ...“

Ihr wird heiß. Hans seufzt.

Klaras neuer Freund, der lustige Onkel Hans, ist am nächsten Morgen nicht mehr ganz so lustig. Noch während sie andächtig Bissen für Bissen ihres Frühstücks auskostet – Topfen! Schinken! Ein hoch aufgetürmter, bunter Obstkorb! Das alles hat sie ja fast für Märchenwörter gehalten! – fordert er sie und Gudrun auf, sich nebeneinanderzustellen. Als Gudrun einen Flunsch zieht, fährt er sie an, sie hätten wenig Zeit.

„Hm. Klara, du wirst dich strecken müssen. Und was machen wir mit deiner wilden Mähne? Gudrun, hol dein Hütchen.“

„Nein!“

„Stell dich nicht an. Du bekommst es zurück.“

Mutti steckt Klara die Locken hoch und stülpt dieses affige, hellbeige Gudrunhütchen sorgfältig darüber. Dann muss sie auch noch Gudruns Mantel anziehen. Sie erklärt Onkel Hans, sie habe selber einen Mantel, sogar einen längeren.

„Nur Handschuhe habe ich leider nicht mehr, ich ...“

„Handschuhe sind nebensächlich!“, unterbricht er sie. Weil er keine Ahnung hat, denkt Klara und ist ein wenig gekränkt.

Heinerle bekommt von Lenchen eine weiße Stoffmütze und ein Jäckchen mit rosafarbener Stickerei. Als Mutti es ihm überzieht, scheint ihm das zu gefallen, er gluckst gut gelaunt, und Dieter und Rudolf machen Bemerkungen, er sei ihr warmer Bruder, sie hätten es ja immer gewusst. Klara weiß nicht genau, was sie meinen, aber dass es gemein ist und frech, ist nicht schwer zu merken. Onkel Hans kann darüber nicht lachen. Er steht daneben, klappt seine Aktentasche auf und zu, auf, zu und kündigt an, schon einmal sein Auto aus der Garage zu fahren.

„Du hast ein Auto? Mit montierten Rädern?“, ruft Dieter.

„Was für eins?“, will Rudolf wissen. Es ist ein Mercedes Benz Typ 320. Er geht hinaus, und die Buben folgen ihm auf dem Fuß.

Mutti erklärt ihr, wie es laufen soll. „Wir haben nicht die richtigen Papiere, deshalb müssen wir ein bisschen tricksen – aber dazu zu niemandem ein Wort! Wir dürfen es niemand erzählen, verstehst du? Onkel Hans fährt dich und Heinerle nach Preßburg hinüber. Er tut so, als wärt ihr seine Kinder. Drüben wartet Zsófia néni auf euch. Sie bringt euch zu Omama und Opapa.“

„Ist das gefährlich?“

„I wo! Du musst nur stillsitzen, glaube ich. Mach, was Onkel Hans dir sagt.“

Sie fragt Mutti nicht, wann und wie sie nachkommt, obwohl sie es schon sehr gerne wüsste. Aber sie weiß, dass es in ihrem Leben immer nur Schritt für Schritt vorwärts geht, wie im Nebel, und dass die Erwachsenen nicht weiter sehen können als sie selbst.

Rudolf und Dieter umschleichen das Auto, die dünne Schneeschicht knirscht, und sie klopfen ständig irgendwo an die Scheibe und feixen Klara zu. Bestimmt sind sie neidisch und wollen mitfahren. Dabei würde Klara viel lieber zu Fuß über die Grenze, an Muttis Hand. Sie sitzt hinten rechts, auf der Seite, auf der kein Grenzbeamter stehen wird. „Vermutlich!“, sagt Onkel Hans. Die Schöße von Gudruns Mantel breitet Mutti so, dass sie das Kissen unsichtbar machen, auf dem sie sitzt, um größer zu wirken. Sie muss darauf achten, dass das so bleibt. Sie muss auch Heiner festhalten, der schon jammert und vielleicht bald brüllt. Dann fährt das Auto plötzlich los, Mutti wird immer kleiner, und Klara hat sie gar nicht richtig drücken können, zum Abschied. Das fühlt sich nicht gut an.

Hans fährt nicht gerade langsam, obwohl die kleine Straße eine harte Schneedecke hat, mit Löchern und Beulen, es schaukelt hoch und runter, hin und her, ihr wird flau, sie sagt aber lieber nichts.

„Ich weiß nicht, wer heute dort steht. Wir machen es so: Wenn der Grenzbeamte dich anlächelt, lachst du zurück und winkst. Wenn er dich nicht beachtet, beachtest du ihn auch nicht. Hast du das verstanden?"

Hat sie. Heiner ist jetzt Lenchen, und sie ist Gudrun. Es wäre ihr lieber, ein Lenchen zu sein, das festgehalten wird und nichts falsch machen kann. Aber sie ist Gudrun.

„Es wird ganz schnell gehen, die Grenze ist nicht weit", sagt Onkel Hans. Ihr Bauch fühlt sich durchlöchert an und windig, wirklich, es zieht in ihrem Bauch, als wäre eine tiefe, schwarze Höhle in ihm, und ihr ist inzwischen schon ziemlich übel. Sie hatte auch überhaupt keine Zeit, das Lachen und Winken als Gudrun zu üben! Wie lacht Gudrun, wie winkt sie? Die hat die ganze Zeit überhaupt nicht gelacht. Gewinkt schon gar nicht. Und Gudruns Mantel riecht parfümiert, als wäre sie schon erwachsen, das findet sie dekadent.

Komischerweise brüllt Heiner nicht. Ihm scheint das Geschaukel sogar zu gefallen.

„Siehst du da hinten die Donaubrücke? Da ist auch schon die Grenzbaracke!"

Hans meint das dünne, lange Haus, vor dem sich Soldaten hin- und herbewegen und einen Lastkraftwagen kontrollieren. Auf der Brücke verschwindet der Schnee unter einer Ascheschicht. Ihr Auto schaukelt über eine breite, mit Leuchtfarbe markierte Schwelle, und der Lastwagen wird weitergewunken. Es sind zwei, nein, drei Soldaten, die alle ein Gewehr haben, und einer von ihnen steht rechts von der Straße, auf ihrer Seite. Was macht sie jetzt? Sie kann sie nicht alle im Auge behalten, ob sie sie anschauen und wie, ob sie lachen, winken! Sie muss Onkel Hans fragen, was sie jetzt machen soll. Aber der kurbelt schon die Scheibe herunter und hält.

„Heil Hitler!", tönt es von draußen. Stiefelabsätze knallen aneinander. Auch Onkel Hans macht etwas wie einen Hitlergruß, aber einen sehr lässigen – vielleicht, weil die Autoscheibe im Weg ist? Mit den Absätzen knallen kann man im Auto natürlich nicht. Aber vielleicht macht Gudrun auch einen Hitlergruß, wenn die ihr das von draußen so schneidig vormachen? Klara betrachtet ihre handschuhlose Rechte, die nur halb aus Gudruns Mantelärmel ragt und traut sich nicht. Sie schaut lieber nach links unten, damit der Soldat, der ihr am nächsten steht, ihr nicht ins Gesicht sehen kann.

„Morgen! Herr Landesgruppenleiter …“, ruft der Kleinste von den dreien und grinst in Onkel Hans Fenster hinein. Sie schaut schnell nach rechts.

„Immer noch Strohwitwer?“

„Servus Kleinmüller, alter Bandit! Ja, ich bin noch eine Weile unbeweibt.“

„Genießen Sie's ein bisschen ...“

„Können Sie Gift drauf nehmen. Entschuldigen Sie die Eile, ich hab einen Termin.“

Schwungvoll tritt Herr Kleinmüller weg und salutiert. Aber als sie schon losfahren, lacht er plötzlich durchs hintere Fenster und klopft aufs Autodach. Sie zuckt zusammen, winkt hastig, vergisst, zurückzulächeln.

„Das hast du gut gemacht“, behauptet Onkel Hans, als sie von der Brücke hinunter sind.

„Meinst du, die haben nichts gemerkt?“

„Der Kleinmüller hatte schon einen gekippt, ich hab es gerochen! Für den hätten wir dich nicht mal verkleiden müssen.“

Er lacht. Sie lacht mit und umarmt Heiner, der jetzt doch zu weinen beginnt, aber das macht nichts. Sie freuen sich und lachen zu zweit gegen seine Tränen an. Klara fragt ganz aus der Puste, ob sie noch länger Gudrun sein muss oder ob das Hütchen wegdarf. Es darf weg. Sie zieht auch die ziependen Klammern aus dem Haar. Streift den dekadenten Mantel ab. Zieht das Kissen unterm Po weg in den Fußraum und schüttelt sich wie wild. Da steht Zsófia néni schon an der Bushaltestelle! Sie macht ein viel zu besorgtes Gesicht.

„Das war so leicht!“, ruft sie, als sie in ihren Armen landet. „Ich hätte mich gar nicht zu verkleiden brauchen!“

18. Kapitel
in dem Dieter an seiner Mutter verzweifelt und Ludwig tut, als müsste er austreten

Rudolf muss einen Wollpullover tragen, der ihm zu klein ist, ha! Dieter grinst ihn an und tut, als ob er froh wäre, das nicht mitmachen zu müssen. In Wirklichkeit ist er traurig. Warum schickt Mutti jetzt Rudolf an der Hand dieser Slowakin über die Grenze – und nicht ihn? Immer sorgt sie sich um Rudolf, obwohl der doch der Ältere ist, auch der Stärkere, ihn dagegen beachtet sie gar nicht groß. Sie hat behauptet, dass Rudolf dem Sohn von Frau Sabo ähnlicher sieht als er, aber Dieter kann keine Ähnlichkeit feststellen. Und sie gehen bei Dunkelheit hinüber, und Rudolf trägt eine Mütze, und überhaupt hat Onkel Hans gesagt, dass sich für Frau Sabo und ihren Sohn keine Sau interessieren wird. Frau Sabo arbeitet in Preßburg in einem Hotel und hat ein Dauervisum.

„Wann darf ich hinüber?", fragt er trotzig, als Mutti Rudolf endlich aus ihrer Umarmung und in die Nacht entlässt. Onkel Hans wiegt seinen runden Kopf.

„Das ist eine gute Frage. Mit dir ist es besonders schwer! Mal sehen – vielleicht muss ich dich hierbehalten! Was hältst du davon, bei meinem Nachbarn im Büro auszuhelfen? Dann liegst du hier niemandem auf der Tasche!"

Dieter verschlägt es vor Schreck die Sprache.

„Oh, schau nur, Hans, er hat das ganz ernst genommen!", ruft Mutti und lacht. Sie haben ihn an der Nase herumgeführt. Na schön. Er grinst wieder, so breit er kann, aber eigentlich denkt er: Wie kann den beiden nach Spaßen zumute sein? Warum ist Mutti hier so gut gelaunt, nach allem, was war und noch passiert? Zuhause war sie zuletzt so ernst, manchmal fand er das unerträglich. Soweit sie überhaupt da war und nicht wieder im Wald ... Aber seit sie hier ist, ist sie ganz unnatürlich aufgekratzt. Dabei war die ganze letzte Woche eine ziemliche Quälerei, für sie alle. Die Nacht des Großangriffs. Da hat er gedacht: Hauptsache überleben! Etwas Schlimmeres kann nicht mehr passieren. Dann die Flucht hierher – Onkel

Hans nennt sie „eure kleine Reise“, und wenn er es so nennt, drängt sich ein heißes Wutgefühl durch die Kehle hinauf, eine böse Verzweiflung. Eigentlich war er von Anfang an furchtbar müde und schwach und musste doch funktionieren, mit der schweren Tasche, dem klobigen Bündel, Klara immer im Schlepptau. Zwischendurch, im Zug, hat er sich gewünscht, dass ein plötzlicher Angriff kommt, der sie alle zusammen ausradiert, nur damit er nicht mehr aufstehen muss. Trotzdem hat er sehr gut funktioniert, und dafür hätte Mutti ihn auch mal loben können. Rudolf lobt sie für jeden Quatsch. Und jetzt meint sie, dass sie und Onkel Hans solche Späße mit ihm machen dürfen! Die beiden sagen auch nicht, wann er Mutti über die Grenze bringen wird und wie. Haben sie dafür noch keinen Plan? Sie müssen doch einen Plan machen! Will sie am Ende bei Onkel Hans bleiben? Liebt sie jetzt den und nicht mehr Papa? Ist sie deshalb so komisch lebhaft? Dieter hat schon manchmal gedacht, dass Mutti sich gar nicht mehr für Papa interessiert. Früher hat sie gern von ihm gesprochen, in den letzten Monaten: kein Wort. Dieter hat zwar selbst noch nie das Gefühl gehabt, seinen Papa besonders zu lieben – wenn einer so selten da ist, ist das auch schwer. Aber wenn Mutti ihn jetzt abservieren sollte, würde ihn das doch sehr stören. Papa hilft, das Vaterland zu verteidigen, gegen die Briten, die Judenbrut, gegen die Rote Armee, und weil sich die Feinde so vermehren, wird der Krieg immer gefährlicher. Da muss man zu Papa stehen, genau wie er zu Hitler steht. Das gehört sich so.

Das muss Dieter Mutti sagen, falls sie Fisimatenten macht. Es wird ihm schwerfallen, weil das lauter Dinge sind, über die man normal nicht spricht. Aber wer soll es sonst machen? Klara und Heiner sind noch zu klein. Rudolf ist für sowas nicht geeignet. Er wird es allein ausfechten müssen.

Ludwig sitzt auf dem schmalen Feldbett, den Rücken an der Barackenwand, die Schreibmaschine auf dem Schoß. Er ist froh, dieses Bett gleich hinter der Tür ergattert zu haben, weil er sich hier etwas geschützter fühlt, ein klein wenig für sich. Sonst will er fast nichts mehr. Hatte er sich nicht vorgenommen, seine biografischen Aufzeichnungen fortzuführen? Sein letzter Text ist fast zwei Jahre alt, aber die Olympia ist schon lange nicht mehr dazu da, dass er auf ihr schreibt. Er hält sich nur an ihr fest. Es ist gut, ein Stück Eisen zwischen sich und den anderen zu haben, diesen besoffenen Zwanzigjährigen zum Beispiel, die ihre Spielkarten kaum noch halten können. Bis sie still sind und er ans Schlafen denken kann, werden vielleicht noch Stunden vergehen.

Er schließt die Augen. Presst die Fingerkuppen auf irgendwelche Tasten, drückt sie halb, spielt auf ihnen Klavier und spürt den glatten Kunststoff, die feinen Vertiefungen. Noch mit geschlossenen Augen greift er unters Bett und zieht das Sturmgepäck ein Stück heraus, kramt jetzt mit offenen Augen, holt das in festes Papier gewickelte Päckchen hervor. Seit Mari nicht mehr schreibt, ist er auf ihre alten Briefe angewiesen. Er pickt sich den untersten, ältesten heraus, packt die anderen wieder ein. Behutsam faltet er die Seiten auf, betrachtet die locker fließende Schrift, ihren feinen, aber nicht gezierten Strich. Es ist wirklich ihr allererster Brief an ihn gewesen, im Juli 1929, aus Dänemark, Kopenhagen. Sie hat damals Johan besucht, seinen gefährlichsten Konkurrenten, und er war sich vor diesem Brief schon beinahe sicher gewesen, sie an ihn verloren zu haben. Aber schon als er sah, dass sie vier ganze Seiten an ihn geschrieben hatte, schöpfte er Hoffnung.

Lieber Ludwig,

obzwar Sie in der letzten Zeit, nicht übermäßig liebenswürdig zu mir waren, denke ich doch an Sie, wie an einen lieben Freund. Vielleicht kann ich auch ungezwungener mit Ihnen von der Ferne sprechen, als ich es sonst getan habe. Natürlich dürfen Sie die orthographischen Fehler nicht stören. Ich hoffe, Sie werden darüber großzügig hinwegsehen.

Ich habe mir das ganze viel ärger vorgestellt, diese Reise, als eine Art von freiwilliger Verbannung. Ich mußte mich mit Gewalt von unserer ganzen unseeligen Leidenschaft herausreißen. So konnte es nicht weitergehen. Entweder hätte ich ganz auf diese Leidenschaft hören müssen, oder ein Ende machen. Ich habe das letztere gewählt, vielleicht auch aus Feigheit, aus Stolz; warum konnte der Andere für seine Leidenschaft nicht Alles opfern. Warum sollte ich.

Er starrt nur noch, liest nicht weiter. „Der Andere", damit meinte sie ihn, und es tut ihm noch immer weh, wenn er an ihre damaligen Auseinandersetzungen denkt, obwohl er schon kaum mehr weiß, worum es ging. Sie hat immer so begeistert von der katholisch geprägten Kultur ihrer Heimat gesprochen, von ihrer angeblich so großartigen, ungarischen Literatur – das hat ihn mit der Zeit wütend gemacht! Also hat er dagegengehalten, hat die deutschen Dichter und Denker gerühmt. Irgendwann hat er auch darauf bestanden, seine Kinder müssten alle evangelisch getauft werden, wenn überhaupt – nein, am besten lässt man das ganz! Daran erinnert er sich, weil sie es ihm krumm genommen hat. Dabei war sie doch gar nicht religiös? Vermutlich hat sie geahnt, dass er nicht auf Dauer in der Slowakei bleiben wollte.

... Sie hätten aber darum nicht ganz von mir gehen sollen, lieber Ludwig, wir sind doch gute Kameraden, obzwar ich mich manchmal häßlich gegen Sie benommen habe, aber Sie doch auch. Dann später habe ich aber das ganze Vertrauen zu Ihnen verloren.

Jetzt fühle ich mich sehr gut hier. Ich sehe viel Neues, Interessantes, es gibt wieder äußere Dinge, die mich interessieren. Durch Johan habe ich auch dänische Familien kennengelernt, wo man mich ein bisschen wie eine exotische Erscheinung behandelt, aber auch sehr liebenswürdig. Wenn ich ehrlich sein soll, beides tut mir gut. Die Stadt ist sehr schön und eigenartig. Gestern haben wir eine Autotour nach Helsingör gemacht, der Weg ging immer am Ufer des Meeres. Ich bin in das Meer ganz verliebt, es wird nie langweilig, es kann liebenswürdig sein, zärtlich, aber auch zornig, gewaltig. Geradeso wie ein Mann, wie ein wahrer Mann. Wenn es auch mit kleinen, liebkosenden Wellen um uns spielt, man weiß es und fühlt es doch, dass es auch gewaltig sein kann und immer stark bleibt. Gerade darum ist es interessant und angenehm, mit diesem starken Element zu spielen. Es zu sehen, dass es unsere Füße lieblich umschmeichelt und dabei zu wissen, dass es uns vernichten kann, wenn es will. – Johan ist fast zu gut zu mir, er verwöhnt mich über alle Maßen, obwohl ich sehr viel Zärtlichkeit vertrage. Jeden Tag bringt er mir frische Rosen, und hat tausend Einfälle, mir eine angenehme Überraschung zu bereiten. Natürlich ist es mir sehr angenehm, aber erwidern kann ich es ihm nicht, und so ist es unangenehm.

„Sturmmann Wacholz – ein Gespräch für Sie!“

Er zuckt panisch hoch. Aber da steht nur dieser Halbungar, der Paul genannt werden will, der vom Fernsprechbetriebstrupp. Sie sind sich sympathisch.

„Meine Frau?“

„Leider nein. Ein Landesgruppenleiter Gutjahr.“

„Hans!“

Halb enttäuscht, halb erleichtert steckt er den Brief ins Gepäck, befördert die Schreibmaschine unters Bett und folgt Paul aus der Baracke.

Sie hausen hier zwischen Brandruinen. Da war ein großes, mehrteiliges Gehöft, eine Scheune. Vor einem ehemaligen Stall stehen heute lange Tische, zwei magere Rinder werden in ihre Einzelteile zerlegt. Heißt das, dass es morgen eine Fleischeinlage gibt? Man weiß es nicht. Sie bekommen ja so gut wie nichts mehr aus der Heimat, müssen sich alles von der ukrainischen Bevölkerung holen. Die wehren sich mit allen Mitteln, weil sie hungern, das ist kein Wunder.

Ganz am Ende des Hofes haben sie in einem gepanzerten Wagen die mobile Funkstelle eingerichtet. Neben dem Auto wartet ein Klapptisch mit dem Feldtelefon auf ihn. Hier sitzt er wie auf dem Präsentierteller. Zögernd hebt er den schwarzen Bakelitknochen, während Paul einen Hocker bringt. Und noch bevor Ludwig sich meldet, fällt ihm ein, dass dieser Anruf eigentlich nur eins bedeuten kann: Mari ist schon in der Slowakei. Sie hat ihn schon verlassen.

„Ludwig! Menschenskind. Wie schön, dass ich dich so schnell gefunden habe.“

„Hans. Ich ...“ Seine Stimme bricht. Er könnte sich ohrfeigen, räuspert sich, es klingt kläglich. Paul, der im offenen Wagen sitzt und an Leitungen fummelt, schaut zu ihm hinüber. Was für Blößen er sich gibt, in letzter Zeit! Sein Körper macht, was er will, die Stimme versagt, die Hände zittern, aus völlig nichtigen Anlässen! Was tut man da? Zum Arzt kann man mit solchen „Beschwerden“ nicht gehen!

„Ludwig! Bist du noch da?“

„Entschuldige. Ich freue mich sehr über deinen Anruf. Welchen Grund er auch haben sollte.“

„Was machst du in dieser verdammten Weltgegend? Ich hab läuten hören, du bist in der Partisanenbekämpfung?“

„Ja.“

„Schau, dass du da wegkommst.“

„Das ist leicht gesagt!“

„Ja. Ich weiß. Aber das ist doch nichts für dich. Oder?“

Ludwigs Kehle zieht sich zusammen. Paul hat sich anders gesetzt, vielleicht, um ihn im Auge zu haben? Er presst den Hörer gegen das Ohr, damit das Handzittern aufhört.

„Nein!“, sagt er fast wütend.

„Hör mal, Mari ist bei mir. Mit allen Kindern. Sie will zu den Eltern.“

Ludwig stöhnt unwillkürlich auf.

„Sie sagt, du weißt nichts davon?“

„Nein. Ja.“

„Ist etwas vorgefallen, zwischen euch?“

„Ja.“

Stille. Er will ja etwas sagen, bringt nur gerade kein Wort heraus.

„Schön, ich will dir nicht zu nahe treten. Mari erzählt mir auch nichts. Aber willst du nicht herkommen? Weihnachten solltest du wohl spätestens Urlaub bekommen!“

„Hoffe ich doch, ja."

„Und wenn du nicht bei ihren Eltern wohnen willst, bist du bei uns herzlich eingeladen!"

„Vielen Dank, Hans. Hat sie gesagt, wie lange sie bleiben will?"

„Nein. Aber sie hat sich nach der deutschen Schule in Tyrnau erkundigt. Und sie plant, einen Haufen Freunde und Verwandte zu besuchen."

„Das geht nicht! Die slowakischen Partisanen ... Es ist doch gefährlich für uns, dort! Nach allem, was ich höre!"

„Vor allem für dich, ja."

„Und das Haus in Frankfurt! Und die Firma! Wie stellt sie sich das vor? Sollen wir das alles der Plünderung überlassen?"

„Das musst du mir nicht erzählen. Aber ich denke, wir bringen sie irgendwie zur Vernunft. Schon weil sie keine Visa hat, keine Ausweise für die Kinder. Die Kinder bringe ich irgendwie hinüber, vielleicht auch sie, aber wenn sie dann dort leben will, und reisen, mit oder ohne Kinder, am Ende noch über die ungarische Grenze, zu Péter und Réka ..."

„Sie ist vollständig durchgedreht! Das muss sie einsehen, dass das so nicht geht!"

„Vollkommen d'accord, Ludwig. Ich werde versuchen, ihr schonend beizubringen, dass sie gleich nach Weihnachten zurückmuss."

„Du bist ein wahrer Freund, Hans. Ich bin dir ewig dankbar."

Er wechselt den Hörer in die linke Hand, weil seine rechte schmerzt, krampft. Sie verabschieden sich. Mit weichen Knien steht er auf, bedankt sich bei Paul, beeilt sich über den Hof in die Baracke, lässt sich aufs Bett fallen, dreht sich zur Seite. Zieht die harte Wolldecke bis übers Ohr. Maris Brief steckt noch oben im Gepäck, er muss ihn besser verstauen. Und nur weil das Blatt so gefaltet ist, dass er gar nicht anders kann, liest er auch den letzten Absatz noch. Den kennt er fast auswendig.

Aber ich glaube, jetzt habe ich Ihnen auch genug herumgequatscht, Sie werden ja schon weich wie ein Waschlappen sein von so viel Schmus. Ich habe ja auch noch ein bisschen Wirklichkeit und praktischen Sinn in mir und nicht nur lauter schwere, dunkle Träume. Und schreiben Sie mir recht bald, lieber Ludwig. Hoffentlich werden Sie sich in diesem Brief, auf eigenartiger deutscher Sprache geschrieben, auskennen.

Mit herzlichem Gruss und K(jetzt hätt ich fast Kuss hingeschrieben, aber von solcher Ferne wäre es garnicht gefährlich gewesen.)

Also auf Wiedersehen

Mari

Schnell wischt er mit der Decke über sein Gesicht – von den Kameraden hat niemand hergesehen, Gott sei Dank. Dann verstaut er den Brief, wo er hingehört. Er reißt die nassen Augen auf, starrt an die niedrige Barackendecke.

Er gilt jetzt als erfahrener Partisanenbekämpfer. Entsprechend wird er eingesetzt. Das hörte sich im Winter noch so sinnvoll an, so harmlos, bis sie im März ins Dorf Korjukiwka befohlen wurden. Tagesbefehl: Bandenbekämpfung. Ukrainische Partisanen hatten in der Nähe Gefangene befreit und dabei fast achtzig deutsche und ungarische Soldaten getötet, auch viel Sachschaden angerichtet. Die muss man sich schnappen, klar! Und der eine oder andere Dorfbewohner hatte offensichtlich geholfen.

Die Täter waren längst über alle Berge. Dennoch sollten sie das Dorf umstellen: Strafaktion. Alle Gebäude durchsuchen, hieß es. Alle Häuser anzünden, ohne Ausnahme. Alle Bewohner im Restaurant des Dorfes zusammentreiben. Alle! Alle. An den Fenstern außen Stellung nehmen. Sämtliche Bewohner erschießen.

Dann ins Nachbardorf, dieselbe Prozedur. In ein drittes Dorf, in dem es keine Kneipe gab, also trieben sie die Leute in der Schule zusammen. Ein paar Tage später mussten sie, was von den Ortschaften übriggeblieben war, noch einmal durchkämmen. Abknallen, was sich regte.

Im Grunde dachte er ständig darüber nach, sich irgendwie davonzustehlen, obwohl er wusste, dass das nicht funktionieren würde. Schon in Korjukiwka, als sie vor die Fenster dieser nach Eintopf riechenden Dorfkneipe befohlen wurden, schlug er sich unterwegs in die Büsche. Aber da schlich bereits ein Kamerad herum, und als sie einander bemerkten, taten sie, als müssten sie austreten. Sie sahen einander nicht an, kehrten gemeinsam zurück.

Es sind ja keine Menschen. Untermenschen. Selbstverständlich sind auch die Frauen und Kinder Untermenschen. Wie sollte es anders sein? Er hat versucht, zu praktizieren, was der Hauptsturmführer ihnen riet: Nicht in die Gesichter sehen. Auf die Brust zielen, abdrücken, basta. Und doch muss er Gesichter wahrgenommen haben, weil er sie nun nachts immer sieht. „Ich möchte, dass Sie an den Moment denken, in dem Sie Ihren Führereid geschworen haben! Und an sonst gar nichts!“, donnert der Hauptsturmführer, bevor er den Tagesbefehl verlesen lässt. Ludwig ist sich auch ohne diesen Hinweis im Klaren, dass er seine Pflicht erfüllen muss, und sei sie noch so ungeheuerlich. Kameraden hier wurde auch schon befohlen, Zivilisten in die Flammen zu stoßen, um Kugeln zu sparen. Einer von den Zwanzigjährigen, die dort drüben überlaut Karten spielen, hat ebenfalls Albträume und schreit fast jede Nacht. Ludwig würde ihm gerne irgendwie helfen, aber das ist lachhaft, er weiß nicht wie und hält ja selbst nichts aus. Er ist ein Schwächling, ja, schlimm genug. Nun will er wenigstens dafür sorgen, dass es außer ihm selbst niemand merkt.

„Mari?“

„Hallo, Ludwig.“

„Ich bin so ... froh ...“

„Bist du noch da?“

„Entschuldige. Ich bin nicht bei Stimme, ich habe eine Erkältung, glaube ich.“

„Dann machen wir es kurz.“

„Ja. Nein. Hör mal, ich möchte dir ... Ich ... es tut mir leid, hörst du. Das mit Inge war eine Riesendummheit. Es wird nicht mehr passieren.“

„Hast du noch Kontakt zu ihr?"

„Herrje, wie stellst du dir das vor? Weißt du eigentlich, was hier los ist? Wir haben wirklich andere Sorgen!"

„Aber wenn du keine anderen Sorgen hättest – dann würdest du wieder an sie denken?"

„Entschuldige, das ist so weit entfernt von meiner momentanen Realität ... Ich weiß nicht, ob ich lachen oder ... Hör zu. Das ist 1940 passiert. Das ist unendlich lange her. Es war ein Rausch, wir schwebten alle über dem Boden, sozusagen, und es gab ständig Grund zum Feiern, es gab auch immer Frauen, die uns genauso großartig fanden wie wir uns selbst. Ich war ein Hornochse. Heute weiß ich es besser. Nicht nur in Bezug auf Inge weiß ich es heute besser."

„Aber du warst in sie verliebt!"

„Ach, lass mich doch in Ruhe. Vielleicht war ich in sie verliebt, meinetwegen. Aber das ist eine Ewigkeit her! Lass uns wieder gut sein. Bitte."

„Wir können Freunde sein."

„Was soll das heißen? Was willst du damit sagen?"

„Ich werde nicht nach Frankfurt zurückkehren."

„Das ist nicht dein Ernst. Willst du mich damit bestrafen? Wie stellst du dir das vor – soll ich mit euch in der Slowakei leben? Das will und kann ich nicht, das weißt du genau. Dir ist doch klar, wie die SS in deiner Heimat gehasst wird? Wie gefährdet ich dort bin, und ihr mit mir? Bestraf mich, wie du willst, aber nicht, indem du die Familie zerstörst!"

„Wir können auch ohne dich leben. Das haben wir in Frankfurt schon ganz gut hinbekommen. Hier wird es erst recht funktionieren."

„Ihr habt keine Visa! Die Kinder haben nicht einmal Ausweise! Auch wenn Hans euch jetzt hinüberschleust – ihr könnt keine Wohnung mieten, keine Eisenbahnfahrt machen, keine Einschulung, nichts, ohne von der Polizei festgenommen zu werden! Willst du für den Rest deines Lebens bei deinen Eltern in Tyrnau hocken bleiben? Mit vier Kindern? In einer Vierzimmerwohnung?"

„Ich werde uns die Papiere beschaffen."

„Mumpitz. Frag Hans, der wird dir sagen, dass das nicht funktioniert. Ein Vorschlag, Mari. Ich nehme Urlaub, sobald ich kann, und komme nach Engerau. Wenn es irgendwie möglich ist, verbringen wir alle zusammen Weihnachten mit deiner Familie. Dann fahren wir gemeinsam zurück in unser Haus, und ich suche euch eine Bleibe auf dem Land, in der Nähe, bis dort das Schlimmste überstanden ist. Du darfst unser Zuhause nicht so einfach aufgeben. Das darfst du nicht."

„Du weißt, wo ich zuhause bin."

„Mach dich nicht lächerlich! Willst du unsere Ehe einfach streichen? Unsere Kinder vaterlos und in Schande großziehen? Wie soll das gehen, in deinem stockkatholischen Tyrnau!"

„Ludwig, du hörst dich gar nicht gut an. Du solltest wirklich deine Stimme schonen. Ich mache jetzt Schluss."

„Was machst du? Schluss? Das kann ich auch, das wirst du noch erleben!"

„Ich freue mich, wenn du uns an Weihnachten in Nagyszombat besuchst. Auf Wiedersehen dort."

19. Kapitel
in dem Mari neben sich steht
und die Geduld mit dem Lieben Gott verliert

Mari steht im Gang des Zuges nach München und sieht sich selber zu. Sie ist eine fremde Person, die es nicht mehr wagt, sich anzulehnen, weil der graue Stoff der Verdunkelung so porös ist und sie ihn vorhin schon zerrissen hat. Der Zug ist laut, die Menschen sind leise, lassen das Stampfen und Rattern, den grellen Lokpfiff über sich ergehen, wehren sich überhaupt gegen gar nichts mehr, weil das keinen Sinn macht, und Mari ist einfach eine von ihnen. Sie ist so etwas wie eine Person in einem Film, in dem eine Nacht mit Sirenen droht, denen Zerstörung folgt, und das ist in diesem schrecklichen Film das Normalste von der Welt.

Nur das, was sie hier tut und denkt, ist unnormal. Vor gut zwei Stunden hat sie den Wiener Südbahnhof betreten und sich so ganz ohne Kinder unverschämt frei, leicht, stark gefühlt – ist sie überhaupt noch Mutter? Ehefrau? Für Momente war sie ein purer Mensch.

Natürlich hat dieses Hochgefühl nicht angehalten. Aber fremd ist sie sich weiterhin. Links von ihr, diesen sehr jungen Soldaten zum Beispiel versteht sie viel besser als sich selbst. Er sitzt auf dem abgewetzten Holzboden neben seinem Tornister, ordnet die langen, dünnen Beine immer wieder neu, die braunen Haare quellen ihm dicht und glänzend aus der Kappe. Er isst ein nahezu trockenes Brot, und sein Blick schweift über die Menschen hinweg in eine erdachte Ferne. Sie weiß, wohin er fährt – wohin fährt ein vielleicht gerade Zwanzigjähriger, am einundzwanzigsten Dezember? Zu den Eltern. Er freut sich darauf, ihnen seine ersten Abenteuer zu erzählen. Noch glücklicher macht es ihn, dass er ein paar Tage keine Abenteuer mehr erleben muss – aber das würde er nie zugeben.

Oder die kleine Familie auf ihrer rechten Seite, deren Gemurmel sie schon eine Weile belauscht: Mutter, Tante, ein Junge, ein Mädchen. Sie sind evakuiert und kehren nur für die Weihnachtstage in ihre Stadtwohnung zurück. Natürlich sagen sie einander, dass sie mittlerweile mit allem umgehen können, selbst mit Angriffen an den Festtagen, sie sind es gewöhnt, und die Tante haucht geheimnisvoll, sie wisse vielleicht eine Quelle für einen Weihnachtsbraten. Die Mutter lächelt ungläubig und bekommt doch einen gierigen Blick. Der Bub erwähnt das Gutslebacken, mal sehen, sagen sie, wahrscheinlich nicht, aber man weiß nie ... Es klingt, als sprächen sie von einer sehr seltenen Wettererscheinung. Auch wenn ihre Zukunft beinahe nur aus Sorgen besteht, kennen sie doch ihren Platz, wie alle hier. Nur Mari steht lose zwischen ihnen, schwankt in den Kurven wie ein mit Gas gefüllter Ballon, und es würde sie nicht wundern, wenn sie hinaufschweben würde, an die zitternde, gewölbte, rußige Decke. Dann könnte sie auf sich selbst hinabsehen, auf ihre braunen Mantelschultern. Erste weiße Haare entdecken. Wie dünn sie geworden ist.

Ihre Familie wird sich morgen in der Stadtwohnung der Eltern in Nagyszombat versammeln – ohne sie. Die vier Kinder sind schon dort. Auch Dieter hat es geschafft, sein Grenzübertritt verlief sogar besonders vornehm: im deutschen Gesandtschaftsauto! Mit einem Fahrer in cremefarbener Uniform, auf beigen, unendlich geräumigen Ledersesseln, vorn und hinten von weiteren, chromblitzenden Automobilen eskortiert! Mari hat ihm diesen Triumph sehr gegönnt. Er musste so lange warten und hat wohl schon an sich und der Welt gezweifelt. Vermutlich auch an ihr.

Natürlich wird Peti kommen, mit Réka, die ihren kleinen Babybauch streichelt. Zsófia wird Weihnachtslieder spielen, auf dem Klavier und dem Grammophon. Die eine oder andere Tante wird vorbeischauen. Und Ludwig.

Papa ist schwer krank. Seine Angina Pectoris ist in ein fortgeschrittenes Stadium eingetreten, hat er ihr am Telefon erklärt. Da waren sie beide noch sicher, dass sie ihren Kindern bald in die Mondgasse folgen wird, worauf er sich ganz besonders freute. Er sagte es, und sie hörte es in seiner Stimme.

Was macht sie also hier? Warum fährt sie schon wieder quer durch den Krieg – sofern sie nicht wieder endlos stehen? In München wird sie sich in irgendeinen nicht zu dunklen Winkel verkriechen müssen, schlaflos, um die seltenen Züge Richtung Frankfurt nicht zu verpassen, in diese kaputte Stadt, die überhaupt keine Stadt mehr ist und aus der sie sich und die Kinder doch gerade erst gerettet hat – unter welchen Anstrengungen! Was ist denn in sie gefahren!

Sie findet, dass sie sich unmöglich macht.

Und dann findet sie wieder, dass sie das Richtige tut.

Hans hat bestätigt, was sie Ludwig nicht glauben wollte: Ohne Papiere wird es nicht gehen. Es gibt überall Kontrollen, nicht nur an der Grenze, sagte er. Die Polizei ist unbarmherzig. Wenn sie dich ohne Papiere aufgreifen, kommst du in Untersuchungshaft und kannst von Glück sagen, wenn du nur aus der Slowakei geworfen wirst. Und diese Strenge muss ja sein!, erklärte er ihr. Sie ist ja nur verständlich, wegen der Anschläge, der Partisanen, Bestien, er kann es nicht anders sagen. Sie metzeln alles nieder, was irgendwie nach Nationalsozialismus riecht oder auch nur einen deutschen Namen trägt! Und er las ihr einen Zeitungsartikel vor, in dem von barbarischen Morden an der deutschen Zivilbevölkerung die Rede war.

„Die ganze Familie muss sofort nach den Feiertagen nach Deutschland zurück! Alles andere ist unverantwortlich."

„Ich weiß, du meinst es gut. Trotzdem möchte ich in der Slowakei bleiben", entgegnete sie ihm. „Ist es nicht möglich, dass du mir die Papiere besorgst, die wir brauchen?"

„Mari. Leider nein. Nun komm doch zur Vernunft. Ich hätte vielleicht veranlassen können, dass sie euch im Frankfurter Polizeipräsidium ausgestellt werden ..."

„Dann machen wir das. Hilfst du mir, Hans?"

„Wobei soll ich dir helfen, verrücktes Mädchen?"

„Du telefonierst mit dem Frankfurter Polizeipräsidium. Ich fahre nach Frankfurt zurück, um die Papiere zu holen."

Da vorn entsteht eine Unruhe. Sie sieht nichts, hört nur Stöße und Schreie, aus dem ersten Abteil vor der Waggontür. Es hört sich nach einem Handgemenge an. „Scher dich ...", hört sie, dann ein Stimmengewirr, aus dem sie das Wort „Pistole!" heraushört. Um sie herum scheint man dieses Wort auch so verstanden zu haben wie sie, denn ein erschrecktes Raunen läuft den Gang entlang, die Mutter drückt ihre Kinder auf den Boden. Auch Mari duckt sich, als die Abteiltür aufgerissen wird. Heraus stürzt ein hagerer Mann in Hemd und Unterhosen. Der junge Soldat neben ihr fasst sein Sturmgewehr und erhebt sich.

„Stopp!", befiehlt er. „Waffe runter!" Seine Stimme klingt hart und hat gleichzeitig etwas erschütternd Knabenhaftes. Er entsichert das Gewehr, und der Mann reißt die Augen auf, hebt die Hände. Er ist nicht mehr jung, vielleicht in den Sechzigern, hat graue Haare, dunkle Ränder unter den braunen Augen. Und er hat keine Pistole. Das ist offensichtlich.

„Nur anderes Abteil!", ruft er. „Verrückte Leute hier!" Und er deutet auf die Türöffnung, aus der er gekommen ist. Dort, im Abteil, ist es plötzlich still geworden. Als säßen die Mitreisenden auf ihren Plätzen wie vor einem Theaterstück.

„Hände oben halten!", gellt die Stimme des jungen Helden.

Mari hebt vorsichtig den Kopf in seine Richtung, sieht an seiner neuen, blassgrauen Uniform hoch.

„Er tut uns nichts", sagt sie. „Er hat keine Waffe."

Der Soldat wirft ihr einen irritierten Blick zu.

„Haben Sie eine Waffe?", ruft er.

„Neinein!"

Das Gewehr im Anschlag steigt der Junge über die Kinder, die Tante, die Mutter, die alle mit dem Gesicht nach unten, bebend auf dem ratternden Boden liegen, und tastet den Mann ab. Dann lässt er ihn gehen. Er murmelt ihm noch ein verwirrtes „Verzeihung ..." hinterher. Dann schaut er in das Abteil, aus dem der Mann im Hemd gekommen ist. Offenbar ohne Ergebnis. Man hört keinen Laut.

Der junge Soldat nimmt seine Kappe ab, fährt sich durch das schweißnasse, braune Haar und schlängelt sich zurück, an den Leuten vorbei, die sich erneut aufgesetzt haben. Neben Mari hockt er sich wieder auf seinen Tornister, verknotet die Beine.

Als sie in den Frankfurter Hauptbahnhof einfährt, stehen die Menschen auf ihrer Seite des Bahnsteigs dicht gedrängt – wie erwartet. Aber etwas stimmt nicht. Haben sie andere Lampen hier, oder was?

Sie steigt die Treppe hinab, auf den Perron und spürt etwas Zartes, Feuchtes auf der Wange.

Schnee! Schnee im Bahnhof?

Flocken taumeln um sie herum. Der leere Perron gegenüber ist hier und da schon dünn bedeckt, und als sie nach oben sieht, begreift sie: Im Deckengewölbe geben zwei scharf gezackte Riesenlöcher den grautürkisfarbenen Himmel frei.

Der Bahnhof ist voller Menschen, aber nicht geschäftig. In der Halle stehen, lagern, liegen Menschen herum, von denen die meisten den Eindruck machen, schon sehr lange zu warten und fast nicht mehr zu wissen worauf. Die Mehrzahl der Gleise steht leer. Durchsagen scheinen nicht mehr möglich zu sein. Auf einem Gleis lagert ein waggonlanges Etwas, das wohl einmal zu einem Zug gehörte – jetzt ist es ausgebrannter Schrott. Gegenüber herrscht nervöses Gedränge, dort soll wohl ein Zug einfahren? Und das Licht hat sich wirklich sehr geändert. Es hat jetzt etwas hart Fleckiges: hier unbarmherziges Vormittagslicht, dort tiefer Schatten, der durch keine einzige elektrische Birne mehr erleuchtet wird. Das große, früher so beeindruckende Bogenfenster tut, als sei es nie mehr gewesen als ein windiges Eisengitter, in das sich vereinzelt Glasteile klammern.

Keine Tram weit und breit. Am Taxistand parken Leiterwagen in allen Größen, voll Hausrat und Menschen. Menschen mit mehreren Schichten Kleidung übereinander, mit tiefen Falten und Augenringen laufen herum wie verirrte Hühner. Sie bindet sich ihr Halstuch übers Gesicht, nicht nur gegen den kalten Wind. Jemand dreht einen Topf und prüft seinen Boden. In einer Hauseinfahrt liegen drei Leichen nebeneinander, zwei Erwachsene, ein Kind. Jemand tritt einen Brocken Wand zur Seite. Jemand sammelt Bilder und Papiere auf.

Was macht sie, wenn auch ihr Haus nicht mehr steht? Sie kann bei den Dolds klingeln oder bei den Wirths und vorsichtig anfragen, ob sie eine Nacht bleiben darf. Sie kann ihnen das mit den Papieren erklären – vielleicht darf sie dann auch länger bleiben?

Gleich am Anfang der Tiroler Straße sind zwei Häuser bis ins Erdgeschoss hinein zerstört. Die Leichen wurden nicht einmal abgedeckt, und eine Frau, die sie vom Anstehen beim Bäcker kennt, kniet neben einer Kinderleiche, einem Mädchen. Ist das am Ende ihre Tochter? Es sieht nicht so aus, denn sie sieht sich ihre Schuhe an, sonst nichts. Sie hält ihre ausgestreckte Hand an eine der Sohlen, die nur wenig über ihren Mittelfinger hinausragt. Dann nestelt sie an den Schnürsenkeln, zieht der Leiche die Schuhe aus, knüpft sie zusammen, hängt sie sich über die Schulter, während sie sich erhebt und langsam, müde davongeht, ohne Mari zu beachten.

Ihr Haus steht noch! Das Dachgeschoss ist allerdings ramponiert. Fast wundert sie sich, dass ihr Hausschlüssel passt. Sie läuft sofort die Treppe hinauf, aber nur in den ersten Stock. Ob es oben hineinschneit, ist ihr egal, sie streift nur die Schuhe ab, dreht am Heizkörper des Schlafzimmers, es tut sich nichts, also wirft sie drei Decken übereinander und schließt schon die Augen, bevor ihr Kopf im kalten Kissen landet.

Hans hat sich geweigert, ihr mit den Papieren zu helfen. Das ist nicht richtig, was du da tust, hat er ihr ernst ins Gewissen geredet. Wir haben schlimme Zeiten, ja, aber ihr könnt auch in Deutschland aufs Land, ich kann dir etwas empfehlen. Dein Ludwig würde mir die Freundschaft aufkündigen. Da hat sie versprochen, alle Schuld auf sich zu nehmen, die volle Verantwortung.

„Du darfst behaupten, dass ich deine Pistole entwendet und dir an den Kopf gehalten habe!“

„Und du meinst, dass dein Mann mir das glaubt!“

„Der hat mich auch schon von einer anderen Seite kennengelernt. Versuchst du es wenigstens, bei der Behörde in Frankfurt? Hans? Jetzt gleich, jetzt in der Früh?“

Er hat sich fluchend zu einem Telefonat breitschlagen lassen und hinterher widerstrebend erklärt, die Papiere würden irgendwann Anfang des neuen Jahres, nach den Feiertagen im Frankfurter Polizeipräsidium für sie bereitliegen, wenn sie denn wirklich, wirklich so stur sein wolle, sie dort ...

„Vielen Dank, Hans. Aber es muss schneller gehen. Irgendwann im neuen Jahr, das ist zu vage, das ist zu spät. Kannst du bitte nochmal anrufen, Hans? Es tut mir leid, dass ich dir Scherereien mache, aber ich muss noch vor Weihnachten hin."

Er hat sie einen slawischen Dickschädel genannt. Eine gottverdammte Nervensäge, nicht mehr ganz richtig im Kopf. Tatsächlich hat er ihr angedroht, sie einem Irrenarzt vorzuführen. Sie hat es einfach über sich ergehen lassen. Es war ihr gleichgültig, in diesem wilden Moment, weil sie ihr Gesicht so oder so längst verloren hatte.

„Fragst du noch einmal nach, ob es vor Weihnachten geht? Probierst du es? Hans?"

Er hat sie wütend angestarrt, sich in sein Arbeitszimmer zurückgezogen. Sie hat befürchtet, dass er wirklich einen Irrenarzt anruft, hat versucht zu lauschen – und nichts gehört. Als sie sich wieder an den Tisch zurückzog, hat sie überhaupt erst wahrgenommen, dass sie schon die ganze Zeit zitterte.

Dann erschien er in der Tür. Er schaute mehr als streng – sein Gesicht war starr.

„Zweiundzwanzigster Zwölfter!" Das hat er ihr hingeschleudert, wie einem Raubtier ein Stück Fleisch, und sie ist einfach hin zu ihm und hat ihn gedrückt, obwohl sie sich vor ihm fürchtete hat sie ihn vor lauter Glück und Dankbarkeit an seinen breiten Ohren gezogen. Er wurde rot und machte kehrt, verschwand im Arbeitszimmer.

Am Morgen leert sie ihren Restproviant und eilt auf die andere Mainseite, in die Ludwigstraße. Sie sieht es schon von Weitem: Das prächtige Polizeipräsidium hat seinen hübschen, dreistufigen Turm verloren. Als sie näher kommt, erkennt sie, dass es in allen Stockwerken des mächtigen, langgestreckten Verwaltungsbaus gebrannt hat. Einige der barock geschwungenen Gauben hat es schwer erwischt, und ein Teil des Gebäudes ist von oben aufgerissen. Vor den drei riesigen Eingangstoren wartet ein einfacher Pferdewagen, der ein paar Kisten aufgeladen hat. Das mittlere Tor steht halb offen.

Es riecht scharf brandig. Sie ist noch nie in diesem Palast gewesen und bekommt Herzklopfen, als sie sich umsieht. Ein unendlich verzweigtes Treppenhaus. Überall Marmor, schmiedeeiserne Verzierungen, Gold, und die farbigen Glasfenster reichen von hier unten hinauf in die oberen Stockwerke, wie in einer Kirche. Es ist sehr still. Der Auskunftsschalter ist nicht besetzt.

Sie steigt drei Treppenstufen hinauf, bleibt unschlüssig stehen. Lauscht. Da kommen vier Männer den dunklen Gang entlang. Ein Polizist eilt voran, drei Männer schleppen Kisten mit Akten aus dem Haus, mit denen sie wohl den Pferdewagen beladen. Sind ihre Papiere am Ende dabei? Sie fragt den Uniformierten, der sie nervös unterbricht und in den ersten Stock schickt.

Also beeilt sie sich die gewaltige Haupttreppe hinauf, die mit ihren kalten Steinstufen, mit Marmorsäulen und goldbronzen geschnörkeltem Geländer tun, als wäre diesem Haus nichts passiert. Der Strom scheint immerhin nicht ganz ausgefallen zu sein, denn hinten, oben brennen ein paar der eisernen Leuchten.

Als sich die Treppe gabelt, weiß sie wieder nicht wohin und bleibt stehen. Geräusche ziehen sie nach links, einen unbeleuchteten Gang entlang, dessen Türen offenstehen. Ein Scharren. Ein dumpfer Aufprall. Sie sieht in die Büros hinein, auf der Suche nach Menschen, findet verkohlte Möbel, Putz und Trümmerteile, Fenster in Scherben, angeschmortes Papier. Hier ist kein Betrieb mehr möglich. Sie hat Hans ganz umsonst unter Druck gesetzt. Sie hat den weiten Weg nach Frankfurt umsonst gemacht.

Erst im sechsten Raum, ganz links an der Wand, sitzt ein leicht beleibter Mann in einem lederbezogenen Stuhl und schaut vor sich hin, den Kopf auf die Brust gesenkt, reglos. Mari befürchtet schon, dass er tot ist – aber seine Bauchdecke bewegt sich. Der Schreibtisch ist an der ihr zugewandten Seite angesengt, und um ihn herum, auf dem Boden, den Tischen, herrscht dasselbe Chaos aus

Putz und Scherben, losen Papieren, geborstenen Akten, hölzernen und metallenen Splittern wie in den Räumen zuvor.

Sie klopft an die offene Tür, er fährt auf. Sie entschuldigt sich für ihr Eindringen. Erklärt den Grund ihres Hierseins.

„Gottchen!“, sagt er und macht eine Pause.

„Ist das Ihr Ernst?“

Sie erwähnt den Landesgruppenleiter der NSDAP/AO Slowakei Hans Gutjahr.

Er verzieht das Gesicht zu einer gequälten Grimasse.

„Also gut.“

Als trage er unsichtbare Gewichte auf Schenkeln und Schultern, erhebt er sich und schiebt auf dem Weg in ihre Richtung, zur Tür, mit seinen polierten, schwarzen Schuhen einen Ordner beiseite, Papiere. Zu zweit laufen sie den Gang weiter. Einige offene Türen später biegt er ab, und da sitzt noch jemand, ein kleiner mit grauem Haarkranz. Der Beleibte weiht ihn ein, lässt Mari wiederholen: Landesgruppenleiter AO, Hans Gutjahr.

Ohne sich anzusehen, beginnen sie seufzend zu suchen. Sie sammeln Papiere vom Boden, die sie mit einem ängstlichen Gesichtsausdruck überfliegen, klauben aus einem Karteikasten Mörtelstücke, bevor sie ihn gemeinsam durchblättern. Hustend beugen sie sich über rußende Akten. Bestimmt fünfmal fragen sie nach ihrem Namen. Den von Hans haben sie sich gemerkt.

„Momentan ist alles etwas ... also, wir sind ... überfordert“, traut sich der Kleine schließlich zu sagen. Ob sie nach den Feiertagen wiederkommen könne? In einer Woche vielleicht?

Sie hat das kommen sehen und ist doch nicht bereit, es zu akzeptieren. Schon als sie die Treppe hinabläuft, nimmt sie sich trotzig vor, jetzt jeden Tag hier aufzutauchen, gleich ob Feiertag oder nicht. Wenn jemand da ist, wird sie ihr Anliegen ruhig vorbringen, auch wenn sie am liebsten schreien würde. Wenn nicht, wird sie einen Brief hinterlassen.

Der nächste Morgen bringt Schneeregen und Wind. Sie erneuert noch schnell drei durchweichte Pappen, mit denen sie ein paar

Tage vor ihrer Flucht die Fenster verklebt haben. Dann macht sie sich schon wieder auf, ins Präsidium.

Aber es ist niemand da. Kein Wunder, am Tag vor Heiligabend! An der Pforte hinterlässt sie ein Briefchen, in dem sie ihr Anliegen erklärt. Sie werden ihm anmerken, dass sie keine Deutsche ist, denkt sie noch. Aber was soll sie anderes tun?

Auf dem Rückweg muss sie lange suchen, bis sie einen Laden findet, in dem es Essbares für ihre Marken gibt: Hartes, altes Brot. Streichkäse, immerhin. Nachmittags inspiziert sie das Dachgeschoss, in das es tatsächlich hereinregnet. Das Gästesofa ist schwer durchnässt, der Boden zeigt Zeichen von Schimmel.

Sie klingelt bei den Dolds. Jochen macht auf, greift sich in die wilden, ungewaschenen Haare und ruft seine Eltern, die sie mit Fragen bestürmen: Wo sie gewesen seien? Und jetzt – allein wieder zurück? Wirklich allein? Um Himmels willen ... ganz allein? Über Weihnachten?

Herr Dold findet tatsächlich ein Stück Plane und befestigt es an der undichten Stelle im zweiten Stock. Dann laden sie sie ein, Heiligabend mit ihnen zu verbringen. Sie bitten so nett, da sagt sie zu – und bereut es sofort. Wie soll dieses Fest für sie anders verlaufen als traurig? Sie wird den Dreien das bisschen Festtagsstimmung, das in diesen Zeiten aufkommen kann, auch noch verderben.

Weil sie es sich nun einmal vorgenommen hat, sucht sie das zerbombte Präsidium auch am Vormittag des vierundzwanzigsten Dezember auf. Und es ist tatsächlich jemand da! Er hat eine Uniform an, ähnlich, wie auch Ludwig sie trägt, mit Doppelblitz am blassgrünen Kragen, ist aber sicher schon in den Fünfzigern. Krachend verfrachtet er Akten in ein dunkles, altes Einbauregal, fragt sie unfreundlich, was sie in diesen Zeiten mit Pässen wolle. Ihr Vaterland im Stich lassen?

Sie zieht den Kopf ein. Dann hebt sie ihn wieder und erwidert mit Nachdruck: „Eben nicht!“

Nähere Erläuterungen spart sie sich, wiederholt stattdessen die Zauberformel: Hans Gutjahr, Landesgruppenleiter NSDAP/AO, aber der SS-Mann hört nicht damit auf, die schweren Ordner ins Regal zu pfeffern. Sie sieht ihm dabei zu. Für ihr Gefühl dauert es eine Ewigkeit, bis er aufhört, ihr einen gereizten Blick zuwirft und zu suchen beginnt. Er sucht sogar besonders gründlich. Auch er fragt noch zweimal nach ihrem Namen. Kann ihr leider nicht helfen.

„Am Siebenundzwanzigsten, sieben Uhr dreißig, sind Sie wieder hier, in diesem Raum. Verstanden?"

Sie bestätigt es lächelnd.

Zierliche, belegte Brote gibt es bei den Dolds, und sie haben alle Kerzen angezündet, die sie noch besitzen: zwei. Zu viert singen sie „Vom Himmel hoch" und „O du fröhliche", bevor Jochen auf dem Wohnzimmerteppich mit der Dampfmaschine des Großvaters spielen darf, wie jedes Jahr. Herr Dold spielt mit. Frau Dold und Mari sitzen daneben. Das Gespräch stockt. Da kommt Herr Dold zurück an den Tisch und fragt, was es in ihrer Heimat für Weihnachtsbräuche gebe. Es fällt ihr erst gar nichts ein – so weit entfernt scheint ihr das alles. Dann nennt sie die Mohn- und Nussbeugel, für die Vorweihnachtszeit. Sie will sie lieber nicht genau beschreiben, damit ihnen der Mund nicht wässrig wird.

„Und was gibt es an Heiligabend bei Ihnen?"

„Fischsuppe!"

„Ach nein."

„Dochdoch! Am Weihnachtsabend gibt es Suppe mit dreierlei Fisch, mit Tomaten, Paprika, Zwiebeln ... und Krautrouladen. Und noch mehr Fisch, weil die Schuppen Reichtum bringen. Das ist ein bisschen verrückt, ich weiß, aber man macht es so. Und an unserem Weihnachtsbaum hängt Szaloncukor. Das sind gefüllte Pralinen ..."

Sie merkt, dass sich ihre Kehle zuschnürt, und will nur noch erwähnen, dass sie in glitzernden Papierchen stecken. Auf keinen Fall will sie ausführen, dass der Szaloncukor bei ihnen von Papa persönlich eingepackt wird, aber es ist so, Papa will die besten Pralinen, auch Peti besteht darauf, deshalb kauft er nicht die fertige

Ware, sondern welche vom Konditor, Anyu besorgt murrend das Stanniolpapier dazu, und niemand darf Papa beim Einpacken helfen, weil sonst zu deutlich wäre, dass der Szaloncukor nicht von Jézuska an den Baum gehängt wurde – *so ein Unsinn!*, haben sie schon als Kinder gesagt und doch mitgespielt. Das ist ihr nun alles auf einmal eingefallen, und sie sitzt da, bringt keinen Ton mehr heraus, weil ihr ganzer Kopf mit dem Gedanken angefüllt ist, dass diese Weihnachten Papas letzte sein werden. Hilflos sieht sie Frau Dold an, fühlt das Zucken im Gesicht, die Augen werden heiß und nass. Sie bittet um Entschuldigung und steht auf.

Jochen läuft in die Küche und überreicht ihr ein braunes Bällchen, klein wie eine Murmel, das es wohl später noch geben sollte. Mari umarmt ihn. Sie umarmen sich zu viert.

In ihrem Zimmer weint sie einfach weiter, sucht Kerzen, braucht lange, bis sie sie findet, will sich einen Tee machen und erinnert sich erst, als sie am Herdknopf dreht, dass es kein Gas gibt. Sie setzt sich ins Bett, unter ihre drei Decken. Das braune Bällchen hält sie noch immer in der Hand, es ist kein Bällchen mehr, kommt ihr vor wie ein schwitzendes Insekt. Sie mustert es, riecht und vermutet, dass es sich um Marzipan handelt – oder handeln soll. Als sie es in den Mund steckt, schmeckt es eher nach Kohl. Ein klein bisschen süß. Immerhin.

An Weihnachten sollte man nun wirklich beten! Sie versucht es ja, aber ohne ihre Kinder weiß sie nicht, wofür sie sich bedanken soll.

„Danke für diese Nachbarn!“, flüstert sie und fürchtet sich in dem kalten, stummen Haus vor ihren eigenen Worten. Sie muss schlucken. Dann wird sie böse. Starrt auf ihre aneinandergelegten Hände.

„Nein, danke für nichts!“, redet sie auf ihre klammen Federbetten hinab. „Wären die Dolds nicht genauso lieb, wenn es dich nicht gäbe? Warum muss deine Welt so sein, wie sie ist? Erklär mir das mal! Das kannst du mir nicht erklären, nicht wahr? Aber ich soll dich Lieber Gott nennen? Wie soll ich dich Lieber Gott nennen? Erklär mir das!“

20. Kapitel
in dem Claudia Kind bleiben möchte und sich an ein schlimmes Geheimnis erinnert

Einmal hatte Claudia Streit mit ihrer Mutter. Nicht nur einmal! Aber diesmal warf sie ihre Zimmertür so heftig ins Schloss, dass der Glaseinsatz zersprang. Ihre Mutter schrie: „Das ist ja wohl das Letzte!“, und Claudia starrte einen Moment erschrocken auf den langen Riss im getönten Glas. Dann erst fauchte sie durch die geschlossene Tür zurück: „Lass mich in Ruhe!“

Sie stellte sich an ihr Zimmerfenster und stierte lange in den kahlen Garten. Es war Januar, nachts hatte es Minusgrade, aber es lag gerade kein Schnee, und ihr Blick biss sich in einem der zwei Kirschbäume fest, obwohl es da nichts zu sehen gab. Das passte zu ihrem Zustand, fand sie. Nichtsnichtsnichts!

Ihr wurde übel vor Wut, obwohl sie nicht einmal sicher war, gegen wen oder was sich ihr Zorn richtete. Gegen die Mutter natürlich – aber auch gegen alles! Sie setzte sich an den Schreibtisch. Mit einer heftigen Armbewegung fegte sie den Collegeblock und zwei Schulbücher auf den Boden, und sie nahm ihr Tagebuch aus der Schublade, schmierte kaum leserliche Wörter mit vielen Ausrufungszeichen hinein. Das machte sie jetzt jeden Tag. Manchmal mehrmals am Tag. Manchmal stündlich.

Diesmal wurde sie gestört. Mutti klopfte an – das kannte Claudia sonst nicht von ihr. Sie öffnete auch ungewohnt vorsichtig die Tür und schien sich nicht einmal für den Riss im Glas zu interessieren.

„Hör mal. Ich habe gerade die Neunzig-Grad-Wäsche waschen wollen. Da habe ich etwas entdeckt. Du weißt bestimmt, was ich meine.“

Was sollte sie wissen? Sie wusste nichts, hielt die Arme schützend über ihr Tagebuch und hoffte, Mutti würde wieder verschwinden. Stattdessen kam sie näher und legte ihr ein graurosa Heftchen auf den Schreibtisch. Dann zog sie sich wieder an die Tür zurück.

Ich werde eine Frau. Unterweisung für Mädchen in der Reifezeit stand auf der Broschüre.

„Das solltest du jetzt mal lesen. Das kommt so früh bei dir!“

„Was?“

„Da steht alles drin. Wo im Badezimmerschrank die Hygienebinden sind, weißt du vermutlich?“

Sie wusste es nicht. Die Mutter erklärte es ihr.

Erst als sie die Tür wieder hinter sich geschlossen hatte, erinnerte sich Claudia an die Sache, die sie wohl meinte. Vielleicht vor einer Stunde hatte sie unten heraus geblutet. Das war ihr aber egal gewesen. Es hatte sie wirklich kein bisschen interessiert, weil Susanne beim Mittagessen zu ihr gesagt hatte, sie sei sowas von lahm, nicht auszuhalten. Keine Freunde, kein Hobby, keine Musik, nix – und Mutti hatte das bestätigt.

„Da ist was dran. Du machst nichts mehr. Außer lesen vielleicht.“

Und in der Schule, in der kleinen Pause hatte Markus eine Bemerkung über ihre Frisur gemacht. Sie versuchte, sich zu sagen, dass bestimmt die Hälfte der Klasse Markus verachtete, weil er sich die Haare föhnte und gebügelte Sweatshirts trug. Trotzdem konnte sie seinen Satz nicht vergessen.

Deine Haare sind peinlich.

Das waren sie wirklich.

Und ihre Haare waren nicht zufällig so, wie sie waren. Sie waren auch nicht nur heute so, sondern gehörten zu ihr, waren ein Ausdruck ihrer Persönlichkeit. Ihrer Ungeschicklichkeit, Peinlichkeit, Hässlichkeit. Da war das bisschen Blut wirklich nebensächlich. Diese Blutung hatte sich eingefügt, in all die fürchterlichen Scheußlichkeiten, die Körper und Kopf ihr momentan antaten.

Das graurosa Heftchen langweilte sie nach dem ersten Absatz, und sie warf es mit Widerwillen in eine Schublade – natürlich in eine andere als die, in der ihr Tagebuch zuhause war. Ihre Reifezeit konnte ihr gestohlen bleiben. Sie wollte nicht erwachsen werden, wuchs schon viel zu schnell, war jetzt größer als ihre Mutter, überragte sogar Susanne ein bisschen, obwohl sie schon nur noch flache Turnschuhe mit dünnen Sohlen trug. Wohin sollte sich das noch entwickeln!

Den Spiegel in ihrem Zimmer hatte sie mit ihrem Lieblingstuch zugehängt, das hellblaue mit den feinen Blümchen, den schmalen Silberfäden. Manchmal stellte sie sich vor das Tuch und zog es ein wenig zur Seite, gerade so weit, dass sie ein Stück Gesicht und ein Auge sah. Das sah sie dann an. So isoliert, ohne das Drumherum, war es aushaltbar. Sie konnte es sogar schön finden. Auch ihren Bauch musterte sie im halbverhängten Spiegel: Er war eine Spur zu dick, nicht viel, aber etwas. Er durfte auf keinen Fall werden wie der ihrer Mutter. Er sollte ein Kinderbauch bleiben.

Sie hatte entdeckt, dass es sich gut anfühlte, die Heizung herunterzudrehen. Man konnte viel mehr Kälte ertragen, als die Erwachsenen glaubten, und in einem kühlen Zimmer konnte man besser über den Dingen stehen. Sie aß auch schon eine Weile nicht mehr so, wie die Erwachsenen meinten, dass man essen müsse. Keine Pausenbrote mehr. Bei den Mahlzeiten mit der Familie nahm sie kleine Bissen, kaute doppelt so lang, das war gesund. Sie konnte das. Stolz sah sie den anderen zu, wie die sich ihr Essen einverleibten, als wäre es unmöglich, aufzuhören, bevor man satt und schwer geworden war. Dabei war das leicht, wenn man es wirklich wollte!

Sie trank auch nur noch Wasser, das fiel gar nicht auf. Gar nichts von all dem fiel auf, wie immer, ihre Mutter hatte andere Sorgen, ihr Vater war bei der Arbeit oder spielte Klavier und ihre Geschwister verstanden nichts, ganz wie sie selbst. Aber je mehr ihr Bauch abnahm, desto mehr nahmen ihre inneren Kräfte zu, und eines Tages würde das doch auffallen: wie sehr sie Kind geblieben war. Wie hoch sie dennoch über allem stand.

Ihre Mutter probierte ab und zu neue Diäten aus und nahm auch Appetitzügler. Claudia hatte ihr einmal eine der Pillen aus dem Versteck im Küchenhocker geklaut. Sie probierte sie mehr aus Spaß, denn eigentlich brauchte sie das nicht. Ihre Mutter musste immer essen, als sei sie nicht sicher, ob es morgen noch etwas geben würde. Immerzu musste sie sich begeistern für all das, was auf ihrem Teller landete, und erst wenn sie auf die Waage stieg, bereute sie ihre Begeisterung. Claudia brauchte keine Waage. Sie hatte einen starken Willen. Wenn ihr Körper Dinge wollte, die ihr nicht recht waren, sagte sie ihm innerlich ein paar verächtliche Worte. Sie konnte ihren Körper zur Räson bringen wie ein Kind, das aus der Reihe tanzt. Wie gut sich das anfühlte! Die Blutung blieb bald wieder aus. Das wunderte sie nicht.

So oft es ging, fuhr sie nachmittags mit dem Fahrrad an den Waldrand, stellte es ab und lief zu Fuß einen der Pfade an der Amper entlang. Sie lief schnell. Beim ersten Mal lag wieder Schnee, und verdrehte Eiszapfen reichten von den Uferzweigen bis in den Fluss. Die Kälte brannte in den Lungen. Aber schon zwei Tage später waren Eis und Schnee fast vollkommen verschwunden, und sie konnte so tief atmen, dass der Geruch der nackten Erde Kopf und Körper ganz ausfüllte. Der Fluss war laut, er toste, und das tat ihr gut, weil es alles in ihrem Kopf übertönte. Was irgendwelche Leute gesagt hatten, was sie sich selbst Schlechtes sagte – der Fluss übertoste es, und sie konnte an die Wildnis im Garten der Großeltern denken. Ihre Indianerspiele waren unendlich lange her, aber hier, am wilden Strom, stiegen ihr die alten Gerüche ihrer Kindheit in die Nase. Plötzlich erinnerte sie sich sehr genau an das Anschleichen, das Klettern, aber auch an dieses Kindergefühl, dass sie alles hinkriegen konnte. Sie konnte Kind bleiben. Warum nicht! Sie stellte es sich vor, da wurde es Wirklichkeit.

Es war Frühling, und sie besuchte noch den Kindergarten, sehnte sich aber schon wie verrückt danach, endlich lesen zu lernen, weshalb sie ihr Täschchen aus dickem Leder auf dem Rücken trug, damit es aussah, als hätte sie einen Schulranzen. Am Morgen wusste sie noch nicht, was dieser Tag mit sich bringen musste. Mittags auch noch nicht. Zu Mittag gab es Milchreis mit Zucker und Zimt, vorher einen Kopfsalat, wegen der Vitamine. Sie saß mit ihrem Bruder Andreas an dem kleinen Tisch auf der Kinderbank, während Susanne schon an den Erwachsenentisch durfte.

Susanne ging in die zweite Klasse, las auch schon Karl May und konnte deshalb den anderen beim Indianerspielen Vorschriften machen. Wenn sie von der Schule erzählte oder vom Bärentöter und Henrystutzen, hörte Claudia ihr atemlos zu und ärgerte sich, dass sie selbst viel weniger zu erzählen hatte.

Ihre Mutti hörte an diesem Mittag überhaupt nicht zu. Sie schaute stumm vor sich hin, das war nicht normal. Das war, sagte sich Claudia später, als sie nachts wach lag, alles schon wegen dem schlimmen Geheimnis, das die Eltern ihnen abends verrieten.

Schon lange vor diesem Abend hatte Claudia gelernt, dass man vorsichtig sein musste. Man musste zum Beispiel sofort aufhören, in der Vierzimmerwohnung herumzuspringen, wenn es unter ihren Füßen klopfte. Dann hämmerten die Schillers mit dem Besenstiel an ihre Wohnungsdecke. Susanne war auf Zack und konnte ihre Beine in den Wollstrumpfhosen von einem Moment zum anderen stillhalten. Mutti lobte sie manchmal dafür. Andreas aber war wild. Die Mutter musste seine Arme fest und vorsichtig halten, während er sich in seinem Ringelpullover wand, als würde man ihm etwas antun, und einen tiefen, heulenden Ton ausstieß, der Claudia erschreckte. Oft fing dann auch Bastian, das Baby, zu schreien an. Bastian war gerade erst auf die Erde gekommen und konnte noch nicht springen. „Zum Glück!", sagte Mutti. „Wenigstens das!"

„Das sind wieder die Schillers", seufzte Mutti, wenn es unter ihnen pochte. Claudia malte sich aus, wie die Schillers zu zweit einen Besen hoben, ihn gemeinsam mit Wucht gegen ihre Wohnungsdecke stießen, und musste kichern. Frau Schiller trug immer eine beigefarbene Kittelschürze, der Mann Hosenträger über dem Hemd. Die Schillers wohnten schon viel länger in Frankfurt, als es das Haus gab, und wie alle, die schon lange lebten, wie auch ihre eigenen Eltern, Onkel, Tanten, Großeltern, hatten sie viel mitgemacht. Was genau, wusste Claudia nicht und konnte es auch nicht wissen, weil es eben so viel war, dass niemand danach fragte.

Nach der Mittagsruhe warf Mutti Susanne und sie wie immer bald hinaus. „An die frische Luft!", rief sie und stellte ihnen die roten Gummistiefel hin, weil es schon seit Tagen regnerisch war.

Claudia wäre gern noch im Warmen geblieben, bei den Büchern mit und ohne Buchstaben, mit den schweren Seiten aus dicker Pappe, bei ihrer Blockflöte und der Negerpuppe. Sie beneidete ihre Brüder, die noch zu klein waren, um hinausgeworfen zu werden. Auf Andreas musste Mutti sehr aufpassen, bei den Malheuren, die der Knabe immer anstellte, so ähnlich hatte es ihr Vati ausgedrückt.

Das Haus, in dem sie wohnten, war noch ziemlich neu und leuchtete jetzt im Frühling in einem warmen, hellen Ton, den Mutti „Eierschale“ nannte. Sie hatte ein Kostüm mit knielangem Rock in derselben Farbe, das sie nur sehr selten trug, weil ihr die Anlässe fehlten. Hinter ihrem Haus gab es noch eins, das gleich aussah, dahinter noch eins und noch eins. Jedes hatte zwei Eingänge mit weißlackierten Stäben und einer langen Reihe von Briefkästen rechts und Klingelknöpfen links. Auf der Rückseite hatte jede Wohnung einen Balkon mit Wänden aus türkisfarbenem Wellblech und einer gestreiften Markise. Gerade Wege aus grobem Sand verbanden die Häuser, und große Rasenflächen, auf denen Teppichstangen in den blassen Himmel ragten.

Der Rasen durfte nicht betreten werden. Herr Passil, der Hausmeister, lauerte in seiner Parterrewohnung und fuhr schimpfend aus der mit Gardinen verhängten Balkontür, wenn sie es doch taten. Was Herr Passil schimpfte, hörte sich an wie sein Name, es prasselte wie trockene Erbsen auf sie ein, wenn sie schreiend über den Rasen in Sicherheit rannten. Auch Claudia schrie, wie man eben schreit, um die Angst mit Gewalt zu vertreiben.

An der Straßenseite der Häuser gab es vor jedem Eingang einen eisernen, furchterregenden Müllcontainer. Er hatte einen Riesengriff, mit dem die Erwachsenen den gebogenen Deckel aufstemmten. „Keine heiße Asche einfüllen“ stand in weißen Buchstaben darauf, das hatte Susanne ihr mehrmals vorlesen müssen. Sie verstand den Sinn der Worte nicht, aber ihr Klang faszinierte sie.

Eine Mauer aus roten Ziegelsteinen lief rundherum, dort traf man immer andere Kinder. Claudia konnte die Mauer schon alleine erklettern, aber nur in der Ecke, wo es Vorsprünge gab. Sie kletterten auf alles, was herumstand, oder versuchten es. Christian aus dem zweiten Stock links spazierte auf der Ziegelsteinmauer herum, als wäre sie ein Strich auf der Straße.

Die Alternative zum Klettern war das Anschleichen, zum Beispiel durch die Vogelbeerhecke. Claudia mochte das Anschleichen lieber als das Klettern, weil man sich dabei Zeit lassen konnte, aber auch, weil sie so nah über der Erde plötzlich vieles entdeckte, was vorher gar nicht da zu sein schien: verschiedene Arten von Erde. Hervorspitzendes Grün, das schon nach Blüten roch. Einen toten Spatz. Kleine Schutthaufen. Rundgeschliffene Glasscherben. Einzelne Ameisen, die nicht wussten wohin.

An diesem Nachmittag aber stellte sie sich mutig auf die Ziegelsteinmauer und schaute von oben in die Welt. So aufrecht auf der Mauer zu stehen, war schon etwas Besonderes, es gab einem das Gefühl, dem Leben demnächst gewachsen zu sein. Von hier konnte Claudia über die Grünanlagen hinweg weit in die Straße schauen. Dort hatte sie Radfahren gelernt. Die meisten Autos waren jetzt nicht da, weil die Männer mit ihnen zur Arbeit fuhren. Ihr Vati fuhr lieber mit der Straßenbahn in den Dienst, deshalb stand ihr orangener Käfer gleich links am Trottoir. Sie konnte die Straße bis zum Wasserhäuschen übersehen, an dem ein alter Mann gerade ein Fläschchen leerte.

Heute hielten sie sich nicht lange bei der Mauer auf. Mit Lothar, Peter, mit ihrer Freundin Duja lief sie die Straße hinunter zum grünen Bretterzaun. Claudia wusste, was auf dem verblichenen Schild stand: „Vorsicht Baustelle – Einsturzgefahr“. Es war aber keine normale Baustelle, weil auf ihr nicht gebaut wurde. Claudia wollte eigentlich nicht, aber Lothar, Christians Freund, schlüpfte einfach hinein, und da mussten sie hinterher.

Dunkle Wände reichten tief in die Erde. Ein roher Holzbalken führte sie über den Graben zwischen Zaun und Hausmauer. Über der Erde gab es nur ein Stockwerk, und hier und da fehlte der Fußboden. Sie lief hinter Duja über den Balken in einen Raum, in dem verschiedenfarbiges Wasser in großen Pfützen stand. Auf der Straße wären sie sofort hineingesprungen. Hier hatten sie keine Lust darauf. Sie fanden rostiges Gestänge, das sie hochhoben und betasteten. Weiter hinten im Raum stand eine Bütt aus schwarzem, dickem Kunststoff, die mit einem trüben Brei gefüllt war. Lothar stemmte eine Sohle seiner verklumpten Halbschuhe dagegen und warf sie knirschend um. Sofort trat Peter noch einmal sehr kräftig dagegen, um auch ein lautes Geräusch zu machen. Dann standen sie nur noch herum und beobachteten, wie die graue Brühe sich schwerfällig über den Boden ergoss und schließlich stockte. Sie waren verlegen wie in der Kirche. Es war besser, wieder auf die Straße zurückzukehren.

Die Kinder nannten die Baustelle unter sich manchmal „Ruine", obwohl sie nicht genau wussten, was das war. Für Claudia gab es damals noch eine Menge solcher Wörter, die sie einfach drauflos verwendete, obwohl sie sie nur halb verstand. „Dekadent" war so ein Wort oder „Irrenhaus". Wenn man jemanden schlimm beleidigen wollte, sagte man etwas mit „Irrenhaus". Claudia stellte sich vage einen kleinen Bungalow vor, mit nur einem Raum darin, in dem viele Menschen wie verrückt durcheinanderliefen. Sie spürte, dass es besser gewesen wäre, sich gar nichts vorzustellen, aber das bekam sie nicht hin. Und gerade die unverständlichen Wörter benützten sie alle besonders gern: „bis zur Vergasung", auch so ein Ausdruck. Sie wiederholte ihn, wie man eine Melodie nachsang, übte ihn wie das Anschleichen oder Kriechen.

Claudia und Susanne mussten um halb sechs zum Abendessen zurück sein. Bevor sie nach Hause gingen, liefen sie noch zum Wasserhäuschen, das Claudia liebte, obwohl es dort scharf roch und man den Männern, die herumstanden, besser nicht zu nahe kam. Seit sie sechs geworden war, bekam Claudia sechzig Pfennige Taschengeld in der Woche. Susanne bekam achtzig. Sie kauften sich ein Päckchen Ahoi mit Waldmeister, Zitrone und zweimal Orange und teilten es, dazu je einen Lutscher. Claudia bekam von der dicken Frau mit der strubbligen Hochfrisur einen Lutscher mit Colageschmack aus dem Fenster herausgereicht. Die waren selten, und das passte zu diesem Tag, fand sie später, als sie noch wach im Bett lag. Aber ein Lutscher mit Colageschmack war eindeutig ein gutes Zeichen. Sie lutschten sorgfältig, bis die weißen Stängelchen ganz sauber waren. Weil man nicht wissen konnte, wozu sie noch zu gebrauchen waren, verschwanden sie in ihren Anoraktaschen.

Man warf am besten überhaupt nichts weg, das hatten ihnen die Eltern beigebracht. Wenn es sonntags Schokolade gab, nahm ihr Vati das feine Stanniolpapier und zeigte ihnen, wie man es mit dem Fingernagel sorgfältig glatt strich, bis es makellos glänzte. Er konnte das, ohne dass es riss. Dann hob man die schimmernde Folie auf, für die schlechteren Zeiten, die man so fast gar nicht fürchten musste. Claudia übte das Glattstreichen des Stanniolpapiers, auch mit den golden, rot und grün glitzernden Papierchen des Eiskonfekts, das sie sich heimlich am Wasserhäuschen kaufte. Sie rissen zu oft. Und sie musste immer aufpassen, dass Andreas sie nicht in die Finger bekam. Andreas hatte schon ganz andere Dinge als Süßigkeitenpapierchen kaputtgemacht, einmal fast sich selbst. Da hatte er sich an einer Schraube im Ställchengitter aufgehängt, an dem Band seiner hellblauen Babyjacke, die er damals noch trug. „Er war schon ganz blau“, sagte Mutti und schnappte nach Luft, wenn sie das erzählte. Man hatte die liebe Not mit ihm, auch jetzt noch, er machte richtig schlimme Sachen, von denen Claudia nicht wusste, woher sie sie wusste. Wenn ein Kind eine Wand in der Wohnung mit dem Inhalt seiner Windel beschmierte, dann erzählte man das niemandem. Es gab Dinge, die man unter der Decke halten musste, das war Claudia schon vor diesem Abend klar.

Als sie nach Hause kamen, war Vati schon vom Dienst zurück, und es gab ein französisches Brot aus dem neuen Hessen Center, die gesunde Margarine, Wurst und Käse. Mutti hatte dem Vater zuliebe noch einen Karottensalat mit Walnüssen gemacht, den sie wie immer genau in fünf Portionen teilten. Jeder achtete eisern darauf, dass die Portionen gleich groß waren. Bastian aß noch keinen Karottensalat, „Zum Glück!“, rief Susanne frech, „Wenigstens das!“, und sie lachten.

Aber plötzlich sollten sich Claudia und Susanne auf das Sofa im Wohnzimmer setzen. Vati stellte zwei Stühle vom Esstisch vor sie hin, während Mutti noch nebenan die Buben versorgte. Claudia fuhr mit den Fingern immer wieder die sanfte Biegung der Armlehne nach, hoch, runter, wieder hoch. Es war klar, dass etwas Besonderes kam. Susanne wusste das auch, und trotzdem lächelte sie sehr erwachsen, als könnte eigentlich gar nichts passieren, egal, was passieren würde. Claudia war sich da nicht so sicher.

Ihre Mutter schloss energisch beide Türen, setzte sich und sah den Vater auffordernd an. Der hatte die dünnen Beine in der Anzughose eng übereinandergeschlagen und hielt sich mit beiden Händen an einem Knie fest. Die Mutter sei bei verschiedenen Ärzten gewesen, in den letzten Wochen, mit Andreas, erklärte er. „Beim Doktor Reitmeier, beim Hals-Nasen-Ohren-Arzt, den ihr auch schon kennt, bei einem Neurologen, sogar bei einem Psychologen ...", ergänzte Mutti. Das sei doch jetzt so im Detail nicht wirklich von Belang, tadelte sie der Vater. Da schaute Mutti streng vor sich hin, aber so, dass es aussah, als meinte sie mit dieser Strenge vor allem sich selbst.

„Kurz und bündig", fügte der Vater an, „wir wissen jetzt, was mit ihm ist, und warum er es uns manchmal so schwer macht."

Claudia senkte den Kopf und wartete. „Klara", sagte er nach einer Weile ungeduldig und hilflos. Ihre Mutti saß ganz still und konzentriert. Dann erklärte sie es ihnen.

„Euer Bruder hat eine sogenannte Minimale Cerebrale Dysfunktion", sagte sie. Der Vater wiederholte das bestätigend, und obwohl er gut Latein und Griechisch konnte, hörten sich die Wörter bei ihm an, als hätte er sie noch nie ausgesprochen. „Das bedeutet, er hat eine leichte geistige Behinderung", fuhr Mutti fort. „Eine leichte. Er ist ein bisschen behindert, aber nur ein bisschen. Ich werde mich ihm besonders widmen müssen."

Claudia verstand ihre Mutter nur halb, aber gleichzeitig hatte sie das komische Gefühl, alles schon einmal erlebt zu haben und deshalb gar nicht mehr so genau zuhören zu müssen.

„Euer Bruder muss von mir besonders viel Förderung bekommen. Versteht ihr das. Er kann nicht so gut lernen. Er ist auch oft nicht so vernünftig wie ihr. Das wissen wir ja schon länger, aber jetzt wissen wir warum. Er hat eine Minimale Cerebrale Dysfunktion, aber eben minimal, und wenn wir fest zusammenhalten, wird man es gar nicht merken. Ich werde für euch nicht mehr so viel Zeit haben. Aber ihr seid schon große Mädchen. Ihr könnt Rücksicht nehmen."

Vati lächelte erleichtert, aber auch erschöpft, obwohl doch Mutti die ganze Zeit gesprochen hatte. Sie redete auch noch ein bisschen weiter. Es sei wichtig, dass Andreas möglichst alles lerne, was normale Kinder lernen. Sie müssten um jeden Preis vermeiden, dass er in eine Sonderschule käme. Sie werde von nun an jeden Tag mit ihm arbeiten, schon bevor er in die Schule käme, auf die normale Schule vorbereitend, ob sie das verstünden. Damit er im Leben einen Fuß auf den Boden bekommen könne, bevor es zu spät sei, dafür. Vielleicht könnten sie es schaffen, dass Andreas von außen so wirke, als sei er normal.

„Ihr dürft es natürlich nicht weitererzählen."

Susanne straffte sich und sagte „Ja, natürlich!", und Claudia straffte sich und sagte „Ja, natürlich!" Sie ärgerte sich sofort, dass sie ihre Schwester automatisch nachgeahmt hatte, nicht nur in dem, was sie sagte, sondern auch wie. Das passierte ihr oft. Sie musste Susanne nicht einmal ansehen dafür, und manchmal kam es ihr vor, als ahme sie Susanne schon nach, bevor die etwas machte.

Auch ihre Eltern musste sie nicht ansehen, um zu wissen, wie sie jetzt schauten, so schwer lagen ihre Gefühle in der Luft. Claudias ganzer Kopf war angefüllt mit den Gefühlen der Eltern, so dass darin keine eigenen Gedanken mehr Platz hatten.

Ja, natürlich. Das sagte sie noch einmal in Gedanken zu sich selbst, weil sie es wirklich so meinen und nicht nur das Echo ihrer Schwester sein wollte, während es nebenan rumpelte, Bastian schrie, die Mutter schon hinüberlief und der Vater die Stühle behutsam an den Esstisch zurückstellte.

Claudia war einfach vor sich hin gestolpert, auch gedanklich. Jetzt wurde es schon dunkel. Die Amper schien ihr nicht mehr ganz so laut, vielleicht, weil sie sie zwischen den Stämmen, hinterm Gesträuch kaum noch sah. Diese Sache hatte sie sich nicht vorstellen wollen, schon gar nicht so ausführlich. Sie konnte ihre Gedanken also doch nicht so steuern, wie sie es sich wünschte.

Jetzt musste sie schleunigst nach Hause.

Sie lief den Pfad zurück, der hinter ihr lag und hoffte, dass er sich nicht gabeln würde, weil sie nicht wahrgenommen hatte, welchen Weg sie gegangen war. Aber wäre es so schlimm, sich zu verirren? Zuhause würde es niemand auffallen, wenn sie länger fortblieb als normal, schon weil in ihrer Familie niemand wusste, was für Claudia normal war und was nicht.

21. Kapitel
in dem es schmeckt wie direkt aus dem Himmel und Ludwig sich viel zu oft räuspert

Mari kann nicht herumsitzen, verzweifeln und Däumchen drehen, bis die Papiere vielleicht gefunden werden, vielleicht auch nicht. Und sie könnten in der Slowakei natürlich ein paar mehr Dinge brauchen, als sie mitnehmen konnten. Etelka fällt ihr ein, die vermutlich noch immer im Sanatorium ist – aber sie hat schon eine Weile einen Lebensgefährten, Szymon, den sie flüchtig kennengelernt hat. Er ist Fremdarbeiter in einer Schraubenfabrik, sie fand ihn nett, und Etelka hat ihr geschrieben, dass sie einander ihre Heimat zeigen wollen, sobald es geht. Also könnte sie Szymon bitten, ein paar Sachen aufzubewahren, um sie vor einer Plünderung zu retten – und vielleicht, wenn möglich, sogar irgendwann in die Slowakei zu bringen. Sie könnte etwas Kleidung und Hausrat zusammenpacken. Vielleicht etwas Schmuck, das Silberbesteck?

Aber Szymon ist Pole.

Natürlich denkt sie sofort an Ludwig – wie wütend ihn dieser Plan machen würde! Außer sich wäre er über solche Ideen, zu einem Polen Kontakt aufzunehmen, einem Polen Dinge zur Aufbewahrung zu geben.

Also ist die Sache mit Szymon kein guter Plan?

Sie hat Angst vor Ludwig, ja, und diese Angst droht ihr die letzten Kraftreserven auch noch zu rauben. Aber irgendetwas muss sie tun. Also sucht sie herum, stellt zusammen, packt kleine Kartons, die sie mit dem Kinderwagen transportieren könnte. Wenn sie sich anders besinnt, kann sie jederzeit alles wieder auspacken, beruhigt sie sich. Sie hat ja schrecklich viel Zeit, bis zum Siebenundzwanzigsten. Oder sie lässt die Kartons im Haus, versteckt sie im Keller. Vielleicht hat Ludwig recht, und Szymon hat tatsächlich diesen anderen Begriff von Ehre und Eigentum, der die Polen zu untauglichen Menschen und Geschäftspartnern macht?

Sie denkt darüber nach, was ihr das Wertvollste ist. Was nicht verloren gehen darf. Die Briefe, die Ludwig ihr als junger Mann geschrieben hat, noch vor ihrer Heirat, hält sie dreimal in der Hand, legt sie dreimal wieder zurück in den Sekretär. Dann werden sie doch in einem der vier Szymon-Kartons versenkt.

Ludwig hat ernsthaft darüber nachgedacht, die Einladung von Hans und Elsa anzunehmen und die Feiertage bei ihnen zu verbringen. Jetzt, wo Mari gar nicht da ist ... was soll er bei den Schwiegereltern? Wieder diese Leere spüren, die zwischen ihm und seinen Kindern wächst? Er ist auch in einem Zustand, den er in Tyrnau nicht gerne zur Schau stellt: Ständig befällt ihn diese Heiserkeit, dieses Zittern. Er kann sich auf kein Gespräch konzentrieren, nicht einmal ruhig sitzen, und Hans hat ihn bei ihrem zweiten Telefonat besorgt gefragt, ob er überhaupt verstanden habe, was er ihm auseinandersetzte: dass ihm nichts anderes übrig geblieben sei, als die Familienpapiere anzufordern. Dass Mari zurück nach Frankfurt sei, allein, um sie zu holen. Und dass nun nach allem, was er aus Frankfurt höre, die ganze Angelegenheit keinesfalls vor den Feiertagen erledigt sein könne.

„Das Polizeipräsidium ist ausgebombt."

„Ja."

Hans war einen Moment still.

„Hast du mich verstanden?!"

„Ja." Und Ludwig hat sich wieder so räuspern müssen, wie er es eigentlich hasst, mit dieser überlauten Härte, bevor er anfügen konnte: „Ich mache mir Sorgen."

„Na, das kannst du laut sagen! Wir auch!"

Und nun sitzt er dennoch zwischen Zsófia und der Schwiegermutter, ihre reichhaltige Fischsuppe löffelnd. Dafür hat er drei mehr oder weniger gute Gründe. Zum einen ist ihm sein Zustand in Gegenwart von Elsa und Hans mindestens ebenso peinlich wie im Haus der Schwiegereltern. Zweitens wäre es theoretisch möglich, dass Mari aus welchen Gründen auch immer doch schon heute zurückkehrt – dann muss er sie sehen, sprechen! Und drittens muss er mit Péter reden, noch heute. Darüber hat er viel nachgedacht. Er ist sicher, dass viel geholfen wäre, wenn er Péter zum Verbündeten hätte – oder wenn Maris Bruder ihm wenigstens halbwegs gewogen wäre! Zsófia hat stolz erzählt, dass Péter schon am ersten Feiertag wieder abreisen müsse, weil er als neuer Chefredakteur der Budapester Regierungszeitung dringend gebraucht werde. Man erwarte, dass er für die Silvesterausgabe einen politischen Leitartikel schreibe. Ludwig hat das nicht kommentiert. Wenn ihm seine Eltern ein Studium in Paris, Prag und werweißnochwo hätten finanzieren können, hätte er vielleicht auch ganz anders Karriere machen können! Aber er wird nicht mit seinem Schicksal hadern. Das ist unmännlich. Sinnlos.

Wie er es von Maris Familie kennt, sind sie auch heute rücksichtsvoll genug, in seiner Gegenwart fast ausschließlich deutsch zu sprechen. Und die Stimmung ist gut, vor allem dank der Begeisterungsstürme seiner Kinder. Natürlich gilt die Freude nicht etwa ihm, dem so lange abwesenden Vater, sondern den Köstlichkeiten auf dem Tisch und am Weihnachtsbaum. Rudolf und Klara applaudieren jeder neuen Schüssel, die hereingetragen wird.

Dieter will es genau wissen: „Was ist das für Gemüse in der Suppe? Omama, was ist das?“

„Das ist ein Stück Tomate, mein Kleiner.“

„Tomate! Tomate! Und das?“

„Paprika, glaube ich. Oder ein Stück Fisch? Karpfen?“

„Ich glaube, es war Fisch. Es schmeckt wie direkt aus dem Himmel!“

„Das ist sehr lieb von dir, Dieterle.“

Der kleine Heiner wandert derweil von Schoß zu Schoß und greint überfordert. Ludwig verzichtet darauf, seinen Jüngsten nun auch noch zu herzen, und lobt lieber den heimischen Wein, von dem er nur genippt hat. Er ist keinen Alkohol mehr gewohnt und möchte unbedingt nüchtern bleiben.

Ihm fällt auf, dass keins der Kinder, überhaupt niemand der Anwesenden nach Mari fragt. Haben Hans und Elsa ihnen erklärt, dass sie heute höchstwahrscheinlich nicht dabei sein wird? Haben sie es ihnen irgendwie schlüssig erklären können – so, dass sie es akzeptieren, im Gegensatz zu ihm?

Er unterhält sich mit seinem Schwiegervater, der noch immer ein sehr angenehmer Gesprächspartner ist, trotz seiner fortgeschrittenen Gebrechlichkeit. Gemeinsam lassen sie schöne Erinnerungen Revue passieren. Dann sprechen sie über die Alten Griechen, die erstaunlichen Ausgrabungen in Ägypten. Doch der alte Herr isst kaum einen halben Teller und muss sich schon entschuldigen. Er müsse sich ein bisserl zurückziehen. Sie sollten sich keinesfalls stören lassen. Natürlich drückt das dennoch die Stimmung. Auch Ludwig würde viel darum geben, dass der alte Herr länger lebt, als er es selbst voraussagt. Mari hat ihre Sanftmut von ihm, ihre Klugheit, Munterkeit. Obwohl, in letzter Zeit ...

Es läutet! Ja, unten an der Haustür hat es geläutet, und Ludwig hat es durch das Stimmengewirr nur gehört, weil er schon die ganze Zeit darauf gelauscht hat. Sofort setzt er das Wasserglas ab, ruft im Aufstehen „Ich gehe mal eben nachsehen!“, und läuft hinaus. Sie haben hier noch immer nur den primitiven Klingelzug an der Haustür, keine elektrischen Glocken, wie sie in Deutschland längst für jedes Mehrparteienhaus Usus sind. Und vielleicht ist sie es doch? Das ist nicht ausgeschlossen!

Außer Atem reißt er die Tür auf. Da steht ein schnauzbärtiger Mann um die fünfzig, der ihm prächtig gelaunt *Veselé Vianoce* wünscht. Dann starrt er ihm auf die Brust – und hebt die Augenbrauen. Ludwig erschrickt doch ein wenig. Er hat zwar den Rat von Hans und Elsa befolgt, in Zivil über die Grenze zu gehen – dennoch hat er für diesen Abend, für die Familie, sein Infanterie-Sturmabzeichen an die Brusttasche geheftet. Es ist nun nicht mehr zu ändern. Sie sollen sich nicht so anstellen, hier!

„Ebenso!“, antwortet er barsch und deutsch und tritt zur Seite. Der Mann zögert – dann passiert er ihn hoch aufgerichtet. Gemessenen Schrittes steigt er die Treppe hinauf. Damit er nicht hinter ihm herschleichen muss, schaut Ludwig noch vor die Tür und sieht die Straße hinauf und hinunter. Ihren Namen *Mesacná ulica* – Mondgasse – trägt sie noch immer zu Recht, so schlecht beleuchtet, wie sie ist. Natürlich keine Mari weit und breit. Eigentlich weiß er ja, dass sie heute nicht kommt.

Ludwig ist dreimal nach unten gerannt, hat jedes Mal Fremden die Tür geöffnet, als es endlich Nachtisch gibt: die unvermeidlichen Beugel, mit Mohn- und Nussfüllung. Die Kinder sind außer Rand und Band. Er ruft sie zur Ordnung. Aber auch Péter genießt das Zuckerzeug über die Maßen. Wann wird er sich endlich mit ihm zum Gespräch zurückziehen können? Die Schwiegermutter weiß nichts Besseres zu tun, als ihrem Sohn zwei weitere Kuchenscheiben auf den Teller zu häufen!

„Musst du denn wirklich morgen schon abreisen, Peti?"

„Ach, Anyu ... Es zerreißt mir das Herz! Ich würde so viel lieber hier bei euch bleiben, als diesen vermaledeiten Leitartikel zu schreiben!"

„Aber du bist vorsichtig, mein Schatz, wenn du deinen Artikel formulierst?"

„Ich weiß gar nicht, was du meinst. Ich werde mich schon nicht an meiner Druckerschwärze vergiften."

Réka und Zsófia lachen vorsichtig und vermeiden es, in Ludwigs Richtung zu sehen. Er tut, als wüsste er nicht, wovon die Rede ist. Und kaum legt Péter endlich die Kuchengabel beiseite, schlägt er ihm vor, sich auf eine Zigarre in den Wintergarten zurückzuziehen.

Péter schnauft und zögert. Seine Lider hängen müde. Dann brummt er Unverständliches, erhebt sich träge, geht voraus.

Sie setzen sich in die Korbsessel am runden Glastisch, während Ludwig schon das Zigarrenetui aus der Jackentasche zieht und seinem Schwager eine der Havannas hinhält, die er gestern nur für diesen Zweck erstanden hat. Er ist froh, aus dem engen, überwärmten Esszimmer herauszukommen. Sein Gesicht brennt, die Haare kleben.

Péter lächelt, nickt.

Sie rauchen.

„Wie geht es dir in deiner neuen Funktion?", fragt Ludwig, um etwas zu sagen, und bereut es sofort. Natürlich ist dieser Start ins Gespräch mehr als ungeschickt – aber was Plaudereien betrifft, ist er, im Gegensatz zu seinem Gegenüber, leider noch immer ungeübt.

„No, sagen wir ... unter anderen Umständen wäre es die Stellung meiner Sehnsüchte. Unter den gegebenen Umständen ist sie es nicht."

„Das interessiert mich sehr", beeilt sich Ludwig, zu behaupten. „Aber lass uns das Thema ein andermal vertiefen. Ich will ganz offen mit dir sein. Ich will keinen Unfrieden. Im Gegenteil. Ich will, dass diese ganze Familie den Krieg heil überlebt."

„Das wäre allerdings wünschenswert. Und wie geht es dir? Du bist doch auch journalistisch tätig? Schreibst du noch für dieses ... dieses Blatt?"

„Du meinst *Das Schwarze Korps*? Nein."

„Warum nicht?"

Ludwig hat dieses Gespräch in seinen Gedanken viele Male exerziert, hat sich überlegt, was er tut, wenn es in eine falsche Richtung läuft, er sich provoziert fühlt, die Brust eng wird, das Herz sich ballt, um dann umso heftiger zu schlagen. Und so klopft er einfach die Asche ab. Schweigend. Dass seine Hände zittern möchten, spürt nur er allein.

„Anderer Stellungsbefehl", murmelt er.

„Welcher?"

„Partisanenbekämpfung."

„Wo?"

„Ukraine."

„Da ist es vielleicht von Vorteil, nicht berichten zu müssen. Oder täusche ich mich?"

„Péter, ich möchte heute über etwas ganz anderes mit dir reden. Hast du schon mit Mari telefoniert, seit sie hier ist?"

„Ja, sicher."

„Dann wirst du über ihre Zukunftspläne unterrichtet sein?"

„Soweit ich weiß, will sie hierbleiben."

„Dann wirst du dir denken können, dass das unsere Familie zerstören wird.“

Jetzt ist es Péter, der schweigend die Asche abklopft und die Antwort hinauszögert. Er zieht die Luft scharf ein, stößt sie wieder aus.

„Ich kann nachvollziehen, dass du mit ihr und den Kindern nur ungern hier lebst. Das wäre für dich gefährlich, nicht wahr? Ich kann auch gut verstehen, dass du deine Ehe retten willst. Aber wenn ich an Mari und die Kinder denke, ist das, ehrlich gesagt, nicht meine größte Sorge. Meine größte Sorge ist momentan, dass sie als verkohlte Leichen enden könnten, wenn sie nach Frankfurt zurückkehren.“

„Sie könnten im Hessischen aufs Land. Ich verstehe nicht, warum Mari das nicht will. Du weißt, was die slowakischen Partisanen mit Menschen machen, die deutsche Namen tragen? Oder berichtet ihr in eurer Zeitung darüber nicht?“

„Wir berichten darüber, selbstverständlich. Du vergisst, dass wir noch immer eure Verbündeten sind. Es schadet übrigens nicht, ab und zu eine ausländische Zeitung zu lesen. Das weitet den Horizont ungemein.“

„Ob es den Horizont erweitert, wage ich zu bezweifeln, aber als Mitglied der Propagandakompanie habe ich selbstverständlich ausländische Zeitungen gelesen. Auch wenn es schwerfiel, die Lügen der feindlichen Presse zu ertragen!“

Péter wirft ihm einen kurzen, wie ihm scheint, spöttischen Blick zu und beschäftigt sich ausführlich mit den kleinen, aber sehr aromatischen Walnüssen aus Szuha, die lose auf dem runden Tischchen herumliegen. Dreimal greift er mit dem schweren Nussknacker zu, schiebt sich zwei Nüsse auf einmal in den Mund und zermalmt sie rumpelnd. Ludwig atmet tief durch. Seine Linke, die er unwillkürlich im Schoß geballt hat, versucht er zu entspannen. Natürlich ist genau das passiert, was er verhindern wollte. Er hat sich in eine politische Diskussion hineinziehen lassen. Sein Schwager hat nicht das Recht, ihn zu schulmeistern, so bequem und sicher, wie er in seinem Redakteurssessel sitzt! Dennoch darf er sich jetzt nicht weiter von seinem Ärger hinreißen lassen. Seine Strategie, Péter gegenüber, ist zwar maximale Offenheit – aber nur im Persönlichen. Nicht im Politischen.

Er räuspert sich. Zu laut.

„Vielleicht hast du recht, wenn du meinst, dass ich meine Familie auch aus egoistischen Gründen nicht hier in der Slowakei sehen will. Aber doch nicht nur! Die Kinder müssten ohne Vater aufwachsen. Mari hätte es wirklich schwer, im katholischen Tyrnau, in vielfacher Hinsicht! Und auch ohne meine Gegenwart wären sie alle fünf weiterhin gefährdet, ein Opfer der deutschfeindlichen Partisanen zu werden. Sich ausgerechnet hierher zu evakuieren – das ist Wahnsinn!"

„Manchmal kann man Wahnsinn nur mit Wahnsinn beantworten! Übrigens bin ich überzeugt, dass auch Mari unter der Trennung sehr leiden würde. Einzelheiten kenne ich nicht, aber ihr beiden scheint euch da in eine scheußliche Sackgasse manövriert zu haben, habe ich recht?"

„Vielleicht kann man das so ausdrücken."

„Und warum meinst du, ausgerechnet ich könnte euch helfen, wieder hinauszukommen?"

„Es ist schon viel geholfen, wenn du ihr nicht zurätst, hierzubleiben. Wenn du ihr nicht etwa einredest, dass sie es hier alleine schaffen kann."

„Sie ist nicht allein hier. Sie hat ihre Familie."

„Meinetwegen. Dennoch muss jedem vernünftig denkenden Menschen klar sein, welche Folgen ihre Entscheidung hätte. Gerade auch für ihre ganze Großfamilie hier! Wenn ihre deutschen Kinder gefährdet sind, seid ihr es alle – gerade *wenn* ihr zusammenhaltet. Damit meine ich nicht nur deine alten Eltern, auch Zsófia. Und deine eigene, künftige Familie."

„Wir hätten ein Risiko zu tragen, ja! Aber was macht das noch, in diesen Zeiten?"

Sie haben beide ihre Zigarren abgelegt und sehen zu, wie sie verlöschen, ohne sich anzublicken. Ludwig seufzt unwillkürlich auf. Ihm wird bewusst, dass er den Kopf schon die ganze Zeit viel zu sehr hängen lässt, und schlimmer: dass ihm das völlig einerlei ist. Schon in der Grundausbildung hat man ihnen eingebläut, auf die Körperhaltung zu achten, auf einen siegesgewissen, energischen Blick – und wie hängt er hier herum? Er hat sich seinem Schwager ausgeliefert. Er kann nicht mehr kämpfen, wie er es gelernt hat. Es ist schon egal, was er sagt.

Augen zu und durch.

Er räuspert sich – egal wie laut.

„Ich kann nicht auf meine Frau verzichten. Ich sorge mich so sehr um sie. Ich kann nicht ohne sie, glaub m... m..."

Dieses dämliche Stottern! Und er flüstert nur noch.

„... oder glaub mir das nicht."

Er spürt Péters Pranke auf seinem Unterarm und kann nicht verhindern, dass er zuckt. Sein Schwager nimmt sie wieder fort.

„Ich höre heraus, dass dich der Krieg verändert hat", sagt er. „Das geht mir genauso, und dafür muss sich niemand schämen. Ich mache dir einen Vorschlag. Ich werde Mari nicht sagen, dass sie hierbleiben soll. Ich werde kein Öl ins Feuer gießen und mein Schandmaul halten. Die letzten Jahre haben mich zum Meister im Maulhalten ausgebildet, das kannst du mir glauben! Da bekomme ich es in dieser Sache auch noch hin."

Ludwig nickt mechanisch und versucht zu begreifen, während Péter rasch noch eine Nuss knackt und sich den dunkel bröselnden Kern in eine Backentasche schiebt.

„Was hältst du davon, wenn wir wieder nach drüben gehen? Deine Kinder werden dich schon vermissen ..."

Es liegt Ludwig auf der Zunge, zuzugeben, dass er daran nicht glaubt.

22. Kapitel
in dem Peter eine Karte schreibt

Mari voran, Ludwig hinterher, so laufen sie schweigend hintereinander, weil der Weg nur schmal geräumt ist. Jedes Zweiglein ist bis in seine feinsten Verästelungen mit einem weiß zerfransten Strich liniert, und durch dieses rührend genaue, weiche Gewirr sieht Mari auf die schmale Trnavká, die unter den ersten Eisschollen fließt. Sie ist lange genug verzweifelt gewesen. Jetzt ist sie wieder zuhause und will sich ihr Glück nicht nehmen lassen! Auch wenn sie versteht, was Ludwig bedrückt.

Sie macht kurze, schnelle Schritte, und er ist diesmal langsamer als sie. Papa hat ihm seinen Wintermantel geliehen, die Stiefel sind von Péter und zu groß, selbst mit dicken Socken. Vorhin, als sie aufbrachen, hat sie gesehen, dass er in ihnen ziemlich herumeiert, aber alle hier haben ihn beschworen, nur ja nicht im SS-Mantel, in seinen hohen Stiefeln herumzulaufen. Gerade in Trnava, Tyrnau, Nagyszombat gewinnt die Partisanenbewegung immer mehr Anhänger.

Als sie zur Kirche des Heiligen Jakob einbiegen, können sie wieder nebeneinander gehen. Die Straße ist ziemlich glatt.

„Es tut mir so leid, Ludwig, dass ich dich verletzen muss, aber ich muss hierbleiben, ich spüre das in jeder Faser, und ich habe dir ja erzählt, wie es in Frankfurt zugeht! Dass die Papiere noch aufgetaucht sind, und dass ich heil hier gelandet bin, war pures Glück. Ich danke Gott dafür. Ich werde das nicht noch einmal aufs Spiel setzen."

„Ich habe verstanden. Und übermorgen bist du mich ja los."

„Ich freue mich nicht, wenn du wieder einrücken musst."

Sie erreichen den Stadtturm, und Mari erinnert sich, wie sie vor Jahren hier zusammen promenierten, auf der Suche nach einem Weihnachtsgeschenk für Papa. Sie hatten sich gerade erst kennengelernt, aber er hatte erklärt, sich an dem Geschenk unbedingt beteiligen zu wollen, wohl um ihr nahe zu sein. Da hat er über die prachtvollen Kirchen an jeder Ecke gestaunt, aber auch ein wenig gelästert.

„Was für ein Kontrast zu diesen Häusern!“, hat er gesagt, weil man hier so einfach wohnt, höchstens zweistöckig, ohne modernen Komfort. Sie hat es mit Humor genommen. Sie liebt ja genau das. Die Straßen sind weit und still, in ihrem Städtchen. Alles ist warm, luftig, locker, weiche Pastellfarben an allen Fassaden, am mickrigen Lehmhaus genau wie an der himmelhohen Kathedrale des Heiligen Johannes, an der sie jetzt vorüberkommen. Ihre schmucken, barocken Türme wurden noch einmal verlängert, mit goldenen Doppelkreuzen, die verspielt ins klare Blau stechen, als wäre das ein Spaß flatternder Engel, wie man sie drinnen findet. Nagyszombat, das ist ihre dörfliche Stadt mit Anschluss an den Himmel. Man hat hier keine Angst, nicht einmal Ehrfurcht, denkt sie und glaubt jetzt sogar, dass sie hier über alles sprechen kann, auch über Dinge, an denen sie anderswo verzweifelt.

„Kann mir denn niemand sagen, wann dieser Krieg endlich vorüber ist!“, ruft sie.

„Ich nicht. Und weißt du, ob der Frieden nicht noch viel furchtbarer wird? Für dich vielleicht nicht, das kann sein.“

„Was raunst du da wieder herum, ohne deutlich zu werden? Was soll für dich nach dem Krieg so furchtbar sein?“

„Es gibt Dinge, die man nicht erzählen kann.“

„Du meinst, dass du Menschen töten musstest?“

Er antwortet nicht.

„Aber gehört das nicht dazu, wenn man Soldat ist? Hast du es nicht von Anfang an in Kauf nehmen müssen?“

Er schwimmt wirklich, in den zu großen Schuhen. Gerade weicht er ungeschickt einer vereisten Pfütze aus, läuft mit ängstlich gesenktem Kopf neben ihr her und scheint ihre Frage nicht wahrgenommen zu haben. Sie machen noch den Weg über den Nikolaus-Dom. Nehmen eine Abkürzung durch ein ungeräumtes Sträßchen, stapfen nebeneinander durch den Schnee, der hier eine gelbliche Kruste hat.

„Ich habe nicht für möglich gehalten, dass wir so gedankenlos töten sollen“, sagt er plötzlich.

„Gedankenlos?“

„Wie wenn man eine Wiese mäht.“

Sie bleibt stehen, sieht ihn an. Er schaut zu Boden. Räuspert sich hart.

„Also, natürlich ist alles begründbar", murmelt er. „Wenn man die große Sache sieht, das Ziel, muss man Dinge tun, die scheußlich scheinen. Nicht wahr."

Er hebt den Blick. Sie sieht seine Panik.

Sie läuft so schnell weiter, dass er ihr kaum folgen kann. Was soll sie sagen? Muss sie überhaupt etwas sagen – ist es nicht seine Sache, seine Schuld?

„Wenn du jetzt wieder einrückst, Ludwig ... Du hast gesagt, deine Truppe wird nach Jugoslawien versetzt. Soll das denn dort so weitergehen?"

„Ja. Dieselbe Verwendung. Wir gelten jetzt als erfahrene Partisanenbekämpfer."

Sie erreichen eine geräumte Straße. Hinten an der Fleischerei sieht sie eine Frau in ihrem Alter, die ihnen entgegenkommt, an der Hand ein Kind, und Mari wendet ihr Gesicht schnell zu Seite, weil sie sich kennen. Sie sind gemeinsam zur Schule gegangen. Sie will jetzt keinen Plausch – oder würde ihn schon wollen, schiebt es aber lieber auf. Sie wird noch oft durch diese Straßen laufen, tröstet sie sich. Sie wird noch viele alte Bekannte treffen, mit einigen ins Kaffeehaus gehen.

Katalin und ihr Kind laufen auf der anderen Straßenseite, und sie wartet ab, bis sie vorüber sind.

„Also ich, an deiner Stelle, würde mich ja verirren, auf dem Weg nach Jugoslawien."

Er lacht bitter auf. „Das Problem habe ich leider nicht!"

„Ja. Aber in einem so fremden, großen Land könntest du es einmal haben. Oder nicht?"

„Auf Desertion steht der Tod, das weißt du."

„Du desertierst doch nicht! Du meldest dich irgendwo, bei einem anderen Regiment, ganz verzweifelt. Du erklärst ihnen, dass du deine Kameraden leider nicht finden konntest. Mit ein bisschen Glück haben sie dort eine harmlosere Verwendung für dich."

„Dafür bräuchte es gewaltig viel Glück! Unsere Fernsprechbetriebstrupps funktionieren immer noch gut. Der Befehlshabende gibt meiner Truppe Bescheid – und die schicken einen Wagen, holen mich ab, wenn es sein muss!“

„Seid ihr noch immer so korrekt!“

Er verzieht das Gesicht zu einer leidenden Grimasse. „Das ist so typisch, dass du mir sowas vorschlägst.“

„Das ist mein slawisches Blut, ich weiß. Du kannst ja mal Inge fragen. Die hat bestimmt eine deutschere Idee.“

„Glaub mir doch endlich, dass ich keinen Kontakt mehr zu ihr habe. Abgesehen davon: Sie hat mehr rumänisches Blut als deutsches.“

„Ach was!“ Sie muss lachen. „Wirklich? Das ist nicht dein Ernst!“

Da läuft schon wieder eine Familie, die sie kennt, was wenig erstaunlich ist, weil sie sich dem Elternhaus nähern. Es sind fast Nachbarn, und sie grüßen. Mari grüßt zurück, wechselt ein paar ungarische Sätze mit ihnen, nimmt ihre Blicke auf Ludwig wahr und spürt, wie Ungeduld und Ärger in ihm hochsteigt. Also tut sie, als wäre es nichts Besonderes, dass sie hier ist, damit es schneller geht. Sie behauptet auch, ihrem Vater eine dringende Medizin bringen zu müssen.

Als sie vorbei sind, hakt sie sich locker bei ihm unter. So gehen sie die letzten Schritte nach Hause.

„Vielleicht sollte ich froh sein, Mari, dass du noch immer so eifersüchtig bist. Und dass du darüber lachen kannst. Sind das nicht gute Zeichen, für unsere Zukunft?“

Auf dem Küchentisch liegt ein ganzes Schwein, an dem sich ein Metzger und Omama zu schaffen machen, schon seit Stunden. Rudolf steht ab und zu in der Tür und schaut ihnen zu, weil er dem Ergebnis entgegenfiebert. Sein Papa hat heute Morgen zu Omama gesagt: „Übertreibst du nicht? Wer soll so viel Fleisch essen?“, aber Rudolf war sich sicher, dass sie das hinbekommen und hat versucht, Papa zu beruhigen: „Sie haben ja auch Kartoffeln hier.

Und so viel großartiges Gemüse. Wir essen nicht immer nur Schwein!" Der mahnte ihn streng, es mit der Fresserei nicht zu übertreiben. Klar, das muss er machen, als Papa. Sie sind ihn nur nicht mehr gewöhnt. Rudolf wird dennoch tüchtig zulangen können, ohne von Papa gestört zu werden, weil der mittags schon wieder abgefahren ist.

Sie waren zu fünft mit am Bahnhof und redeten ziemlich wenig. Auch Rudolf fiel nichts ein, was er hätte sagen können, aber zum Abschied haben Papa und Mutti sich einen langen Kuss gegeben.

„Hast du das gesehen!", sagte er später zu Dieter. „Die lieben sich wie am ersten Tag! Was du dahergeredet hast, dass zwischen Mutti und Papa was nicht stimmt, das war Quatsch. Hinterher hat sie sogar ein Gedicht geschrieben, ich habe es genau gesehen."

„Und? Hast du's gelesen?"

„Man schaut nicht in die Privatsachen von anderen Leuten, merk dir das mal."

Schon als sie vom Bahnhof zurückkamen, roch die Wohnung herrlich. Und jetzt geht es endlich los. Omamas Haushaltshilfe, die Kitti heißt, deckt den Tisch, und Omama steht im Dampf und gibt ihnen auf, so viel sie wollen. Es gibt Bauchspeck mit Kraut und Püree. So glücklich ist er lange nicht gewesen. Wenn es nach ihm geht, bleiben sie für den Rest ihres Lebens hier, zumal es in Opapas Zimmer ein riesiges Bücherregal gibt. Die meisten Bücher sind in Ungarisch geschrieben, das wird schwer. Deutsches ist aber auch dabei, und in der Stadt gibt es eine deutsche Buchhandlung.

Er wird natürlich weiter Ungarisch mit Mutti lernen, auch Slowakisch, weil er das für die Schule braucht. Eigentlich lernt er für sein Leben gern, solange man ihn einfach machen lässt. Vielleicht klappt das in der Tyrnauer Schule besser als in Frankfurt? Die olle Lehrerin dort war allen Ernstes der Meinung, er müsse nach ihrer Pfeife tanzen, und auch seine Kameraden haben ihn genervt. Dieter und Klara haben gesagt, sie vermissen ihre Freunde in Frankfurt und machen sich Sorgen um sie. Wenn man keine Freunde hat, kann einem das schon mal nicht passieren.

Schade, dass Opapa so krank ist. Schon kurz nach ihrer Ankunft hat er seinen neunundsiebzigsten Geburtstag gefeiert, und Rudolf hat ihm gratuliert und sich gefreut: „Dann wird das nächstes Jahr ein runder!“

„Den werde ich nicht mehr erleben“, hat Opapa geantwortet. Rudolf wusste gar nicht, was er sagen sollte. Omama und Kitti machen dem Opa Brustwickel, stopfen ihm das große Kissen unter den Oberkörper, damit er aufrecht liegt oder nehmen es wieder heraus, wenn er meint, dass er vielleicht schlafen kann. Mutti sitzt auch viel bei ihm. Sie liest ihm vor, zum Beispiel die Zeitungen, die ungarische, die slowakische, die deutsche, obwohl Omama dagegen ist. Er regt sich zu sehr auf, sagt sie. Aber er will es so, und Mutti sagt, sie möchte ihm jetzt alle Wünsche erfüllen.

Rudolf wird ihn fragen, ob er ihm auch was Deutsches vorlesen darf. *Das Schwarze Korps* gibt es in diesem Haushalt leider nicht, das hat er in Frankfurt gern gelesen, wenn Mutti nicht in Reichweite war. Sie hat Papas spannende Zeitschrift immer im Regal versteckt. Natürlich hat er sie nach einer Weile gefunden.

Zusammen mit Dieter und Klara geht er jetzt also jeden Morgen in die Deutsche Schule, gleich hinter dem Stadtturm am Marktplatz. Klara hat zur Einschulung eine Zuckertüte bekommen, als wäre das das Normalste von der Welt! Mutti sagt, er kommt nächstes Jahr in Pozsony, also Preßburg, ins Gymnasium. Das klingt nicht schlecht! Sie hatten erst einmal Fliegeralarm, und da war er sinnlos, weil es keine Bunker oder auch nur Schutzräume gibt. Sie sind einfach vor das Schulgebäude gegangen, in den kleinen Park, und haben den beiden Fliegern zugesehen. Der eine hat den anderen gejagt und abgeschossen, nur konnte er die Flugzeugtypen leider nicht erkennen, weil es so schnell ging und die Sonne blendete. Die Lehrerinnen und die Klassenkameraden waren wirklich komisch aufgeregt. Nur Dieter und er haben gesagt: „Meine Güte! Das ist Kinderkram ...“

„Woran merkt man, dass man alt wird, Opapa?“

„Klári, was stellst du für Fragen! Leider merkt man es erst, wenn es passiert ist. Und es geht sehr schnell. Aber du musst dich nicht davor fürchten."

Klara sitzt mit ihrem Opa im Wintergarten, wie jeden Abend, damit er den Verband an ihrer verbrannten Hand wechseln kann. Sie hat Pufi, das schwarzweiße Kätzchen, unter dem Schrank im Wohnzimmer hervorholen wollen. Sie hat sich dabei mit der Linken am glühenden Ofen abgestützt, das war nicht sehr schlau. Sie wird dem Ofen nie wieder zu nahe kommen. Aber sie mag es sehr, wenn Opapa sie mit sich nimmt, um den Verband zu wechseln.

„Schaun wir mal ...", sagt er und lächelt sie an, als würde sich unter ihrem Verband etwas ganz besonders Spannendes verbergen. Dann zieht er die silberne Spange und wickelt die Binde ab, ganz langsam, obwohl er es auch schneller könnte, da ist sie sich fast sicher. Wunden brauchen Zeit. Das hat er ihr als Erstes gesagt, noch vor dem ersten Verband, als sie noch ganz und gar erschrocken war, nichts als erschrocken auf ihre Handfläche starrte, auf der sich Blasen hoben wie fremde, pflanzliche Wesen, die wirklich nicht zu ihr gehören konnten. „No, das bekommen wir hin", sagte er damals. Jetzt trägt er die braune Salbe auf, nimmt eine neue Verbandsrolle aus dem Karton und wickelt. Steckt das Ende mit der Spange fest. Schnaufend lehnt er sich dann in seinem Ohrensessel zurück und sieht sie nachdenklich an.

„Vielleicht merkst du früher als ich, dass du alt wirst, wenn ich dir zeige wie. Du wirst zwar nicht viel dagegen machen können. Willst du es trotzdem wissen?"

Das will sie unbedingt!

Er beugt sich zu ihr, fasst ihre unverbundene Rechte und nimmt vorsichtig ein wenig Haut von ihrem Handrücken zwischen Daumen und Mittelfinger. Die hält er einen ziemlich langen Moment fest – und lässt wieder los.

„Schau genau hin. Was ist mit deiner Haut passiert?"

Sie schaut und schaut. Sieht ihn ratlos an.

„Ganz genau: Es ist nichts passiert! Und jetzt mach ich bei mir das Gleiche."

Er legt seine Linke vor sie auf den kleinen, runden Tisch. Sie hat sie noch nie so angesehen. Opapas Hand hat vier dicke, blaue Adern, dazwischen ein enges Fältchenmuster, unendlich viele Zeilen kreuz und quer, die alle im Nichts enden. Wie vorher bei ihr zieht er Haut nach oben, aber es sieht so aus, als hätte er sehr viel davon, und auch zwei Adern werden zwischen Daumen und Zeigefinger gequetscht. Er hält sie fest. Lässt wieder los – und ein scharfer Grat sinkt langsam auf die Hand zurück.

„Was siehst du?"

„Es ist noch etwas da. Wie eine Brücke."

„Das hast du schön gesagt, Klári. Ab heute kannst du diesen Versuch immer wieder bei dir machen, damit du es nicht verpasst, wenn du alt wirst. Schau: In meiner Hand ist noch immer eine deutliche Spur! Und wir werden jetzt nicht darauf warten, dass sie ganz verschwindet, sondern lieber zurück zu den anderen laufen."

Lieber Ludwig,

wie habe ich mich über deinen Brief gefreut! Obzwar ich lange genug auf ihn warten musste und schon voller Sorgen war. Wenigstens von Dir gibt es vorerst Gutes zu berichten, wenigstens das. Ein bisschen habe ich schon gestaunt, dass Du nun in Italien gelandet bist statt in Jugoslawien und habe mich gefragt, was einen sonst ganz ausgezeichneten Orientierungssinn so vollkommen durcheinander bringen konnte. Beinahe könnte man denken, dass Du wieder irgendwelchen brünetten Frauen nachgelaufen bist, um verschiedene Ecken, statt am Weg zu bleiben. Und nun gibt es Schwierigkeiten mit dem Nachschub für diesen Fernsprechbetriebtrupp, von dem Du schriebst? Man konnte Deinen ursprünglichen Sturmstrupp gar nicht benachrichtigen? Das tut mir sehr leid, aber es gibt Schlimmeres, wie wir wissen.

Leider sind hier zwei von diesen schlimmen Dingen vorgefallen. Das eine wirst Du schon erahnen können. Papa ist am Sonntag vor zweieinhalb Wochen gestorben. Am Begräbnis sind so viele Menschen gewesen, dass wir den Überblick verloren haben und nun mit dem Schicken von Karten und Briefen völlig überfordert sind. Natürlich waren da viele ehemalige Patienten, aber auch Freunde aus Preßburg, Budapest – sogar zwei Studienkollegen aus Wien mit ihren Familien. Anyu war schon vor Papas Tod sehr geschwächt. Ich hatte ihr ja auch mit unserem Überfall zu fünft einiges zugemutet. Also habe ich mir gemeinsam mit Kitti und Zsófia viel Mühe gegeben, ihr zu helfen. Dennoch haben wir immer wieder Grund, uns auch um meine Mutter ernstlich Sorgen zu machen, und das liegt auch an dem zweiten Vorkommnis.

Wir hatten uns gerade etwas gefangen, da rief am vergangenen Montagmorgen Réka an. Um fünf Uhr in der Früh haben mehrere Herren von der Gestapo an ihrer Budapester Wohnung Sturm geklingelt! Und sie haben Péter mitgenommen, zu einem Verhör! Wir waren Alle fassungslos, haben aber noch fest damit gerechnet, dass er am selben Tag wieder erscheint. Das ist nicht geschehen. Vier Tage ist das her. Ich wüsste sehr gern, was Du darüber denkst. Sicher hast Du mitbekommen, dass in den ersten Märzwochen deutsche Kräfte auf Ungarn einmarschiert sind und eine neue Regierung eingesetzt haben, weil die alte nicht pariert hat, wie sie sich das vorgestellt haben. Was Péter betrifft, geht es ihnen offenbar um den Silvesterartikel in der „Magyarország", in dem aber nichts Schlimmes stand! Er hat nur geschrieben, dass er sich Frieden wünscht, wie die meisten Ungarn, wie eigentlich Alle, und dass inzwischen viele Ungarn der Meinung sind, es wäre besser, aus dem Bündnis mit Deutschland herauszutreten, wenn das irgendwie möglich sei. Er hat auch geschrieben, dass er sich bewusst ist, dass das sehr schwierig wird. Péter ist doch kein Staatsfeind, kein Verbrecher! Ich denke ja, dass sie ihn bald freilassen werden, aber es macht mir auch Angst, wie Réka und uns geantwortet wird, wenn wir uns nach ihm erkundigen. Das Verhör sei noch nicht beendet, noch lange nicht. Sie hätten viel zu tun, er sei schließlich nicht der Einzige. Es habe überhaupt keinen Zweck, nachzufragen, wir sollten es sein lassen. Es ist wie eine kalte Mauer.

Réka ist natürlich außer sich, und das in ihrem Zustand. Die Geburt wird ja nicht mehr lange auf sich warten lassen. Wenn er morgen nicht zurück ist, rufe ich Hans an, so peinlich es mir ist, ihn schon wieder um Hilfe bitten zu müssen. Wenn Du eine Idee hast, wie wir Peti helfen können, schreib mir unbedingt.

Den Kindern geht es soweit gut. Rudolf steht in der Schule überall auf eins, außer in Slowakisch. Auch Dieter und Klara fühlen sich wohl, und Du musst dir keine Sorgen machen, dass sie nicht richtig deutsch schreiben lernen, sie haben hier gerade so deutsche Lehrerinnen wie in Frankfurt, wo ja sowieso keine Schule mehr auf ist.

Bleib bitte gesund und vorsichtig. Sollten sie Dich doch wieder zum Wiese-Mähen abkommandieren, schreib mir das ohne Zögern, vielleicht habe ich wieder eine meiner slawischen Ideen. Ich muss mir ja so und so meinen Kopf zermartern.

Grüße und Küsse auch von Rudolf, Dieter, Klara, Heiner, Anyu, Zsófia, Réka ... hoffentlich sehr bald auch wieder von Peti!

Deine dich liebende Mari

Im April bringt Réka eine Tochter zur Welt. Sie gibt ihr den Namen Petra.

Wenige Tage später ruft sie in Trnava an: Sie hat eine Karte von Peti bekommen! Sie kommt aus einem Lager in einem Ort namens Mauthausen. Mari ist am Apparat, und Réka liest sie ihr vor:

Liebe Réka,

bin gesund und munter. Für Sorgen besteht kein Anlass, denn ich werde hier ausnehmend anständig behandelt. Im Übrigen bin ich zu der Überzeugung gelangt, dass ich beim Arbeitsdienst durchaus Nützliches lernen kann. Ich hoffe, es geht Euch allen gut.

Viele Grüße

Dein Peter

„Das klingt doch ... tröstlich!“, sagt Mari.

„Ja. Und nein.“

„Du meinst, weil er auf Deutsch schreibt?“

„Das auch. Und er schreibt so fremd ... Das ist doch nicht sein

Stil, zu kurz angebunden, zu steif! Er fragt auch nicht nach dem Kind. Er kennt doch den Geburtstermin. Und auf dem *Peter* fehlt der Akzent!"

„Das ist seltsam, ja. Ist es denn seine Schrift?"

„Das schon. Da bin ich mir sicher."

„Das ist doch viel wert!"

„Ja. Aber – Mauthausen? Man hört hier nichts Gutes über diesen Ort. Ich weiß nichts Konkretes ... Eigentlich weiß ich nichts. Hast du denn über Hans etwas erfahren können?"

„Er wollte sich vorsichtig nach Péter erkundigen. Vielleicht ist die Karte schon eine Folge seiner Nachfrage? Aber er hat leider auch gesagt, dass er nichts machen kann."

Was Hans noch angefügt hat, sagt sie ihr nicht: „Das ist nicht mein Bereich. Gott sei Dank."

III

Und warum hast Du mir das Alles gezeigt? Ich wollte doch nur ein bisschen hinter den Vorhang gucken, wo das Leben verborgen ist.

23. Kapitel in dem jemand jemanden ruft, ohne dass jemand zu sehen ist

Als wollten sie sich sonnen, so strecken sich die schmiedeeisernen Schnörkel entlang der Oberkante des Gartentors. Ein liegendes S, das sich zum Spaß an beiden Enden eindreht. Und dieses S spiegelt sich in der Mitte, also sind sie zu zweit. Das ist hübsch! Aber das Tor ist auch sehr niedrig, sehr einfach, und die Kinder hören nicht auf, sich zu wundern, denn gleich dahinter führt eine einzige, weiße Stufe zum Eingang, dann ist auch das Haus selbst so niedrig, so klein – es ist mehr eine Hütte als ein Haus! Den Eingang beschirmt bloß ein dünnes Wellblech. Kann das wirklich Muttis Sommerzuhause sein, das Landgut in Szuha, von dem sie immer mit verliebten Augen geschwärmt hat?

Omama öffnet die grünen Holzläden. Verheißungsvoll lächelnd schließt sie die Tür auf, und kaum tauchen sie in das dunkle Innere, das feucht und etwas säuerlich riecht, beginnt sie zu erklären:

„Die Wände sind alle aus Lehm. Deshalb wird man hier nicht krank, wirst sehn. Da geht es in die Küche. Hier in den Kelterraum. Und dort werdet ihr schlafen, meine Kleinen, alle zusammen, jawohl. Jetzt geht es in den Garten, schaut!"

So viele Rosen!

„Das gehört sich so, im Rosental."

Sie laufen hier und da herum, in dem hohen, dichten Spalierlabyrinth, und die Farben, die Düfte ziehen ihnen ganz automatisch die Mundwinkel nach oben. Sie ziehen schneeweiße, elfenbeinweiße, hellrosa Blüten zu sich heran und versenken die Nasen in deren Tau. Kleine und kräftige Dornen prüfen sie mit den Fingerkuppen. Wenn sie weiterlaufen wollen, bleiben sie manchmal mit ihren Hemden hängen und manchmal nicht. Die Rosenstöcke fügen sich zu Wänden, zu einem Dach, nehmen sie gefangen, mit dem schüchtern cremigen Duft einer gelben Rose, dann dunkelroter Süße, dann einem aufregenden rosa Prickeln. Überall Knospen, frische Blüten über und über, vor und hinter ihnen nickt es samtig, fällt bei Berührung auseinander, lässt weiße Blätter auf die Schuhe regnen. Fast finden sie nicht mehr heraus.

Aber dahinter geht es noch lange weiter!

„Ich zeig euch, wie man eine Kräuterrolle macht", sagt Omama.

„Nimmst ein großes Blatt von dem hier: sóska. Weiß ich nicht auf Deutsch. Nimmst petrezselyem, Petersilie, ízletes, das Bohnenkraut, dazu Schnittlauch, metélőhagyma, alles, was hier wächst, ein bisschen, nur zwei Bissen, schau. Rollst es in dein sóska ein. Siehst du, wie ich beiße? Schon habt ihr es gelernt!"

Es gibt einen kleinen Hund, Pista, der die Hühner nicht scheuchen darf. Einen stolzen Misthaufen gibt es. Kitti nennt ihn *Mistkathedrale*! Er wird von einem Klohäuschen gekrönt – und es gibt überhaupt nur dieses eine komische Klo! Das macht die Kinder nervös. Sie können sich nicht vorstellen, dass es ohne Wasserspülung geht. Aber Rudolf probiert es mutig aus und ist zufrieden.

„Wie kommt das Wasser in den Brunnen?", fragt Klara.

„Es schläft unter der Erde. Dann steht es auf und schwingt sich hoch! Hoch in die Wolken! Dann wird es müde, sinkt herab. Und legt sich zurück in den Brunnen."

„Der Garten ist unordentlich!", klagt Omama. In diesem unmöglichen Sommer fehlen ja alle Männer. Nur der Winzer ist da, den sie Adam rufen dürfen, aber nicht müssen, über das lange Grün hinauf in den Berg. Sie rufen sich alle gern hier, quer durch ihr Land. Omama hat recht, überall liegt etwas herum, aber was macht das? Die Bretter liegen genau, wo sie liegen müssen, damit die Wanzen darunter eine Wohnung haben. Auch der Sack Zement hat seinen Sinn, wie er so die Veranda bewacht. Und die Zweighaufen vor der Hecke sind niedrig genug, dass man sie mit Karacho überspringen kann.

Die roten Ribizli sind reif, sie dürfen essen, so viel sie wollen. Die schwarzen nächste Woche, vielleicht, ebenso die Himbeeren. Später werden wir Äpfel ernten, aus denen wir auch Gelee kochen, noch später Zwetschgen, verschiedene Sorten, und Nüsse sind immer da, jetzt noch vom letzten Jahr. Natürlich wird es Obstkuchen geben, alle Sorten, ihr werdet schon sehn! Bestimmt auch Saft, vielleicht auch Schnaps.

„Und was machen wir aus den Weichselkirschen?“

„Schmuck!“, lacht Omama, „Ohrringe!“

„Zehn Morgen hat unser Land“, sagt sie stolz. „Der Berg trägt seit sechshundert Jahren Wein.“

„Wie viele Quadratmeter hat ein Morgen?“, fragt Rudolf. „Mal so mal so“, sagt Omama. „Hernach schauen wir nach der Kuh.“

Adam wird sie erst morgen wieder melken. Begrüßen dürfen sie sie heute. Adam ist so zerfurcht, dass er seinen Hut nicht absetzt, um nicht auseinanderzufallen. Von vorne gesehen ist er alt. Aber als er sie an die Reben führt, sieht er von hinten aus wie ein Bub.

Der sanfte Weinhügel heißt Berg. Ein Keller hat sich in ihn eingegraben. Die Erwachsenen müssen sich bücken, wenn sie hineinwollen, unter einen breiten, eckigen Ziegelsteinrahmen. Man meint, dort würde jemand wohnen und wirklich: Als Adam die Tür öffnet, springt sie etwas an.

„Das war nur Frau Kälte“, sagt Adam. Es riecht dumpf und sauer, und sie finden es nicht schlimm, dass sie vorerst nicht hinein dürfen. Stattdessen machen sie ein paar Schritte in die Reben.

„Die Trauben sind noch klein“, sagt Adam. „Aber Arbeit machen sie trotzdem. Ich muss das Laub stutzen.“

Er sagt es vor sich hin und will in Ruhe gelassen werden. Mit großen, leichten Schritten läuft er hinauf, die federnden Ranken schlagen hinter ihm zusammen. Dieter traut sich trotzdem hinterher.

„Darf ich Ihnen helfen?“

„Wie der Papa!“, sagt der Winzer ernst. Sie kehren um und holen ihm eine Schere.

Adam!

Ein Ruf von weither.

Mari!

Jemand ruft jemanden, ohne dass jemand zu sehen ist. Jemand

ruft zurück, so fern und durchweht, dass man nicht sicher ist, ist es Omama, ist es Kitti, ist sonst noch jemand angekommen. Klara sitzt nicht weit vom Rosenfeld in den Sträuchern, in denen sie niemand sieht, und hört sich alles an wie eine Musik. Wirklich, es ist genau, wie wenn Zsófia néni Musik vom Grammophon hört.

Anyu!

Kitti!

Das muss Mutti gerufen haben, oder war es Zsófia néni? Langsam, um die Gartenmusik nicht zu stören, dreht Klara sich um und schaut auf eine Ecke des Laubenganges neben dem Haus. Unter dem dunklen Efeudach staubt die Luft graubraun, wird nur manchmal von Licht durchblitzt. Über ihm ist sie fast weiß. So sitzt sie eine Weile und sieht den Spatzen zu, die zwischen Efeu und Kies hin- und herspringen. Dann dreht sie sich wieder zurück und reckt den Kopf, bis sie einen Blick auf ein Stück des hellen Plattenwegs erhascht, der von der Pergola am Haus schnurgerade durch den großen Garten führt, bis zur Böschung. Dahinter beginnt der Weinberg.

Vor ihr fliegt eine Hummel eine kleine, wilde Rosenblüte an. Aufgeregt wühlt sie in ihrem gelbstaubigen Mittelpunkt herum, als sei dort ein Schatz vergraben, und ihr hoher, begeisterter Summton bricht, wird wieder laut, klingt fast wie der kleine Blechmotorradfahrer, den Dieter und Rudolf von Opapa geschenkt bekommen haben. Sie durfte ihn auch schon aufziehen, obwohl sie ein Mädchen ist. Es gibt hier so viel zu erleben. Sie wird in tausend Jahren nicht fertig.

Zsófia!

Anyu!

Von der Böschung aus hat sie einen Turm gesehen. Die Reben sind alle gleich hoch, der Turm aber höher, wenn auch nicht viel. An der Vorderseite hat er ein goldgelbes Kreuz, das einen langen Stiel hat und einen kurzen Querbalken. Aber er sieht nicht aus wie ein Kirchturm ohne Kirche, weil er keine besondere Spitze hat, wie sie sie aus Frankfurt kennt. Oben schwingen sich vier schmale Simse weich in den Himmel, als hätten sie dort eine schöne Kuppel bauen wollen und dann doch gedacht, dass das nicht nötig ist. Sie muss heute noch hin, nachsehen, ob es ein Märchenturm ist.

Kitti!

„Wie schön man sich hier aus dem Weg gehen kann. Und wie schön man dann wieder zusammenkommt!“, hat ihre Mutti gesagt, und damit hat sie recht. Alles lässt einander viel Platz, das Grün dem Himmel, der Auslauf den Hühnern, der Wind dem Blütengeruch, dem Misthaufen, den Familienrufen, die sich halbdurchsichtig über die anderen Gartengeräusche legen, das Zirpen und Rauschen, das Gackern, Summen, das dunkle Stöhnen der Kuh, und jetzt wird ihr überhaupt erst klar, wie sehr sie darauf wartet, irgendwann auch gerufen zu werden.

Wenn also demnächst jemand nach ihr ruft, wird sie möglichst noch einen Moment sitzenbleiben, um das Glück in die Länge zu dehnen, so weit es geht. Vielleicht ruft es ein zweites Mal nach ihr. Spätestens dann wird sie aufstehen und draufloslaufen, nicht schnell, vielleicht mit einem kleinen Umweg, aber im Großen und Ganzen schon in diese Richtung, aus der der Ruf gekommen ist. Es ist ihr egal, von wem er kommt und warum, solange sie hier zusammen bleiben, was der Fall sein wird, so hat es ihre Mutti gesagt.

Mari ist ganz nach oben gestiegen, an den Feldrand. Die Gerste ist fast erntereif, die Kirschen auch, sie werden hier die Hilfe der Buben gebrauchen können, denkt sie, als sie eine Decke breitet, für Heinerle und sich. Es ist heiß, aber wenn Heiner nicht wäre, hätte sie nicht den Schatten des Kirschbaums gesucht. Seit sie mit Elsa telefoniert und nach Mauthausen gefragt hat, kann sie nicht genug Wärme bekommen. Sie hat den neuen Roman von Márai Sándor dabei, den Peti ihr noch empfohlen hat, bevor er abgeholt wurde: „Die Kerzen brennen herab bis zum Stumpf“. Ein schöner Titel, aber so traurig auch, dass sie sich nach Petis Verschwinden nicht mehr überwinden konnte, mit dem Lesen zu beginnen. Sie hat ja auch immer irgendein Kind bei sich, wenn nicht mehrere.

So trägt sie das Buch schon eine ganze Weile ungelesen mit sich herum.

„Regen!", bemerkt Heiner und lutscht an einer Kirsche.

„O ja!", sagt Mari. „Aber das macht nichts."

Auf den Kirschbaumblättern platzen vereinzelte Tropfen, laufen die länglichen Stiele, die Äste hinab, lackieren sie glänzend. Und jetzt entfaltet sich der Regen in der alten, hohen Krone wie ein riesiges, zerknittertes Papier. Heiner bewegt die Kirsche von einer Backentasche in die andere und spuckt langsam einen Kern aus, der am Kinngrübchen hängenbleibt, dann auf die Decke fällt. Sie nimmt ihn auf und wirft ihn in die Wiese. Das Kirschenessen hat er schnell gelernt. Auch Ungarisch könnte er noch leicht lernen, leichter als Rudolf, der jetzt immerhin einfache Sätze sprechen kann.

Sie sieht in die Baumkrone, deutet hinauf. „Eső, Regen."

„Esöregen", spricht Heinerle ihr andächtig nach. Auflachend nickt sie ihm zu, schlägt ihr Buch auf, versucht zu lesen – und ist mit ihren Gedanken schon wieder nicht dabei. Gestern Abend hat sie vom Postamt des Dorfes aus noch einmal mit Elsa telefoniert, natürlich wegen Péter. Aber es ging dann fast nur um die Stauffenbergs, und das war nur zu verständlich.

„Vorher waren sie Vorbilder, Helden. Jetzt plötzlich sind sie eine verbrecherische Clique!", flüsterte Elsa angestrengt leise. „Mit Claus haben sie kurzen Prozess gemacht. Das war klar – aber sie haben auch seinen Bruder Berthold hingerichtet! Die ganze Familie inhaftiert! Inklusive Melitta, inklusive ihren Mann, einfach alle, obwohl sie null und nichts mit dem Anschlag zu tun haben! Was passiert da? Werden sie meinen Vater auch noch holen? Mich? Hans?"

„Das halte ich nicht für möglich", versuchte Mari sie und sich zu beruhigen. „Und sie werden auch deine Schwester und Alexander bald wieder freilassen müssen – wie meinen Bruder! Daran kann doch gar kein Zweifel sein!"

„Mir ist mein Optimismus vergangen. Allein wegen diesem missglückten Anschlag haben sie fast zweihundert Leute hingerichtet! Ist das nicht Irrsinn?"

Sie verlor den Mut, noch einmal nach Mauthausen zu fragen. Schon im April, schon von Nagyszombat aus hat sie wegen Péters Verschwinden mit Elsa gesprochen, und ihre Freundin hat zögerlich genug geantwortet, um in ihr eine Angst entstehen zu lassen, die sich spitz und eisig zwischen die Rippen hakte. „Es tut mir sehr leid", hat Elsa damals schließlich gesagt, „Ich fürchte, wir können nichts tun. So weit reicht unser Arm nicht."

„Aber dieses Mauthausen ist doch gar nicht so weit entfernt?", beharrte Mari, denn sie hatte den Ort auf der Landkarte gefunden. Elsa war darauf gar nicht eingegangen. Stattdessen hat sie sich und Mari gefragt, warum Péter sowas hatte schreiben müssen. Ob das wirklich nötig gewesen sei, in seiner Situation, und in der Rékas, dass er sowas schreibt. Mari hat ihn verteidigt, hat erklärt, was sie sich in der Familie sagten, nachdem sie Petis Artikel von Réka erhalten hatten: Er will doch nur Frieden? Er schreibt doch nur, was in Budapest alle denken, auch die Regierung? Auch in der Slowakei denkt man doch ähnlich! Elsa hat damals geschnauft wie ein Pferd, es sollte wohl empört klingen und hörte sich künstlich an. Dann hat sie Mari gebeten, dieses Thema vorläufig ruhen zu lassen.

Der Regen lässt schon wieder nach. Aber Heiner ist pitschenass, krabbelt durchs Gras, bohrt seine Händchen in einen Maulwurfshügel. Sie stellt ihn an den Kirschbaumstamm, dort soll er sich halten, damit sie ihn notdürftig mit ihrem Stofftaschentuch reinigen kann. Er kichert. Sie lässt sich von ihm anstecken. Die Luft ist ganz klar jetzt, Wolken ziehen sich in die Länge, lösen sich in Windeseile auf. Sie rollt die durchfeuchtete Decke zusammen und geht mit Heinerle an der Hand langsam durch die tropfenden Reben, unter denen es raschelt. Er will wissen, wer das macht.

„Das sind die vierzehn Bergenzwerge. Sie trinken Regen, essen Erde."

Stufe für Stufe springen sie nebeneinander die spiegelnde Steintreppe hinunter, tappen den Gartenweg entlang, mit einer Ribizli-Pause zwischen den Johannisbeersträuchern. Dann helfen sie Anyu und Kitti mit dem Abendessen. Dieter kommt dazu, erzählt, dass er die Kuh jetzt allein versorgen darf. Es tut gut, die Kinder so glücklich zu sehen. Sie selbst spürt auch ab und zu Freude, natürlich – aber sie wartet nun schon seit Wochen darauf, dass dieses Gefühl endlich tiefer sickert. Vielleicht ist Szuha ein Ort für Kinder, für junge Menschen – und jetzt nicht mehr für sie. Nächstes Jahr wird sie vierzig. Das ist so schnell gegangen ...

Immerhin hat sie Pläne! Sie will endlich all die Verwandten, die Freunde besuchen, mit denen sie in den letzten Jahren nur in ihrer Fantasie beisammen war. Außerdem hat sie sich in Nagyszombat ein Notizbuch gekauft, einen schmalen Stift dazu. Vorläufig trägt sie fast nur Wörter ein oder kurze Sätze, mal ungarisch, mal deutsch. Aber das kann sich bald schon ändern. Sie hofft es.

Die Bäume haben sich satt getrunken. Die Eiche ist dreimal so alt wie wir.

Maris Notizbuch liegt offen auf dem Gartentisch, und Zsófia weiß nicht, was sie von diesem Eintrag halten soll. Sie freut sich, dass ihre Schwester wieder einmal etwas schreibt, auch wenn es nur zwei Sätze sind und ihr im Notieren schon wieder einfällt, dass sie ein Telefonat mit ihrer Freundin Julika verabredet hat, also zur Post laufen muss. Aber warum schreibt sie auf Deutsch? Auch mit den Kindern ist sie wenig konsequent: Sie behauptet, dass sie alle ungarisch lernen sollen, plappert aber selbst deutsch mit ihnen, so dass auch Anyu, Adam, Kitti unwillkürlich ins Deutsche fallen, wenn sie sie hören. Zsófia kam sich eigensinnig und unfreundlich vor, wenn sie ihr Ungarisch dagegensetzte, also hat sie es nach einigen Tagen ebenfalls bleiben lassen. Ist ihre Schwester eine Deutsche geworden – nicht nur der Staatsbürgerschaft nach? Ist sie im Ungarischen nicht mehr wirklich zuhause? Mari macht keine Fehler in ihrer Muttersprache, sie hat auch keine besonderen Wortfindungsprobleme – aber ihr und Anyu ist aufgefallen, dass ihre Briefe im letzten Jahr deutlich kürzer ausgefallen sind als früher. Es kam ihnen auch vor, als hätten sie etwas von ihrer Lebendigkeit, ihrem Charme verloren. Sicher hatte das mit den schweren Sorgen zu tun, die ihr die Angriffe auf Frankfurt bereiten mussten. Aber jetzt will sie doch hierbleiben?

Selbst ihre gemeinsame Karte an Peti hat sie auf Deutsch formuliert, sie sagte: damit sie keinen Grund haben, sie ihm vorzuenthalten. Vielleicht hat sie recht mit dieser Überlegung. Trotzdem. Erst fiebert sie Szuha entgegen wie ein Kind, das sich auf Weihnachten freut – als wäre das ein Ort, der sie erlösen wird, von was auch immer – dann hält sie es gerade vier Wochen hier aus und will schon wieder verreisen. „Du hast dich mit dieser Unruhekrankheit deines Mannes angesteckt!", hat Anyu zu Mari gesagt, im Scherz, aber das trifft es genau. Sie will die Familie ihrer Cousine in Trencsén besuchen, dann weiter zu Julika. Rudolf soll mit, vielleicht auch Dieter, aber die Kleinen will sie in Szuha zurücklassen. Dabei geht Mari sehr selbstverständlich davon aus, dass Anyu und sie hier Kindermädchen spielen! Ein paar Tage macht Zsófia das gern, sie mag die Kinder ihrer Schwester, und Heinerle macht ihr besonders viel Freude. Dennoch muss sie Mari wohl klipp und klar sagen, dass sie ihr eigenes Leben hat, mit Verpflichtungen, Zielen, Bedürfnissen ... auch wenn sie keine Kinder hat, keinen Mann. Und gefährlich ist diese Reiserei sowieso, momentan.

Abends sieht Zsófia Mari am Tisch in der Pergola, wie sie ihre Notizen studiert. Viele kleine Papiere sind über und über mit Zahlen und Ortsnamen bedeckt. Voll Tatendrang blättert sie in ihrem Zettelwust, und ihr rechter Fuß in den braunen Ledersandalen wippt heftig.

„Hast du Julika erreicht? Habt ihr Pläne geschmiedet?", erkundigt sich Zsófia.

„Und wie! Julika ist ganz die alte, sie hat ein Kursbuch besorgt und mir geholfen, die wichtigsten Verbindungen herauszusuchen. Wir wollen zusammen in die Hohe Tatra. Es scheint aber nicht ganz leicht zu sein. Der Fahrplan wurde ausgedünnt, und manchmal fallen noch zusätzlich Züge aus, weil an der Strecke Partisanen gesichtet wurden, sagt sie."

„Ich denke auch, dass du mit Überraschungen rechnen musst. Die Partisanen, das sind keine schlechtbewaffneten, kleinen Banden mehr, wie zu Kriegsanfang. Man erzählt sich, dass es ein gut organisiertes Heer von vielen tausend Männern gibt! In immer mehr Gegenden werden sie von der Bevölkerung unterstützt – und natürlich hassen sie die Deutschen. Bist du sicher, dass du diese Reise gerade jetzt machen musst? Willst du nicht warten, bis nächstes Jahr?"

Mari senkt ihre Zettel langsam auf den Holztisch, breitet ihre Hände darüber, betrachtet sie stumm. Warum sagt sie nichts? Hätte sie vorsichtiger fragen sollen?

„Mari, ich wollte nur sagen: Du hast doch alle Zeit der Welt, hier!"

Ihre Schwester schaut nicht auf.

„Das wäre schön."

„Nicht?"

„Nein."

„Aber du willst doch hierbleiben? Das hast du doch immer gesagt!"

„Natürlich will ich. Es wird nur nicht möglich sein, wenn ich mich nicht von Ludwig trenne. Und ... erzähl das niemand, ja? Ich war fast entschlossen, das zu tun. Ich wollte das machen. Aber Ludwig ist so verändert. Er hat seine Kraft verloren, seinen Lebensmut. Seine Seele hängt nur noch an mir und den Kindern. Dabei ist er den Kindern eigentlich fremd geblieben ... Eine Trennung würde ihn umbringen, weißt du. Ich muss ihn im Gegenteil in die Familie zurückholen. Aber hier wird er uns keine Existenz mehr aufbauen können! Also werden wir zusammen nach Frankfurt zurückkehren müssen. Früher oder später."

„Aber du musst auch an dich und die Kinder denken! Frankfurt ist ein Inferno, nach allem, was du erzählst!"

„Das musst du mir nicht erklären. Ich hoffe, hoffe, hoffe, dass wir noch eine Weile hier in der Slowakei sein können. Vielleicht ändert sich die allgemeine Lage zum Guten – auf welche Weise auch immer? Und bis dahin will ich meine Tage hier leben, wie ich sie eigentlich immer leben wollte."

Klara hat Omama angebettelt, noch einen Tag länger in Szuha bleiben zu dürfen. Und dann noch einen.

„Der Sommer ist noch überhaupt nicht vorbei!“, hat sie gejammert. „Wir brauchen noch keine Heizung! Wir müssen Adam bei der Ernte helfen!“

Aber am dritten Tag ließ Omama sich nicht mehr erweichen.

„Der Sommer mag noch nicht ganz zu Ende sein, Klári. Aber unsere Zeit hier ist es.“

Kitty ist schon vorausgefahren. In der Wohnung in Nagyszombat erwartet sie sie mit einer sehr, sehr dringenden Telefonnachricht von Hans. „Bitte sofort zurückrufen!“, lässt er ausrichten, und Omama fragt aufgeregt, ob er etwa Neuigkeiten von Péter hat?

Das weiß Kitty nicht.

Also lässt Omama die Taschen und Koffer stehen, wo sie stehen und schickt sie und Heiner ins Schlafzimmer, wo Kitti mit ihnen dies und das schon auspacken soll. Natürlich will sie verhindern, dass Klara mithört, was sie und Hans zu telefonieren haben. Aber man kann ja mal aufs Klo müssen, das sich vor der Wohnungstür in der Etage befindet, gleich rechts. Wenn sie beide Türen einen kleinen Spalt offenlässt, bekommt sie von dort alles mit.

Dieses Alles ist leider ziemlich wenig.

„Ja“, sagt Omama nur, nachdem sie sich begrüßt haben.

„Tatsächlich?“, fragt sie dann. „Die letzten Züge?“

Und dann lange nichts.

„Sie ist noch unterwegs, ja, mit Rudolf und Dieter. Aber ich habe die Adressen ihrer Freundin und meiner Nichte. Ich werde es dort versuchen.“

Wieder ist sie eine Weile still.

„Sie möchten gern selbst telegrafieren? Das ist sehr liebenswürdig. Ich gebe Ihnen die Adressen.“

Und Omama fingert in ihrem Büchelchen, blättert und blättert, liest langsam, sehr langsam eine Adresse vor, buchstabiert den Namen, diktiert die zweite Adresse, was wieder endlos dauert ... Klara beginnt auf dem zugigen Lokus zu frieren. Als Omama sich verabschiedet, ist sie erleichtert. „Ich danke Ihnen sehr für Ihre Bemühungen“, schickt Omama noch hinterher, hastig, aber weil jetzt nichts mehr zu hören ist, hat Onkel Hans wohl schon aufgelegt.

Klara muss noch abwarten, bis Omama ausgeseufzt hat und endlich in der Küche verschwindet. Dann schleicht sie in die Wohnung zurück, durch den Flur ins Schlafzimmer, wo Kitti die Zinnsoldaten aufstellt, damit Heinerle sie wieder umwerfen kann.

Sie weiß, dass etwas im Gange ist, aber nicht was. Nachts wacht sie auf, weil Omama Radio hört, wenn auch sehr leise. Und sie raschelt mit der Zeitung. Warum macht sie das, mitten in der Nacht?

24. Kapitel
in dem Claudia erst ein Gedicht schreibt und dann Amok

Claudia wurde von den Eltern in einen Jugendchor geschickt, der über siebzig Mitglieder hatte und „zahlreiche Auftritte im In- und Ausland", wie der Pfarrer stolz zu sagen pflegte. Sie sangen vor allem Oratorien, in vielen Kirchen des Landkreises, und für die Sommerferien plante der Chorleiter jedes Jahr eine Konzertreise nach Frankreich, eine Woche lang. Mutti fand das herrlich.

„Paris! Avignon! Marseille! In deinem Alter ... Wie hätte ich mir das gewünscht! Und du wirst endlich neue Freundinnen finden, in diesem großen Chor!"

Claudia sang gerne, aber es graute ihr vor dieser Reise, denn sie wusste, dass sie keine Freundin finden würde, aus dem einfachen Grund, dass sie keine wollte. Sie brauchte keine, hatte eine. Sevim war zwar abwesend, nicht wirklich da, aber doch so sehr vorhanden, dass Claudia auf sie warten musste, ob sie wollte oder nicht.

Als sie neu war, hatte sie sich in den Probenpausen ein paarmal zu einem Mädchen aus der Parallelklasse gestellt – bis die ihr sagte: „Musst du immer bei mir rumhängen? Mal ist okay. Aber wir sind doch keine Freundinnen!"

Claudia wusste, dass sie keine Freundinnen waren, und das war vollkommen in Ordnung so. Aber wenn sie so sichtbar allein herumstand, tat ihr das im ganzen Körper weh. Besonders wenn sie die anderen herumalbern sah, sie ganz selbstverständlich miteinander lachen und kichern hörte, wurde sie wütend und rannte aus dem Gemeindesaal, auf den kleinen Hof, auf dem die Raucher herumstanden und sie musterten, weil sie auch hier nicht dazu passte. Da floh sie wieder hinein. In ihrer Not setzte sie sich in eine Ecke, tat, als müsste sie ihre Noten ordnen und wünschte sich sehnlichst, dass die Chorproben keine Pausen hätten, am besten auch keinen Anfang und keinen Schluss, damit nicht auffiel, wie allein sie war.

In der Schule war es auch nicht schön, ohne Freundin, aber einfacher als im Chor. Es gab dort außer ihr noch zwei Mädchen, die nirgends dazugehörten, zu denen durfte sie sich in den Pausen dazustellen, und sie redeten und taten befreundet. In Wirklichkeit interessierte sich Claudia überhaupt nicht für die beiden, ja, es interessierte sie nicht einmal, ob die beiden sich wirklich für sie interessierten. Sie waren nützlich, mehr war nicht nötig. Natürlich hatte sie ein schlechtes Gewissen, dass sie so wenig Lust auf eine Freundin hatte, überhaupt auf andere Menschen, aber das änderte nichts an ihrer Gefühllosigkeit. Und ihre Mutter war die Letzte, mit der sie über diese Dinge hätte reden können. Vielleicht war sie gleichzeitig die Erste, mit der sie hätte reden wollen, wenn es möglich gewesen wäre.

An einem heißen Augusttag brach der Chor mit zwei Reisebussen auf. Claudia fuhr im Bus des Chorleiters mit, der nur zu zwei Dritteln gefüllt war, weshalb sie problemlos einzeln sitzen konnte. Sie saß weit vorne, nur zwei Reihen hinter dem Chorleiter und seiner Frau, Herrn und Frau Riedemann. Er war geschieden. Die Neue, Annette, war viel jünger als er und benahm sich nicht wie eine Ehefrau, sondern immer noch wie eine Geliebte, obwohl sie nun schon mehrere Jahre verheiratet waren. Das schien ihm gut zu gefallen. Sie hielten Händchen, auch im Bus. Dabei war Herr Riedemann älter als Claudias Vater! Man redete viel über ihn und seine zwei Ehefrauen, die erste, die Französin gewesen war und immer noch sehr gut aussah, und die zweite, die viel zu jung war, für ihn. Er war eben Künstler. Bei denen war manches anders.

Claudia lehnte sich in die Mitte ihrer beiden Sitze – so, dass sie die Hände der beiden im Blick hatte – und wusste selbst nicht warum. Als sie sich dann plötzlich küssten, überfiel sie eine so heftige Hitze, dass sie sich lieber wieder gerade setzte, vor sich auf die sehr bunt gemusterte Sitzlehne starrte und nach einer Weile ihr Buch herausholte. Sie hatte den „Steppenwolf“ mitgenommen, der sie zuhause begeistert hatte. Jetzt gelang es ihr kaum, auch nur den Sinn der Sätze zu begreifen. Herr Riedemann hatte ja einen besonderen Geruch, den sie schon länger von Weitem erkannte. Bisher waren Claudia an anderen Menschen höchstens unangenehme Gerüche aufgefallen – jetzt war es zum ersten Mal anders. Sie fühlte sich sicher in seinem Geruch, das tat gut in diesem Chor und vielleicht im Leben überhaupt.

Als sie in die Kirche Sacré-Cœr kamen, die ihr sehr gefiel, obwohl die Älteren sagten, sie sei kitschig, passierte etwas Seltsames. Wieder roch sie ihn ganz deutlich – er stand aber gar nicht in ihrer Nähe! Sie hielt sich im Vorraum auf, noch vor den hintersten Bänken, ihn aber sah sie ganz vorn am Altar, wo er die Männer mit den Podesten dirigierte. Wie konnte das sein?

Sie versuchte, den Geruch zu lokalisieren, bewegte sich vorsichtig in seine Richtung und begriff plötzlich, dass da ein anderer Mann so roch wie er. Ein Fremder. Ein dunkelbärtiger Mann, der einen Reiseführer in der Hand hielt und jetzt begann, einem kleinen Jungen leise daraus vorzulesen, auf Französisch. War das möglich, dass es Herrn Riedemanns Geruch noch einmal gab? War das am Ende ein Parfüm? Aber Männer benutzten so etwas nicht! Oder war auch das vielleicht anders, bei einem Künstler wie Herrn Riedemann?

Jetzt musste sie erst recht immerzu über ihn nachdenken. Wenn sie im Bus saß, den „Steppenwolf“ las, schaffte sie kaum mehr als zwei Absätze hintereinander, dann schaute sie schon wieder über die Seiten hinweg auf das orangefarbene Netz an der Sitzlehne und dachte an Herrn Riedemann. Und mit der Zeit rutschte sie ganz von selbst zwischen die Sitze und sah seine Hand, Annettes Arm, manchmal ihr Profil, manchmal, oh, manchmal sogar seins ...

Mittags bogen sie in die großen Parkplätze ein, auf denen es genügend Tische mit Bänken gab. Annette packte frisches Baguette, Camembert und Dosenwurst aus dem Gepäckraum auf einen langen Klapptisch, während Herr Riedemann rauchend den Tagesplan durchsah oder sich mit Renate beriet, die ihm bei der Organisation half. Es gab Fanta und Wasser, aber auch Rotwein. Claudia hatte sich bisher nicht für Alkohol interessiert, aber jetzt ergab es sich fast von selbst, dass sie probierte. Was das in ihr auslöste! Schon nach zwei Schlucken Rotwein wurde ihr leichter. Und nach dem dritten fühlte sie sich nicht mehr allein – so einfach war das. Auf einmal erkannte sie, dass es wirklich nette Leute gab, hier, Menschen, die sie anlächelten, manchmal sogar ein Wort oder einen Satz herüberwarfen, und man konnte zurücklächeln und auch irgendwas sagen. Sie wunderte sich, dass sie das nicht schon früher bemerkt hatte, dass die Leute so warm und freundlich waren. Noch mehr wunderte sie sich darüber, dass sie das auf einmal konnte: irgendwas sagen! Sonst war ihr nie irgendwas eingefallen – etwas vielleicht, aber nicht irgendwas, und etwas passte meistens nicht, auf das Irgendwas, das irgendjemand sagte. Vor lauter Übermut vergaß sie sogar, langsam und in kleinen Bissen zu essen! Dabei hatte sie sich fest vorgenommen, auch auf der Konzertreise auf keinen Fall zuzunehmen. Ihr Bauch war gerade eben flach genug. Das sollte mindestens so bleiben. Aber das Baguette und der Käse schmeckten ihr. Mit dem Rotwein schmeckte alles nochmal so gut.

Erst als sie wieder in den Bus stieg, spürte sie die Schwere in allen Gliedern, und sie bereute, dass sie so hemmungslos gegessen und getrunken hatte. Sie würde fett werden wie ihre Mutter. Aber selbst diesen Gedanken konnte sie jetzt haben, ohne allzu entsetzt zu sein. Vielleicht konnte man das Abnehmen auf irgendwann später verschieben? Vielleicht waren diese Dinge weniger wichtig, als sie geglaubt hatte? Vielleicht würde sie sich schon bald mit irgendeinem Mädchen befreunden, mühelos, wie nebenbei und ohne, dass sie die neue Freundin wirklich brauchte – weil Sevim weiter ihre Freundin blieb?

Leider war der Rotwein streng rationiert. Sie bekam nicht genug davon ab, um dieses leichte Gefühl oft genug hervorrufen zu können. Also war in den meisten Pausen doch wieder alles, wie sie es kannte und hasste: Sie als Getriebene allein. Die anderen selbstverständlich zusammen. Sie zerbrach sich den Kopf darüber, wie die das machten, so ohne Alkohol, und war sich sicher, es niemals lernen zu können. Nur bei den Großeltern, in der Großfamilie hatte sie sich gut unter die anderen mischen können – auch wenn es selbst dort seinen Preis hatte, anstrengend war – aber sie hatten es zusammen irgendwie hinbekommen. Wie schön wäre es gewesen, jetzt dort zu sein! Sie hätte der Großmutter zugeschaut, wie sie mit den anderen umging. Niemand konnte das wie sie, sie war eine Künstlerin im Menschenmischen, und auch wenn es Claudia nie gelingen würde, das zu lernen wie sie, war sie in ihrer Nähe doch behütet gewesen. Nur war die Großmutter leider ähnlich weit entfernt wie Sevim.

In der Jugendherberge von Avignon schrieb sie ein Gedicht. Sie nannte es „An den Mond", sicherheitshalber, falls es jemand in die Finger bekommen würde. In Wirklichkeit dachte sie natürlich an Herrn Riedemann – und an sich selbst. Es ging darin um ein Blatt, das schnell von der Sonne verbrannt wurde, vom Baum fiel und trocken und tot unten ankam. Nur der Mond wusste die ganze Zeit, wie viel Leben es in sich gehabt hatte. Nur der Mond hatte das Blatt überhaupt wahrgenommen, solange es lebte. Unter dem Mond hätte das Blatt anders aufleben können und wäre nicht so früh gestorben.

Dabei wusste sie natürlich, dass Herr Riedemann sie nicht wahrnahm, wie sie es sich erdichtete. Jedenfalls jetzt nicht mehr. Beim Vorsingen nach ihrer ersten Probe war sie das einzige Mal mit ihm allein gewesen. Da hatte es einen Moment gegeben.

Sie sang die Tonfolgen nach, die er auf dem Klavier spielte und fand das nicht schwer. Plötzlich hörte er auf zu spielen und sah sie an.

„Aha!", sagte er. Mehr nicht – das aber mit einem Lächeln, das sie vollkommen aus der Fassung brachte. Leider brachte sie danach erst einmal überhaupt nichts mehr zustande, fand keinen Ton mehr, presste die Stimme. Das verstand er nicht. Er versuchte es weiter, spielte ihr wieder und wieder neue Töne und Tonfolgen vor, runzelte die Stirn und rief schließlich unwillig: „Aber du kannst es doch!“ Trotzdem nahm er sie auf.

Seitdem hatten sie genau drei Sätze miteinander gewechselt, und die waren so, dass sie sich schon nicht mehr an sie erinnerte. Es war klar, dass sie für Herrn Riedemann nicht wichtig war, und sie wollte es auch nicht anders, auf keinen Fall! Sie wäre gestorben vor Angst, wenn er etwas von ihr gewollt hätte! Eigentlich wollte sie ihm nur zuschauen, wie er sie alle dirigierte, wie er rauchte, sprach, die Arme öffnete, wie er mit seiner jungen Frau Händchen hielt – und wollte ihm ab und zu so nahe sein, dass sie in seinen Geruch geriet.

Andreas ging jetzt auf die Realschule, und Mutti mühte sich weiter jeden Nachmittag mit ihm. Dennoch machte er nach den langen Hausaufgaben noch Hörspiele und liebte seinen kleinen, weißen Kassettenrecorder über alles. Er setzte sich mit ihm auf den Teppichboden, schloss ein wackeliges Plastikmikrofon an und traktierte die fünf Tasten mit seinen schmalen Kinderfingern so heftig, dass sie im Nu ausgeleiert waren. Die Geschichten waren in seinem Kopf schon fertig, er brauchte sie nur noch aufzunehmen. Es waren Krimis mit Mord und Totschlag, und er sprach alle Rollen, machte alle Geräusche. Einmal probierte er Mutti für eine Nebenrolle aus. „Du machst es viel zu künstlich!“, rief er böse und sprach lieber wieder alles selbst.

Claudia wunderte sich, dass er nach den endlosen Schularbeiten mit der Mutter noch so viel Kraft hatte. Solange er seine Hörspiele machte, brauchte er keine Pause, kein Aufstehen, kein Keuchen! Im Gegenteil: Wenn man ihn zum Abendessen rief, musste er immer noch eine Weile weitermachen und behauptete nachher, er hätte nichts gehört. Ihr selbst erging es ja ähnlich, wenn sie las, Tagebuch oder Gedichte schrieb. Sie vergaß die Zeit darüber, vergaß, was sie alles nicht konnte und wurde fast zu einem normalen Menschen. Auch Andreas konnte sein Anderssein offenbar abschütteln, wenn er Hörspiele machte.

Mit der Zeit häuften sich für Claudia die Prüfungen, die über zwei bis drei Schulstunden gingen. Diese Prüfungen erschöpften sie so sehr, dass sie sich danach sicher war, den Rest des Schulvormittags nicht mehr ertragen zu können. Ganz ausgemergelt kam sie sich vor, wie die Marathonläufer, die sie im Fernsehen gesehen hatte, und am liebsten hätte sie sich wie ein Tier in die nächstbeste, dunkle Ecke gelegt. Dazu kam, dass sie mit den Prüfungsaufgaben regelmäßig nicht fertig wurde. Mutti gab ihr Traubenzucker mit, aber das brachte nichts, schon weil sie ihn während der Prüfung vergaß. Erst nach dem Abgeben erinnerte sie sich an ihn und konnte die Folie kaum aufreißen, so sehr zitterten die Hände.

„Was mache ich bloß mit Ihnen, Claudia!“, seufzte Herr Hartwig, als er ihr einen Aufsatz zurückgab. Eine Erörterung. Sie erinnerte sich schon nicht mehr an das Thema, wusste auch nicht, was sie geschrieben hatte. Deshalb erschrak sie dann doch, als sie die Note sah: Eine glatte Sechs hatte sie noch nie bekommen.

Sie blickte Herrn Hartwig so kurz wie möglich in die ratlosen Augen, dann ließ sie die Arbeit einfach in ihrer Stofftasche verschwinden, ohne sie eines Blickes zu würdigen. Seit Jahren, auch als Sevim noch lebte, hatte sie das immer so gemacht – eigentlich, seit sie aus Frankfurt hierhergezogen waren. Sich ihre Fehler anzusehen, hätte sie unerträglich gefunden. Wenn die Erwachsenen sagten, man müsse aus seinen Fehlern lernen, dann war das sehr, sehr scheinheilig, fand sie, denn dass sie etwas lernte, war ihnen nicht wichtig, es kam ihnen nur auf den roten Strich an, das böse Ausrufungszeichen am Rand, mit dem sie sie vor sich hertrieben, und trotz aller Anstrengung hatten die Erwachsenen ihr nur das Eine beibringen können: dass man sich immer noch mehr anstrengen musste, weil man nichts wert war, solange man nicht bereit war, sich immer noch mehr anzustrengen. Man durfte nicht zur Ruhe kommen.

Als Herr Hartwig an die Tafel ging und ihnen die häufigsten Fehler erklärte, erinnerte sie sich dann doch, wie es ihr mit dem

Aufsatz ergangen war. Anfangs hatte sie überhaupt nichts schreiben können. Ihr Kopf war vollkommen leer gewesen. Dann, nachdem sie sich gezwungen hatte loszuschreiben, war sie in einen seltsamen Zustand geraten: Sie schrieb, als ob es niemand lesen würde. Das kannte sie vom Tagebuch, es fiel ihr nicht schwer. Kein Mensch muss mich verstehen, so schrieb sie, ich muss es nicht einmal selbst, weil ich mir gleichgültig bin. Beim Tagebuchschreiben hatte sie sich schon abgewöhnt, das Zeug, das sie zu Papier brachte, noch einmal zu lesen, und jetzt stieg mit ihrer Gleichgültigkeit noch diese Wut in ihr auf, als wäre das gar kein Gegensatz, sondern ein und dasselbe. Sie hatte keine Lust mehr, auch nur einen Gedanken zu verstecken, schrieb nackte, wutentbrannte Sätze, an die sie sich jetzt nicht erinnerte, aber sie waren vielleicht von dieser Art: *Wir sind nur dazu da, einander zu hetzen! Warum ist euch das so wichtig? Wovor laufen wir davon? Wir dürfen nicht zurückbleiben, nie, keine Schwächen haben, kein Fehler darf passieren, niemandem, niemals, und dabei sagt ihr uns nicht einmal, was passieren könnte, wenn uns doch ein Fehler passiert. Furchtbares, irgendwie. Aber ich spiele jetzt nicht mehr mit. Alles Furchtbare soll ab jetzt einfach sein. Als ich klein war, hatten wir eine Silberbüchse, Winnetous Gewehr, das eigentlich meiner Schwester gehörte und mit dem ich auch manchmal durch die Straßen streifen durfte. Natürlich stellte ich mir damals vor, ich hätte ein echtes Gewehr. Das macht man so, im Spiel, aber ich hätte ja keinen Grund gehabt, damit zu schießen. Wenn ich jetzt ein Gewehr hätte, würde ich abdrücken, immer wieder. Ich würde einfach wild in der Gegend herumschießen, damit ihr versteht, wie es mir geht.*

Hatte sie das nicht nur gedacht, auch geschrieben? Hatte sie so sehr Amok geschrieben? Sie ist außer sich gewesen ... Es war also möglich, dass sie diese Dinge in ihrem Aufsatz tatsächlich geäußert hatte. Sie schämte sich – aber nur kurz. Eigentlich war das egal. Sie war sich sicher, dass es keine Reaktion geben würde, außer dieser Note, diesem Ungenügend.

25. Kapitel
in dem die Kinder erwachsener sind als die Erwachsenen

Beim Frühstück ist Klara immer die Langsamste, wenn man von Heinerle absieht. Aber auch Omama nimmt heute sehr kleine Schlucke von ihrer Melange. Sie frühstückt zum Milchkaffee immer nur ein Kipferl – und das lässt sie heute auch noch liegen. Kitti, Dieter, Rudolf rücken schon die Stühle, verteilen sich in die Zimmer, da sitzt Omama noch immer am Kopfende, die Ellenbogen aufgestützt, schaut unter sich in die Melange – und plötzlich laufen Tränen über ihre breiten, weichen Wangen, links und rechts.

Klara rutscht erschrocken von ihrem Stuhl hinunter. Omama hat die Augen geschlossen und wahrscheinlich gar nicht gemerkt, dass sie nicht allein ist – sonst hätte sie nicht geweint. Also drückt sich Klara leise durch die Tür, läuft durchs Wohnzimmer in den Wintergarten. Dort liegt ihr Lesebuch. Sie blättert darin, aber eigentlich hat sie schon alles gelesen und freut sich wie Bolle auf die zweite Klasse in Tyrnau, Trnava, Nagyszombat. Erwachsene weinen sonst nur, wenn sie sich verabschieden, denkt sie, und auch dann beruhigen sie sich schnell – also geht schon wieder etwas vor sich. Immer droht irgendwas. Immer kann man nichts dagegen machen, auch die Erwachsenen nicht. Das ist nichts Besonderes. Man muss das gar nicht beachten, sagt sie sich. Für einen Moment stellt Klara sich vor, zu Omama zu laufen und ihr zu sagen, dass das übertrieben ist, wenn sie weint, und zwar ganz egal, was wieder passiert ist oder noch passieren wird: Wir kommen schon zurecht!, könnte sie ihr sagen. Du musst dir keine Sorgen machen! Aber natürlich sagt sie ihr das nicht wirklich. So klein ist sie nicht mehr, dass sie nicht warten könnte, bis Omama sich von selbst beruhigt. Wahrscheinlich hat sie das schon getan. Bestimmt. Erwachsene beruhigen sich schnell, selbst wenn sie sich verabschieden.

MARI: IHR SEID IN HÖCHSTER GEFAHR. Bitte mit allen Kindern SOFORT nach Preßburg.

Dieses Telegramm von Hans erreicht Mari bei Julika, in Rajec. Rudolf ist bei ihr, Dieter noch bei der Cousine in Trencsén. Das „Sofort“ lässt den alten Groll in ihr hochsteigen, und im ersten Moment will sie die Aufforderung ignorieren. Aber auch Julika und ihr Mann Tamás machen sich Sorgen. „Ein großer, blutiger Aufstand!“, hat Julika schon am Vortag gesagt. „Euer Freund hat nicht unrecht“, knurrt Tamás jetzt. „Die Situation ist brenzlig. Den Deutschen ergeht es schlecht.“

Mari schimpft. Will es nicht glauben. Julika streichelt sie, und Tamás erwägt, sie und Rudolf im Keller seiner Eltern zu verstecken – oder in diesem Baumhaus am Waldrand? Feierlich schwört er, selbst unter Folter nichts zu verraten. Das will sie ihm dann doch nicht zumuten. Sie beschließt, Dieter bei der Cousine abzuholen und mit den Buben zu Anyu nach Nagyszombat zurückzukehren, um sich dort selbst ein Bild zu machen.

In Zilina besteigt sie einen Zug Richtung Trencsén, in dem die Menschen in heller Aufregung durcheinanderschreien: Partisanen haben ein paar Kilometer früher alle Deutschen herausgeholt und mit Gewehren vor sich hergetrieben. Es sollen schon an den Tagen zuvor Kinder erschossen worden sein. Und auch in diesem Zug gehen die Meinungen auseinander, inwieweit die Deutschen sich das selbst zuzuschreiben haben. Sie sieht Rudolf an, und ihr Herz setzt aus.

Sein Ungarisch ist zu dürftig.

Sie setzt sich so, dass sie ihn halbwegs verdeckt, und verbietet ihm flüsternd das Reden. Sollte jemand ihm eine Frage stellen, soll er mit den Händen fuchteln. „Du bist stumm – verstehst du?“

Aufgeregt lacht er auf. „Ich ...“

„Schsch!“

Sie versiegelt seine geöffneten Lippen mit ihrem Zeigefinger, sieht ihn ernst an. Ihr Finger spürt sein Schlucken. Er nickt.

Der Bummelzug von Trencsén nach Trnava hat kaum Passagiere. Auch Dieter hat sie nun eingeschärft, kein Wort zu sprechen.

In ihrem Waggon reisen außer ihnen nur ein alter Mann mit großem Koffer und eine wortkarge Handvoll ungarischer Frauen und Kinder. Oder tun sie nur, als wären sie Ungarn? Oder wissen sie nicht, was sie sind, wie sie selbst?

Sie setzen sich ein Abteil weiter. Dieter öffnet bei jedem Halt das Fenster. Beim ersten Mal hat er ihnen so wortlos wie gestenreich erklärt, warum er das tut: damit sie notfalls hinausspringen können. Sie seufzt. Rudolf blickt dermaßen grimmig geradeaus, dass sie froh ist, im Abteil mit den beiden allein zu sein.

Als sie in der Mondgasse ankommen, haben Anyu und Zsófia verschiedene Zeitungen auf dem Esstisch ausgebreitet. Mari liest, dass riesige Verbände der deutschen Wehrmacht in die Slowakei eingerückt sind. Ihre „Sühneaktion" ist in vollem Gange. Das Militär hier in Trnava hat sich auf die Seite der Aufständischen geschlagen, die immer öfter auch deutsche Zivilisten töten. „Sie tun einander auf beiden Seiten so viel an ...", murmelt Anyu traurig in sich hinein.

„Und Ludwig ist hier", sagt Zsófia. Mari wird kalt. Sie wagt kaum, zu fragen, ob er auch hier als Partisanenbekämpfer eingesetzt wird. Aber er ist beurlaubt, Gott sei Dank. In Pozsony, Bratislava, Preßburg, das noch auf der Seite der Deutschen kämpft, wartet er auf seine Familie, um sie in Sicherheit zu bringen. Hans und er haben täglich bei Anyu angerufen und unsichere Abfahrtszeiten von äußerst spärlich fahrenden Zügen durchgegeben.

„Jeder Zug kann der letzte sein", sagt Zsófia.

„Ich will nicht zurück!", wehrt sich Mari und erschrickt selbst vor ihrer wütenden Stimme. Mit heißem Kopf starrt sie vor sich hin. Dann fragt sie erst einmal nach Péter, doch es gibt keine neue Nachricht von ihm, und das, obwohl sie alle drei regelmäßig nach Mauthausen schreiben. Réka hat auch einen flammenden Brief an irgendeine Budapester Regierungsstelle geschrieben. Müssen sie nun fürchten, dass auch sie noch abgeholt wird? Mit dem Kind? Oder ohne? Oder nur das Kind?

„Man sollte gar nicht mehr unter Menschen leben“, murmelt Mari böse. „In den Wald ziehen, in die Hohe Tatra ...“

„Menschen sind überall“, stellt Anyu bitter fest.

Anyus Wecker rasselt, wie er immer gerasselt hat, vorlaut, unbekümmert, schwer zum Schweigen zu bringen – genau so hat er die Familie schon zu Maris Schulzeiten geweckt. Draußen ist es stockdunkel, doch Mari will einen kurzen Abschiedsblick aus ihrem Fenster, auf ihre Gasse werfen. Sie öffnet das Fenster, und die Nacht ist noch einmal warm. In dem Stückchen Himmel zwischen Bäumen und Dach ist kein Stern zu erkennen. Gegenüber wirft die Laterne ihr weiches Lichtoval auf eine Handvoll Pflastersteine, darüber, in den schwarz belaubten Bäumen, singen zwei Vögel durcheinander, und Pufi, Anyus schwarzweißes Kätzchen, trabt die Mauer entlang, verschwindet. Ihr Städtchen ist ein friedlich schlafendes Dorf, nur in Richtung der breiteren Straßen leuchten schon einige Fenster. Eine Haustür wird sanft zugedrückt. Für einen Moment glaubt sie, dass sie doch nicht wirklich abreisen muss. Aber sie weiß ja, welche Wirklichkeit sich da verbirgt.

Sie hat sich vorgenommen, die Zuversichtliche zu spielen, vor allem vor Anyu und den Kindern. Doch als sie zusammen im Flur stehen und sich umarmen, fließen ihre Augen über, als gehörten sie nicht zu ihr – auch vor Wut! Sie kann nicht mehr! Sie will das alles nicht mehr ertragen! Und ihrer Mutter geht es ebenso, das hört sie an ihrem verzweifelten Schluchzen, das sie jetzt nicht mehr unterdrückt. Auch Zsófia und Kitti weinen. Heinerle lässt sich anstecken. Die älteren Kinder nicht.

Am Vorabend hat sie den Dreien, so gut sie konnte, auseinandergesetzt, dass und warum sie wieder nach Frankfurt müssen. Sie kam schnell ins Stammeln, weil bittere Hilflosigkeit in ihr hochstieg, aber auch, weil die Kinder so merkwürdig reagierten. Keine ängstlichen Fragen. Kein Ausdruck von Traurigkeit, Wut oder Trotz. Kein Widerspruch. Das fand sie fast empörend! Hat es ihnen hier etwa nicht gefallen? Nein, sie weiß ja, dass sie gern bleiben würden. Warum sind sie dennoch so furchtbar vernünftig? Klara ist noch keine sieben Jahre alt, und dennoch hat ihre Tochter nicht mehr getan, als sich in ihrem Bett von der hockenden Haltung in die liegende zu begeben und die Augen zu schließen. Dieter hat noch gefragt, wann sie aufstehen werden. Rudolf hat gebeten, irgendein Geschichtsbuch von Opapa mitnehmen zu dürfen und hat es ihr gebracht. Das war's. Das war's! Und auch jetzt, als sie sich verabschieden, sind diese Kinder erwachsener als die Erwachsenen: Sie umarmen. Sie wünschen alles Gute. Sie drehen sich um, und dann stehen sie an der Tür, wartend, betreten vor sich hinschauend, als wären sie Zuschauer eines allzu dramatischen Theaterstücks, während die Erwachsenen vergeblich versuchen, ihren Tränenfluss in den Griff zu bekommen.

„Ich glaube, wir müssen jetzt los", sagt Dieter schließlich vorsichtig.

Ludwig wartet am Bahnhof in Preßburg, in Zivil. Angespannt, fast flüchtig begrüßt er sie und die Kinder, läuft schon voraus in Richtung eines anderen Bahnsteigs. Sie hasten hinterher. Eine Lautsprecheransage verkündet in überlautem Deutsch, dass der Zug sich verspäten werde. Es knackt. Pause. Räuspern. Um unbestimmte Zeit. Pause. Ein Räuspern ... dem nichts folgt.

Sie quetschen sich auf eine Bank. Mari hat Vorwürfe von Ludwig erwartet, für ihre riskanten Reisen, ihre späte Ausreise, aber er redet nur das Nötigste. Vielleicht, weil man auch in Preßburg inzwischen vor Anschlägen deutschfeindlicher Kräfte Angst haben muss?

Sie schweigen sich an, und das macht auch die Kinder nervös. Ob sie wieder stumm sein müssen?, fragt Dieter flüsternd. Ludwig fixiert ihn irritiert, und Mari erzählt ihm leise, was es damit auf sich hat. Er nickt.

„Das habt ihr gut gemacht. Und ihr habt leider recht, wir müssen auch hier noch vorsichtig sein."

Hans und Elsa empfangen sie wieder mit Ninas Apfelkuchen. Die Kinder sind naturgemäß weniger begeistert als bei ihrer Ankunft vor knapp einem Jahr. Mehr als zwei Stück davon isst keins von ihnen. Mari fragt gleich nach Elsas Familie, und es gibt immerhin halbwegs gute Nachrichten: Es wurde niemand mehr inhaftiert oder hingerichtet. Melitta ist sogar freigelassen worden, wegen „kriegswichtiger Ingenieursaufgaben“, und konstruiert jetzt Flugzeuge, die den Krieg noch gewinnen sollen. Sie fliegt auch wieder. Aber sie will nicht hinnehmen, dass ihr Mann noch immer in „diesem Lager“ sitzt. Als die Kinder mit Gudrun in den Garten verschwunden sind, nestelt Elsa nervös an der Damasttischdecke herum.

„Sie macht wirre Andeutungen, Alexanders Befreiung betreffend. Ich traue ihr zu, dass sie eine gewaltige Dummheit begeht! Damit würde sie auch unseren Vater gefährden!“

„Und uns“, ergänzt Hans trocken.

Mari fasst sich ein Herz und nutzt die Gelegenheit, nachzufragen.

„Was sind das für Lager? Wir haben noch immer nichts Neues von Péter gehört ... Hat Melitta etwas erzählt?“

Elsa versenkt ihre Hände unter der Tischplatte, und neben ihrem Teller schlägt das Tuch eine scharfe Falte.

„Nein.“

Sie zögert einen Moment, bevor sie wiederholt: „Nein. Nichts.“

Mit der Rückfahrt von Engerau nach Frankfurt verbindet Heiner seine früheste Erinnerung überhaupt. Es ist der Tag seines dritten Geburtstags, und der Mann neben Mutti wünscht ihm irgendwas, kneift ihn in die Backe, was ihm nicht gefällt. Aber kurz darauf strahlt seine Mutti ihn an und überreicht ihm ein Geburtstagsgeschenk. Es ist eine kleine Umhängetasche mit blauen Sternchen auf weißem Grund. Sie hängt sie ihm um den Hals. Das ist jetzt seine. Er ist stolz. Alle hier tragen alles Mögliche von Ort zu Ort, und dass sie so viel zu tragen haben, scheint ungeheuer wichtig zu sein, nur er war bisher zu klein, mit ihnen mitzutragen. Jetzt hat er ein feierliches Gefühl. Alle sehen ihn an, lächeln, ihr Lächeln hebt ihn in eine neue Höhe, und auch wenn er nicht wirklich weiß, was das alles zu bedeuten hat, freut er sich sehr auf sein neues Leben mit dieser Tasche, in der seine Mutti ein Stück Brot versenkt.

Ihr Haus steht. Doch kaum sind sie angekommen, müssen sie schon wieder in den Schutzraum. Als sie wieder hinaufkommen, wird ihnen bewusst, dass das Küchenfenster als einziges noch richtiges Glas zu bieten hat – es hat nur einen leichten Sprung. Alle anderen bestehen nur mehr aus durchweichter Pappe oder löchrigem Glaspapier. Und der Winter kommt. Ludwig fragt Mari noch einmal, ob er sie nicht aufs Land bringen soll. Sie schüttelt nur den Kopf. Für eine neue Fremde hat sie keine Kraft mehr. Also organisiert er noch schnell etwas Glaspapier, mit denen sie die wichtigsten Fenster abdichten können – dann muss er schon wieder nach Italien, an die Front.

Im beinahe leeren Lebensmittelgeschäft kann die Verkäuferin kaum glauben, dass sie freiwillig wieder zurückgekommen sind – was ja auch nicht stimmt, aber Mari möchte nicht erzählen. Sie haben mehrere große Angriffe versäumt, berichtet die Verkäuferin, die ihr nur Streichwurst und Brot verkaufen kann, und alle Zivilisten, die nicht in der Stadt arbeiten müssen, sollten sie längst verlassen haben. „Es gibt hier fast keine Kinder mehr. Alle Schulen sind evakuiert, in den Taunus, den Westerwald."

Auch die Dolds sind fort. Und als sie ein paar Tage später bei Großalarm in einem der Bunker in der Südstadt unterkriechen wollen, werden sie von Feuerwehrfrauen angegiftet: Was sie hier zu suchen haben? Warum sie den Dienstverpflichteten den wertvollen Raum wegnehmen?

Mari bekommt Zweifel, ob sie die richtige Entscheidung getroffen hat. Für die Flucht in ihre Heimat hat sie so viel auf sich genommen – und ist nun doch wieder am Ausgangspunkt gelandet. Ist das nicht völlig irre? Andererseits merkt sie, dass sie seit ihrer

Rückkehr eine neue, warme Zuneigung zu ihrem Haus in der Tiroler Straße erfasst hat. Es hat so treu auf sie gewartet. Fast bildet sie sich ein, das Haus wolle tapfer sein wie sie, wolle sie mit all seiner Kraft überzeugen, dass es ihr doch noch zur Heimat werden könne. Also bleiben sie eben hier und beten. Dieter und Rudolf sind groß genug, sie können in den Bunker laufen, ohne dort weiter aufzufallen. Sie selbst wird mit den Kleinen in den Keller gehen.

„Und wenn etwas ist, buddelt ihr uns einfach aus."

Dieter findet das vernünftig. Rudolf dagegen besteht darauf, bei ihnen zu bleiben, und schimpft seinen Bruder einen erbärmlichen Feigling. Dem scheint das schon lange nichts mehr auszumachen.

Die *Frankfurter Zeitung* wurde schon vor anderthalb Jahren eingestellt. Auch im *Schwarzen Korps* findet Rudolf keine interessanten Artikel mehr, nur feierliche Beschwörungen von Kampfgeist und Treue, immer dieselbe Leier, langweilig wie der Singsang in der Kirche. Wenn Langeweile und Hunger zusammenkommen, ist das der schlimmste Zustand überhaupt, findet Rudolf. Deshalb streift er jetzt viel in den Straßen umher, auf der Suche nach Ess- oder Brennbarem, genau wie Dieter – aber getrennt von ihm.

Einmal hört er in der Hedderichstraße über sich ein himmelfüllendes Brummen. Er dreht sich um und erkennt Jabos, Jagdbomber der Alliierten. Die Sirenen beginnen zu heulen, reichlich spät. „Die schießen auf alles, was sich bewegt!", hat Dieter behauptet. Er setzt seinen Weg ruhig fort. Nur ein klein wenig zügiger.

Die Maschinen überfliegen ihn. Na, also. Dieter hat mal wieder übertrieben!

Dann dreht eine von ihnen bei, feuert eine Salve.

Jetzt rennt er.

Eine zweite Salve, eine dritte, und es ist klar, dass sie ihn meinen, nur ihn. Sie wollen ihn wirklich töten. Er schlägt einen Haken wie ein flüchtiger Hase, und der Jabo braucht einen Moment, wieder beizudrehen, aber schon knallen die Geschosse wieder aufs

Pflaster, er spürt ihren Luftzug, springt über einen Zaun, rast durch einen Garten, stolpert, fällt, rappelt sich auf, rennt den Weg zurück, den er gekommen ist, auf die Straße, drückt sich an den Straßenrand, an eine Hecke. Der Jabo dreht bei. Er hat ihn noch immer im Visier.

Er muss unter die Erde.

Aber der nächste Bunker ist zu weit entfernt.

Da ist das Kaiser-Wilhelm-Gymnasium, das er in Friedenszeiten besuchen würde. Da muss doch ein Keller sein. Wahrscheinlich ist er zu, aber er kann nicht mehr, drückt sich keuchend an die niedrige Mauer, der Schweiß bricht ihm aus, als er den Jabo sieht, wie er quer zu seinem Lauf über den Himmel kriecht, und eine lange Maschinengewehrsalve scheucht ihn weiter, über die Mauer, den Vorhof, die erstbeste Treppe hinab.

Die Eisentür ist verschlossen.

Nicht weit entfernt hat er eine zweite Treppe gesehen, eine kleinere. Was soll er sonst tun? Brüllend rennt er wieder hinauf, rast, den Kopf eingezogen, die grobverputzte Gebäudemauer entlang und stürzt sich die schmalen Stufen hinab, während der Jabo eine gemächliche Schleife fliegt, als wollte er ausholen.

Schreiend rüttelt er an der Klinke – und fällt nach innen.

Ein paar Sekunden nimmt er nichts von sich wahr. Als er wieder zu sich kommt, kniet er, über eine eiserne Bütt gebeugt, die mit Schutt gefüllt ist. Er atmet noch immer schwer und meint, dass er sich übergeben muss. Aber dem ist nicht so.

Er setzt sich auf den kalten Boden, lehnt sich mit den zitternden Schultern gegen die Bütt, lauscht nach draußen. Das Motorengeräusch wird leiser, wieder lauter. Dann entfernt es sich.

Seine Lunge schmerzt.

Seiner Mutti wird er vorläufig nichts erzählen, nimmt er sich noch im Keller vor. Auch die Geschwister dürfen vorerst nichts erfahren, weil sie vielleicht nicht den Mund halten können. Schade. Natürlich hätte er es gern erzählt, als Heldentat. Aber Mutti ist imstande, ihm und Dieter jeden Ausflug zu verbieten. Wie soll er dann seine Tage verbringen? Den Brockhaus rückwärts abschreiben, oder was? Und jemand muss für Essen sorgen, für Wärme.

Sie erwarten Ludwig nun jeden Tag. Er hat sich noch im Herbst, gleich nach der Ankunft bei seiner Heeresgruppe, mit einer Karte aus Cortina D'Ampezzo gemeldet. Weihnachten hat er noch immer frei bekommen! Sie hören nichts mehr von ihm.

Dafür darf Etelka endlich das Sanatorium verlassen. Aber für Mari arbeiten darf sie nicht, weil längst sämtliche Haushaltshilfen in kriegswichtige Tätigkeiten wechseln mussten. Sie steht nun in einer Munitionsfabrik am Fließband. Dennoch verbringt sie Zeit mit ihnen, so viel sie kann.

Heiligabend kommt – ohne dass Ludwig ihnen Bescheid gegeben hätte, warum er nicht bei ihnen sein kann. Es ist eisig kalt, sie haben kein Gas, aber ein wenig Brennholz. Sie müssten Kerzenstummel sparen. Sie zünden im Wechsel immer nur einen an. Immer wieder stellt Mari sich ans Küchenfenster, sieht Richtung Bahndamm, wo Ludwig erscheinen könnte.

Am zweiten Weihnachtsfeiertag erscheint Etelkas Freund Szymon mit einem Leiterwagen, auf denen Mari ihre Kartons erkennt, die sie vor einem Jahr so ängstlich und mutterseelenallein gepackt hat. Sie freut sich unbändig! Es ist ein bisschen wie Geschenkeauspacken. Mari kramt in ihrer Schmuckschatulle, es ist noch alles da, und schenkt Szymon eine silberne Brosche mit kleinen Diamanten. Sie könnte ziemlich alt sein, ziemlich wertvoll, aber sie kennt sich nicht aus.

Noch immer fürchtet sie sich ein wenig davor, Ludwig von ihrer „Polenaktion" mit Szymon zu erzählen. Aber sie hat einigermaßen gelernt, seinen Zorn zu ertragen, also soll er nur kommen, jederzeit! Und wo nun alles wieder da ist, wird er es gar nicht merken. Sie wird es ihm also nicht einmal erzählen müssen, wenn sie nicht will! Vielleicht wartet sie noch ein bisschen mit dem Geständnis, auf bessere Zeiten. Oder auch nicht. Es wäre schön, wenn Ludwig und Szymon sich verstehen könnten.

Der Weihnachtsbrief aus Trnava kommt erst Anfang Januar bei ihr an. Zsófia schreibt ihr, dass der große slowakische Aufstand grausam niedergeschlagen wurde, von noch größeren Wehrmachtsverbänden. Auch in ihrer Bekanntschaft gab es Opfer. Doch die Partisanen haben nicht wirklich aufgegeben: Vereinzelt gibt es noch immer Anschläge, und größere Verbände sollen sich in der Hohen Tatra verschanzt haben.

Anyu schreibt nur drei Sätze, weil sie sich nicht wohlfühlt. Zsófia hat noch daruntergekritzelt: *Sie kränkelt ständig. Sie hat ihren Lebensmut verloren.*

Auch im Februar gibt es noch kein Lebenszeichen von Ludwig. Etelka organisiert etwas Hefe und Mohn. Mari hat noch Margarine, opfert sämtliche Fettpunkte ihrer Karten für ein wenig Mehl und Zucker, damit es zu Dieters zehntem Geburtstag zwei kleine Mohnbeugel geben kann.

So ohne Eier ist es nicht ganz einfach, aber Mari gibt sich Mühe. Der herbsüße Duft aus dem Backrohr lockt alle vier Kinder herbei. Glücklich raunend stehen sie davor, schauen viel zu oft hinein. Es dauert eine halbe Ewigkeit, bis sie die Beugel endlich herausholen können.

Mari will gerade den Tee aufsetzen, da tickt das Radio hart und trocken, kündigt mit barscher Stimme feindliche Flugzeuge an. Sie zögern. Es gab öfters falschen Alarm ... Doch die Sirenen schwellen an.

Niemand verliert mehr ein Wort, was zu geschehen hat. In stummer Prozession marschieren sie in den Keller, während Dieter in Richtung des städtischen Bunkers sprintet. Die Dolds sind noch immer evakuiert, also setzt sich Mari an den Tisch, nimmt Heinerle auf den Schoß. Klara und Rudolf hocken auf ihren Betten – sie unten, er oben, wie immer.

Diesmal geht alles sehr schnell. Etwas grollt über ihnen wie eine riesige Dampfwalze, wieder bebt die Erde, und der schwere Tisch schiebt sich ein Stück von Mari fort.

Noch eins.

Heinerle dreht sich zu ihr um. Sie sieht in seine geweiteten Augen, bevor die Schwärze zwischen sie fällt.

Der Strom ist ausgefallen.

Ein dicker Teppich aus Explosionen hat sich über sie gelegt, so schwer, als könnte er sich nie mehr heben. Wenn sie die Augen schließt, hat sie das Gefühl, in den Boden hineingeschoben zu werden. Also starrt sie ins Dunkel.

„Seid ihr noch da!“, schreit sie irgendwann und tastet mit der Rechten ins Leere. Wo ist der Tisch? Aus dem Schwarz hört sie ein tiefes Rumpeln, ein Stöhnen, das sie nicht lokalisieren kann.

„Was ist mit euch? Ihr müsst mit mir reden!“

„Bei mir alles in Ordnung!“, ruft Rudolf. Auch Klara erklärt, dass sie sich nicht wehgetan hat. Für einen Moment ist es nicht mehr ganz so laut. Mari fasst Heinerle fester, erhebt sich, tastet mit der freien Hand ins Dunkel, bis sie gegen eins der Doppelstockbetten stößt. Sie setzt sich neben Klara, drückt Heiner an sich und bittet Rudolf, zu ihnen hinunterzuklettern. Klaras Arm ist eiskalt, aber zittert nicht, im Gegensatz zu ihrem eigenen.

So sitzen sie nebeneinander und lassen eine neue Stoßwelle über sich ergehen. Mari schaut angestrengt in die Richtung, in der sich die eiserne Schutztür befinden muss und möchte sie aufreißen, hinauslaufen aus diesem vibrierenden Käfig, ins Licht. Vielleicht wäre es richtig, diesem Impuls zu folgen? Oder wäre es falsch? Oder bleibt es sich gleich, was sie tun, weil sie so oder so sterben werden?

Als endlich Entwarnung gegeben wird, hört sie Rudolfs trockene Stimme aus dem Schwarz:

„Das war jetzt schon unangenehm.“

Mari lacht bitter auf. Sie lacht ein paar hysterische Tränen, während sie zur Tür stolpert und sie öffnet.

„Gehst du das nächste Mal mit Dieter in den Bunker?“, bittet sie Rudolf auf dem Weg nach oben und ist überrascht, als er ohne Weiteres zustimmt.

Aber warum ist es auch jenseits der Kellertür so dunkel? Es kann doch noch nicht völlige Nacht sein?

Mari zieht die Haustür auf, und es öffnet sich eine Welt, die sie nicht versteht. Es gibt keinen Himmel, nur eine dicke Rußwolke, rötlich flackerndes Licht. Hohle Schatten wehen herüber, etwas rieselt, knackt, fällt von irgendwo nach irgendwo. Es riecht nach Feuer.

Was ist denn nur passiert?

Ehe sie es verhindern kann, läuft Rudolf an die Straße, um mehr zu sehen, und im gleichen Moment kommen Leute mit Lampen. Ein großer Strahler fällt auf das Haus der Schmiedleins gegenüber, tastet sich hinauf und hinunter, nach rechts, nach links und wieder hinauf, ihr Blick hängt hypnotisiert an diesem Bild und sie begreift: Eine Bombe ist auf der Straße explodiert, direkt zwischen ihrem Haus und dem der Schmiedleins, nur ein wenig näher am Haus gegenüber als an ihrem, und diese Bombe hat die Hausfront der Schmiedleins weggerissen, fast komplett. Im ersten Stock ragt das Ehebett ins Nichts. Was daneben hinunter ins Erdgeschoss baumelt, vom Wind geplustert, ist eine Bettdecke. Was als kantiges Ungeheuer auf der Seite im Vorgarten liegt, in einem Bett aus Scherben und Schutt, ist der mächtige Wohnzimmerschrank, aus dem die Schmiedleins ihre Likörgläser holten, wenn sie sie besuchten.

Sie weiß, nein, hofft, dass die Familie evakuiert ist. Aber wollten sie nicht einen Onkel bei sich wohnen lassen?

Sie weicht zurück ins Haus, ruft die Kinder zu sich, holt die Taschenlampe aus der Diele. Als sie sie anknipst, steht Dieter in der Tür, nach Atem ringend.

„Habt ihr schon vors Haus geschaut?“

„Ja.“

„Aber unsere Wände sind noch da?“

„Mal schaun.“

Gleich wo die Treppe in den ersten Stock abbiegt, ist ein neuer

Riss in der Außenwand nicht zu übersehen. Er ist breiter, als sie es gewöhnt sind, zieht sich neben dem Treppenhausfenster hinauf, höher, als die Taschenlampe leuchtet. Fast meinen sie, es raucht aus ihm! Aber das ist nur der feine, rotbraune Staub, der sich noch nicht gelegt hat. Rudolf voraus, Mari mit Heiner zuletzt, so steigen sie zu fünft Stufe für Stufe in den ersten Stock. Klara traut sich als Erste den Flur entlang, öffnet schon die Zimmertür. Stille.

Mari beeilt sich, nachzukommen. Ihre Tochter hat das Glaspapierfenster geöffnet und beugt sich angestrengt hinaus. Als Erstes sieht Mari den graubraunen Rauch, der quer durch alle Gärten zieht. Rechter Hand ist die Stadt vollkommen schwarz, links gibt es noch Licht. Hinten, nicht weit von der Pappelallee, ist ein großes Feuer ausgebrochen, und man sieht die Feuerwehrleute, wie sie kämpfen. Aber direkt vor ihrer Terrassentür ist wohl auch etwas geschehen? Etwas bäumt sich auf. Etwas knäult sich, und ein krummer, dicker Arm zeigt in den verrauchten Himmel. Neben Klara lehnt sie sich in die brandige Kälte, sucht mit dem Licht der Taschenlampe den Garten ab, sieht zersplitterte Reste des von Ludwig gezimmerten Schopfes, aus dem eine schwere Schaufel in Richtung Haus geschleudert wurde. Das war die hellgraue Plane, mit der sie den Gartentisch abdeckten. Das die Krempe ihres Strohhuts, der im Schopf an einem Nagel hing. Eine Wegplatte steckt senkrecht in der Erde. Quer vor der Teppichstange liegt ein Zaunpfahl, streckt geborstene Drähte von sich. Der Haselstrauch, der Flieder: fort, oder nicht mehr wiederzuerkennen. Und in der Mitte gähnt ein trichterförmiges Loch. Es ist mehrere Meter tief.

Sie fällt auf Klaras Bett.

„Mutti?"

„Jézusmária ..."

Sie beten, wie sie es immer tun.

„Danke, dass wir noch leben."

„Danke."

„Dass unser Haus noch steht. Dass es hier nicht brennt."

„Danke."

„Wir bitten dich, Lieber Gott, stehe den Schmiedleins bei und allen, die in dieser Nacht Schlimmeres erleben mussten als wir."

„Bittebitte ..."

„Halte deine Hand über meinen Mann, unseren Papa. Führe ihn sehr bald wieder zurück in seine Familie."

„Bitte!"

Dann kehren sie ins Treppenhaus zurück und spähen aus sicherer Entfernung in den zweiten Stock hinauf. Der ist wohl gründlich ramponiert: In den mit Dreck bedeckten Flur hängt ein Dachbalken hinunter. Mari verbietet den Kindern, hinaufzugehen – und jetzt erinnert sich Dieter an seinen Geburtstagskuchen. Sofort springt er die Treppe hinab, saust in die Küche. Sie folgen.

„Und?", ruft Rudolf ihm ungeduldig nach.

Dieter antwortet nicht.

Wie zwei entspannte Tierchen, rundlich, goldbraun, liegen die beiden Beugeln auf dem dunklen Küchenbrett. Und das Brett steht auf dem Arbeitstisch vor dem Fenster. Auch ihre letzte Glasscheibe existiert nun nicht mehr, hat sich in tausend Scherben über Tisch und Boden verteilt.

Bleich und ernst ertastet Dieter die seltsam körnige, raue Oberfläche der beiden Kuchen. Mari begreift nur langsam. Natürlich. Wie sollte es anders sein. Die Beugeln sind mit Glasscherben gespickt.

Dieter holt ein Messer, schneidet langsam einen der kleinen Kuchen auf. Es knirscht sanft. Grobe und feine Splitter sind bis ins tiefste, feuchte Mohnkuchenherz vorgedrungen. Er zerteilt den zweiten Beugel. Dasselbe Ergebnis. Da schiebt sich von unten eine kleine Hand auf die Platte, langt nach einem der Stücke. Heiner! Schnell hebt Mari das Kuchenbrett aus seiner Reichweite. Er protestiert.

Sie muss etwas tun, bevor die Kinder auf gefährliche Ideen kommen.

Das Brett hoch erhoben, entschuldigt sie sich flehentlich bei ihnen, dass sie die Beugeln nicht besser geschützt hat. Dann läuft sie zum Mülleimer, hebt den Deckel, schiebt alles hinein, Teig und Scherben, Splitter und Mohn, und ein süßer, wunderbarer Duft steigt auf.

26. Kapitel
in dem wildfremde Menschen durch den Garten streifen

Gleich was passiert, was nicht passiert – schon seit sie wieder in Frankfurt sind, setzt sich Mari jeden Sonntagabend an ihren Sekretär und schreibt eine Karte an Peti in Mauthausen. Im Herbst informiert sie ihn über ihre zweite Flucht, aus der Heimat zurück nach Frankfurt, ohne sich über die Gründe auszulassen. Im Winter berichtet sie im Telegrammstil von zerrissenen Tagen und Nächten, in die eine Furchtbarkeit nach der anderen einschlägt, und dankt im Februar Gott, dass sie noch immer leben. Im beginnenden Frühjahr wünscht sie ihm mit nagenden Hungergefühlen eine ausreichende Verpflegung. „Auch von Ludwig hören wir nichts mehr. Schreib mir doch. Bitte", endet jeder Text.

Antworten kommen nicht. Auch nicht nach Budapest oder Trnava.

Postkarten in Lager wie Mauthausen muss man im Postamt an einem separaten Schalter abgeben. Sie steht dort mit einer Handvoll scheuer Gestalten an. Weit und breit trägt niemand mehr einen gelben Stern, und Mari fragt sich, wo all die Frankfurter Juden eigentlich geblieben sind. Sind so viele geflohen? Oder sind ganze Familien in diesen Lagern gelandet? Ihre Schlange wird von den anderen Postkunden beäugt, teils mitleidig, teils unverhohlen feindselig. Eine Frau, die hinter ihr ansteht, etwa in ihrem Alter und ohne Stern, spricht sie sehr leise an, ob sie etwas über das Lager Dachau wisse. Oder über Theresienstadt. Ob ihr Mann auch dort sei. Sie verneint. „Mein Bruder ist in Mauthausen", erklärt sie.

„Mauthausen? Wie viele solche Lager gibt es denn, um Himmels willen?"

Sie weiß es nicht. Und bald fragt sie vorsichtig bei Rudolf an, ob er diesen Gang für sie übernehmen könne.

„Du kannst es mal ausprobieren. Wenn es dir schwer wird, kannst du es mir offen sagen, dann mache ich es einfach wieder selbst."

Aber Rudolf versteht nicht, was daran schwer sein soll.

„Das ist doch mal was anderes!“, sagt er, als er zum zweiten Mal zurückkommt.

Die US-Army kommt näher. Herr Wirth sagt ihr im Vertrauen, es sei abzusehen, dass sie bald auch Frankfurt überrollen wird. Lebensmittel bekommt man beinahe nur noch auf krummen Wegen. Und im März organisiert Etelka ihnen einen Fünfzig-Kilo-Sack mit Erbsen. Sie sollen ihn nur gleich abholen, sagt sie, am besten mit dem Kinderwagen: „Fünfzig Kilo, das ist viel! Und beste Qualität!“

Mari ist glücklich – und erkundigt sich dennoch vorsichtig nach der Herkunft des Sackes.

„Frag nicht so dumm!“

Rudolf vermutet, dass sie den Sack gestohlen hat, sie oder Szymon.

„Am Ende sind es Saaterbsen, die man nach dem Gesetz gar nicht essen darf ...“

Dennoch erklärt er sich sofort bereit, Mari zu begleiten. Er hat Hunger.

Es gibt nur noch eine Brücke, die über den Main führt: die Wilhelmsbrücke. Alle anderen wurden von der Wehrmacht gesprengt. Den Kinderwagen haben sie nun schon so oft als Transportmittel genutzt, dass er bedenklich quietscht und eiert, als sie ihn nachmittags im Zickzack durch die schuttübersäten Straßen steuern.

Und kaum haben sie den Erbsensack mit Szymons Hilfe in den Kinderwagen gewuchtet, tönt schon wieder der Luftschutzalarm. Zu viert laufen sie zum nächsten Bunker, tragen den schweren Kinderwagen eine schmale Treppe hinunter. Wie immer sitzt man dicht an dicht, wie immer stinkt es. Zwei Stunden müssen sie sich Fragen anhören, schließlich auch Beschimpfungen, weil sie nicht verraten wollen, was in dem Sack ist, der so prall und verheißungsvoll aus dem Kinderwagen ragt. Mari ist heilfroh, dass sie zwei männliche Leibwächter hat.

Endlich dürfen sie wieder hinauf. Es ist schon Nacht. Sie bedankt sich bei Szymon, bei Etelka und läuft mit Rudolf Richtung Wilhelmsbrücke. Die Straßen liegen verlassen. Im Zentrum brennt es lichterloh, und es lassen sich nicht einmal mehr Löschtrupps sehen. Als sie zur Brücke kommen, werden sie von einem Wehrmachtssoldaten angehalten.

„Hier kommen Sie nicht mehr rüber. Wir sprengen."

„Was tun Sie? Ist das nicht die letzte Brücke über den Main?"

„Das ist korrekt. Wir schneiden dem Feind den Weg ab. Das dient dem Schutz der Bevölkerung."

„Hören Sie, wir müssen nach Hause! Ich habe kleine Kinder, die auf mich warten!"

Er zögert.

„Aber schnell, schnell!"

Die Fahrbahn ist nicht mehr beleuchtet. Sie wirkt viel breiter, als sie sie kennt. Am Geländer links und rechts überprüft je ein Soldat mit Scheinwerfer die Sprengladungen, und unter der Brücke wartet wohl ein Boot. Sie hören sein gedämpftes Tuckern, ihre Schuhe auf dem Pflaster, ihren Atem, den Kinderwagen, der leise rasselt. Ab und zu ein Männerruf.

„Drei rechts korrekt ..."

„Vier links – Moment – ja, korrekt ..."

„Hier ist noch wer!", ruft sie den Soldaten sicherheitshalber zu. Der eine dreht sich erschrocken um. Der andere reagiert überhaupt nicht, weil er gerade weit über dem Geländer hängt, und unter ihnen wird der Dieselmotor lauter. Zwei kleine, müde Scheinwerfer entfernen sich. Dann ist es sehr still.

So endlos lang zieht sich die verdammte Brücke ...

Die Nachtluft legt sich kalt in ihre Brust, und Mari kann nicht mehr, sie muss die Geschwindigkeit reduzieren. Rudolf übernimmt den schweren Wagen allein. Als das kaum beleuchtete Mainufer in Sicht kommt, gibt ihr das noch einmal Kraft, sie übernimmt wieder eine Ecke des Kinderwagenbügels, stößt die Last auf das Kopfsteinpflaster und weiter voran, im Laufschritt, neben Rudolf, der schon längere Beine hat als sie. Sie erreichen die erste, schwarze

Laterne der Promenade. Sie rennen noch ein paar Schritte weiter. Dann müssen sie ausschnaufen.

Gerade als sie sich wieder in Bewegung setzen, ertönt das Horn. Stille. Drei Explosionen. Rudolf dreht sich um, sie geht einfach weiter. Der Kinderwagen fällt fast auseinander, eine Schraube fällt ab und lässt sich nicht mehr festziehen. Rudolf steckt sie sorgfältig ein. Sie werden sie noch brauchen.

Auf der Suche nach Lebensmitteln hört Mari aus den ausgebombten Häusern Klopf- und Schleifgeräusche, den Aufprall schwerer Lasten, Sägen, Rufe ... Sie plündern nicht nur, sondern nehmen auch auseinander, was geht. Der Ton ist rau. Auch in der Ruine gegenüber, in der tatsächlich ein Onkel von Herrn Schmiedlein zu Tode gekommen ist, entbrennt eines Nachmittags ein lautstarker Streit. Eine Frau, die sie über die Dolds kennt und immer für sehr kultiviert gehalten hat, zankt sich mit einer anderen um einen Haufen Ziegelsteine. Till, ihr neunjähriger Sohn, steht draußen mit der Schubkarre bereit, aber die andere Frau behauptet, die Steine eigenhändig ausgebaut und für sich beiseitegelegt zu haben. Sie giften. Sie schreien sich an, und schon klingt es nach einem Kampf mit Körpereinsatz. Till lässt die Griffe der Schubkarre fallen, stürzt hinein.

Auch sie selbst müssten sehr dringend dies und das besorgen. Noch immer müssen sie mit Holz heizen, und obwohl sie sich Mühe gegeben haben, das Dach dicht zu bekommen, regnet es an mindestens einer Stelle durch, auf dieses Chaos im zweiten Stock, das sie momentan einfach lassen müssen, wie es ist. Klara und Dieter sind mit dem Gemüseanbau im Garten beschäftigt. Sie haben Kartoffeln keimen lassen und Möhrensamen aufgetrieben. Rudolf will Dachsparren und Ziegel besorgen. Sie hofft, dass er sich nicht auch um sie prügeln muss, wie Till.

Eines Morgens liegt im hinteren Teil ihres Gartens allerlei herum: zerborstene Teile von Holzverschalungen. Eine halbe Tür, ein gesprengtes Schloss und weitere, undefinierbare Eisenteile. In den Ästen der Sträucher hängen Kartonagen, schaukeln als Vogelscheuchen im Wind, und Mari sieht, dass auch bei den Nachbarn links und rechts Ähnliches gelandet ist. Dieter bringt es in Erfahrung: Während des letzten Angriffs ist ein Zug getroffen worden, der Munition transportierte. Mehrere Waggons sind in die Luft geflogen. Sie freuen sich. Dies und das werden sie gut gebrauchen können.

Doch es dauert keine Stunde, da entdeckt Mari einen wildfremden Mann in ihrem Garten. Er trampelt auf einer der Waggonverschalungen herum, hat schon einen kleinen Haufen Holz zu einem Bündel geschnürt. Sie denkt: Ich lasse ihn mal. Er ist ein armer, alter Mann, vielleicht hat er es sehr nötig.

Wenig später kommen sie zu zweit, zu dritt. Von links, von rechts klettern sie über den Gartenzaun auf ihr Grundstück oder dringen über den Bahndamm ein, der längst gründlich abgesucht wurde. Manche kennt sie vom Sehen. Viele nicht.

„Es sind bestimmt schon zwanzig!", meldet Dieter entrüstet. „Sie zertrampeln unser Möhrenbeet! Sie hauen unsere Ribizelnsträucher kaputt!"

Da folgt sie ihm. Am noch nicht ramponierten Kartoffelbeet vorbei nähern sie sich einem Grüppchen junger Frauen. Mari bittet sie höflich, zu gehen.

„Warum sollten wir? Was hier liegt, ist nicht Ihr Eigentum!", dröhnt eine Frau mit kraftvoller Altstimme und wiegt eine Eisenstange in ihrer Hand.

„Aber die Ribizli sind es!", ruft Dieter.

„Die was?" Die Frauen lachen.

„Sie haben unsere Johannisbeersträucher zerstört!", schreit Dieter außer sich und macht zwei wütende Schritte auf die Frauen zu.

„Hoho!", rufen die Frauen und grinsen. Mari rückt auf, stellt sich direkt hinter Dieter. Was soll sie tun?

„Sie sollten jetzt unser Grundstück verlassen", sagt sie. Die Frauen machen weiter, als stünden sie beide nicht als traurige Salzsäule vor ihnen. Eine schlägt mit einer Harke die Kartonagen von den hohen Sträuchern, von denen sie doch in ein paar Monaten Holunder ernten möchten. Eine schnürt das Holz zusammen, das sie selbst dringend brauchen könnten.

„Aufhören!“, schreit Dieter.

Hilflosigkeit kriecht ihr in alle Glieder. „Wir müssen Rudolf holen“, murmelt sie besorgt neben Dieters Ohr. Ausgerechnet die Frau mit der Eisenstange kommt jetzt zu ihnen – und entschuldigt sich. Sie scheinen sie doch beeindruckt zu haben. Kleinlaut versichert sie, selbst nichts zerstört zu haben. „Es reicht!“, ruft sie dann den anderen zu und trollt sich, zwei dicke Bündel Holz an jedem Handgelenk. Die anderen folgen nach und nach.

Ein weiterer Zug bleibt liegen – diesmal mit verschlossenen Waggons. Einen Tag lang passiert nichts. Klara erzählt, er komme direkt aus Amerika – was so ja nicht stimmen kann – aber vielleicht ist wirklich Verpflegung für die alliierten Soldaten darin? Die Amerikaner rücken von allen Seiten vor, jeden Tag kommen sie dem Stadtzentrum näher. Also läge das vielleicht im Bereich des Möglichen?

Schon pilgern wieder wildfremde Menschen durch ihren Garten, als wäre es gar nicht ihrer. Über den Damm steigen sie zu den Waggons hinauf, die plötzlich aufgebrochen sind, plötzlich Kisten freigeben, Kartons. Die Beute wird quer durch ihren Garten Richtung Straße befördert.

„Es ist wirklich Essbares drin!“, weiß Dieter, aber er hat selbst nichts mitbringen können, weil schon wieder mit harten Bandagen gekämpft wird. Etelka kommt vorbei. Nicht ganz zufällig. Die Kunde vom inhaltsreichen Zug hat sich in Windeseile bis ins Nordend herumgesprochen! Als sie sieht, dass andere schnellen Schrittes Säcke, Pakete, Kisten unbekannten Inhalts am Haus vorbeitragen, fordert sie Mari und Dieter sehr bestimmt auf, ihr zu folgen. Rudolf ist am Dach beschäftigt, und so viel Zeit, ihn zu überzeugen, will sie sich nicht nehmen.

Am Zug hängen Menschentrauben, wie Bienen an ihren Waben.

Etelka kämpft sich als Erste bis an die Schienen durch, und als sie zu Mari an den Damm zurückkehrt, umarmt sie ein großes Paket, das sie bei ihr ablädt. Schnell bohrt sie mit ihrem Taschenmesser ein kleines Loch hinein.

„Käse! Ich habe Käse!“, jubelt sie.

Mari versucht es nun selbst und erhascht zwei kleine Kartons, immerhin, bevor sie abgedrängt wird. Von Dieter ist nichts mehr zu sehen. Sie ziehen sich ein paar Schritte zurück und warten auf ihn – oder auf eine zweite Chance.

Es knallt, von der abgewandten Seite des Bahndamms. Mehrmals.

„Da wird scharf geschossen!“, brüllt jemand.

„Die Amis!“

Und alles rennt, stolpert, springt mit oder ohne Beute den Bahndamm hinunter. Mari entdeckt jetzt auch Dieter: Er lässt sein Paket einfach den Abhang hinunterpurzeln und rutscht geschickt hinterher, dicht genug, dass es ihm niemand wegschnappen kann.

Sie legen alles auf den Esstisch und setzen sich feierlich dazu. Etelkas Paket, das so groß ist, dass Klara und Heinerle ganz hinter ihm verschwinden, wollen sie sich für den Schluss aufheben.

Auch Rudolf ist jetzt mit Feuereifer dabei. Sie beginnen mit Dieters Beute, die sie vom Packpapier befreien, als könnte sich wertvollstes Porzellan darin befinden.

Es sind Zigarren.

„Beste Qualität!“, behauptet Dieter, obwohl er selbstverständlich keine Ahnung hat. Etelka erklärt sich sofort bereit, mit den Buben aufs Land zu fahren und sie gegen Essbares zu tauschen. Sie schreien, lachen, umarmen sich. Aber es geht ja noch weiter!

Der erste von Maris Kartons enthält gut handtellergroße, flache Papiertüten mit der Aufschrift „Pudding Powder“. Also etwas zu essen! Etwas Süßes! Der zweite bringt in Zellophan gewickelte Blöcke zum Vorschein, die eine klebrige Masse enthalten. Dieter probiert, bevor sie es verhindern kann. Er verzieht das Gesicht.

„Es ist süß. Aber es schmeckt komisch.“

Mari kostet selbst und hält es für Marzipanersatz, denn es erinnert sie an das seltsame Zeug, das sie an Weihnachten von den Dolds geschenkt bekommen hat.

„Aber wir können Pudding machen!“

„Ihr werdet ihn mit Wasser kochen müssen“, dämpft Etelka ihre Freude. „Milch ist ja nicht zu haben. Keine Ahnung, wie das schmeckt.“

Nun bleibt nur noch das große Paket. Unter dem verschwenderisch gewickelten Papier kommt ein riesiger Quader zum Vorschein, eine gelb pastöse Masse. Schon der Geruch lässt sie ahnen, dass es sich nicht wirklich um Käse handelt. Überhaupt nicht um etwas Essbares. Etelka will es nicht glauben, probiert.

„Jézusmária – was ist das?!“

Mari bricht es fast das Herz, wie enttäuscht sie alle vor sich hinschauen. Was sollen sie mit dem ranzigen Zeug anfangen? Etelka soll eine gute Portion davon nach Hause tragen, schlägt sie vor. Vielleicht hat Szymon eine Idee, um was es sich eigentlich handelt?

„Plündern kommt von Plunder, glaube ich“, merkt Rudolf traurig an.

Herr Montag kommt persönlich vorbei, um ihnen zu melden, dass auch auf „ihre“ Hausschuhfabrik eine Bombe gefallen ist. Er wirkt nervös, bedrückt, trägt jetzt einen grauen Vollbart und sieht damit sehr alt aus. Dass sie von Ludwig noch immer keine Nachricht hat, lässt ihn vor Kummer erstarren. Er sitzt einfach da und rührt sich nicht mehr. Sie muss ihre Hand auf seinen Unterarm legen, ihm versichern, dass ihr Mann ganz sicher noch am Leben ist, um ihn aus seiner Lähmung zu befreien.

„Es sieht böse aus, bei uns!“, klagt er. „Aber das tut es ja überall. Man mag gar nicht mehr aus dem Haus gehen.“

Sie trinken ein Glas Wasser miteinander – mehr hat sie gerade nicht anzubieten. Sie stellt ihm auch ein wenig von dem Vanillepudding hin, der mit Wasser gekocht leider nur in kleinen Mengen genießbar ist. Er lehnt höflich ab.

„Ich bin so froh, wieder einmal ein Wort mit einer vernünftigen Person wechseln zu können! Die Arbeiter – mit denen kann ich momentan nicht reden. Es sind ausschließlich Fremdarbeiter, schon seit einer ganzen Weile, und die machen jetzt, was sie wollen. Die tanzen mir auf der Nase herum."

„Wie viel ist denn von den Maschinen übrig, von den Materialien? Vielleicht lässt sich damit etwas Neues aufbauen?"

„Es ist noch einiges da. Noch. Aber wir sollten uns keine Illusionen machen. Ihr Mann und ich ... wenn er hoffentlich bald wieder kommt ... Wir werden nichts mehr zu melden haben."

Was duftet da aus Etelkas Korb? Warum leuchten ihre Augen stolz, warum lacht sie schelmisch? Sie zieht das Tuch von der sanften Erhöhung und präsentiert ihnen einen runden, kräftig gebackenen Brotlaib.

„Das ist eurer! Ich habe zwei Laibe bekommen, für das Zeug, das ich aus dem Zug geholt habe!"

Es war Wagenschmiere – die von den Bauern scheinbar dringend gebraucht wird! Ein Bekannter von Szymon hat ihren Wert erkannt und schnell einen Tauschpartner gefunden. Erst gibt es Brot mit Margarine. Danach füllen sie zu sechst alle Behältnisse, die Mari nur irgendwie entbehren kann, mit der wunderbaren Masse, die ihnen auf einmal wie pures Gold zu schimmern scheint.

Dann ziehen die Reste der Wehrmacht durch die Straßen. Den ausgemergelten, abgerissenen Gestalten sieht man das gebrochene Selbstbewusstsein schon von Weitem an. Mari hält nach der feldgrauen Waffen-SS-Uniform Aussicht und bekommt sie beinahe nie zu Gesicht. Was hat das zu bedeuten? Werden die SS-Männer länger festgehalten? Oder gar hingerichtet?

Gleichzeitig erscheinen in Sachsenhausen die ersten amerikanischen Soldaten. Der Kontrast könnte nicht größer sein: In ihren blitzenden Jeeps, den unversehrten Uniformen, mit ihren wohlgenährten Körpern und entspannten Mienen machen sie den Eindruck, als hätten sie gar nicht gekämpft. Ende März werden in der Tiroler Straße die Häuser gegenüber beschlagnahmt – oder was von ihnen noch bewohnbar ist – und GIs quartieren sich ein. Die Buben können kaum glauben, wie man dort Wache hält. Der fremde Soldat hängt seine Maschinenpistole an die Lehne eines Liegestuhls! Und dann fläzt er sich comiclesend hinein! Jeden deutschen Unteroffizier würde der Schlag treffen – aber diese US-Army hat den Krieg gewonnen! Mari kann das wütende Staunen ihrer Kinder nachvollziehen. Sie bekommen eine Lektion erteilt, so absurd, dass sie auf die Schnelle gar nicht zu verstehen ist. Auch sie selbst staunt nicht schlecht – aber für sie ist das Ganze eher ein willkommenes Amüsement. Wer warum den Krieg gewinnt, ist ihr schon lange gleichgültig geworden, wenn er nur vorüber ist.

In einem der beschlagnahmten Häuser befindet sich nun eine Küche, in der für die Army gekocht wird. Die Dämpfe, die aus den gekippten Fenstern, aus der fast immer offenen Tür quellen, ziehen die Kinder an wie das Licht die Motten, auch ihre eigenen. Dabei hassen sie es eigentlich, beim Feind zu betteln.

Deshalb versucht Rudolf, Dieter zu einem Blick in die wunderbare Küche zu überreden.

„Nur ausspähen, verstehst du? Du kannst sowas. Du bist der Richtige dafür. Und du musst ja nichts nehmen, wenn du nicht willst.“

Dieter weigert sich. Gleichzeitig erzählt er seiner Schwester, niedliche kleine Mädchen wie sie bekämen besonders viel. Traumhaften Nachtisch. Riesenstücke Fleisch. So was macht sie nicht, entgegnet Klara. Soll er doch, wenn er meint, dass es da so fabelhafte Sachen gibt. Wenn ihm das Wasser im Mund zusammenläuft, soll er doch selbst was holen. Aber für sie alle.

Mari tun ihre Kinder leid – und sie bereitet sich schon darauf vor, dort selber anzufragen. Bevor sie so weit ist, balanciert Klara plötzlich doch einen großen, dampfenden Kunststoffteller ins Haus. Eintopf, Nachtisch, Fleisch, Gemüse, alles neben- und übereinander. Als bleiche Krönung obendrauf eine dicke Scheibe Brot. Sie geniert sich. Mari lobt sie, klatscht in die Hände vor Glück und ruft die Buben.

Klara versichert, sie habe weder Bitte noch Danke gesagt. Sie sei nur zufällig dort vorbeigekommen und so in der Tür herumgestanden, schon habe man ihr den Teller in die Hände gedrückt und eine Kelle nach der anderen darauf geleert.

„Eigentlich sind die dekadent, das sieht man gleich."

Aber das interessiert gerade niemanden. Gemeinsam vertilgen sie das Feindesmahl in Nullkommanichts, obwohl eigentlich nichts schmeckt, wie sie es erwarten. Das Fleisch ist süß. Der Eintopf süß und scharf zugleich. Das Gemüse hat kein Salz gesehen, und das Brot ist pure Watte. Nur am Schokoladenpudding hat beim besten Willen niemand etwas auszusetzen. Er ist mit Milch gekocht, das ist sein Geheimnis.

Im April finden sie eine neue Zeitung in ihrem Briefkasten. Sie kommt von den Alliierten, das ist klar. Dieter würdigt sie keines Blickes, und selbst Rudolf legt sie ungerührt beiseite. Es sind ja fast nur Fotos von Konzentrationslagern drin. Die Essensbeschaffung, die notdürftige Reparatur des Hauses sind den Kindern im Moment wichtiger. Sie kochen im Garten, haben eine einfache Kochstelle gebaut, aus Ziegelsteinen. Der Winter ist eigentlich vorbei, aber abgemagert, wie sie sind, frieren sie weiter. Deshalb hackt Rudolf im Nachbarhaus die Decken auf, um an das Holz in ihrem Innern zu kommen. Dieter treibt Drahtglas auf und tauscht es gegen Kartoffeln. Klara hilft, wo sie kann, holt regelmäßig Essen von den GIs gegenüber – und kann sich inzwischen auf Englisch bedanken.

Also ist Mari vorläufig die Einzige, die die Zeitung der Sieger ansieht. Die Bilder der KZ-Häftlinge, der Gaskammer, der Leichenberge stiert sie eine ganze Weile an, als wären sie verschlüsselte Botschaften aus einer anderen Welt. Was ist das? Ist das Feindpropaganda? Wenn ja, wo und wie haben sie diese Fotografien gemacht? Sie zwingt sich, alle Texte wenigstens zu überfliegen – immer auf der Suche nach dem Stichwort *Mauthausen*. Es taucht nicht auf.

Das sollte mich erleichtern, sagt sie sich. Das sollte mich doch erleichtern?

Als das Telefon endlich wieder funktioniert, ruft sie als Erstes die Familie in Trnava und Budapest an. Sie haben noch immer keine Nachricht von Péter. Dann probiert sie es in Engerau.

Hans redet schnell, mit schwacher Stimme. Dass Melitta ums Leben gekommen ist, erzählt er. Was passiert ist, wissen sie nicht genau. In den letzten Tagen des KZs Buchenwald hat sie angeblich das Lager überflogen, um herauszubekommen, wo sich ihr Mann aufhält.

„Weiß der Teufel, ob das stimmt, aber es ist ihr ja zuzutrauen. So was Irres! Die Amerikaner waren doch schon dort! Und sie haben sie abgeschossen. Offenbar. Und Alexander ist weiterhin verschwunden. Er war wohl nicht mehr dort, vielleicht von der SS verschleppt, als prominente Geisel … “ Er lacht nervös. „Das hört sich nach einer Räuberpistole an, nicht wahr? Mari, das alles ist so unwirklich, so verschwommen, so furchtbar unwirklich ...“

Es gelingt ihr nicht, ihn zu trösten, zu beruhigen – und Elsa will gar nicht ans Telefon. Dennoch möchte sich Mari nicht verabschieden, ohne nach den vermissten Männern zu fragen.

„Habt ihr von Mauthausen gehört? Ist das Lager aufgelöst, wie die anderen?“

„Du wirst dir denken können, dass ich keinen Zugang mehr zu irgendwelchen Informationen bekomme. In der neuen, amerikanischen Zeitung stand noch nichts davon, dass sie Mauthausen kassiert hätten. Also ist es wohl noch in deutscher Hand. Als eines der letzten.“

„Hans, sag mir: Was sind das für furchtbare Bilder aus diesen Lagern? Das kann doch nicht wahr sein? Ist es denn wahr?“

Stille. Sie glaubt, zu hören, wie er den Atem anhält.

Mit einem seltsamen Geräusch, etwas wie einem hilflosen Seufzer, meldet er sich zurück.

„Wie soll man solche Bilder fälschen? Weißt du ... ein Parteifreund, einer von den Hundertprozentigen, hatte eine Zwangsführung der Amerikaner im KZ Dachau. Wir haben uns vorgestern getroffen, wir haben uns dies und das erzählt, auch Schlimmes, Trauriges, und dann habe ich ihn nach der Führung in Dachau gefragt. Er hat nichts gesagt. Aus der Art, wie er geschwiegen hat, schließe ich, dass es nichts Entlastendes zu sagen gibt."

Sie schweigen einander an. Hans räuspert sich. Schweigt weiter.

„Und wo Ludwig stecken könnte – hast du eine Idee?", fragt Mari.

„Nein. Aber er war bei der SS. Ich würde dir so gern etwas Tröstliches sagen! Mir fällt nichts mehr ein. Wir werden jetzt alle bluten müssen. Sei froh, dass wenigstens du nicht in der Partei gewesen bist."

Mittags sitzen sie nun meist an ihrer Feuerstelle im Garten und löffeln Kohlsuppe. Allmählich hören sie wieder öfter Züge fahren – und einmal kommt einer zum Stehen. Sie horchen auf, als vom Bahndamm harte Männerstimmen herüberschallen. Plötzlich sind die hinteren Gärten voller Menschen.

Rudolf und Dieter sehen aus der Deckung des Haselstrauches nach und melden, dass sich fünf oder sechs Männer im Garten der Dolds befinden, die ja noch evakuiert sind. Dass sie den Schuppen der Dolds aufbrechen. Dass sie sich mit Spaten und Grabgabel bewaffnen. Dass sie jetzt herüberkommen.

„Sie brechen ganze Äste vom Kirschbaum ab – mit reifen und unreifen Kirschen!"

Mari ruft sie zurück an die Kochstelle. Erst zwei, dann drei Männer erscheinen vor den Ribizelnsträuchern, gehen noch ein paar Schritte weiter, bleiben stehen. Im Gegensatz zu ihr selbst und ihren Kindern tragen sie saubere Kleidung, und ihr Haar sieht aus, als wäre es frisch geschnitten. Aber die Art, wie sie einander mit schiefen Mündern kurze Worte zuraunen, die Kirschkerne scharf auf die Erde spucken, sie ansehen, als meinten sie eigentlich sie ... Darin steckt Wut.

Leise bittet Mari die Kinder, mit Topf und Wasserkanister ins Haus zu laufen. Sie sollen beobachten, was geschieht.

„Aber die sind gefährlich!“

„No, auch wenn sie gefährlich sind, kann man mal mit ihnen reden. Und ich habe ja euch. Wenn nötig, kommt ihr, mit Gebrüll! Und Klara läuft zu den Wiesenhardts, um weitere Hilfe zu holen!“

Sie wartet, bis die angespannten Gesichter ihrer Kinder hinterm Küchenfenster erscheinen und knöpft noch schnell die Bluse höher. Dann dreht sie sich wieder um und sieht sich die Männer an. Leider haben sie sich um zwei weitere vermehrt. Wen von ihnen soll sie ansprechen? Der mit dem angegrauten Vollbart ist der Einzige, der nichts in der Hand hält – weder Kirschbaumast noch Gartengerät. Die Kirschen bekommt er gereicht, von einem der jüngeren Männer. Er könnte also etwas zu sagen haben.

Sie geht auf ihn zu, begrüßt ihn langsam und freundlich, in ihrem besten Slowakisch. Die slawischen Sprachen sind ja verwandt genug, dass man sich einigermaßen verständlich machen kann.

„Woher kommen Sie?“, fragt sie. Aber er antwortet nicht. Die anderen sehen ihn an und zögern. Seine Miene ist um keinen Deut freundlicher geworden. Hat er sie nicht verstanden?

Ein Blonder hinter ihm räuspert sich.

„Rossiya!“, sagt er und nimmt bedrohlich grinsend die schwere Schaufel in beide Hände.

„Wir sind russische Fremdarbeiter. Und hassen die Deutschen!“

Sie versteht ihn ziemlich gut. Sie bemüht sich, dennoch weiter zu lächeln.

„Das verstehe ich gut, liebe Herren aus Russland. Aber Deutsche zum Hassen finden Sie hier nicht. Wir sind das Ausländerhaus. Fragen Sie unsere Nachbarn! Ich komme aus der Slowakei. Meine Kinder sind dort geboren.“

Der Angegraute fixiert sie noch immer unbewegt.

„Dann haben Sie sicher nichts dagegen, wenn noch ein paar

Ausländer bei Ihnen wohnen!", sagt er plötzlich leise. „Wie viele Zimmer hat Ihr Haus?"

Sie braucht einen Moment, um sich zu fangen.

„Leider sind sie schon alle besetzt", sagt sie. Dann erfindet sie ein tschechisches Fremdarbeiterpaar, Herrn und Frau Prochazká, die unter ihrem Dach bereits Zuflucht gefunden hätten. Von ihrem stattlichen Lebensmittelladen erzählt sie, Mittelpunkt einer Kleinstadt, deren Name ihr im Augenblick entfallen sei, und dass die beiden voll Heimweh seien, voll Verzweiflung darüber, dass die Deutschen ihren Laden zerstört hätten. Dass sie so bald wie möglich nach Hause wollten, ganz wie Herr Szymon, der jüngere der beiden Polen, dic bei ihnen im Dachgeschoss wohnten, zusammen mit einer Slowakin, Etelka, in die Herr Szymon sehr verliebt sei. Er wolle ihr unbedingt seine Heimat zeigen, so bald wie möglich. Wenn wieder etwas frei sei, bei ihnen, gäbe sie den Herren gern Bescheid. Mit Freude würde sie ihnen einen Mokka anbieten – wenn es welchen gäbe!"

Zwei, drei Männer lächeln schon längst beifällig. Der Angegraute nicht.

„Warum hat Ihr Sohn den Topf so schnell verschwinden lassen? Was haben Sie zu Mittag gegessen? Ich bin mir sicher, dass Sie gut kochen können ..."

„Ich mache gute Suppen, ja – wenn es Gemüse gibt, und Fleisch! Aber der Topf ist so leer, wie er nur leer sein kann. Sie wissen, wie wenig wir alle haben! Bis auf die Sieger natürlich. Wenn Sie dort entlanglaufen, am Haus vorbei und schräg über die Straße, kommen Sie zur Küche der US-Army. Die hat etwas zu bieten!"

Einen langen Moment stehen sie sich schweigend gegenüber.

„Wenn wir dort nichts bekommen, kommen wir zurück", sagt er drohend.

Dann setzt er sich in Bewegung.

Im Gänsemarsch laufen sie an ihr vorbei, zum Haus, bleiben noch einmal stehen, sehen sich nach ihr um. Mari winkt ihnen zu. Zwei winken zurück. Sie verlassen den Garten.

Mari bemüht sich, nicht zu schnell im Haus zu verschwinden.

Die Kinder wollen jubeln, dürfen noch nicht.

„Was hast du ihnen nur erzählt, Mutti?"

„Später. Lass uns erst nachsehen, ob sie bei den Amerikanern willkommen sind."

Sie stürmen in Ludwigs Arbeitszimmer, stellen sich gemeinsam ans Fenster und sehen, dass die Fremdarbeiter unschlüssig an der Straße warten, die Küche der Amerikaner beobachtend. Im Liegestuhl schiebt heute ein Schwarzer Wache, der die Männer über eine Zeitschrift hinweg beäugt. Verlegen halten sie Kriegsrat. Dann geht der Graubärtige hinüber und spricht ihn an. Sie werden hereingebeten.

Die Mitbewohner, die Mari erfunden hat, um sie fernzuhalten, bleiben ihnen nicht lange erspart. Jugoslawen werden einquartiert, Polen, Russen. Sie selbst wohnen nur noch im Erdgeschoss, ohne Bad, müssen sich mit dem winzigen Klo begnügen. Und eines Morgens teilt ihnen ein Deutscher in amerikanischer Uniform mit, dass sie innerhalb von zwei Stunden das Haus zu verlassen haben.

Mari kann es nicht glauben.

„Das Haus gehört uns!"

„Nicht mehr. Es wird gebraucht."

„Und wo sollen wir hin?"

Er zuckt die Achseln.

27. Kapitel
in dem Mari das Internationale Rote Kreuz in Erstaunen versetzt

Protestierend packt Mari ein paar Dinge in einen Wäschekorb und informiert die Kinder. Rudolf greift wutschnaubend nach dem Brotmesser, und sie muss es ihm aus der Hand nehmen.

„Das wird nicht lange gehen", versucht sie, ihn und sich zu beruhigen. „Ich glaube nicht, dass sie das machen können."

Zu fünft setzen sie sich auf den Bordstein vor dem Gartentor und hoffen eine Weile, vielleicht doch wieder eingelassen zu werden.

Das ist nicht der Fall.

Dafür beginnt es zu regnen.

Ihr fällt das Haus am Ziegelhüttenplatz ein, in dem Etelka gerade vorübergehend wohnt. Das ist nicht weit.

Und Etelka erbarmt.

Die ganze Familie wohnt jetzt in einem kleinen Zimmer. Natürlich sitzen sie selten dort. Sie wechseln sich darin ab, durch die Anlage zu schleichen und sich ihrem Haus so unauffällig wie möglich zu nähern, um zu beobachten, was sich tut. Im Erdgeschoss hausen offenbar mehrere Männer verschiedener Nationen. Es wird gestritten und geschrien, sie urinieren in den Vorgarten, einmal hört man einen Schuss. Aber nach einigen Tagen überbringt Dieter die sensationelle Nachricht: Sie ziehen aus! Wenigstens aus dem Erdgeschoss.

Mari und Etelka bilden die Vorhut und beobachten, wie die Männer mit Bündeln und Koffern das Haus verlassen. Auch Maris Koffer ist dabei. Kaum sind sie fort, rennen sie über die Straße, durch den Vorgarten, und als Mari den Schlüssel dreht, die Tür vorsichtig öffnet, hat sie fast das Gefühl, in ihr eigenes Haus einzubrechen.

Widerwärtiger Gestank empfängt sie. Schon in der Diele stapelt sich dreckiges Geschirr. Dort und im Wohnzimmer fremde Matratzen, dreckiges Bettzeug, Schmutzwäsche aller Art. Alle beweglichen Lampen, einige Schlüssel von Zimmern und Schränken fehlen, weshalb sie in Ludwigs ehemaliges Arbeitszimmer nicht hineinkommen, auch nicht in die Küche. Und vor dem Kamin hat jemand zum Abschied seine Notdurft verrichtet.

„Jézusmária!“, schreien sie im Duett.

Etelka ekelt sich zu sehr und will nicht aufräumen helfen. Aber sie müssen doch verhindern, dass sich neue Bewohner einnisten!

Der Einzige, der mit Mari kommt, ist Dieter. Sie bindet ihm und sich ein Tuch vor Nase und Mund. Mehrere Stunden schuften sie, bis Wohnzimmer und Toilette halbwegs in Ordnung sind. Nach und nach finden sie in den nächsten Tagen auch die Lampen und einige Schlüssel: Jemand hat sie über den ganzen Garten zerstreut.

Im ersten und zweiten Stock wohnen noch immer Jugoslawen, Paare und einzelne Männer, wie sie selbst auf engstem Raum. Wenn die Buben das Haus verlassen, werden sie von oben angespuckt. Aber nicht alle sind so hasserfüllt. Und es hilft, dass Mari versucht, mit ihnen ein paar slowakisch-slawische Sätze zu wechseln. Einer meint gerührt, seine Frau, die in der Heimat warte, sei ähnlich klein und dünn wie sie. Obwohl das streng verboten ist, bringt er ihnen regelmäßig einen Teil seiner Essensrationen vorbei, spricht mit den Kindern, erzählt von seinen eigenen: ein Bub, ein Mädchen. Traurig begreift er, dass nur Mari ihn ab und zu versteht.

Nicht weit vom Frankfurter Hauptbahnhof steht Tilda vor der Ruine eines Mehrfamilienhauses, in der Frauen einander Schutteimer reichen. Vier Jahre ist es her, seit sie hier war – aber sie erkennt fast nichts wieder. Das Stadtbild ist kein Stadtbild mehr. Bei ihr in Berlin Spindlersfeld sieht es nicht viel anders aus, und sie kann froh sein, dass ihr eigenes Haus nicht viel abbekommen hat. Aber in ihrer Umgebung hat sie die Zerstörung miterlebt und kann sich einigermaßen orientieren. Hier meint sie, auf einem furchtbaren Planeten gelandet zu sein. Diese Stadt wird nie wieder zu Kräften kommen! Da ist sie sich sicher.

Für die Reise hat sie zwei ganze Tage gebraucht. Das Eisenbahnnetz besteht aus mehr Löchern als Verbindungen! Kilometerweit ist sie zu Fuß gelaufen, hat sich von fremden Leuten mitnehmen lassen, meistens nicht umsonst. Sie hatte sich Lebensmittel vom Mund abgespart, für unterwegs und für die Familie ihres Bruders. Nun ist ihr nichts geblieben als die eiserne Ration: etwas Leberwurst, etwas Brot, eine schrumpelige Salatgurke.

Sie hat begriffen, dass sie sich viel zu optimistisch auf den Weg gemacht hat. Es ist nicht sehr wahrscheinlich, dass Mari und die Kinder überhaupt in ihrem Haus sind! Der letzte Brief ist Monate her, und auch ob Ludwig zurück ist, steht in den Sternen. Sie alle können werweißwo sein – oder tot.

„Verzeihen Sie, wo komme ich über den Main?“

„Was kriege ich, wenn ich Ihnen den Weg zeige?“

„Ich komme schon zurecht. Danke.“

Als endlich ein Straßenschild behauptet, in die Tiroler Straße zu führen, muss sie lachen: Verbeult und verbogen zeigt es in den Himmel. Und es gibt hier so gut wie keine Straße mehr. Ein Krater. Mauerbrocken. Auch die Passanten sind nicht mehr die, die sie von vergangenen Besuchen kennt: Amerikaner. Fremdarbeiter. Zerlumpte deutsche Soldaten.

Da sitzt ein Junge am Bordstein und beobachtet sie neugierig. Er ist noch sehr klein, keine vier Jahre alt, schätzt sie, und er sieht aus wie alle hier, mit Ausnahme der GIs: als bräuchte er dringend etwas zwischen die Rippen. Wenigstens dieser Knirps wird ihr vielleicht weiterhelfen, ohne Forderungen zu stellen?

„Sprichst du deutsch?“

„Ja!“

„Weißt du, wo die Familie Wacholz wohnt?“

„Ja!“

„Das ist wunderbar! Meinst du, du kannst mich hinführen?“

Er ist schon aufgestanden und umrundet den Krater, läuft in eine Richtung, mit der Tilda es eher nicht versucht hätte. Vielleicht hat er mehr Fantasie als Ortskenntnisse? Was soll's – sie folgt ihm mal.

Aus einem Fenster hängt eine russische Fahne, aus dem daneben ein angekokelter Teppich. Frauen streiten sich um einen Kanister. Und jetzt erkennt sie sie, da hinten, die Doppelhäuser ... um Himmels willen! Da ist kaum etwas heil geblieben! Der Kleine läuft zielgerichtet weiter, sieht sich fragend nach ihr um. Tappt weiter, auf eins der halbwegs heilen Gebäude zu.

„Was bin ich froh ...", entfährt es ihr, als sie sich sicher ist, dass sie vor dem richtigen Haus steht. Der Knirps schaut zweifelnd zu ihr hoch und rückt ein bisschen ab.

„Vielen Dank, mein Kleiner, für die ausgezeichnete Führung." Sie beugt sich zu ihm, fasst ihn an beiden Schultern. „Das war sehr lieb von dir!"

Er macht keine Anstalten zu gehen.

„Ich würde dir nur zu gern etwas dafür geben – aber ich habe nichts mehr! Das Bisschen, was ich noch habe, möchte ich der Familie mitbringen, die hier wohnt. Ich hoffe, du verstehst das?"

„Ja", sagt er ernst. Dann läuft er forsch auf das ziemlich verbogene Gartentor zu. Es schleift und knarzt erbärmlich, als er es ganz selbstverständlich aufschiebt.

„Mutti! Wir kriegen was mitgebracht!"

Mari freut sich, dass Tilda gekommen ist, über all die Hindernisse hinweg. Und auch das lustige Finale ihrer Reisegeschichte genießt die ganze Familie, mit Ausnahme von Heinerle vielleicht, der nicht versteht, warum er Lachsalven auslöst. Dann fragt Tilda nach ihrem Bruder.

„Seit September letzten Jahres hast du nichts von ihm gehört?" Sie ist entsetzt. „Das ist bald ein Jahr her! Ich habe gehofft, dass er sich wenigstens bei dir gemeldet hat, aus irgendeinem Gefangenenlager."

Sie sackt in sich zusammen. „Ich habe es geahnt ... Warum musste er in die SS! Die ..."

Sie verstummt.

Abends, als sie im ehemaligen Wohnzimmer beieinandersitzen, erhebt sich Tilda schnaufend und schließt die Tür zu Ludwigs Zimmer, in dem die Kinder halbwegs friedlich auf ihren Matratzen liegen.

„Sag mir ganz ehrlich, Mari. Was hast du für einen Plan? Wie willst du die Kinder durchbekommen?"

Mari weiß nicht, was sie sagen soll. Tatsächlich hat sie zusätzlich zur allgemeinen Versorgungslage ein weiteres Problem: Weil sie Ehefrau eines Parteimitglieds ist, hat man ihr das Konto gesperrt, und sie darf monatlich nicht mehr als dreihundert Reichsmark abheben. Wenn man überhaupt noch etwas gegen Geld bekommt, ist es teuer. Tilda nickt eifrig.

„Das wichtigste ist, nicht untätig zu bleiben! Ich lasse euch nicht allein. Auf der Reise hierher habe ich viel gesehen, und ich habe nachgedacht. Wir müssen den Mut haben, etwas ganz Neues zu versuchen!"

Schon beginnt sie, Pläne zu schmieden. Sie könnten doch gemeinsam ein Restaurant aufmachen? Nicht hier, auch nicht in Berlin – in irgendeiner Kleinstadt, in der die Leute nicht ganz so durch den Wolf gedreht wurden? Sie ist durch diesen und jenen Ort gekommen, wo die Welt noch halbwegs in Ordnung schien. Die Kinder könnten in der Küche helfen, die Buchhaltung machen, die Reklame, Leute ansprechen, bedienen ... jedes nach seinen Talenten. So würden sie wirklich nützliche Dinge lernen, statt däumchendrehend darauf zu warten, irgendwann, vielleicht, eventuell wieder eine Schule besuchen zu können!

Mari lächelt. Sie weiß, dass Tilda es gut meint. Aber dass ihre Kinder die Schule besuchen, ist ihr besonders wichtig. Sie hat sich schon nach einer Lehrerin umgehört, für den Übergang, vielleicht schon eine Dame gefunden, die sich mit etwas Silber zufriedengibt. Ein Restaurant mit Tilda – das ist nicht ihr Ding.

„Und Ludwig solltest du für tot erklären!“

„Was? Nein!“

„Das ist ein harter Schritt, ich weiß. Natürlich schockiert es dich, wenn ich das so sage. Aber es würde dir und der Familie erheblich weiterhelfen! Nur daran solltest du jetzt denken. Du selbst warst nicht in der Partei. Du bist im Grunde keine Deutsche. Ohne meinen Bruder habt ihr ganz andere Chancen, wieder Fuß zu fassen!“

„Ich weiß, dass er noch lebt.“

Mari sagt das so entschieden sie kann. In Wirklichkeit weiß sie es weniger gewiss, als sie vorgibt – genauer gesagt: Sie glaubt nur manchmal, es sicher zu wissen. Es gibt diese Momente, in denen sie mit ihm spricht, ihn lebendig um sich spürt. Dann wieder meint sie, zu realisieren, dass er nicht mehr existiert. Die Ungewissheit macht ihr zu schaffen. Seit dem Sommer ist sie oft so empfindlich, von heftigen Gefühlen gebeutelt, und einmal, schon im Juni, hat sie sich sogar hinreißen lassen, den Kindern von ihren Gefühlsaufwallungen zu erzählen. Während sie zu dritt daran arbeiteten, den Krater im Garten wieder zuzuschütten, hat sie plötzlich sagen müssen, dass sie weiß, dass es ihrem Papa sehr schlecht geht, und zwar gerade jetzt. Seit ein paar Minuten.

„Er hat ganz furchtbare Angst.“

Das war natürlich eine Riesendummheit. Aber wem hätte sie ihr Herz sonst ausschütten können? Ludwigs Angst, die sie in diesem Moment als ihre eigene fühlte oder zu fühlen glaubte, schnürte sie so sehr ein, dass sie sich irgendwie befreien musste – und sie war ja fast immer mit den Kindern allein! Die Umstände waren nun schon sehr lange so, dass sie das Kindsein ihrer Kinder manchmal vergaß.

„Aber er stirbt nicht“, sagte ihre noch nicht achtjährige Tochter damals. Sie sagte es auf eine Weise, dass Mari nicht sicher war, ob sie es als Frage meinte, als Bitte oder als Forderung.

„Neinein! Es geht ihm nur schlecht. Aber es geht ihm bestimmt gleich wieder gut. Vergesst das einfach. Entschuldigung.“

Rudolf stiefelte ein paar Minuten später ins Haus zurück, holte sein Notizheft, das er aus Papierabfällen seines Vaters gebastelt hatte, und schrieb den Tag und die Uhrzeit hinein, abzüglich des

Zeitraums, den er noch am Krater zugebracht hatte, mit der großen Schippe Erde werfend, Erde verteilend.

„Wenn Papa wieder da ist, frage ich ihn, was er um diese Zeit gemacht hat. Dann sehen wir, ob du recht hattest!“

Die Vermisstenregistratur des Internationalen Roten Kreuzes hat sich in einem ehemaligen Verwaltungsgebäude eingerichtet, erzählt die Familie Dold, die aus dem Westerwald zurück ist und ihnen einen Besuch abstattet. Während Jochen und Klara einander viel zu erzählen haben, berichtet Frau Dold, dass sie ihren Bruder sofort dort gemeldet hat. Seit einem Dreivierteljahr hat sie keine Post mehr von ihm bekommen. Er war in Russland. Sie haben dort sehr freundlich versprochen, Nachforschungen anzustellen.

Kaum sind die Dolds gegangen, bittet Mari Tilda, auf den Kleinen aufzupassen. Ihre Schwägerin ist eigentlich noch eingeschnappt, weil sie ihre Ratschläge nicht annehmen will.

„Warum kein Restaurant? Hast du bessere Ideen? Du wirst doch nicht glauben, dass eure Hausschuhfabrik noch Zukunft hat – als arisierter Betrieb?! Du wirst doch diese Bruchbude hier nicht weiter bewohnen wollen?!“, hat sie gesagt. Aber als Mari ihr jetzt erklärt, dass sie Ludwig zunächst einmal suchen lassen will, bevor sie ihn für tot erklärt, versteht sie das.

Zwei Herren und eine Frau sitzen hinter einem langen Tisch und essen Käsekuchen von Papptellern. Kaffeeduft erfüllt den Raum, der bei Mari sofort heftigstes Heimweh nach Nagyszombat und Szuha auslöst. Wie lange hat sie keine so herrlichen Kuchenstücke mehr gesehen! Selbst die blutjunge Sekretärin in der Uniform der Army, die träge auf ihrer Schreibmaschine herumtippt, hat Kaffee und Kuchen neben dem Stoß Formulare platziert und scheint gut darauf warten zu können, sich das alles einzuverleiben.

Das Formular zu ihrer Person soll Mari vor die Schreibmaschine legen.

„Wir brauchen nun ihre Angaben zu der zu meldenden Person.

Name, Vorname, Geburtsjahr?", sagt der Herr im dunklen Anzug, der in der Mitte sitzt, in akzentfreiem Deutsch.

„Wacholz, Ludwig. Neunzehnhundertsechs."

„Verwandtschaftsverhältnis zur meldenden Person?"

„Mein Ehemann."

„Letzt bekannter Aufenthaltsort?"

„Cortina d'Ampezzo, Italien."

„Letztausgeübte Funktion?"

„Waffen-SS."

Er hebt die Augenbraue. Die Frau zu seiner Rechten senkt ihre Kuchengabel, lehnt sich zurück und mustert sie mit erzürntem Blick. Auch der zweite Herr, der eine ihr unbekannte Uniform trägt, sieht sie neugierig an.

„Genauer. Welcher Dienstgrad?", will er wissen, und sie hält ihn für einen Franzosen.

„Es tut mir leid, da bin ich mir nicht mehr sicher. Irgendwas mit Sturm."

„Sie meinen doch nicht, wir kaufen Ihnen das ab?!", fragt der Franzose scharf.

„Es war kein hoher Dienstgrad, das weiß ich. Er hat nicht gerade Karriere gemacht, unter Hitler."

Die zwei Herren werfen sich einen Blick zu. Der im Anzug grinst gequält.

„Das höre ich oft, das können Sie glauben. Egal. Es wird Sie nicht wundern, dass wir Angehörige der SS nicht gerade vorrangig suchen!", klärt er sie auf. „Und sollte Ihr Mann lebend heimkehren, hat er sich unverzüglich bei uns sowie bei der städtischen Verwaltung zu melden!"

„Ja. Ich habe eine Photographie, hier. Sie ist leider fast drei Jahre alt. Eine aktuellere gibt es nicht, und er hat sich stark verändert, in dieser Zeit ..."

Die Frau rechts nimmt das Bild wortlos zu den Akten. Der im Anzug nickt Mari streng zu, um sie zu verabschieden, und schiebt sich finster ein Stück Kuchen in den Mund.

„Ich möchte noch eine zweite Suchmeldung abgeben!"

„Bitteschön!“, ruft der Franzose. „Noch irgendwas mit Sturm?“
Sie lachen.

Mari schüttelt den Kopf.

„Tóth, Péter. Neunzehnhunderteins. Mein Bruder. Journalist und Häftling im Konzentrationslager Mauthausen.“

Die Frau hinter der Schreibmaschine hört auf zu tippen. Der Kuchenesser hustet.

„Ihnen ist bekannt, dass Sie bei falschen Angaben strafrechtlich verfolgt werden?“

„Es ist aber so. Soll ich Ihnen den Namen aufschreiben? Es ist ein ungarischer, mit zwei Akzenten.“

Der Kuchenesser zögert, noch immer vor sich hin hustend. Er nimmt einen Schluck Kaffee und hustet ein letztes Mal, bevor er aufsteht und ihr Block und Bleistift reicht.

„Ein Photo habe ich auch, von Weihnachten 1944. Kurz bevor er abgeholt wurde.“

Er nimmt Block und Foto entgegen und betrachtet Peti eine ganze Weile.

„Warum, sagen Sie, wurde er abgeholt?“

„Er war Chefredakteur einer Budapester Zeitung. Er hat sich in einem Artikel den Frieden gewünscht, und den Ausstieg aus dem Bündnis mit Deutschland.“

„Sie sind auch Ungarin?“

„Ja. Aber es ist kompliziert. Gebürtig: Ungarin. Dann Slowakin, nach dem ersten Krieg. Dann Deutsche, durch die Heirat.“

Eine Weile ist es still. Der Herr im Anzug schiebt Petis Bild langsam und vorsichtig in ihre Richtung.

„Das Foto bringt nicht viel, leider. Aller Erfahrung nach erkennt man die Personen nicht wieder. Vielleicht möchten Sie es als Erinnerung behalten?“

„Wollen Sie damit sagen, dass keine Hoffnung besteht?“

Er zögert.

„Wo ist er gewesen? Mauthausen? Und die Familie in Budapest hat noch nichts von ihm gehört? Mauthausen ist als eines der letzten Lager befreit worden. Ich werde mich erkundigen.“

Eine gute Woche nach Tildas Abreise sitzen Mari und Klara einander am Esstisch gegenüber. Klara buchstabiert in einem ziemlich ramponierten Kinderbuch mit „alten, lieben Reimen“ herum. Es ist schon warm, die Terrassentür steht offen.

Sie haben das Buch von der älteren Dame bekommen, die die Kinder jetzt ab und zu unterrichtet. Mari ist froh, dass sie sich entschlossen genug gegen Tildas Pläne gewehrt hat, die Zukunft der Kinder betreffend, zumal die Schwägerin ihre Empörung nach einigen Tagen aufgegeben hat. Tatkräftig half sie noch in Haus und Garten, bevor sie sich wieder verabschiedete. Und sie haben einander feierlich versprochen, so oft wie möglich Informationen auszutauschen.

Leider hat gerade Klara den improvisierten Unterricht bitter nötig. In Nagyszombat konnte sie doch schon beinahe flüssig lesen? Jetzt scheint sie die Hälfte wieder verlernt zu haben!

„... Wir ... wir werden den – Wenn – wenn’s – Naa... Nacht ...

„Du hast zwei Wörter übersehen. Du musst dich schon ein bisschen anstrengen, Klara!“

Sie rutscht auf dem Stuhl herum, mault.

„Wozu muss man lesen lernen! Das braucht kein Mensch.“

„Du wirst das auch noch merken, dass du es brauchen kannst. Im Frieden kann man es brauchen, und wie!“

„Wir were... werden den Weg ... schon finden. Wenn’s Nacht wird ...“

Warum schaut sie in den Garten, statt ins Buch? Mari will sie schimpfen, da springt ihre Tochter auf, und auch sie selbst fährt herum, weil sie etwas gehört hat. Schon wieder fremde Leute auf ihrem Grundstück? Sie hat es so satt ... Immer muss sie sich wehren, mit all ihrer Kraft, obwohl sie darin nie gut gewesen ist.

Wirklich kommt jetzt jemand den Garten hinauf. Es ist Ludwig. Sie erkennt ihn, aber es tut sich gar nicht viel in ihr, eine Winzigkeit nur wird aus ihrem Herzen in die Höhe geschleudert, wie manche Pflanzen es mit ihren Samen tun, und das liegt wohl daran, dass er so anders ist, nicht nur als sie in kennt, sondern auch, als sie ihn sich jemals vorstellen konnte. Er hat noch einmal eine

Menge Haare verloren. Das eckige Gesicht unter der riesigen, grauen Stirn ist starr, wie holzgeschnitzt, die Augen tief in fremden Höhlen, der Mund ein bleicher Strich. Er hält sich gerade, aber wie unter Schmerzen. Und auch diese Uniform hat sie noch nie an ihm gesehen! Statt seines Sturmgepäcks trägt er ein trauriges Bündel, mit vielfach geknoteten, zerfransten Schnüren zusammengebunden.

Sie läuft hinaus. Er verzieht das Gesicht zu einer angestrengten Grimasse. Sie umarmen sich unbeholfen, und er schiebt sie gleich wieder ein Stück von sich weg.

„Wenn du weinst, kann ich ja wieder gehen."

Sie wischt sich mit dem Ärmel übers Gesicht.

„Jetzt nicht mehr."

Er kann kaum reden, nur langsam essen. Dieter fragt dennoch nach der fremden Uniform, die an seinem Körper herumschlabbert.

„Das ist doch Wehrmacht? Da fehlt der Doppelblitz!"

Er scheint die Frage erst überhören zu wollen – bevor er sie doch noch beantwortet, unwillig, barsch.

„Das bleibt unter uns. Ist das klar?! Ich hatte Glück mit meinem Offizier. Der hat mich gemocht und sie mir in den letzten Kriegstagen noch verpasst. Er hat mir sogar ein Soldbuch ausgestellt. Damit hat er mir das Leben gerettet. Und jetzt keine Fragen mehr. Verstanden!"

Das fällt den Kindern natürlich schwer. Schon am nächsten Morgen bringt Rudolf sein Notizheft an den Frühstückstisch und will wissen, was sein Vater an jenem Mittwoch im Juni um fünfzehn Uhr dreißig bis zirka fünfzehn Uhr fünfundvierzig gemacht hat.

„Was wird das? Ein Verhör?", fragt er scharf zurück.

Rudolf versteht nicht, warum er so schnell böse wird. Es verschlägt ihm die Sprache, und Mari muss ihrem Mann erklären, was sie den Kindern damals, bei der Arbeit am Bombenkrater im Garten, in einem dummen Anfall von Sentimentalität erzählt hat. Dass sie meinte, zu wissen, dass es ihm in diesem Moment besonders schlecht ging.

„Telepathie ist Kokolores“, schnarrt er verärgert und trinkt zwei kleine Schlucke vom Muckefuck-Kaffee.

„Das kann euer Papa auch unmöglich wissen, was er damals genau zu dieser Zeit gemacht hat“, ergänzt sie. Das wäre nicht nötig gewesen. Die Kinder sind eingeschüchtert genug, sich nicht mehr zu mucksen.

Ludwig kaut sein Brot, schaut vor sich hin, mit dieser fremden, eingefrorenen Mimik. Als er fertig ist, steht er langsam auf, zieht sich in sein ehemaliges Arbeitszimmer zurück und kramt in den Resten seines Bündels, dessen brüchige Schnur er gestern Abend mit einer unheimlichen Mischung aus Seufzen und Stöhnen zerrissen hat. Als er zurück an den Tisch kommt, hat er ein erstaunlich sauberes, gepflegtes Notizbuch in der Hand.

„Im Lager Rimini-Bellaria habe ich entsetzlich viel Zeit gehabt.“

„War das nach der Kapitulation? Hast du Tagebuch geschrieben?“

Er antwortet nicht. Blättert erst schnell, dann langsam. Liest hier und da herum – und schließt das Büchlein.

„Ich habe geschlafen.“

Mari ist das alles sehr peinlich. „Was bin ich für eine dumme Person!“

„Ich habe geschlafen und einen schweren Albtraum gehabt.“

„Wirklich? Was hast du geträumt?“

„Das werde ich euch nicht erzählen.“

28. Kapitel
in dem Claudia beschenkt wird

Claudia nahm es nur gerade so wahr, als das Telefon klingelte. Mutti hob ab, sie hörte sie durch die verschlossene Zimmertür, ohne sie zu verstehen, und das war gut so, denn sie las gerade die Buddenbrooks und war ungeheuer glücklich und unglücklich zugleich, so sehr erkannte sie sich selbst in Hannos Schulerfahrungen. Das Ende des Telefonats bekam sie nicht mit, aber plötzlich kam Susanne zu ihr ins Zimmer und behauptete: „Das war der Direx! Wegen dir."

„Was? Warum?"

„Unser Direktor! Mehr weiß ich auch nicht."

Sie grinsten sich erschrocken an. Sonst geschah erst einmal nichts. Susanne ging auf ihr Zimmer, und weil Hanno Buddenbrook Claudia so sehr aus dem Herzen sprach, gelang es ihr, einfach weiterzulesen.

Abends hörte sie den Vater an der Haustür, dann wurde es unnormal still. Offenbar standen die Eltern in der Küche und hatten die Tür geschlossen.

Zum Abendessen gab es verschiedene Fischsalate, wegen der Proteine. Bastian erzählte Vati von der Weltkarte eines Klassenkameraden, die er sich zum Geburtstag wünschen wollte, und man merkte den Eltern an, dass sie nicht richtig zuhörten. Dann rückte Mutti endlich damit heraus, was der Direktor am Telefon gesagt hatte. Das Kollegium mache sich Sorgen, um Claudia, hatte er gesagt.

„Weil du in deinen Leistungen so abgesunken bist. In allen Fächern. Das Kollegium ist der Meinung, das sei auffällig."

Sie machte eine Pause.

„Er hat mich gefragt, ob etwas in der Familie vorgefallen ist."

Bastian hörte auf zu kauen. Claudia sah vor sich auf den fast leeren Teller und spürte das Loch, das sich zwischen ihnen auftat und in das sie alle zusammen stürzen würden, wenn sie nicht gleich etwas sagte.

„Ich bin bloß faul!“, sagte sie laut und lachte auf.

„Dann strengst du dich jetzt wieder an, und zwar schleunigst!“, erwiderte Vati sofort, als habe er genau diese Antwort erwartet – und was hätte sie auch anderes sagen können? Anschließend erklärten ihr die Eltern eifrig, wie wichtig die Schulnoten für ihre Zukunft sein würden. Wie sehr sie sich ihre Zukunft verbauen würde, mit dieser dummen Haltung. Susanne fand das auch.

„Willst du als Putze enden! Oder als Friseuse!“

Claudia tat, was sie tun musste, um dieses Thema zu beenden. Sie versprach, fleißig zu lernen.

Natürlich hatten sie recht. Sie wollte zumindest so gut sein, in der Schule, dass es zum Abitur reichte. Wo sonst, wenn nicht an der Uni, würde sie in Ruhe weiter Thomas Mann lesen und Schubert hören können? Aber es blieb schwierig. Wenn sie für die Schule lernte, kam sich vor wie Andreas, nur dass sie nicht von ihrer Mutter angetrieben wurde. Stattdessen setzte ihr eine innere Stimme zu – und das nicht nur im übertragenen Sinn. Tatsächlich hatte sich eine männliche, heisere Stimme in ihren Kopf geschlichen, die aus etwas wie einem unangenehmen Gedankenrhythmus entstanden war. Sie hatte viel von einer Maschine, einem Motor, der lief und lief und überdrehte: *Los! Los! Los! Mach! Nun mach!*

Claudia wusste, dass die Stimme nicht wirklich vorhanden war, und konnte sie dennoch nicht abstellen. Anfangs hatte sie sich das nicht einmal gewünscht, weil sie meinte, dass der antreibende Rhythmus ihr vielleicht guttäte und sie zu höheren Leistungen anspornen würde. Als sie merkte, dass die Stimme sie einfach nur hetzte, ohne Sinn und Verstand – *Schnellschnellschnell! Einszwei! Nicht schlappmachen!* – war es zu spät. Claudia schloss die Augen und versuchte, sich zu beruhigen und den heiseren Herrn in ihr auf diese Weise abzuschütteln. Doch der saß fest im Sattel, flüsterte tonlos *Mach schon! Mach!*, und sie musste die Augen wieder öffnen, griff fahrig in die Kopien aus dem Biologieunterricht, als würde etwas Furchtbares über sie hereinbrechen, wenn sie zu langsam war.

Dennoch – oder deswegen? – bekam sie manches so hin, wie die Lehrer und die Eltern es von ihr erwarteten. Die Noten wurden besser. Sie aß auch wieder gerne, vor allem viel Schokolade, und trank große Mengen Kaffee. Immer seltener wurden die Phasen, in denen es ihr Spaß machte zu hungern. Vielleicht wurde jetzt alles gut? So unangenehm diese Stimme war – vielleicht hatte sie recht?

Dann geschahen Dinge, die mehr als ungewohnt waren.

Susanne stellte eines Nachmittags ein kleines Glas mit grünen Zuckerperlen auf Claudias Schreibtisch.

„Für dich!"

„Von wem?"

„Von mir!"

Staunend nahm Claudia das Glas und besah sich den Deckel, der eine Glaskugel als Griff hatte und ein papierenes Siegel. Beinahe hätte sie vorgelesen, was auf dem goldfarbenen Etikett stand. Sie konnte es gerade noch herunterschlucken.

Liebesperlen.

„Danke!", sagte sie so locker, wie es ihr möglich war.

„Bitte! Super, dass deine Tür endlich repariert ist. Dann kannst du sie ja wieder zerschmeißen!"

„Ich will sie gar nicht zerschmeißen. Ich wollte sie nicht zerschmeißen."

„Na, dann hoffen wir mal!"

Susanne lächelte sie an, und das sollte ironisch und lässig aussehen, wie diese ganze Szene, wie das Geschenk selbst, aber sie wussten beide, wie besonders es war. Es wäre gar nicht auszudrücken gewesen, was es alles bedeutete. Ihre Schwester musste sich schnell umdrehen und das Zimmer verlassen, sonst hätten sie miteinander schweigen müssen, was gar nicht ging und auch nicht nötig war.

Und nicht viele Tage danach, an einem Samstagnachmittag, kam Mutti zu ihr ins Zimmer, wie ein paar Tage früher Susanne und sagte, so locker wie möglich, sie wolle in das neue Einkaufszentrum.

„Wie wäre es, wenn du mitkommst?“

Claudia wusste nicht, was sie in diesem Einkaufszentrum sollte, denn eine ernstzunehmende Buchhandlung gab es dort nicht. Trotzdem sagte sie ja, einfach weil sie sich nicht erinnerte, dass ihre Mutter sie schon einmal so gefragt hatte, ohne Sätze anzufügen, wie „Ich brauche jemand zum Tragen“ oder „Wir sparen Zeit, wenn du zu Tengelmann gehst und ich zu Penny“.

Gemeinsam vervollständigten sie den Einkaufszettel, sammelten Taschen und Tüten ein und fuhren mit dem Auto an den Stadtrand. Claudia steuerte den Supermarkt an, aber Mutti nahm sie am Arm und führte sie zielstrebig in einen Shop, in dem es Kinderspielzeug gab.

„Was machen wir hier?“

Die Mutter grinste irgendwie schuldbewusst, sagte nichts, steuerte das große Regal mit den Plüschtieren an.

„Such dir eins aus!“, sagte sie etwas zu laut.

„Ich? Mir?“

Mutti nickte ungeduldig und sah in eine andere Richtung. Außerhalb von Geburtstag, Nikolaus, Weihnachten bekam man keine Geschenke, in ihrer Familie – und schon gar nicht solche. Zu Weihnachten oder zum Geburtstag wünschte man sich etwas Sinnvolles, wie Bücher oder ein Musikinstrument, auch Skier, ein Theater- oder Konzertbesuch waren möglich, und genau das, was man als Wunsch angemeldet hatte, bekam man. Aber Plüschtiere? Nicht einmal als Kleinkinder hatten sie die bekommen – und auch gar nicht gewollt! Damals, in Frankfurt, hatten sie einen Teddy, der ihnen allen gemeinsam gehörte. Wahrscheinlich hatte Susanne ihn von irgendwem geschenkt bekommen, als sie noch sehr klein war. Wenn sie woanders zu Besuch waren und die Kinder dort mehr als ein, zwei Plüschtiere pro Person in ihren Zimmern sitzen hatten, fanden sie das geradezu abstoßend. „Die werden verzärtelt!“, waren sie sich einig. „Das ist so dekadent!“ Nicht nur ihre Mutter sagte das in solchen Fällen. Sie sagten oder dachten es alle, die ganze Familie.

Natürlich dachte Claudia darüber nach, der Mutter zu sagen, dass ein solches Geschenk nicht nötig war. Vielleicht würde sie das beide erleichtern? *Das ist eine witzige Idee. Aber willst du mir nicht lieber ein Buch schenken?* Etwas in dieser Art hätte sie sagen können, und vielleicht hätte Mutti verlegen gelacht, als wundere sie selbst, was ihr da eben in den Kopf gesprungen war, und hätte auf der Stelle kehrtgemacht und ihr einen Zwanzigmarkschein in die Hand gedrückt, weil es hier ja keine Buchhandlung gab, mit dem üblichen Hinweis, dass sie den anderen Geschwistern, der Gerechtigkeit wegen, denselben Betrag zukommen lassen werde. Aber während Claudia nach Worten suchte – oder suchte sie nach Gefühlen? – suchten ihre Augen im Regal.

Da saß ein hellbraun gelockter Hund, der sicher nicht viel kostete. Er war kaum länger als ein Taschenbuch. Spitze Ohren hatte er, die aber nicht hochstanden, sondern an seinem birnenförmigen Kopf herunterhingen.

Sie nahm ihn in die Hand, um den Preis zu prüfen – der schien ihr in Ordnung – er fühlte sich dünn an, sehr zart, fast ein wenig schlaff, für ein Plüschtier, das zum Schmusen gemacht war – und zu ihrer Überraschung ertastete sie, dass er mit Reis gefüllt war. Das gab es also noch? Das war wie bei diesen vergilbten Stoffpuppen, die es im Sekretär der Großmutter gegeben hatte. Augen und Schnauze des Hundes waren sehr einfach gestaltet, aus Filz. Abwartend und etwas kläglich schielte er sie an, und sie wiederum schielte jetzt zu ihrer Mutter hinüber, weil sie noch immer nicht sicher war, ob die ihre Aufforderung überhaupt ernst gemeint hatte. Sie stand weiterhin zwei Schritt entfernt und interessierte sich scheinbar brennend für die Gesellschaftsspiele im Regal gegenüber.

Unwillkürlich hatte Claudia den Hund an sich gedrückt, wie man das mit Plüschtieren tut, also so, dass er seinen hilfesuchenden Blick auf sie richtete. *Tschaperle*, dachte sie und lächelte automatisch. Sie sagte es selbstverständlich nicht laut. Sie wusste ja, dass ihre Gefühle für ihr Alter viel zu kindisch waren. Aber selbst als Kind hatte sie ihre Aufmerksamkeit statt auf Puppen oder anderes Spielzeug lieber auf die Erwachsenen gerichtet, und ihr schien, als hätten auch die anderen Kinder um sie herum nichts anderes getan. Sie hatten sich ihren Ernst gegenseitig abgeschaut, hatten ihn den Erwachsenen abgeschaut, die ihn wahrscheinlich wiederum ihren Eltern abgeschaut hatten.

Als ihre Mutter den Hund längst bezahlt hatte, sie durch den Supermarkt eilten, die Mutter ihr zurief: „Holst du die Milch? Drei Liter! Ich bin an der Käsetheke ...“, kam es Claudia vor, als hätte sie den Vorfall von eben geträumt. Deshalb tastete sie ein paarmal von außen an die Innentasche ihrer Jacke, in die sie ihr Tierchen gesetzt hatte. War es wirklich vorhanden? Und wenn es wirklich war – konnte es nicht sehr schnell wieder verloren gehen? Vielleicht hatte sie es schon verloren? Nein, das Hündchen war da, sie spürte seine Zartheit, und es fiel ihr schwer, sich auf die Milch zu konzentrieren, den Joghurt, weil sie schon über einen Namen für ihn nachdachte, nun auch noch das Glas mit den Liebesperlen vor sich sah, das sie ins Regal gestellt hatte, an einen Ort, an dem es niemandem auffiel außer ihr selbst, und es gelang ihr nicht mehr, den Kopfsalat, die Zwiebeln, den Kartoffelsack wichtiger zu nehmen als all die anderen Gedanken, die jetzt mühelos alles überschwemmten, übertönten, selbst den heiseren Puls, den Rhythmus, der sich zu Worten formte, diese Stimme, die sie noch immer antreiben wollte: *Schnellschnellschnell! Mach! Nun mach!*

In der Nacht, nachdem sie von ihrer Mutter beschenkt worden war – der Hund hatte noch keinen endgültigen Namen – lag Claudia wach, dachte an die Großeltern in Frankfurt und machte in ihrer Vorstellung einen Gang durch das Haus und den langen Garten. Sie waren ja nur noch selten dort zu Besuch. Wusste sie überhaupt noch, wie es dort war? Wie in Haus und Garten alles zusammenhing, wie die Stimmen klangen? Kannte sie sich noch mit den Gerüchen aus? Es wurde Zeit, dass sie wieder einmal nach dem Rechten sah, wenn auch nur in der Fantasie.

Sie zog blaue, staubige Vorhänge vor, die Pappeln am Horizont im Blick. Dann legte sie sich ins Bett an der Wand. In der Ferne eine Polizeisirene. Ein Zug näherte sich, erst summend, dann rhythmisch rauschend entfaltete er seinen Sog, und als er vorbei war, sah sie im Dämmerlicht an den Wänden hoch. Da hing eine Fee im blauen Kleid. Daneben der rote Zwerg im Kreis. Onkel Ferdi hat sie aus Sperrholz geschnitten. Jemand anders hat sie angemalt.

Sie lief durch den Flur die Treppe hinunter, die zweimal knarzt. Am Telefon vorbei kam sie durch die Diele, und weil die Tür offenstand, erkannte sie im Dunkel das Küchenfenster, den Arbeitstisch, davor den weißen Drehstuhl. Sie setzte sich, drehte sich, cinmal langsam, einmal mit Schwung. Vom Herd die Stimme der Großmutter. Von nebenan Zigarrenqualm. Sie legte eine Hand auf die sanfte Biegung des Sitzes, sprang hinunter, lief zur Gartentür, zog den schweren Hebel nach unten. Auch wenn es ein bisschen schummrig war – sie kannte jede Schieferplatte.

Die Sandkiste war abgedeckt. Die Gänseblümchen blieben verschlossen. Quer über die Wiese, zu den Korbstühlen lief sie, sah in ein bärtiges Gesicht, hörte aufgeregte Stimmen, aber setzte sich nicht dazu. Der Garten war noch lang, und durch die Hecke kam sie zum Sitzplatz mit dem verschnörkelten Tisch aus Eisen und Holz. Sie hockte sich auf die Platten neben das Schwimmbecken und sah dem Filterblech zu, wie es auf- und zuklappte. Dann zog sie die Fugen zwischen den Kacheln nach. Der feine Chlorduft verdünnte die Stimmen.

Neben ihr, am Eisentisch, wurde beinahe gestritten. Also sprang sie die klackernde Steintreppe hinab und roch die Wildnis. Links die Johannisbeersträucher, rechts der Kirschbaumstamm, dahinter Himbeerranken in langen Reihen. Ein paar Schritte weiter, am Kräuterbeet, ertastete sie den Sauerampfer, dazu Borretsch, Estragon, Pimpinelle, von allem ein bisschen. Das rollte sie ein und biss hinein.

Jetzt waren es nur noch wenige Schritte.

Der Zaun war so hoch, dass mit ihm die Welt zu Ende war. Aber wenn man durch die Maschen schaute, sah man die andere Welt, die dahinter anfing. Aus dem wuchernden Grün des Bahndamms stieg kalter Atem. Vögel stiegen. Sie wartete, die Finger im Draht, bis die Lichter wechselten. Die Schienen sangen, dann kam das Rauschen, das trockene Klacken, darüber ohrenbetäubende Schreie, hohe und tiefe, die fuhren in sie hinein und wieder hinaus. Der Zug fuhr vorbei und sie blieb hier.

29. Kapitel
in dem Klara im Jahr 1957 ein Schweigen bricht und es bereut

„Wie war es in Mauthausen, Peti bácsi?"

So ist bei ihnen noch nie am Jausentisch geschwiegen worden, wie nach dieser Frage, aber Klara hat es nicht anders erwartet und sie dennoch gestellt. Ihr trauriger Onkel aus Ungarn rührt mit hängenden Augenlidern in diesem Spezialtee, den Mutti für ihn macht. Dann lächelt er Klara freundlich an und sagt, dass er darüber nichts erzählen wird. Das klingt entschieden, und sie meint fast, das Aufatmen ihrer Mutter zu hören, bevor sie wieder einmal das Gespräch in irgendeine harmlose Richtung lenkt, wie sie das immer so macht. Klara ärgert das. Sehr! Sie findet, dass die heiklen Dinge der Vergangenheit, ihren Onkel oder auch ihren Papa betreffend, nicht so im Dunkeln bleiben dürfen! Heiner sagt das auch. Wenn er hier wäre und nicht bei Tante Tilda, würde er sie unterstützen. Von ihren älteren Brüdern ist diesbezüglich leider keine Hilfe zu erwarten. So verschieden sie sind – Dieter und Rudolf sind sich einig, dass man in den alten Zeiten nicht rühren soll.

„Es geht endlich aufwärts! Sei froh! Vergiss den verdammten Krieg!", hat Dieter zu ihr gesagt.

Heute ist es zur Jause gerade noch warm genug, im Garten zu sitzen. Klara hat mit ihrem jüngsten Bruder Ferdinand hinten in der Wildnis Birnen geerntet, von dem zierlichen Baum, der doch ganz ordentlich trägt. Jetzt müsste Ferdi eigentlich Schularbeiten machen, aber was macht er? Er sagt ganz einfach, dass er keine Lust hat, und setzt sich zwischen die Erwachsenen. Klara mag ihn sehr, er ist der Ruhigste, der Freundlichste von ihnen, aber so was regt sie auf. Als sie so alt war wie ihr kleinster Bruder jetzt, ist sie von Papa für weniger verdroschen worden! Und wie! Dieter und Rudolf ebenso, und auch mit Heiner ist ihr Papa hart umgesprungen. Aber seinem Jüngsten verzeiht er nicht nur alles, er macht sogar Schularbeiten mit ihm und hilft ihm zum Abitur. Sie und Dieter konnten nur die Mittlere Reife machen, schon aus finanziellen Gründen. Als Klara über eine Ausbildung nachgedacht hat, hat Papa zu ihr gesagt: „Du heiratest sicher bald. Mach, was du willst, solange es mich nichts kostet.“ Aber sie wird sich durchboxen! Sie wird es ihrem Papa zeigen, und allen!

Warum sind sie alle so feige, was Mauthausen betrifft? Réka néni hat immerhin irgendwann grimmig angemerkt: „Als Peti abgeholt wurde, wog er neunzig Kilo. Nach seiner Rückkehr fünfundvierzig. Er hat sich also halbiert.“ Es ist ja mehr als ein Jahrzehnt vergangen, seit seiner Befreiung aus dem KZ, und trotzdem ist er weiterhin schwach und dürr, hustet matt vor sich hin, muss ständig Medikamente nehmen. Er hat versucht, in Budapest wieder als Redakteur zu arbeiten, aber das ist nicht lange gutgegangen. Die kommunistische Regierung war genau wie die Hitlerschen der Meinung, dass er die falschen Dinge schreibt. Also hat er dort wieder Berufsverbot bekommen. Ist das zu glauben! Man muss ihn unterstützen, da haben ihre Eltern unbedingt recht. Mutti und Papa haben Petis Familie ermuntert, nach Deutschland zu flüchten. Péter, Réka und ihre zwölfjährige Cousine Petra landeten erst in einem Auffanglager am Niederrhein, aber gegen deutsche Lager war Peti bácsi nun doch ein wenig allergisch, und so beeilten sie sich, die drei zu sich in die Tiroler Straße zu holen.

Vielleicht will ihr Onkel deshalb nichts von Mauthausen erzählen, weil mit Petra und Ferdi zwei Kinder dabeisitzen? Das könnte sein. Vielleicht meint er auch, dass Klara selbst noch zu jung ist, schlimme Dinge verkraften zu können? Sie fürchtet sich vor keiner Belastung der Welt, das wird sie ihm sagen. Oder ist es wegen Papa? Péter bácsi scheint ihm nicht böse zu sein – aber mit ihm über den Nationalsozialismus diskutieren will er wohl auch nicht gerade.

Papa und Rudolf packen ihre Zigarren aus. Mutti fragt ihren Bruder, ob er nicht den Platz mit ihr tauschen will, damit er keinen Rauch abbekommt. Sein Husten klingt immer so arg, doch er schüttelt den Kopf. Sie sprechen über die Kommunisten und sind sich einig, in ihrem Zorn. Dann erzählt Papa von den jüngsten Erfolgen der Firma, in der er seit dreieinhalb Jahren kaufmännischer Direktor ist. Seine Hausschuhfabrik hat Konkurs anmelden müssen. Er und Herr Montag haben dem jüdischen Vorbesitzer Wiedergutmachung gezahlt und dann noch unendlich lange vergeblich gekämpft. Die ganze Familie hat ärger gehungert als im Krieg! Aber das ist vorbei.

Auch Péter kann es bald besser gehen, wenn er sich dahinterklemmt, davon ist zumindest Papa überzeugt. Gerade fragt er ihn nach dem Gespräch mit dem stellvertretenden Chefredakteur der *Frankfurter Allgemeinen Zeitung*. Er hat ihm noch geholfen, die richtige Telefonnummer herauszubekommen.

„Hat er dich nun empfangen?“

„Gestern, ja.“

„Großartig! Und?“

„Ein sehr angenehmes Gespräch.“

„Dann hat er eine Stelle für dich?“

„Leider nein.“

Papa verzieht wütend das Gesicht.

„Das darfst du nicht auf dir sitzen lassen. Ich werde versuchen, herauszubekommen, wen wir in diesem Laden sonst noch ansprechen können!“

„Ich fürchte, das wird nichts bringen. Es ist wegen des gesundheitlichen Eindrucks, den ich mache. *Wir brauchen junges, frisches Blut,* hat er gesagt.“

„Zeig ihm, dass er unrecht hat, mit seiner Einschätzung! Es wird einem nichts geschenkt. Kampfgeist und Zähigkeit haben sich noch immer ausgezahlt!“

„Es wird sich was auftun, irgendwann.“

„Nichts wird sich auftun, wenn du nicht hinterher bist!“

Für einen Moment sagt niemand etwas. Dann fragt Mutti, ob noch jemand ein wenig Wasser will, und fügt an: „Ludwig, schau, die drei brauchen ein bisserl Zeit. Lass sie ihre Kräfte sammeln, bis sie so weit sind.“

Papa erhebt sich. „Pardon“, schnarrt er, es klingt eher verärgert als nach einer Entschuldigung. „Ich habe zu tun.“ Und er läuft ins Haus, den neuen, schönen Schieferweg entlang, der ziemlich teuer gewesen ist.

Es dauert nicht mehr lang, bis auch Peti bácsi sich zurückziehen muss. Réka néni richtet ihm Medikamente, und Klara fragt, ob sie sie hochbringen darf. Mutti hat ihm ihr Zimmer zur Verfügung gestellt, weil er den Schlafsessel so liebt und auch wegen des Bücherregals.

Klara setzt sich auf die Récamiere und tut, als würde sie interessieren, welche Pille er wogegen nehmen muss. Er erklärt es ihr. Sie hat nicht viel Geduld. Schon platzt sie wieder mit ihrer Frage heraus: „Willst du mir wirklich nichts von Mauthausen erzählen? Ein bisschen wenigstens? Wir haben in der Schule rein gar nichts darüber erfahren!"

Er schiebt das Pillenschächtelchen von sich weg, lehnt sich in den halb flachgestellten Sessel zurück.

„Klári, mein Schatz! Hab Erbarmen mit einem alten Mann."

„Du musst keine Angst haben, dass ich es nicht ertragen kann. Vergiss nicht, dass ich selbst auch schon einiges aushalten musste. Es ist doch wichtig, dass wir jungen Leute erfahren, was wirklich passiert ist, in den KZs! Dir ist die Wahrheit doch auch immer wichtig gewesen! Erzähl mir nur eine Kleinigkeit, bitte, während du dein Wasser trinkst ..."

Péter bácsi muss husten. Er setzt sich aufrecht und hustet mit diesem trockenen Würgen vor sich hin, bis der Anfall endlich vorüber ist. Dann lässt er sich wieder in die Lehne fallen. Sein Kopf sinkt zur Seite. Er schließt die Augen.

Sie will schon aufgeben und hinausschleichen, als er sich räuspert.

„Also gut. Ich erzähle dir eine Kleinigkeit. Ich glaube zwar nicht, dass es dich oder irgendwen weiterbringt, diese Dinge zu erfahren. Im Gegenteil. Es wirft uns zurück. Aber du willst es so. Und ich verstehe dich ganz gut."

Er setzt sich auf, beugt den Oberkörper, stützt die Unterarme auf seine dünnen Schenkel. Er senkt den Kopf mit dem schütteren Haar.

„Sie haben uns einmal anstehen lassen, vor einem fast mannshohen Fass. Das war mit Wasser gefüllt, und ein nackter Mensch stand darin, bis ans Kinn im Wasser. Davor stand ein Schemel.

Hinter dem Fass drei SS-Leute. Sie schrien den Ersten in der Reihe an, er sollte den Kopf des Menschen im Fass untertauchen. Dies sei eine Hinrichtung. Tauchen, bis er tot ist. Der Mann stand nur da und rührte sich nicht, da hielten sie ihm rechts und links Pistolen an den Kopf, bis er es tat.

Die nächsten beiden in der Reihe mussten die Leiche aus dem Fass ziehen und irgendwohin tragen. Wir sahen nicht wohin. Sie kamen mit einem weiteren, nackten Menschen zurück und hievten ihn ins Fass. Erst als er im Wasser stand, begann er, sich zu wehren, und der nächste in der Reihe musste ihn ertränken. Und so weiter. War einer zu schwach, einen der Nackten zu ertränken, musste ihm der Nächste in der Reihe zur Hilfe kommen. Einer weigerte sich und kam selbst ins Fass. Wie du siehst, habe ich mich nicht geweigert."

Er atmet schnell, starrt vor sich auf den Teppich, setzt wieder an, mit leiser Stimme.

„Ein anderes Mal trugen wir Steinbrocken eine lange, steile Treppe hinauf. Sehr lang, sehr steil, und wir waren zu viele."

„Ja", unterbricht ihn Klara. „Danke, Peti bácsi. Entschuldigung. Es tut mir leid, dass ich gefragt habe. Entschuldige bitte. Ich möchte nicht noch mehr erfahren, wenn es geht – geht das?"

Er stößt einen seltsamen Laut aus, vielleicht ist es ein Ächzen, auf die Treppe hinab, die er steil und inmitten der anderen vor sich sieht. Mit geschlossenen Augen lehnt er sich im Sessel zurück.

„Verzeih mir, Klári. Natürlich geht das."

„Hör zu, Péter, mir ist da ein Freund eingefallen, du kennst ihn sogar. Herr und Frau Wirth haben neulich kurz vorbeigeschaut, auf dem Weg zum wieder eröffneten Tennisklub. Erinnerst du dich? Ich werde dich mit ihm bekannt machen. Er arbeitet in einem Verlag, einem kleinen, aber ganz ordentlichen Wissenschaftsverlag, glaube ich, als Buchhalter, nicht in der Redaktion. Aber wir könnten es versuchen ..."

„Das ist sehr freundlich, Ludwig. Aber du musst dich gar nicht so anstrengen. Mari und du, ihr habt uns schon jetzt großartig geholfen. Ihr lasst uns hier wohnen, essen, wir zechen wie die Götter. Ich werde übrigens zusehen, dass wir eure Gastfreundschaft nicht mehr lange in Anspruch nehmen müssen."

„Versteh mich doch nicht falsch! Ihr könnt hier wohnen, solange ihr wollt. Und Mari hat sicher recht, ihr braucht noch Eingewöhnungszeit – der Menschenschlag hier ist so anders, nicht wahr? Für mich war es damals umgekehrt schwierig, als ich in die Slowakei kam! Das kannst du mir glauben, dass ich mir vorkam wie auf einem anderen Erdteil, und wenn ihr nicht gewesen wärt, in Tyrnau, in Szuha, wäre ich entsetzlich einsam geblieben ... Auch so war ich es, ehrlich gesagt. Pardon, ich werde fürchterlich schnell sentimental, in letzter Zeit, ich wollte nur sagen, dass es mir ein tiefes Bedürfnis ist, dich zu unterstützen. Sag mir doch, was ich tun kann."

„Ihr beiden habt mir genug geholfen. Willst du, dass ich mich schäme, weil ich alleine nichts mehr hinbekomme? Da mach dir keine Hoffnung! Ich habe alle Scham schon hinter mir. Du musst nicht glauben, dass du an mir etwas wiedergutzumachen hast. Es ist mir egal, was du im Krieg gemacht hast, in der Ukraine und sonstwo, das ist deine Sache, deine Bürde, ich will damit nichts zu tun haben. Pass auf, Ludwig. Du bist nicht der Mensch, der herumtratscht, was man dir sagt, deshalb kann ich es dir gestehen: Es geht mir nur mehr um meine Frau und meine Tochter. Sie sollen ein halbwegs würdiges Leben führen. Ich selbst bin praktisch tot."

„So darfst du nicht reden! Mir ist natürlich klar, dass ich vergangene Idiotien nicht wiedergutmachen kann. Aber ich will lernen! Und noch ein bisschen leben! Viel haben wir zwei von unserem Leben noch nicht gehabt. Und du solltest auch um ein paar bessere Jahre kämpfen! Du musst es doch nur wollen. Auch Mari würde sich darüber sehr freuen, da bin ich mir sicher."

„Aber sie verlangt nichts von mir."

„So habe ich das doch nicht gemeint! Du kannst tun und lassen, was du willst!"

„Das ist sehr freundlich von dir."

„Warum so ironisch? Das führt doch zu nichts. Wir sollten uns vertragen.“

„Ich vertrage dich ganz gut. Wenn du mich nicht verträgst, könnte das an dir selbst liegen und mit mir überhaupt nichts zu tun haben.“

„Jetzt wirst du arrogant.“

„Ja. Das könnte sein. Entschuldige, das wollte ich nicht.“

„Schon gut. Ich muss leider konstatieren, dass ich viel zu empfindsam geworden bin, in den letzten Jahren. Geradezu lächerlich weich. Das geht nicht, man muss es sich abgewöhnen, muss sich disziplinieren. Und ich muss wohl akzeptieren, dass wir verschieden sind. Mari sagt das auch immer. Wir zwei sind verschieden und werden es immer bleiben – aber deshalb kann man dennoch zusammenhalten! Péter – wollen wir uns die Hände reichen?“

„Du meinst – nicht nur im übertragenen Sinn?“

„Nicht nur im übertragenen Sinn, jawohl.“

„Du willst ernsthaft, dass ich dir aus meiner Gruft noch die Hände reiche?“

„Hör auf mit deiner Schwarzmalerei!“

„Entschuldige. Ich nehme mich da sonst sehr zusammen. Ich fürchte, ich habe mich von deiner Tochter zu sehr aufwühlen lassen, als sie mich nach diesem Lager gefragt hat, dessen Namen ich nie mehr aussprechen wollte.“

„Klara! Lässt sie dich mit ihren penetranten Fragen noch immer nicht in Ruhe? Die wird mich kennenlernen!“

„Das ist nicht nötig, dass du sie maßregelst. Sie wird jetzt nicht mehr fragen.“

„Was hat sie von dir gewollt?“

„Es wird ihr hier zu viel geschwiegen.“

„Was nimmt sie sich heraus? Es ist nicht zu fassen! Die Jugend heute hat keinerlei Respekt! Keine Ahnung!“

„Keine Ahnung hatten wir auch, mit neunzehn.“

„Das ist allerdings richtig. Aber selbst ich, als Mann, hätte mir damals nie erlaubt, so dreist nachzufragen! Ich vermisse jede weibliche Sanftmut bei ihr. Sie wird keinen Mann finden, wenn sie so weitermacht!"

„No, Ludwig, weißt du ... genau in dieser Heftigkeit bist du deiner Tochter sehr ähnlich. Und ich bin ihr wirklich kein bisschen böse. Sie ist ein kluges, junges Mädchen. Beruhige dich."

„Ich kann ihr das nicht durchgehen lassen!"

„Ich hätte Klára gar nicht erwähnen dürfen. Was kann ich tun, damit du die Sache vergisst? Ach, ich weiß: Du wolltest, dass wir uns die Hände reichen."

„Jaja. Eigentlich ist es zu sentimental, oder?"

„Überhaupt nicht. Ich kann dich sogar umarmen, aus meiner Gruft!"

Mari brät Fleisch an, für das Székelygulyás. Sie wäscht die Gemüsepaprika und möchte sie eben schneiden, als sie am Sitzplatz hinter der Rasenfläche eine ungewohnte Bewegung wahrnimmt. Ludwig steht vor Péter. Der streckt ihm aus seiner sitzenden Position zwei Hände entgegen, mit diesem Lächeln, das sie von ihrem Bruder kennt – dem ganz leicht ironischen – und dieses Lächeln ist vielleicht das einzige überhaupt, das sein Gesicht aus der Zeit vor Mauthausen bewahren konnte. Aber was macht Ludwig da? Er umfasst Petis Ellenbogen, sie halten einander fest, fast sieht es aus, als stürze Ludwig in seinen Schwager hinein, doch dann drücken sie einander nur die Arme, in dieser seltsamen Haltung, Péter lächelnd, nur leicht nach vorn gestreckt, Ludwig angestrengt hinuntergebeugt, und Ludwig lässt wieder los, Peti noch nicht, aber Ludwig entzieht sich seinem Griff, richtet sich auf. Dann setzt Ludwig sich betreten lächelnd zurück in seinen Korbsessel. Greift nach der Zeitung und verschwindet hinter ihr.

Mari ist nicht ganz sicher, was diese halbe Umarmung zu bedeuten hat. Aber warum soll sie sie nicht so verstehen, wie es ihnen allen guttut? Also seufzt sie tief auf, die Paprika schneidend, und als sie im Radio ein Lied spielen, das sie mag, stellt sie es eine Spur lauter. So kann sie ein bisserl mitsingen.

... dieses Haus ist noch viel schlimmer als es scheint.
Das alte Haus von Rocky Docky hat vieles schon erlebt.
Kein Wunder, dass es zittert, kein Wunder, dass es bebt!
Das Haus von Rocky Docky sah Angst und Pein und Not,
mh hm hm hm hm hm hmmm – mh neue Morgenrot.

Letztes Kapitel in dem eine wirkliche Großmutter zu Wort kommt und ihrer Enkelin im Sommer 1970 ein Zaubermärchen erzählt

Es war einmal ein kleines Mädchen, die hieß Mariela. Sie hatte langes, dunkles Haar und dunkelgrüne Augen, wie ein Bergsee, tief und unergründlich. Mit diesen Augen guckte sie sehr neugierig in die Welt hinein, das heißt, man wusste nie genau, was sie richtig begriffen hat und was nicht. Sie war eben an der Schwelle des Lebens und guckte richtig neugierig durch das Schlüsselloch der Türe, hinter welcher sich das Leben verbarg.

Eines Abends lag Mariela in ihrem Bettchen und war beinahe eingeschlafen, sie war schon müde vom Spielen im Kindergarten, auf dem Hof im Sandkasten mit den Freundinnen und Geschwistern. Als sie so im Einschlafen war, stand plötzlich neben ihr eine schöne Frau, wahrscheinlich eine Fee. Als sie besser hinschaute, hat die Frau uralt ausgesehen, dann wieder jung, ihr Gesicht schillerte immer anders, aber sie behielt dauernd ein gutes, freundliches Lächeln und die kleine Mariela hatte gar keine Angst vor ihr. Sie war anscheinend doch eine gute Fee.

„Wie heißt Du?“, fragte Mariela. „Man nennt mich Fantasia. Ich zeige den Menschen im Traume, was sie gerne sehen möchten, manchmal träumen sie sogar am hellichten Tag, wenn ich in ihrer Nähe bin. Wenn du willst, Mariela, kann ich Dir auch etwas zeigen, was Du gerne sehen möchtest.“

„Ich möchte gerne ein bisschen hinter die Türe gucken, wo das Leben verborgen ist, kannst Du mir das zeigen?“, fragte Mariela.

„O ja“, antwortete die Fee, „ich kann Dich mit dem Mondschiff auf einen anderen Stern bringen, wo alle bisherigen Leben versammelt sind. Dort kannst Du einige Menschenleben sehen, wie sie waren oder sein wollten. Dort sind auch viele Urahnen von Dir, von welchen Allen sich in Dir ein winziges Stück befindet. Mal eine Eigenschaft des Körpers, mal ein Stückchen von Deiner Seele, aber niemals Alles. Von Einer hast Du die Haare, von der Anderen die Augen, vielleicht von einer Anderen noch die geschickten Hände und von einer Ur-Tante die Bockigkeit. Aber von diesen verschiedenen schon dagewesenen Eigenschaften ist etwas ganz Neues entstanden, eben die kleine Mariela und die gibt es nur einmal. So, aber jetzt komm, setz dich an meinen ausgebreiteten Mantel, wir fliegen ganz weit und schnell nach Amerika, wo gerade ein Mondschiff steht, mit welchem neulich drei Menschen zum Mond geflogen sind. Dieses Schiff können wir vorerst gebrauchen."

Mariela setzte sich an den weichen, buntschimmernden Mantel und schloss die Augen. Als sie sie wieder öffnete, hat sich der Mantel in einen Hubschrauber verwandelt. Bald landeten sie vor der großen Rakete, wo oben das Mondschiff befestigt war. Die Fee Fantasia nahm Mariela bei der Hand, sie erhoben sich zum Schiff und stiegen in die Kapsel des Mondschiffes ein.

Jetzt begann eine rasend schnelle Fahrt, wobei Mariela aber die Augen offen ließ, um die Wunder zu sehen. Der Himmel wurde ganz schwarz, alle Sterne leuchteten, aber Sonne und Mond waren auch gleichzeitig zu sehen. Es war eigenartig hell, ganz anders, als auf der Erde. Der Mond kam immer näher, und bald war die Erde nun wie eine Kugel zu sehen, später leuchtete diese Kugel wie ein blauer Edelstein auf schwarzem Samt. Plötzlich fühlte sich Mariela ganz leicht und hatte das Gefühl, als ob sie schweben würde. Sie sah auch zu ihrer größten Verwunderung, dass ihr Täschchen, welches sie auf die Reise mitgenommen hat, im Raum schwebte, was wirklich sehr wunderlich und lustig aussah. So ging die Reise weiter, immer schneller und schneller.

Bald waren sie zum Mond angekommen, Mariela sah durch das Fenster viele Berge und tiefe Löcher, Alles ohne Farben, nur schwarz weiß. Es waren keine Wälder, Wiesen, Seen oder Flüsse zu sehen, geschweige denn Tiere oder gar Menschen. Alles war tot. Das gefiel der kleinen Mariela gar nicht, und sie wollte auch unter gar keinen Umständen hier aussteigen. Zum Glück musste sie dies auch nicht, weil ihre Fahrt noch viel weiter ging.

Erst kamen sie hinter den Mond an, dann schwenkten sie zur Milchstraße hinüber, an welcher man die unendlich vielen Sternchen sieht, wenn man in einer Sommernacht auf den Himmel schaut. Plötzlich sah sie die Erde auch nur von Weitem glänzen, wie einen kleinen Stern. Sie hätte natürlich gar nicht gewusst, dass dies die Erde war, wenn die Fee es ihr nicht gesagt hätte. Angst hatte Mariela überhaupt nicht, die gute Fee umarmte sie und lächelte sie so an, dass sie das Fürchten ganz vergessen hatte.

„Bald sind wir angekommen", sagte Fantasia. „Wir werden uns auf einen schönen Stern niederlassen."

Kaum sagte sie es, da landete schon das Mondschiff und Mariela wunderte sich, weil Alles so ähnlich aussah wie auf der Erde, nur schöner, sauberer und ruhiger. Wahrscheinlich war dieser Stern auch viel größer als die Erde, weil sich hier die Menschen gar nicht so drängelten und überall herrschte ein großer Frieden.

Jetzt hat sich Mariela ganz nah zum Fenster gesetzt und guckte neugierig hinaus. Da war zum Beispiel eine kleine Stadt, wo die Menschen genau so ihren Beschäftigungen nachgingen, wie auf der Erde, nur war etwas sehr Merkwürdiges zu sehen. Eigenartigerweise kamen Perlen aus dem Munde der Menschen, anstatt Worte, wenn sie sprechen wollten, und alle Perlen waren rot. Aber dann rutschte das Raumschiff etwas weiter, dort sprangen grüne Perlen aus dem Munde der Menschen, noch weiter blaue, dann gelbe, rosa, lila und viele-viele verschiedenfarbige Perlen, in jedem Lande andere. Manchmal sogar in demselben Lande verschiedenfarbige. Anscheinend haben sich nur aber solche Menschen verstanden, welche dieselbe Farbe der Perlen hatten. Die meisten Perlen fielen zu Boden und verschwanden wie Wassertropfen im Sonnenschein. Es gab aber auch Menschen, welche aus den Perlen wunderschöne Ketten gemacht haben und deren Perlen nicht zu Boden fielen. Diese Ketten wurden in verschiedenen Mustern, nach bestimmten Regeln gemacht und jede Farbe hatte eine andere Regel. Manche Menschen konnten diese Spielregeln der Perlen so gut, dass die schönsten Muster entstanden und wenn die Perlen sich berührten, die herrlichsten Melodien erklangen. Manchmal ertönte eine liebliche, leise Musik, ein andermal eine lustige, schelmische oder auch traurige. Es gab auch eine laute, dröhnende, furchterregende Musik. Diejenigen, welche die Ketten verfertigten, wollten, dass auch andere Menschen ihre Musik hören. Viele gingen achtlos vorbei, aber es war auch eine große Anzahl von Menschen, welche mit Interesse zuhörten und ganz begeistert von den Melodien waren. Diese Perlenketten waren so, wie bei uns die Märchen, Geschichten, Erzählungen, Romane, Gedichte. Es gab viele Leute, welche so zuhörten, dass sie sonst gar nichts mehr gehört und gesehen haben, als diese Perlenketten, welche ihnen die zauberhaftesten Geschichten vorgaukelten. Sie schauten und hörten zu, als ob sie Alles selbst erlebt hätten. Die Kettenmacher flochten ihre Ketten wie aus einem inneren Zwang, es machte ihnen sichtlich Freude, sie vergaßen oft darüber ihr wirkliches Leben und erfanden immer neue Geschichten.

„So, jetzt steigen wir aber aus und werden hier ein bisschen herumgucken, ohne dass jemand uns sehen kann," sagte die Fee Fantasia, indem sie Mariela mit einem kleinen, goldenen Zauberstab berührte.

Tatsächlich gingen sie lautlos zwischen den Gärten und Häusern umher und man merkte, dass die Menschen sie weder sahen noch hörten, weil sie sich überhaupt nicht stören ließen in ihrer Tätigkeit.

Sie kamen in das Land der roten Perlen. Da haben sie plötzlich ein kleines Mädchen entdeckt, nicht viel größer, als Mariela war.

„Bleiben wir bei diesem kleinen Mädchen", – bat sie die Fee, „schauen wir an, was sie macht."

Das kleine Mädchen von dem roten Perlenland saß ganz ruhig und verträumt in einem Garten und hat kleine, niedliche Ketten fabriziert. Die waren fast so schön wie diejenigen von den Erwachsenen. Die klangen wie kleine Glöcklein, aber noch etwas schwach und erzählten nur ganz kleine, einfache Geschichten. Das Mädchen vom Rotperlenland hat sich sehr über ihre kleinen, klingenden Ketten gefreut, aber sie betrachtete mit glänzenden Augen die schönen Ketten der richtigen Künstler, welche bezaubernde Melodien hatten. Sie konnte stundenlang, ganz versunken die Perlengeschichten anhören und darob vergaß sie Alles, was um sie geschah. Sie dachte in sich, wenn ich groß werde, mache ich auch die glänzensten, melodischsten Ketten und lerne bis dahin fleißig alle Regeln dieser Kunst, damit ich die vielen Melodien in meiner Seele auch den Anderen hörbar machen kann. Sie liebte über Alles die schönen, roten Perlen und ihre Melodien.

Da geschah aber etwas Furchtbares. Es erhob sich ein schrecklicher Wirbelwind, fegte viele rote Perlen fort, wirbelte alle bunten Perlen durcheinander und dort, wo das kleine Mädchen saß, gab es plötzlich viel mehr gelbe Perlen als rote und mit diesen konnte sie nichts anfangen. Es kamen viele Menschen, bei denen nur gelbe Perlen aus dem Mund flogen. Das schlimmste aber war, dass die Menschen mit den gelben Perlen feindselig zu denjenigen mit roten Perlen waren. Auch diejenigen mit blauen und grünen Perlen haben einander nicht verstanden und so bekämpften sie sich gegenseitig.

Auf diesem Stern gab es keinen Zeitbegriff, so sah Mariela, wie das kleine Mädchen immer größer wurde und es versuchte sogar, mit den andersfarbigen Perlen Ketten zu machen. Die gelben liebte sie gar nicht, weil sie doch ihre heißgeliebten roten verjagt haben. Aber sie versuchte es mit den blauen und grünen Perlen. Es ging gar nicht so gut, wie mit den roten, als sie nur diese kannte. Die verschiedenen Regeln brachten sie durcheinander und es erklang keine harmonische Melodie. Sie war todtraurig und dachte, sie könnte nimmermehr ihres Lebens froh werden. Aber man soll nie verzagen, wenn der Himmel noch so düster aussieht, man muss mutig vorangehen, bis man wieder in das Helle kommt. Etwas Gutes hatte auch die große Traurigkeit des kleinen Mädchens. Sie musste sich von ihrem Kettenspiel abwenden, und so betrachtete sie erstmalig das wirkliche Leben um sich. Sie kam jetzt viel mit anderen Menschen zusammen, mit blauen, gelben, grünen Perlen.

Zwischendurch fing sie noch stärker an zu wachsen und wurde immer größer. Das ging Alles ganz schnell, wie das im Märchenland so üblich ist. Aus dem kleinen Kind vom Rotperlenland wurde ein hübsches, junges Mädchen. Da kam ein junger Mann aus dem Land der blauen Perlen und holte sie weg in seine Heimat.

Sie ging zwar gerne mit ihm, aber sie war doch todtraurig, dass sie gar keine roten Perlen mehr sah, nur lauter blaue. Das blaue Perlenland war eigentlich schön, sehr sauber und ordentlich, nur die blaue Farbe überall war etwas kalt. Sie sehnte sich sehr nach der warmen, roten Farbe ihrer Heimat, denn sogar die Menschen dort strahlten mehr Wärme aus. Oder vielleicht wurde es ihr dort darum immer warm ums Herz, weil es eben ihre Heimat war. Allerdings, als sie nach einigen Jahren das Rotperlenland wiedersah hat sie es kaum wiedererkannt, so Vieles hat sich verändert.

Aber siehst du Mariela, so traurig, wie dies auch klingt, war es doch nicht so schlimm, wie man denken würde. Man soll eben niemals den Mut verlieren, immer findet man etwas Schönes und Gutes, Du musst es nur suchen und herausbuddeln aus dem Schlechten, wo es sich verborgen hat.

So war es auch jetzt. Unser kleines Mädchen vom Rotperlenland hat sich nicht mehr immerwährend mit dem Spielen der Perlen befasst, sondern hat versucht aus ihrem eigenen Leben eine schöne Geschichte zu machen und harmonische, wohltönende Melodien aus ihm hervorzuzaubern. Jetzt spielte sie nicht mehr mit Perlen, sondern mit lebenden, kleinen Menschenkindern. Aus ihnen konnte man auch manche schöne Melodie herausbringen, nur ging es etwas schwieriger, als mit den Ketten. Aber sie waren lebendig und eine wirkliche Welt, sie waren das Leben selbst.

Nun aber fasste die gute Fee Fantasia Mariela wieder bei der Hand und – hipp-hopp – sie waren ganz schnell im Zauberhubschrauber und mit einem Ruck war Mariela in ihrem Bett. Sie sah noch die Fee zur Türe schweben, da winkte Mariela nochmals ganz aufgeregt ihr zu und sagte: „Geh nicht weg, sag mir noch, was ist weiter aus dem Mädchen vom Rotperlenland geworden? Und warum hast Du mir das Alles gezeigt? Ich wollte doch nur ein bisschen hinter den Vorhang gucken, wo das Leben verborgen ist.“

Da lachte die Fee und antwortete: „Das war ja ein Stückchen Leben, Du konntest es nur nicht richtig erkennen, weil doch im Märchenland Alles nur durch einen schillernden Nebelschleier zu sehen ist.“

„Aber was war dann weiter mit dem kleinen Mädchen?“, fragte Mariela ungeduldig.

„Ach, sie ist eben alt geworden, wie jedes kleine Mädchen einmal wird, wenn es nicht vorzeitig stirbt. Sie hat dann später noch versucht, aus den blauen Perlen so schöne, glitzernde, klingende Ketten zu machen, wie sie das in ihrer Kindheit mit den roten Perlen versucht hat. Aber es gelang ihr nicht. Das Wachsen vom Wissen dieser Kunst wurde in ihr gewaltsam unterbrochen und die vielen, verschiedenfarbigen Perlen haben sie ganz durcheinandergebracht. Sie hat zuvielerlei Regeln kennengelernt, da konnte sich die Kunst nicht richtig entfalten. Sie war auch sehr traurig darüber, es war doch so schön, das Perlenspiel.“

Mariela kamen die Tränen, weil dem kleinen Mädchen vom fremden Stern nichts mehr gelingen wollte.

Da drehte sich die Fee nochmals um. „Du musst gar nicht traurig sein Mariela, Deine Freundin im Märchenland konnte zwar nicht sehr richtig Perlenketten zusammenstellen, aber es kamen doch immer wieder kostbare Perlen aus ihrer Seele und eine solche, kleine, glänzende, hoffentlich sehr schön klingende Perle bist auch Du, meine Mariela“, sagte die Fee und verschwand plötzlich durch die verschlossene Türe.

Inhaltsverzeichnis

I

SYLVIA SCHMIEDER, geboren in Frankfurt am Main, wuchs bei München auf und lebt in Freiburg.
Sie studierte Germanistik, Musikwissenschaft und Philosophie, arbeitete als Werbetexterin und Journalistin und schrieb nebenher literarische Texte. Vor einigen Jahren kündigte sie ihre Stelle, um sich auf das literarische Schreiben zu konzentrieren.
Heute leitet sie mehrere Schreibwerkstätten, arbeitet als Lektorin, betreibt gemeinsam mit ihrem Mann die Website www.freiburger-schreibkiste.de und ist auch auf YouTube unter dem Stichwort „das tagesgedicht“ aktiv.
Zahlreiche Veröffentlichungen von Prosa und Lyrik. 2021 erschien ihr Roman „Saling aus dem Wald“, 2022 „Freiburg Meditationen. Gedichte“, beide im Verlag *edition federleicht*.
Mehr Informationen auf www.sylvia-schmieder.de

SYLVIA SCHMIEDER

Saling aus dem Wald

Roman

Waldwesen.
Verwandlungskünstler.
Neugiertier.

Als es Saling, den Gestaltenwandler des Waldes, in die Großstadt verschlägt, fasziniert er Menschen und Medien, löst Begeisterung und Ängste aus. Dabei will er eigentlich nur eines: zurück in den Wald.
Eine Geschichte über Natur und Mensch, Fremdheit und Einfühlung.

Um die Natur und unsere Beziehung zu ihr geht es in Sylvia Schmieders „Saling aus dem Wald". Diese nahezu unbekannte Literaturperle ist bereits im August 2021 erschienen, und ihre Entdeckung war für mich ein riesiger Glücksfall. Ein richtiges Lieblingsbuch, thematisch top-aktuell und sprachlich einfach nur großartig.

BRITTA RÖDER, Autorin und Buchbloggerin

Eine Paraphrase über Natur und Leben. Geschrieben mit großer sprachlicher Kraft und Klarheit. Dieses Gedicht in Prosa ist reine Poesie. Und man bangt um diese Autorin, die so nahe an ihrem Geschehen dran ist, es mit solcher Intensität beschreibt, dass sie nur knapp der eigenen Verwandlung entgeht. Eine große, dahingleitende Leselust!

BERNDT SCHULZ, Autor

edition federleicht 2021
Taschenbuch, 175 Seiten
ISBN 978-3-946112-70-9
13,95 EUR

BISHER ERSCHIENEN IM VERLAG

BERNDT SCHULZ
ROMEO UND JULIA. RELOADED
ROMAN
Festeinband mit Leseband, 310 Seiten
ISBN 978-3-946112-93-8
24,00 EUR

SYLVIA SCHMIEDER
zusammen bleiben
ROMAN
Softcover, 330 Seiten
ISBN 978-3-946112-94-5
18,00 EUR

STEFANIE GREGG
KOFFER VOLLER BRIEFE
ROMAN
Softcover, 240 Seiten
ISBN 978-3-946112-88-4, 16,00 EUR
E-BOOK ISBN 978-3-946112-99-0, 10,99 EUR

BERNHARD HORRES
Schmerz.Haft
ROMAN
Softcover, 470 Seiten
ISBN 978-3-946112-89-1
21,00 EUR

BARBARA HENNINGS
ROSA DAMÀS
ROMAN
Softcover, 416 Seiten
ISBN 978-3-946112-81-5
20,00 EUR

ALEKSANDRA BOTIC / SUSANNE KONRAD
AM UND IM FLUSS
ROMAN
Softcover, 415 Seiten
ISBN 978-3-946112-79-2
19,00 EUR

THOMAS BERGER
DER FREMDE ARCHIVAR
ROMAN
Festeinband, 292 Seiten
ISBN 978-3-946112-80-8
24,00 EUR

JONAS ZAUELS
DIE REISE DES ELIAS MONTAG
ROMAN
Softcover, 212 Seiten
ISBN 978-3-946112-72-3
13,95 EUR

KAREN AYDIN
SAPPHOS SPRUNG
ROMAN
Softcover, 376 Seiten
ISBN 978-3-946112-71-6
15,95 EUR

SYLVIA SCHMIEDER
SALING AUS DEM WALD
ROMAN
Softcover, 182 Seiten
ISBN 978-3-946112-70-9
13,95 EUR

PETER JABULOWSKY
LENA
ZWISCHEN LIEBE UND INTRIGE
ROMAN
Softcover, 308 Seiten
ISBN 978-3-946112-61-7
14,95 EUR

JONAS ZAUELS
BOHÈME
ROMAN
Softcover, 270 Seiten
ISBN 978-3-946112-58-7, 14,00 EUR
E-BOOK ISBN 978-3-946112-64-8, 10,99 EUR

JANNIS RAPTIS
ELASPHERA
Band 1 – Der Fall des Kaisers
ROMAN
Softcover, 876 Seiten
ISBN 978-3-946112-48-8, 19,00 €
E-Book ISBN 978-3-946112-65-5, 15,99 €

BIRGIT SINGH-HEINIKE
KINARE UND DIE UMARMUNG DER UNENDLICHKEIT
ROMAN
Softcover, 288 Seiten
ISBN 978-3-946112-54-9, 14,50 EUR

BERNDT SCHULZ
SCHÖNE GRÜNE WELT
Episoden vom Land
ROMAN
Softcover, 194 Seiten
ISBN 978-3-946112-36-5 , 14,00 EUR
E-Book ISBN 978-3-946112-43-3, 11,99 EUR

PATRICK WEBER
DER PFAD DES EWIGEN FEUERS
ROMAN
Softcover, 480 Seiten
ISBN 978-3-946112-34-1 , 16,80 EUR
E-Book ISBN 978-3-946112-39-6, 12,99 EUR

PATRICK WEBER
DER BOTE DES JÜNGSTEN GERICHTS
ROMAN
Softcover, 390 Seiten
ISBN 978-3-946112-24-2, 14,80 EUR
E-Book ISBN 978-3-946112-40-2, 11,99 EUR

JOHANNES CHWALEK
GESPRÄCHE AM TEETISCH
ROMAN
Softcover, 198 Seiten
ISBN 978-3-946112-35-8 , 13,00 EUR
E-Book ISBN 978-3-946112-42-6, 10,99 EUR

ANTHEA BISCHOF
DES ZIMMERMANNS SOHN VON BLUT UND WEIN
NOVELLE
Softcover mit Klappen, 245 Seiten
ISBN 978-3-946112-33-4, 15,00 EUR

BERNHARD M. SCHULZ
LIEBE IST GANZ ANDERS
ERZÄHLUNGEN
ANSGAR SCHULZ-MITTENZWEI (HG.)
Karikaturen von Fritz Wolf
Softcover, 193 Seiten
ISBN 978-3-946112-92-1
15,00 EUR

BERNDT SCHULZ
GLÜCKLICHE PAARE IN UNGLÜCKLICHEN ZEITEN
ERZÄHLUNGEN
Softcover, 202 Seiten
ISBN 978-3-946112-68-6, 13,95 EUR

CARINA SCHMIDT
WAS WISSEN HEILIGE VOM LEBEN
ERZÄHLUNGEN
SOFTCOVER, 156 SEITEN
ISBN 978-3-946112-55-6, 13,00 EUR

SUSANNE KONRAD
WALZER MIT MR. SPOCK
ERZÄHLUNGEN
Softcover, 152 Seiten
ISBN 978-3-946112-53-2, 12,50 EUR

CHRISTIANE WIDROWSKI
JEDES JAHR EIN SCHMETTERLING
ERZÄHLUNGEN
Mit Gemälden von Brigitte Struif
Softcover, 160 Seiten
ISBN 978-3-946112-28-0, 14,50 EUR

MATHIAS SCHERER
VOM IRRWITZ DES ALLTAGS
ERZÄHLUNGEN
Softcover, 210 Seiten
ISBN 978-3-946112-14-3, 15,90 EUR

MARKUS BECKER
SCHWEFELGEDANKEN
Drei Gesänge
Softcover, 152 Seiten
Fotografien: Marco Schütze
ISBN 978-3-946112-82-2
16,00 EUR

THOMAS BERGER
AUF DICHTERSPUREN LITERARISCHE ANNÄHERUNGEN
BIBLIOPHILE AUSGABE
Illustrationen von Denis Mohr
Festeinband mit Schutzumschlag und Leseband, 464 Seiten
ISBN 978-3-946112-52-5
34,00 EUR

THOMAS BERGER
ALBERT CAMUS
ABSURDITÄT UND GLÜCK
ESSAY
Softcover, 80 Seiten
ISBN 978-3-946112-69-3, 12,00 EUR

THOMAS BERGER
WILHELM BUSCH
BEKANNT UND UNBEKANNT
ESSAY
Softcover, 48 Seiten
ISBN 978-3-946112-57-0, 8,00 EUR

THOMAS BERGER
GUTENBERG UND DIE REFORMATION
EIN FOLGENREICHES BÜNDNIS
ESSAY, REIHE V
Softcover, 64 Seiten
ISBN 978-3-946112-32-7, 6,50 EUR

SONST GEHT ES MIR NOCH GUT
FELDPOSTBRIEFE VON GEORG ROLLY
10. Mai 1940 bis 2. Februar 1944
Herausgeberin: Eva Schlingmann
Festeinband mit Leseband, 336 Seiten
ISBN 978-3-946112-45-7, 28,00 EUR

KARINA LOTZ
ALLES AUF EINER KUHHAUT
HEITERE VERSE
Mit Illustrationen von Denis Mohr
Festeinband mit Schutzumschlag, 128 Seiten
Format: 18 x 27 cm
ISBN 978-3-946112-17-4, 18,00 EUR

SYLVIA SCHMIEDER
FREIBURG MEDITATIONEN
GEDICHTE
Mit Illustrationen von Ulrich Birtel
Softcover, 92 Seiten
ISBN 978-3-946112-84-6, 20,00 EUR

DAVID H. RICHARDS
MOSAIKO
GEDICHTE
Softcover, 106 Seiten
ISBN 978-3-946112-62-4, 12,50 EUR

ANDREAS EGERT
fehlfarbenfroh
APHORISMEN
Mit Zeichnungen von Norbert Städele
Softcover, 106 Seiten, 2. Auflage 2023
ISBN 978-3-946112-66-2, 20,00 EUR

... IM LEBEN / ... IN LIFE
ANTHOLOGIE
Festeinband, 48 Seiten
ISBN 978-3-946112-27-3, 12,00 EUR

TONY BÖHLE
PLAYLIST
TANKA
Mit Illustrationen von Valeria Barouch
Softcover mit Klappen, 84 Seiten in Farbe
ISBN 978-3-946112-56-3, 18,00 EUR

BRIGITTE TEN BRINK
& GABRIELE HARTMANN
KNOTEN IM KOPF ...
DOPPEL-RENGAY UND TAN-RENGA
Softcover, 64 Seiten
Format: 16 x 16,5 cm
ISBN 978-3-946112-10-5, 9,50 EUR

DANA POLZ
FRAGIL
REIHE K - das Buch für die Hosentasche
Festeinband, 140 Seiten,
Format: 8,5 x 12,5 cm
ISBN 978-3-946112-73-0, 12,00 EUR

BERNDT SCHULZ
DER GOTT DES GLÜCKS
EINE LIEBESGESCHICHTE
REIHE K - das Buch für die Hosentasche
Festeinband, 176 Seiten
Format: 8,5 x 12,5 cm
ISBN 978-3-946112-60-0, 10,00 EUR

MATHIAS SCHERER
ERSTLINGSWERK
EIN WIESBADEN-KRIMI
REIHE K - das Buch für die Hosentasche
2. Auflage 2022
Festeinband, 120 Seiten
Format: 8,5 x 12,5 cm
ISBN 978-3-946112-25-9, 11,00 EUR

ERICH NIEDERDORFER
VILLA ROSINA
KRIMINALROMAN
Softcover, 180 Seiten
ISBN 978-3-946112-90-7, 15,00 EUR

ERICH NIEDERDORFER
BRICKEGICKEL
KRIMINALROMAN
Softcover, 130 Seiten
ISBN 978-3-946112-78-5, 14,00 EUR

Die Landkrimi-Reihe:

BERNDT SCHULZ
EIN HERBST AUF DEM LAND
ROMAN
Softcover, 250 Seiten
ISBN 978-3-946112-74-7, 14,95 EUR

BERNDT SCHULZ
DIE RÜCKKEHR DER KRANICHE
EIN LANDKRIMI AUS DER SCHWALM
Softcover, 246 Seiten, 2. Auflage 2023 ISBN 978-3-946112-77-8, 14,95 EUR

BERNDT SCHULZ
KELLERS RUHE
EIN LANDKRIMI AUS DER SCHWALM
Softcover, 260 Seiten
ISBN 978-3-946112-83-9, 15,00 EUR

BERNDT SCHULZ
DAS DUNKEL IM INNEREN DES WOLFES
EIN KRIMI AUS DEM ROTKÄPPCHEN-LAND
Softcover, 212 Seiten
ISBN 978-3-946112-87-7, 15,00 EUR

HAJO GELLHAUS
MORD IM TAUNUS ADVENTURE PARK
KRIMINALROMAN
Der zweite Fall von Kommissar Leichtfuß
Softcover, 182 Seiten
ISBN 978-3-946112-30-3, 12,50 EUR E-BOOK ISBN 978-3-946112-38-9, 9,49 EUR

HAJO GELLHAUS
MORD AN DER ALTEBURG
KRIMINALROMAN
Der erste Fall von Kommissar Leichtfuß
Softcover, 176 Seiten, 4. Auflage 2018
ISBN 978-3-946112-06-8, 12,90 EUR
E-BOOK ISBN 978-3-946112-37-2, 9,49 EUR

KARLHEINZ SELLHEIM (HG.)
AUTORENTREFF BAD CAMBERG E.V.
WELLENREITER
ERZÄHLUNGEN
Softcover, 295 Seiten
ISBN 978-3-946112-67-9, 12,00 EUR

KARLHEINZ SELLHEIM (HG.)
AUTORENTREFF BAD CAMBERG E.V.
FEDERSPRUNG
Eine humorige Mischung
ERZÄHLUNGEN
Softcover, 242 Seiten
ISBN 978-3-946112-49-5, 10,00 EUR

FRANK HARALD SCHRÖDER
DAS SCHWEINCHEN RUTZEFUTZ UND SEINE FREUNDE
TEXTE UND LIEDER
Mit Illustrationen von Marvin Herbring
Festeinband, Großformat in Farbe, 88 Seiten
ISBN 978-3-946112-76-1, 20,00 EUR

GERHARD MOHLER (HG.)
MÄRCHEN UND LEGENDEN
FÜR KINDER UND ERWACHSENE
SCHRIFTKUNST
Festeinband mit Leseband
112 Seiten in Farbe
ISBN 978-3-946112-50-1
18,00 EUR

NIELS-JOHANNES GÜNTHER
DIE SCHATZFÄNGER UND DAS HÖHLENABENTEUER
JUGENDROMAN
Mit Illustrationen von Lara Ennigkeit
Softcover mit Klappen, 180 Seiten in Farbe
ISBN 978-3-946112-26-6
15,00 EUR

EMELY ARNHEITER
LÜMPFLAND IN GEFAHR
ERZÄHLUNG
Mit Illustrationen von Denis Mohr
Softcover, 102 Seiten
Format: 17 x 17 cm
ISBN 978-3-946112-51-8, 15,00 EUR

BERNHARD SATTLER
LUALMA STRAHLT IN DIE WELT
ERZÄHLUNG
Mit Illustrationen von Denis Mohr
Softcover, 153 Seiten
Format: 17 x 17 cm
ISBN 978-3-946112-22-8, 15,00 EUR

JELISAVETA KOVA
MIT TIERKINDERN
AUF ENTDECKUNGSREISE
GESCHICHTEN
Softcover, 50 Seiten
Format: 21 x 21 cm
ISBN 978-3-946112-08-2, 11,80 EUR

SCHREIBTISCH. Literarisches Journal

Ausgabe 2023
Softcover, 222 Seiten
ISSN 2567-1138
ISBN 978-3-946112-91-4
16,00 EUR

Ausgabe 2022
Softcover, 220 Seiten
ISSN 2567-1138
ISBN 978-3-946112-85-3
15,00 EUR

Ausgabe 2021 - Jubiläumsausgabe
Softcover, 258 Seiten
ISSN 2567-1138
ISBN 978-3-946112-75-4
14,00 EUR

Ausgabe 2020
Softcover, 236 Seiten
ISSN 2567-1138
ISBN 978-3-946112-59-4
12,00 EUR

Ausgabe 2019
Softcover, 224 Seiten
ISSN 2567-1138
ISBN 978-3-946112-44-0
10,00 EUR

Ausgabe 2018
Softcover, 160 Seiten
ISSN 2567-1138
ISBN 978-3-946112-07-5
7,00 EUR

Ausgabe 2017
Softcover, 112 Seiten
ISSN 2567-1138
ISBN 978-3-946112-04-4
6,00 EUR